弱势群体权利保障中的国家反拐行动研究

周俊山 著

公安院校
青年学者学术文库

总主编：樊京玉　闫继忠

中国人民公安大学出版社
群　众　出　版　社

弱势群体权利保障中的国家反拐行动研究

周俊山 著

前言

人口贩运是一个不断升级的全球危机，如今反人口贩运已纳入当今国际人道主义议程。全球被贩运人口每年约有 240 万，几乎全部是弱势群体。人口贩运已成为仅次于军火和毒品的犯罪产业，且增长最快。人口贩运几乎侵犯了《世界人权宣言》的权利保护的整个领域，人贩子通过侵犯人权获取利益，不仅侵犯了被贩运人口的生命和自由等基本人权，还危害公共健康，破坏人力资源，阻碍经济发展，危害社会和谐稳定，损害政府公信力，挑战国家主权，是《世界人权宣言》的对立面，是一个在世界受到广泛关注的政策问题。受害者遭受心理伤害、营养不良和极端压力，有时会导致终身残疾或死亡，所有这些都将威胁到世界很大一部分人口的健康。人口贩运是有组织犯罪，是一种跨国恐怖组织的资金来源，从根本上危及国家安全和国际安全。

中国当前既是黄金发展期，又是矛盾凸显期，反拐对于保障弱势群体人权和维稳有重要现实意义。中国的人口贩运是“最重要的问题之一”，同时，中国还是人口贩运的来源国、中转地以及目的地国，有一部分妇女和儿童被贩运到国外，还有一些外籍妇女被拐到中国。面对严峻的人口拐卖形势，中国政府相继发布《中国反对拐卖妇女儿童行动计划（2008—2012 年）》（2008 年），2013 年《中国反对拐卖人口行动计划（2013—2020 年）》（2013），但至今没有对这两个行动计划进行评估。评估反人口贩运计划可以检测反贩运方案的有效性，有益于国家实施下一步的反贩运计划，这使笔者在人口贩运研究中产生越来越大的兴趣。本书主要评估中国国家反拐行动计划，在弱势群体权利保护的基础上，基于“以受害者为中心”的方法，试图发现拐卖妇女儿童的原因、程度和特点，人口拐卖受害者面对剥削的各种形式，研究中国国家反拐行动以及如何应对妇女儿童拐卖。

本书主要运用国际第四代政策评估技术，使用了深度访谈法、参与观察法、非介入性研究方法、案例研究法等方法，通盘考虑政策执行者、政策受益者与政策牺牲者三方面的利益，重视政策利害相关者内心感受，基于“以受害者为中心”的方法，依据人口贩运市场的供需理论，对反拐官员、被拐妇女儿童、买主、专家、志愿者等各方面的深度访谈及数据分析，评估中国国家反拐行动计划。本书分四个部分：第一部分使用被害人化理论探求拐卖对受害者的影响，以研究其主客观需求。分析被拐妇女儿童的被害化因素，找出受害者被拐的原因，以及拐卖对受害者及其家人的伤害，受害者及其家人的需求，并通过越轨理论研究人贩子和买主犯罪的社会背景，在贩运供需理论的大框架下分析中国人口拐卖形势和探究拐卖根源。第二部分基于第一部分评估中国国家反拐行动计划的各项政策存在的优势及不足，探究国家反拐行动中存在的问题及原因。第三部分借鉴国内外经验，围绕“以受害者为中心”的方法，研究国家反拐计划的政策路径，通过打击犯罪和买主来缩小买方市场，通过赋权增能缩小卖方市场，建立预防—打击—救助—康复的长效机制，从而更加有效地保障弱势群体的权利。第四部分从打击犯罪和权利保障两方面建立和完善了“集预防、打击、救助和康复为一体的反拐工作长效机制”：构建三层次被害预防模式，对弱势群体增能赋权预防拐卖；完善打击策略，完善相关法律，制定一个妇女儿童失踪标准与流程，规范收养程序、民间收养，加大打击网络拐卖力度，注重“网上反拐”；鉴别、安置受害者，完善被拐受害者救助制度；通过服务评估和提供服务，加快受害者的康复；同时要注重合作战略，完善公安打拐机制，发挥联席会议的功能，加强国际与国内的合作，扶植民间组织。

本书的写作得益于很多领导、志愿者和学生的热心帮助与支持。感谢以下领导和志愿者在调研中的帮助和支持：公安部刑侦局陈士渠副局长，广东、福建、河南等省公安厅及调研地负责打拐的领导同志和公安民警、福利机构人员，宝贝回家志愿者协会张宝艳女士，著名打拐律师张志伟先生，牺牲在反拐一线的“民间打拐英雄”魏继中先生，以及参加调研的诸多学生，鉴于人数过多，恕不一一写出姓名。感谢国家社会科学基金青年项目（项目号：12CSH098）为本研究提供的大力支持以及结项报告五名匿审专家提出的建议，感谢中国人民公安出版社《公安院校青年学者学术文库》的资助，本书才得以出版。当然，受理论水平有限，书中难免有疏漏和不妥之处，敬请各位专家学者批评指正。

周俊山

2017 年 12 月

目录

1 导论

1.1 基本概念

1.2 本课题国内外研究现状述评及研究意义

1.3 本课题研究的主要内容、使用理论、研究框架及思路、研究设计、重点、难点人的安全至高无上，人口贩运被视为对人类安全最为严重的威胁，人口贩运，特别是对妇女和儿童的贩运，意味着非传统安全问题同样会对国家和人民造成严重威胁（Osmany，2007）。因此，我们所有努力的中心都应该是围绕受害者权利的保障而展开，更应该努力预防和打击贩运，并向受害者提供赔偿和协助。近年来，“打击贩运”的理念已经向“反对贩运”的方向扩展与延伸，更加注重受害者的权利保障（Obokata，2006；刘国福，2010）。有关“反贩运”的研究都认为，“人口贩运”的犯罪必须从刑法角度进行打击，而贩运受害者的问题必须从权利保障角度解决（Kristina，2010）。被贩运人口主要是妇女、儿童等弱势群体，Bustamante（2002）认为，人口贩运侵犯了人权，弱势群体本来社会经济地位就较低，又被贩运，所以只有从权利保障角度才能从根本上解决人口贩运问题。

联合国贩运人口特别报告员埃兹罗（Joy Ngozi Ezeilo）指出，人口贩运，尤其是对妇女儿童的贩运，是最严重的侵犯人权行为，可以将其称为“当代的奴隶制”；尽管《联合国打击跨国有组织犯罪公约》和《关于预防、禁止和惩治贩运人口特别是妇女和儿童行为的补充议定书》（此协议也被称之为《巴勒莫议定书》，以下简称《补充议定书》）已经于十多年前通过，但是，这一项犯罪活动不仅没有销声匿迹，反而日益猖獗，成为世界上增长最快、最容易获取暴利的犯罪活动之一。根据国际劳工组织的数据表明，人口贩运的潜在年利润高达31亿美元，是跻身世界前三位的非法收入（Belser，2005）。目前，中国人口拐卖问题仍然严重。在中国，拐卖妇女儿童同样是一种严重侵犯人权的罪行。根据美国2008年度《人口贩运报告》（TIP报告）显示，中国国内的人口贩运是“最严重的问题之一”，每年有1万~2万的受害者被贩运，人口贩运的利润超过7亿美元。同时，中国是人口贩运的来源国、中转地以及目的地国，人口贩运主要发生在中国境内，还有一部分妇女和儿童被贩运到非洲、亚洲、欧洲、拉丁美洲、中东和北美等（Ju，Liu & Crowthe，2006）。

但是，目前中国国家反拐行动机制并不尽完善，亟须加强国家反拐行动，健全反拐长效机制，有效保障被拐人口的权利，最终根除拐卖根源。评估包括持续监控程序（过程性评价）以及对一个或多个计划的影响，反贩运计划的长期影响评估不仅可以检测反贩运方案的有效性，也有益于国家下一步反贩运计划的制定，更是在人口贩运研究领域引起大家越来越大的兴趣（Wholey, Hatry & Newcomer, 2004）。本书试图通过“以受害者为中心”的方法研究中国国家反拐行动，国际上，“以受害者为中心”方法的实施是通过宣传预防被拐、培训被解救受害者和为受害者提供服务中完成的（Statement on Congressional Action on Victims of Trafficking & Violence Protection Legislation, 2000），已成功地改变了之前把人口贩运受害者视作罪犯和非法移民的状况，建立了新的受害者治疗方案和服务体系，对受害者产生了意想不到的效果，并有助于对人贩子成功进行起诉。本书在对弱势群体权利保护的基础上，基于“以受害者为中心”的方法，试图发现在中国范围内拐卖妇女儿童的原因、现状、程度和特点及人口拐卖受害者面对剥削的各种形式，研究国家反拐行动在应对这些状况存在的经验及不足，最终分析国家反拐行动如何应对中国妇女儿童拐卖，以保障被拐妇女儿童的权利。

1.1 基本概念

1.1.1 人口贩运、人口拐卖、失踪人口

明确目标人群的定义，是任何原始数据产生的前提，无论是定性研究还是定量研究。为了确定目标人群，界定概念的内涵和外延是有必要的。在人口贩运中，一个颇有争议的问题是如何定义“人口贩运”这个概念，这是一个重大的挑战。“人口贩运”定义的发展变化，反映了研究者们不断进行的

精确测量和研究，许多人会根据空间特点、受害者的类型、年龄和性别选择界定目标人群。政策制定和研究不可能完全脱离政治或经济议程，政府可能会因不同法律和操作定义而应对不同的挑战。人口贩运的受害者范围很可能随着时间的变化而变化，因此，数据在概念、时间和空间上的意义，将取决于我们如何理解目标人群的范围。

1.1.1.1 人口贩运

人口贩运（Human Ttafficking），也称人口贩卖，在国际上，目前有不少人口贩运的概念（Tyldum，Tveit & Brunovskis， 2005），但都缺乏贩运理论基础和国际通用标准。比如，在卖淫领域的辩论、移民和劳工剥削的标志是什么，什么样的政策应该调整和为什么调整等。因此，国际机构、各国政府和一些激进分子一直无法在什么因素还应包括在“贩运”这个概念中达成协议。正如 Bridget（2007）指出，尽管“人口贩运是一个严肃的问题”已经在不同机构、组织和游说团体之间得到广泛共识，但由于不同原因、不同组织确定的人口贩运的概念和范围也不同，使得各种游说团体一直试图将新群体纳入人口贩运的受害者，特别试图将“人口贩运的定义、原因、问题的难度及解决方法”在全球范围内获得共识（Bridget，Davidson & O’Connell，2003）。目前，国际上普遍公认的“人口贩运”的定义来自《补充议定书》。2000 年，第 55 届联合国大会通过了《联合国打击跨国有组织犯罪公约》及《补充议定书》，其主要成就是确定了“人口贩运”的第一个国际定义。《补充议定书》这样定义人口贩运：通过使用或威胁使用强制手段，或采取其他形式的手段，招聘、运输、转移、窝藏或以剥削为目的接收人员，绑架、诈骗、欺骗、滥用权力或通过控制他人获取利益。对他人剥削的形式主要包括以下几种：性剥削或强迫他人卖淫、强迫他人劳动或从事其他服务、奴役他人或采用类似奴役的做法、劳役他人或摘取他人器官等；此外，受害者是否“同意”与对他 / 她的剥削无关（Miller，2005）。研究者认为，一个全面的定义必须包括贩运行为、手段和目的、构成何种犯罪（Hawaii，2002）。在联合国的定义中，贩运人口行为包括招聘人、剥削人、运输人和买主，手段包括对受害者威胁使用武力、暴力、强迫、绑架、欺骗、药物滥用、行为人拥有超过一个弱势地位人的支配权力，或其他任何人对他人的控制等。《补充议定书》进一步明确了人口贩运的行为及其目的。简而言之，就是“剥削（exploitation）”，包括强迫卖淫或性剥削，迫使受害者提供劳动或服务，奴役受害者或采用类似奴役的做法对待受害者，或摘取其器官等。当政府试图通过立法或执法机构采取一个概念标准时，将会受到服务提供商和其他人（如移民官员）的影响，加之许多研究者与政府官员之间有着千丝万缕的利益链条，所以该定义经常因为其复杂性而受到批评。

1.1.1.2 人口拐卖

截至目前，中国尚未出台专门反对人口拐卖的法律，国内法中缺少对人口拐卖的明确定义，只是在《刑法》中将“拐卖妇女儿童罪”定义为拐卖。拐卖，是指拐骗、绑架、收买、贩卖、接送、中转妇女、儿童以获利为目的的行为。合谋、参与拐骗、接送、中转、窝藏、出卖、转卖妇女和儿童等犯罪活动的，分别以一般共同犯罪或犯罪集团成员论处，而且仅定位是在领养和以婚姻为目的的绑架和贩运婴幼儿和妇女。直到 2016 年 12 月，最高人民法院出台了《关于审理拐卖妇女儿童犯罪案件具体应用法律若干问题的解释》才明确规定对收买被拐卖的妇女、儿童后又实施组织、强迫卖淫、组织乞讨等行为的数罪并罚。

中华人民共和国成立以来，政府一以贯之地重视打击和惩治人口拐卖犯罪。在各级政府、司法机关以及社会各界的努力下，经过多次集中力量打击，到 20 世纪 60 年代，中国的人口拐卖犯罪已经基本销声匿迹（储槐植，1996）。然而，随着社会经济的发展，特别是从 20 世纪 70 年代开始，人口拐卖死灰复燃，且犯罪数量逐年上升，犯罪手段更加多样化，尤其是近年来，人口拐卖犯罪更是有增无减，并且表现出许多前所未有的特点。在中国，人口拐卖是一个利润丰厚的“业务”，法律制度的不健全，愚昧的重男轻女文化传统都助长了这种趋势（Li，1996）。

面对人口拐卖的严峻形势，中国《刑法》及司法实践历来都将严厉打击人口拐卖列为主要任务之一。1979 年，中国第一部《刑法》第 141 条明确规定“拐卖人口犯罪，处五年以下有期徒刑，情节严重的，处五年以上有期徒刑。”此后，为了进一步打击人口拐卖犯罪有组织化，1983 年 9 月，全国人大常委会通过了《关于严惩严重危害社会治安的犯罪分子的决定》，加大了对人口拐卖犯罪分子的打击力度。其中明确规定，人口拐卖集团的首要犯罪分子，或者情节特别严重者，可在《刑法》规定的最高刑之上处刑，直至死刑。1984 年，最高人民法院、最高人民检察院、公安部联合颁布了《关于当前办理拐卖人口案件中具体应用法律的若干问题的解答》，对相关的法律规定作了进一步的具体解释。人口贩运受害者 90% 是妇女和儿童，在中国也是如此（International Labour Office，2005）。为了更加有效地遏制人口拐卖犯罪，特别是保护妇女、儿童等弱势群体的人身安全和合法权利，维护社会和谐稳定，全国人大常委会于 1991 年 9 月 4 日通过了《关于严惩拐卖、绑架妇女、儿童的犯罪分子的决定》（以下简称《决定》），这一《决定》修补了《刑法》中界定的“拐卖人口罪”，更加明确地在《刑法》中增加了“拐卖妇女、儿童罪”这一罪名。在《决定》的第 1 条第 2 款中，特别界定了“拐卖妇女、儿童罪”：“拐卖妇女、儿童，是指以出卖为目的，有拐骗、收买、接送、中转妇女、儿童的行为之一的。”另外，有些地方还出现了对妇女、儿童使用暴力、威胁或者麻醉等方法，绑架妇女、儿童或者偷盗婴幼儿并贩运，针对这一情况，该《决定》设定了相应的量刑。但是，中国对“拐卖”一词可以从“拐”和“卖”两个字分别加以解释，通常的理解是，要么是拐卖妇女并强迫她们结婚，要么是拐卖 14 岁以下的儿童售卖为子，考虑到其他类型人口几乎没有被拐卖，在 1997 年《刑法》修改中将“拐卖人口罪”取消了，保留了拐卖妇女儿童罪，并不包括强迫劳动、奴役或非自愿的劳动。在中国现行的《刑法》第 240 条、第 241 条和第 242 条中，直接涉及拐卖人口的罪名包括拐卖妇女、儿童罪；收买被拐卖的妇女、儿童罪；聚众阻碍解救被收买的妇女、儿童罪三种。鉴于这种理念，面对严峻的人口拐卖形势，《中国反对拐卖妇女儿童行动计划（2008—2012 年）》在 2008 年发布，主要救助对象依旧是妇女儿童，忽视了买方责任和成年男性被拐者（杨美珍，2011）。基于中国人口拐卖的实际情况，借鉴国际经验，中国也加大了打击非传统拐卖犯罪的力度。2013 年《中国反对拐卖人口行动计划（2013—2020 年）》发布，将“反对拐卖妇女儿童”改为“反对拐卖人口”，加大对使用童工、智力残障人等违法行为的查处力度，但是鉴于中国在2013年之前过多关注于妇女儿童被拐，本书只关注妇女儿童的拐卖，并结合中国实际情况将拐卖方式扩展，在主要评估“中国反对拐卖妇女儿童行动计划（2008—2012年）”的基础上，为了保证研究成果的时效性，也评估《中国反对拐卖人口行动计划（2013—2020年）》，但研究对象是妇女儿童，并不断充实和完善今后的反对拐卖人口行动计划。在本书中，特别明确，“人口贩运”指的是国际定义，“人口拐卖”指的是中国的定义。

1.1.1.3 人口失踪

在中国法律中，人口拐卖是需要证据证明的，否则只能将其称为人口失踪。失踪人口，其定义有广义和狭义之分。其中，最广泛的定义是，经报告到主管人口失踪的执法机构，尚未发现所在位置的人员。国际警长联合会（The International Association of Chiefs of Police’s, IACP）1994年发布的关于“失踪人口”的定义则更加详细和更具广泛性，大致包括下列内容：“某人下落不明，在一段时间内无法确定其具体去向，经专业人士评估，该主体的行为、计划不寻常或高度可疑。”

在中国，与人口拐卖一样，当前“失踪人口”也没有明确的法定概念，只有在法律文件中有一些相关规定。其中，《全国失踪人员信息管理工作规定》第2条规定：“本规定中的失踪人员是指可能走失、自杀、被刑事侵害或在灾害、事故、意外事件中下落不明的人。”在一些人口失踪大省，也有规定提出了失踪人口的概念，如河南省《公安机关协助查找失踪人员工作规定（试行）》第2条：本规定所称的失踪人员，是指群众报警求助人员，请求公安机关协助查找的下落不明、现实生存状态不确定的走失或者疑似被侵害的失踪人员，不包括因自然灾害、生产事故等意外事件失踪的人员。从以上两个规定我们可以看出，在中国，失踪人口主要包括三类：

第一类，下落不明、现实生存状态不确定的走失人员。这一类失踪人员范围比较广泛，不仅包括离家出走、走失的人员，而且包括我们经常说的“玩失踪”的故意离家出走人员。

第二类，疑似被侵害的失踪人员。中国《公安机关查找疑似被侵害失踪人员信息工作规定（试行）》第 2 条规定：本规定所称疑似被侵害失踪人员，是指具有以下情形之一，可能遭到犯罪行为侵害而下落不明的人员：1）失踪现场有明显的侵害迹象的；2）有证人证明失踪人员遭到侵害的；3）人与机动车一起失踪或携带大量财物失踪的；4）不满 14 周岁的未成年人失踪超过 48 小时的；5）失踪人员在失踪前与他人有重大矛盾纠纷的；6）失踪原因不明，失踪时间超过 3 个月的；7）其他疑似被侵害的。此规定明确表明了失踪人员主要是具有七种情形之一，可能遭到犯罪行为侵害而下落不明的人。

第三类，因自然灾害、生产事故等意外事件失踪的人员。人口失踪并不完全属于刑事犯罪，这种人口失踪与人口拐卖没有任何关系，因此本书中的“失踪人员”不包括该类失踪人员。

1.1.2 政策评估

国家反拐行动计划作为中国反对人口拐卖的重要计划，对其评估涉及公共政策评估技术。公共政策评估是特定的评估主体根据一定的标准和程序，通过考察政策过程的各个阶段和环节，对政策的效果、效能及价值所进行的检测、评价和判断。不同于政府绩效评估，公共政策评估是评估中央或地方政府颁布的某一政策的实施效果，而政府绩效评估是全面和系统地评估政府部门工作（李志军，2013）。国际上，政策评估在 20 世纪 60 年代后逐渐成为一项“朝阳产业”（Growth Industry），用来监督政府公共财政开支，评价和督促政策规划成效，80 年代后，在社会科学领域中，政策评估正式确立了独立地位，甚至在美国成为最活跃的领域（Cronbach et al，1980）。虽然研究者对于政策评估理论有分歧，但都承认政策评估主要包括以下内涵：1）评估对象主要是影响社会经济发展的国家政策和计划。2）政策评估方法，是采取多种社会科学研究方法，一是深度访谈法、参与观察法等定性方法；二是社会指标、回归分析等定量方法。3）政策评估内容，主要包括政策产出及影响，前者指的是受益者或目标群体因为政策所得到的财务、服务和资源等，后者是指政策执行后，对人或环境原来的行为或物质造成的实际变化情况等，这种变化情况包括无形或有形的、预期或非预期的。

1.1.3 惩罚策略和赋权策略

国际上，反人口贩运策略大致可分为两类：惩罚策略和赋权策略（Kristina，2010）。“惩罚策略（Repressive）”重点放在抑制贩运现象，如非法移民、劳务移民、强迫劳动、卖淫、童工或有组织犯罪等。这种战略旨在阻止非法或不良活动和惩罚那些与人口贩运相关的犯罪，主要是由执法机构制定和实施的限制性国家政策，刑法的重点是把人口贩运作为犯罪，试图用有效相称的制裁和处罚人口贩运罪（Kalbhenn，2003；Albania，2004）。这种策略虽然以保护国家安全为目的，但是完全合法和必要的行动往往与保护人口贩运受害者背道而驰，可能不利于反贩运战略的实施（Albania，2004）。“赋权战略（Empowering）”，重点放在通过挖掘人口贩运的根源和犯罪原因，以保护人口，特别是人口贩运的潜在受害者。反对人口贩运的重要原因是人口贩运侵犯了受害者的人权（Piotrowicz，2007），人口贩运除了侵犯受害者不被奴役的权利之外，还侵犯了其他权利，其中包括自由流动和迁移的权利，以及获得劳动条件、劳动报酬和身体自由完整的权利等（The International Covenant on Civil & Political Rights，1966）。现在，人权成了研究贩运人口问题和舆论聚焦的第二大关注点。赋权策略侧重于保护受害者，要求受害者的人权受到法律确认和保障，其支持者以及妇女权利的倡导者成功地将贩运受害者保护条款列入《补充议定书》，尤其是重视妇女和儿童的权利，将保护这些弱势群体的权利不受侵害视为国家义务（Bravo，2007），因为妇女和儿童是最典型的人口贩运拐卖的受害者（U.S. Department of State，2007；Tiefenbrun，2002）。这种策略可能包括介绍预防贩运的措施、采取措施扶贫，消除寻求就业和/或劳动力迁移过程中的歧视和边缘化，以及让人们做出明智的决定和选择，可以帮助他们克服其间遇到的问题。另外，由于被贩运者以妇女为主，赋权论者大多是女权主义者，因此赋权论坚持认为女性在男权社会中被更多地剥夺了各方面的人权，政府和社会应保护女性权利，她们一直主张各国政府采取赋权战略，发展经济和减少经济弱势群体规模以预防贩运（Obokata，2001，2003）。

1.1.4 “以受害者为中心”的方法

“以受害者为中心”方法（the Victim-Centered Approach），要求所有参与人口贩运案的人员了解受害者如何被贩运，以及如何消除这种犯罪，该方法的实施是通过宣传预防被贩运、培训被解救受害者和为受害者提供服务中完成的（Hughes，2008）。该方法旨在最大限度地减少再次伤害，让幸存者成为刑事司法过程中的参与者，并提供机会让他们看到将人贩子绳之以法，并想尽办法治疗受害者的创伤。这些方法包括理解生理、社会、情感创伤对个人的影响，以及请专业人士帮助他们；对于被解救的受害者，需要提供受害者保护，并首先需要重建他们的生活。国际上，该方法已成功地改变了之前把人口贩运受害者视作罪犯和非法移民的状况，建立了新的受害者治疗方案和服务体系，对受害者产生了意想不到的效果，并有助于对人贩子的成功起诉，恢复受害者的权利、尊严、自由、自主，同时推进政府的利益。

1.2 本课题国内外研究现状述评及研究意义

基于定义的不同，国外的研究多围绕“人口贩运”，国内研究则是围绕“人口拐卖”，因此，述评对国外的总结是以“人口贩运”为中心，国内则是以“人口拐卖”为中心。

1.2.1 国内外研究现状述评

1.2.1.1 国外研究

在全球化的背景下，人口贩运正日益成为社会关注的焦点。在国际上，惩罚策略一直占据主导地位，但近年来，赋权策略开始受到重视，现在贩运犯罪也必须从法律角度解决，贩运受害者必须从人权的角度解决，以达成共识（Kristina，2010）。在许多欧洲国家，主要还是在以惩罚策略应对人口贩运（Obokata，2003），在惩罚策略中，受害者被认定为违反《移民法》而不是人权受侵犯（Warsaw， 2007），导致的后果是，不承认受害者是劳动力市场上的积极参与者，不能保护受害者（Beirnaert，2010），因为惩罚策略的政策目标是受害者的非法移民，而忽略了他们遭受的剥削，因而不能有效地保护被贩运和强迫劳动的受害者。这种策略认为，打击不力是当代国际人口贩运犯罪盛行的主要原因。虽然是出于保护国家安全，但是完全合法和必要的打击行动往往与保护受害者背道而驰。赋权论认为惩罚论的这些措施不以受害者为中心，往往导致对受害者的进一步伤害。因此，为了反贩运，关于贫困、移民、性别和民间社会组织参与的政策改革都是必要的，以创建一个反贩运的框架（UNESCO，2007），任何其他措施都是无效的（Andrees，2010）。根据国际公约和经验，目前“打击贩运”已经向“反对贩运”的概念拓展与延伸，注重保障受害者的人权（Obokata，2006），“反对贩运”包括“预防—打击—解救—康复—回归社会”5 个过程（Obokata，2003）。这就要求调整反贩运战略倾向，除了狭隘的经济问题外，还涉及更广泛的维持歧视结构的社会、文化和政治法律机构等（UNOHCHR，2002）。许多国际组织积极合作，创造了“3PR”（人口贩运预防，Prevention；起诉人贩子，Prosecution；保护受害者，Protection; 简称 3PR）方法反对人口贩运（UN，2004）。各国的反对人口贩运框架，基本都是在厘清人口贩运概念的基础上，加强法律应用、部署和执法，保障妇女和儿童的人权（Bruch，2004）。联合国人口贩运问题尤其是妇女与儿童贩运问题特别报告员埃兹罗（Joy Ngozi Ezeilo）认为，如果想结束各种形式的人口贩运行为，最可行的办法是相关各方联合起来，采取协调一致的行动，充分利用各方资源，并尽可能地减少重复性工作。当务之急就是调动包括政府、司法系统、民间组织、社区、私营部门、媒体和公众在内的各方力量，从预防人口贩运、保护和帮助受害者、起诉人贩以及不断加强合作打击人口贩运四个方面着手，进而制订出切实可行的“全球行动战略方案”。特别是对妇女就业的类型和歧视程度，积极参与有意义的民间对话，加强政府各部门和机构间合作的必要性，以确保从人权角度出发，把执法方式以及预防措施纳入国家反贩运行动纲领（Chang & Kim，2007）。

从对妇女和儿童权利保护的视角来看，各种国际文书都承认贩运侵犯妇女和儿童的人权（UN，2000；Tiefenbrun，2002），以此为中心，倡导者们也成功地使保护妇女和儿童成为国际打击人口贩运的努力重点。但是各国的反贩运机制仍存在很大缺陷，站在妇女的立场看，多年来，国家机构和国际组织较为常见使用的是惩罚策略，而赋权策略很少纳入行动战略。惩罚策略之所以对政府有吸引力，是因为它更简便易行，也符合控制移民国家的利益。政府的这些反贩运策略主要是局限于控制性的移民政策和加强刑事方面的管理，然而这些办法不仅防治效果有限，而且未能保障妇女的权益（Kawshar，2011）。各国政府在预防和提高认识反贩运行动的参与是有限的。各国政府都倾向于批准、支持非政府组织和国际移民组织的计划，而不是提出自己的倡议。长期的预防措施，包括反歧视措施，为妇女提供就业机会，针对妇女的迁移项目，针对侵害妇女暴力行为的方案，有时也被纳入国家行动纲领，但这些举措很少在实践中实施。在救助领域，尽管贩运受害者寻求协助的唯一选择是返回其母国，妇女回归家庭通常意味着回到了造成她们首先被贩运的地方，导致很多妇女重新被贩运（Ray，2008；Chuang，2006）。Bales and Steven（2005）感叹，在美国，一些执法人员缺乏人口贩运方面的相关知识，他们发现受害者常常与当地执法机关联系，而后者往往没有关注受害者或采取适当行动保障受害者的安全。Van de Glind and Kooijmans（2008）指出，在许多国家，执法人员发现，很难定义他们在反人口贩运方面的角色和责任，许多官员缺乏关于相关法律、法规的了解及实践培训，无论是警察、劳动监察部门，还是移民和边境管制机构都缺乏相关知识或技能来识别和解救受害者（Gallagher & Holmes，2008），所以经常会错过识别受害者的机会。

Studnicka（2010）指出，政府官员的冷漠和腐败阻碍了打击人口贩运，有时甚至参与贩运。司法人员和政府人员对受害者提供服务的参与性和便利性越来越差；甚至有人哀叹，警察参与贩运人口破坏了政府的基本结构和司法系统的道德责任以及法律尊严。National Prosecuting Authority（2010）列举了南非保护受害者权益面临的挑战：缺乏资源和经费，避难所工作人员数量不足，缺乏特定的技能应对人口贩运，如缺少社会工作者和心理咨询人员。他们也指出了需要多部门合作来提供整合服务，此外，法律、心理和身体健康服务集中于个人的需要，但忽视了家庭层面。Seethal & Ngwira（2009）的研究表明，反贩运所面临的挑战包括：1）给受害者提供安全的房屋，他们的康复过程平均需要 18~24 个月，这一点是个非常大的挑战；2）由于语言障碍，而且缺乏资金、人力资源，遣返外籍妇女困难重重；3）警察、司法和卫生部门缺乏必要的技能和知识；4）缺乏人口贩运专门立法，基于其他法律规定不适用于打击贩运人口，阻碍了打击人口贩运；5）贩运人口常被误认为是卖淫。各国政府预防和参与有限，缺乏长效机制（Laczko，2005）。针对反贩运中存在的问题，Kreston（2007）反对对人贩子进行软处罚，要对买方和人贩给予相同的判决和制裁。维也纳论坛（The Vienna Forum）（U.N. GIFT, 2008）指出，缺乏资金和信心，执法机构和民间社会组织之间的角色“冲突”，导致了反贩运恶化。该论坛提出了以下七点来改进反贩运组织间合作的建议：1）加强信息共享和数据管理；2）定期评估；3）强调整体和多学科发展合作框架；4）政府与民间建立互信，加强沟通；5）根据合作的目的制定统一的“人口贩运”定义；6）合作不应仅限于执法，也应该提供教育等服务；7）需要正式和结构化的合作协议，充分保障人权合作。

相比之下，虽然反人口贩运已经受到世界各国政府的重视，国际上已出现了将反贩运作为一场政治运动引发道德义愤的现象，促使一些政策和实践做出回应，但是评估工作很难跟上反贩运行动的步伐（Guinn，2008）。尽管有越来越多的研究机构在反人口贩运方面起到重要作用，不少国家的相关政策已经付诸实施，在过去的几年里已经呈现了相当多的反贩运成果，包括相关的研究和政策，但是还没有系统地收集和分析数据，用来判断反贩运行动在预防和减少拐卖、保护受害者、惩罚罪犯等方面的效果，没有研究发现其所起到的影响和作用［International Organization for Migration（IOM），2007］。与其他相关犯罪行为比较，这种差距更加明显，如强迫卖淫，反贩运评估主要侧重于过程，也很少有评估能够长期跟踪受害者。此外，缺乏对人贩子的特征和犯罪结构的统计以及人口贩运金融方面的数据，包括最后的利润，还有纵向数据和跨国数据。有一些相关数据在海关和警察机关，但这些数据通常很难获得（Di Nicola，2007）。救助必须能够准确评估受害者的特定需求才能加以解决（Bortel et al.，2008）。受害者需求的信息缺失，一些研究机构已经在研究如何为受害者提供服务，但是我们几乎不了解他们的需求，对于需求也没有统一的定义。更为关键的是，很多被贩运者缺乏权利意识，不能提出自己的需求，甚至不承认自己是受害者（Brunovskis & Tyldum，2004），需求更难谈起。同时，这种差距影响了反贩运的各个方面，阻碍了对这一问题的完整理解。美国已经在世界各地花费了大量的资源进行支持“救助和康复”的举措，但对已经返回母国的受害者没有任何追踪研究（Gozdziak & Bump，2008）。3PR 的方法已转变为“以受害者为中心”的方法，但缺乏对政策和方案评估，很难确定有效做法（Laczko & Elzbieta，2005）。国际移民组织进行的“人口贩运研究全球调查”指出了人口贩运研究一些突出的差距和目前实证研究的弱点（Laczko & Gozdziak，2005），这些弱点包括目前多偏向于“性剥削拐卖”的研究，最新研究虽然扩大了这个范围，但侧重于“劳动剥削贩运”的研究仍旧太少；缺乏对男性的贩运交易研究；缺乏实证研究，更多的是非实证研究，主要是文献资料的回顾，反人口贩运政策的描述、分析和已出版法律的编辑；太多研究是集中在短时间内完成的，低预算，并集中满足于业务方案的需要；很多是小样本和非代表性样本；缺乏评估政策和反贩运计划；同时缺乏对外部过程和援助计划结果的评价；缺乏跨学科研究；发展中国家的研究能力不足；大多是分散的研究成果，缺乏系统性，不容易被决策者采纳。此外，一些项目的特点，如过分宽泛的目标、不同的范围、缺乏明确的受益者、阻碍评估影响。同时，一些短期的影响，小规模的干预可能难以界定属性和量化。此外，（如果有）致力于在项目设计阶段的项目评估缺少关注和资金。最后，不同的捐赠者和项目活动基金有不同项目的时间框架和评估要求，这使得结果更难归因于特定干预的作用（US Government Accountability Office，2007）。

最重要的是，评估中由于定义的不同，国际上有些研究依然把人口贩运看作人口偷渡和非法迁移。在20世纪90年代，“人口贩运”与“人口偷渡”或“非法移民”互换使用，到今天，这种模糊性依然存在。因此，有必要继续关注其他形式的人口贩运活动，如强迫劳动，在一定程度上乞讨儿童也应该包括在人口贩运范围内，但实际上对儿童的实证研究非常有限。对妇女和儿童的特殊需求缺乏分析，受害儿童的需求往往一并归入受害者整体。有趣的是，对妇女和儿童的关注主要集中于反人口贩运的立法，并主导反贩运范式。许多相关研究者的研究主题是“儿童”，但研究重点是年轻女性，研究集中于性剥削和劳动剥夺，忽视了对男性特别是男童的研究（Ronald，2014）。在甄别贩运受害者，为受害者提供合适而有效的服务，并预防再次伤害等方面的研究非常有限。公认的是，我们需要更多的研究和反人口贩运项目评估。评估不仅要关注这些政策和方案在预期减少贩运方面的效果，而且还要考虑到预防措施的影响（Chang & Kathleen，2007）。由于人口贩运的隐蔽性，往往没有基线信息或明确的对照组；没有受害者的统一定义和识别标准；根本原因是没有经验的测试和缺乏明确的受益者，评估很难进行。此外，由于一些项目制订了过于广泛的目标，而且潜在影响范围过于广泛，这些特点都阻碍或影响了评估；还有的项目进行小规模的干预，可能难以定性，会产生短期的影响；人们对于评估关注很少、资金有限；另外，不同的项目，资金来源不同，会导致不同的时间框架和评估要求，按照统一标准和程序进行评估比较难，并且往往集中在人口贩运的需求方，对执法机构参与打击贩运方案的实质影响，对受害者的经历和他们被贩运的根源，对为什么有些人更容易被贩运的研究还有不足之处（Ray，2010），并且一直忽视买方（Hartl，2010），对受害者的经历和他们重新融入社会的能力等都需要进一步研究（Laczko，2007）。

在研究方法上，由于人口贩运研究目标人群的隐藏性，需要采用不同于可见人口的研究方法，导致在世界范围内数据缺乏和研究不深入，这个问题由来已久（UN，2006）。人口贩运研究的方法创新方面还处于起步阶段，广泛依赖于不具代表性的样本。人口贩运缺乏统一定义，数据经常来自不同机构，存在差异及不完整，缺乏比较研究和纵向研究，很难了解对人口贩运受害者的长期影响（Laczko，2005），阻碍了创建对人口贩运受害者的甄别、救助、康复和保障机制（Conny，2010）。最近 10 年来，人口贩运的微观研究取得了一定成效，但收集的信息越多，被贩运的原因越受质疑（Ray，2010）。国际上，尽管关注人口贩运和旨在消除人口贩运的政策越来越多，但关于此类现象的知识依然是很有限的，可靠的定性和定量数据供不应求。由于人口贩运的隐秘性，目前对受害者的特点信息缺乏，贩运网络和事件的特点很难一概而论。已经收集到的有限数据主要来自不同的政府、民间和学术机构。尽管已经进行了这些努力，但目前关于贩运人口的执法机构或非政府机构对此问题的应对，能够采取适当的措施收集到的可靠信息仍是非常有限的。现有的大多数文献主要集中在记录人口贩运的性质和政府处理的案件和努力，很少有关于调查和起诉的记录。

1.2.1.2 国内研究

中国政府一直积极反拐，但种种措施也是偏重于打击犯罪，权利保障方面不太完善（王金玲，2009），缺乏专业反拐人员和资金的有效保障、部门合作和政策协调，长效机制还未建立（公安部，2011）。国内目前对人口拐卖现象主要还集中在法学研究，在 1997 年《刑法》出台之前，学术界对该罪的研究相对较热，但大多是关于如何认定本罪及立法完善的规范刑法学研究，《刑法》出台之后人口拐卖犯罪的对象只限于妇女儿童问题，大多从犯罪学角度研究该罪，如何预防该罪，即经历了一个从规范刑法学研究到犯罪学研究的过程（王志祥，2014；董文辉，2017）。2008 年后，随着国家反拐行动的推行，赋权方面的研究也开始增多（韩素娇、司汉武，2014），受害者被拐的根源也受到重视。陈闻高（2014）发现，心理困厄与现实困境、经济与精神贫困、家庭关系不和谐与追求一夜暴富、情感障碍与自身弱点、在逃避与追求中冒险、市场经济的起伏，其中弱经济权利是关键因素，这些因素使被拐妇女形成了被人贩子利用的弱点和所面临的现实境遇，使其难以求助社会与实现自救；同时，研究者也开始重视外籍妇女儿童被拐卖到中国的犯罪特点及应对措施（向群，2015；杨志芳，2016）。

在打击拐卖妇女儿童犯罪方面，虽然中国法律、法规较为详细完备，但忽视了受害者安置、救助等方面；两个国家反拐行动计划及其实施细则开始重视预防、打击、解救、安置、救助等方面，并提出了相关要求，但内容大多原则性较强，过于笼统，缺乏可操作性（王锡章，2015）。国家反拐行动仍然面临着观念上的误差、立法上的欠缺和反拐力量凝聚力不强等若干问题（张训，2010）。在实际工作中，较少保障被拐人口的人权，如甄别、保护、帮助、赔偿受害者（刘国福，2010），没有有效的对买方市场打击的法律手段，买方市场屡打不绝，拐卖根源依旧没有根除，是反拐工作最大的难题（杨美珍，2011）。多年来，打拐工作始终没有摆脱公安机关单打独斗的狭窄局面，国际合作也面临着很大困境（祝燕涛，2006；杨志芳，2016），被拐人口安置成为一个两难问题，政府和家庭找回被拐妇女儿童，却找不回平静的生活；受经济发展水平、传统观念和所在家庭的影响，生活在买主家里的妇女与儿童可能更愿意留在买主家，这也给国家反拐行动提出一个反思（王金玲，2010；雨川，2011；和珊珊，2009）。因此，研究者和政府都建议要落实长效机制：1）预防层面。政府相关部门要向社会各界尤其是儿童重点拐出地进行防拐宣传教育，增强群众法制观念、防拐意识和能力，广泛发动群众积极参与反拐工作；加大对贫困地区的扶贫力度，提高贫困人口脱贫致富能力；教育部门要采取有力措施保障所有适龄儿童特别是进城务工人员子女和农村留守儿童接受九年义务教育，并将防拐教育纳入学校教学活动中，提高儿童自我保护意识；广泛宣传男女平等观念，给女性提供平等的受教育机会和就业机会，政府制定并且切实落实保护妇女权益的相关政策法规，推动社会性别平等的村规民约修订和培训，消除男尊女卑等落后观念，确保女性在农村平等享有土地承包、宅基地分配、土地征收补偿和集体收益分配的权利（葛燕林，2013）；卫生部门要加强打拐信息员队伍建设，履行打拐信息员职责，协助公安机关收集涉拐犯罪情报线索（王锡章，2015）；建立全国统一的失踪儿童信息管理防控平台，在相应的公共场所建立预警制度，运用预防和补救两个预警系统的跟踪以确保对走失儿童的双重保护。建立强有力的监管制度，保证孤儿、留守儿童等弱势群体免受拐卖。完善社会保障机制，政府主导建立孤儿收养、抚育制度，适当降低领养孩子的门槛，实现全国信息联网和共享，将出生医学证明作为户籍申报的必备条件之一；医疗卫生部门加强出生医学证明管理，实现出具出生医学证明署名制，明确医疗机构、医务人员、农村接生人员的法律责任，严惩为被拐儿童出具虚假出生医学证明的行为（叶熙昊，2016；黄玉梅，2016）。2）完善警方的打击拐卖策略。人口拐卖犯罪案件侦查中应着力建立和不断完善专业化建设机制、侦查协作机制、快速反应机制、多部门合作机制、信息导侦机制、风险评估机制，规范取证程序等，全面收集犯罪证据（姚家儒，2009；吴照美，2016）。公安机关还要加强 DNA 数据库的建设和完善（方伟超，2012）。成立和完善打拐专业队伍，提高侦查人员的学习能力，要确保有专项打拐资金，真正落实好科技强警，并树立大侦查概念，加强跨区域和跨国警务合作，积极落实“情报导侦”等措施（张小川、康馨宇，2016）。建立网络作战平台，真正实现“打拐”工作网络化。完善打击拐卖妇女儿童的相关法律、法规，把拐卖妇女儿童犯罪量刑起点增高，完善刑事立法，加大对买主的惩罚力度，遏制犯罪的“买方市场”（杨振旭、李浩然，2012）。3）救助与康复层面。公安机关要加强与民政部门的合作，妥善救助和安置被拐儿童，民政部门要加强救助管理站、福利机构等救助安置场所的软硬件建设，提升救助能力和水平，提供适合其身心特点的临时性救助和心理康复服务，并协助公安机关做好认亲工作，积极引入社会力量参与救助、协助安置查找不到亲生父母的被拐儿童，帮助他们回归家庭、健康成长。对于患病或受伤的被拐妇女儿童，医疗卫生部门要专门开辟绿色医疗通道，积极开展医护、康复工作。司法部门要积极为受害者及其家庭提供法律援助和司法救助；积极与公益组织、志愿者等合作，制定相关政策，鼓励社会各界为救助受害者提供资金、技术支持和专业服务等（王俊君、吕世辰、王小平，2010）。但是，这些研究与国外研究一样，基本没有考虑到受害者的需求，也很少验证或评估这些方法的有效性。

从总体上看，国内研究缺乏多学科之间的配合、实践部门与理论部门的合作，导致反拐实践经验不能及时总结，先进的研究成果和方法不能运用于实践。在研究对象上仅注意了犯罪者和受害者，忽视了复杂人群应有的多元性和多样性，多集中于以婚姻为目的的妇女拐卖和收养为目的的儿童拐卖，近年来尤其集中在后者，没有注意到政府部门包括公安机关，以及民间组织的介入，尤其是公安机关是反拐的主体部门，对其的研究不足，关于其他部门如何协调和配合的相关研究也较少，民间力量如何介入的研究也欠缺。实践部门与理论部门脱节，信息不对称，致使很多实践部门的做法得不到评估、证实/伪和推广，而理论部门的结论和建议缺乏对犯罪原因和弱势根源等实际情况、受害者具体需求的了解，其政策建议不一定符合实际，其反拐效果如何更是未知数。中国反拐工作的困境也与反拐研究的不足有一定关系。中国《反对拐卖妇女儿童行动计划（2008—2012年）》已经完成，《反对拐卖人口行动计划（2013—2020）》已经开始，各地结合自身情况也对反拐行动进行了不少探索，但是目前并没有对国家反拐行动的系统评估，各项政策的效果未知。研究成果多是规范性思考而欠缺实证研究（张远煌、林德核，2010；赵军，2009；戴宜生，2009）。近年来，一部分社会学学者开始注意到拐卖，比如王金玲教授（2008，2009，2014）10多年间一直致力于质性研究，获取了大量一手资料，对中国的拐卖及反拐做了深入的了解，并在理论方面有了较大的突破。但是，即使是注意到实证研究方法的学者，同样面临着数据和资料问题的困扰，很难与实践部门对接，因此无法准确评估拐卖人口形势和深入研究人口拐卖问题，长效机制也根本无从建立，不能有效保障被拐人口的权利。

1.2.2 研究意义

政策及现实意义。全球被贩运人口每年约有250万人（UN，2010），几乎100%是弱势群体（UN，2005）。人口贩运已成为仅次于军火和毒品的犯罪产业，且增长最快（UN，2000）。人口贩运是违背《世界人权宣言》的，人口贩运几乎侵犯了《世界人权宣言》的权利保护的整个领域。他们通过侵犯人权获取利益，最根本的是，他们不尊重这些权利。人口贩运不仅侵犯了被贩运人口生命和自由等基本人权，还危害公共健康，破坏人力资源，阻碍经济发展，危害社会和谐稳定，损害政府公信力，挑战国家主权，是一个在世界受到广泛关注的政策问题。受害者遭受心理伤害、营养不良和极端压力，有时会导致终身残疾或死亡，所有这些都将威胁到世界很大一部分人口的健康。作为一个公共健康问题可能影响无数受害者，人口贩运是一个不断升级的全球危机，同时，人口贩运对国家安全也会产生不利影响。人口贩运是有组织的犯罪，是一种跨国恐怖组织的资金来源。因此，人口贩运从根本上危及国家安全和国际安全（Suh，2013）。如今，反贩运已纳入当今国际人道主义议程，中国当前既是黄金发展期，又是矛盾凸显期，反拐对于保障弱势群体人权和维稳有重要现实意义。我们基于赋权增能理论，全面地了解和剖析中国国家反拐行动，评估国家反拐战略保护受害者的有效性，对进一步提高国家反拐行动的效果有积极的意义。

学术意义。本书从犯罪社会学的角度出发，依靠受害者因素理论和受害者化理论，探索受害者被拐卖的原因以及拐卖对其造成的伤害，以期改变他们这种生活环境，探求一种新的弱势群体权利保障方式，就是对被拐受害者赋权增能，有一定的学术意义。

1.3 本课题研究的主要内容、使用理论、研究框架及思路、研究设计、重点、难点

1.3.1 主要内容

1.3.1.1 当前中国人口拐卖的形势

探析中国妇女儿童拐卖的特点及根源，预防被拐，甄别被拐人口和罪犯。1）被拐人口。比较被拐妇女儿童的现状、被拐原因并比较原因的不同，以及拐卖对受害者造成的伤害，探索受害者的需求等。2）买方。从买方主体特征、购买目的等，探索加大买方市场打击力度及保障弱势群体权利的方法。

3）人贩子。从组织形式、拐卖手段、犯罪原因等方面比较人口拐卖犯罪的变化，把握其规律特点。

1.3.1.2 对中国反拐行动的评估

了解被拐人口权利保障程度和根除拐卖根源，必须评估反拐行动的成效（Hartl，2010）。1）反拐工作形势。政府反拐措施及影响因素，存在的优势及不足。2）公安机关的经验与困境。公安机关是反拐的主体，积累了大量经验，应该总结，但也存在问题，如何解决也应该探讨。3）多部门配合。反拐需要多部门相互配合，探究如何调动各地区、各部门的力量，形成反拐的整体合力。4）民间力量参与。发动群众，加大对民间组织的合作与支持。

1.3.1.3 国家反拐的政策路径

反拐行动既要注重法律支持，更要注重弱势群体的权利保障，制定反拐政策要注意：被拐根源与反拐行动的结合，打击犯罪与权利保障的结合，救助与康复的结合，行政法规与刑事法规的结合，传统反拐方式与现代反拐方式的结合，政府与民间组织的结合，公安机关与其他政府部门的结合，买、卖地政府的结合，国际与国内的结合等。

1.3.1.4 健全反拐长效机制

从打击犯罪和权利保障两方面探讨如何建立和完善“集预防、打击、救助和康复为一体的反拐工作长效机制”，更好地保障弱势群体的权利。

1.3.2 使用主要理论与研究框架

1.3.2.1 使用主要理论

（1）人口贩运供需理论。

人口贩运供需理论（Demand and Supply）认为，人口贩运的过程一直受以下因素影响：1）供给因素包括：受害者；影响受害者的其他人（如家庭成员等）；2）需求因素包括：人贩子（如招聘、转运等贩运组织者）；受害者的雇主（如“性工作”的组织者）；受害者和服务的最终用户或买主。Hughes（2002）认为，重要的是要确定“需求”的定义，并描述其每一个组成部分，以便制定相应的政策和法律来应对。在她的研究中，“需求”有四个组成部分：一是购买商业“性行为”的人；二是性产业剥削者；三是法律、政策和行业在目的地国家或城市的尝试；四是文化、嫖娼卖淫合法化。应该指出的是，性工作的组织者可以是供给因素，当被贩运受害者保持在中间环节，他们又成为贩运的需求因素（Incidinilo，2005）。

（2）赋权增能理论。

为了保障被拐人口的合法权益，我们使用了赋权增能（Empowerment）理论。该理论诞生的重要标志是Solomon在1976年出版的《黑人赋权：受压迫社区中的社会工作》这一先驱性著作。Solomon在该书中指出，要摒弃美国黑人长期以来遭受的不平等待遇，缓解由于社会不公给黑人带来的无权感，消除对黑人的种族歧视，应该强调黑人本该享有的权利，鼓动社会工作者积极参与保障黑人自我权利的活动，以此来提高黑人自我效能感和参与社会改革的主动性。关注弱势群体赋权是早期的赋权增能理论开展相应社会工作的两大主题之一，这刚好与本书的研究主题一致。阿马蒂亚·森（2002）指出，个人的可行能力会严重地受到经济、社会、政治等方面的影响，对此有必要强调政府和社会创造稳定外部环境，以便发挥个人可行能力，更重要的是，提高弱势群体的自身能力，通过自身努力摆脱困境。我们使用赋权增能理论来分析人口拐卖问题，给予该理论一个全新的视角和理念。

所谓“增能”，是指为了挖掘主体自身潜能，主体要与外在环境积极互动，在此过程中获取外界力量，提高掌控生活的能力和运用社会资源及机会的能力，从而改善生活条件；而“赋权”，是指通过充实主体运用社会资源的权利，以获得掌控自身相关事务的力量，激发主体的权利意识，从而提高主体应对不利外在环境能力的过程。社会工作学界普遍认为，最为重要的两大原因造成弱势群体的弱势：其一，弱势群体自身缺乏应对不利外在环境的能力，或尚未挖掘和激发个体自身潜能，致使在社会生活中出现困境；其二，在现行社会制度框架内，弱势群体被人为地区别对待，丧失了应有的基本权利和福利保障，或在应对社会各方面的挑战时，很难调动环境资源来提升个体的抗逆力。该理论的基本前提是主体拥有的权利和潜能是变化和发展的，主体无能或弱权的地位状况通过努力可以改变，社会环境中存在直接或间接的障碍也可以改变。因此，弱势群体可以在外界适当的协助下提升权利和潜能获取社会资源，最终改善生活状况（范斌，2004；唐惠敏、姚胜南，2014）。

（3）文化失范理论。

文化失范理论（Anomie Theory）认为（特纳，2006），越轨行为是由社会制度化手段和文化目标之间的冲突导致的。社会文化为社会成员提供了奋斗目标和实现目标的正常制度化手段，但却不可能为每个个体提供实现目标的正常制度化手段，个体有以下五种适应途径：1）遵从，指认同社会文化目标，遵循制度化手段；2）创新，指认同文化目标，但不遵循制度化手段，而用创新方式去获得文化目标；3）形式主义，指行为目的只是遵循制度化手段，不在于获得文化目标；4）退隐主义，对文化目标和制度化手段都不认同；5）反抗，指创立新的文化目标和制度化手段来替代现有的（见表1–1）。

表 1–1　行为类型的文化目标与制度化手段

行为类型	行为类型	制度化手段
Ⅰ遵从	+	+
Ⅱ创新	+	–
Ⅲ形式主义	–	+
Ⅳ退隐主义	–	–
Ⅴ反抗	±	±

只要文化目标与制度化手段之间有矛盾，就会产生越轨，因此在上述五种适应模式中，除第一种模式外，其余都有不同程度的社会越轨。

（4）个人被害因素理论。

为了研究为什么有些妇女儿童更容易被拐卖，我们使用了个人被害因素理论。传统犯罪预防理论主要是围绕消除犯罪人的因素，但实践证明这条道路收效甚微。犯罪被害人学兴起以后，从犯罪被害人的角度预防被害以控制犯罪，受到越来越多的关注。个人被害因素理论是被害预防理论中重要理论之一，这种方法是在研究被害人各种被害因素的基础上，主要是通过消除被害人的刺激性因素，以及改变被害人的脆弱性来预防被害的可能性（陈博，2014；王延君，1990），与赋权增能理论有很大的相通之处。

该理论主要是由美国罗格斯大学被害学学家史帕克斯（R.F.Sparks）提出的，核心观点是被害人具有导致被害的相关因素，这些因素包括以下几类：1）激发或挑惹因素，是指潜在犯罪人首先遭到被害人的攻击，导致犯罪人对其反击。2）煽动或加害因素，是指犯罪人感到了来自被害人的切实威胁，致使其对被害人侵害。3）促进因素，是指由于被害人自身的无知、故意、暧昧等行为，引发犯罪人对其实施加害。4）弱点或诱发因素，是指由于被害人的生理、心理以及所处的社会环境存在弱点，容易被犯罪侵害，但与促进因素不同的是，不存在被害人的主观刺激行为。5）合作因素，即被害人与犯罪人之间有合作关系或共同犯罪行为，但因为这种行为是犯罪行为，致使参与这种犯罪行为的当事人被看作被害人。6）吸引因素，是指被害人有一些明显因素，足以导致犯罪人对其进行犯罪侵害。7）机会因素，即被害人存在犯罪人对其实施犯罪侵害的可乘之机。8）免罚因素，被害人出于各种因素不愿报警，犯罪人没有得到应有的惩罚，使犯罪人对被害人的侵害更加肆无忌惮（李帅，2013）。

（5）被害人化理论。

被害人化理论是日本著名学者宫泽浩一提出的，该理论认为，自然人、法人在遭受犯罪行为的侵害后，被害后果可能并不会随着犯罪的结束而终止，可能是一个不断恶化的过程，这个过程一般具有三个阶段：

首次被害（Primary Victimization），是指由于受到犯罪侵害而遭受直接的身体物理性损害、财产的物质性损失以及心理的精神性损伤。第二次被害或再次被害（Secondary Victimization），是指在首次被害后，由于亲戚、朋友羞辱性或冷漠的表达、案件的反复公开重现以及刑事司法程序对被害人进行的强制性被害重述等负面的社会或群体反应，使被害人受到进一步侵害，刑事司法程序所造成的“二次被害”是主要表现。第三次被害，是指被害人在心理上自我谴责或摧残的过程。第三次被害是被害人被害后心理发展的一个重要时期，由于被害人自我封闭，外界良性因素的介入缺乏，其心理发展往往形成螺旋式的恶性循环：自责—孤独—自卑—绝望，发展到最后，可能会出现以下两种结果：一是个人复仇。被害人不信任政府和法律，对依法保护自己的权益不抱任何幻想，热衷于通过个人报复满足心理需求；二是自我摧残（甚至崩溃）。随着精神孤独的逐渐增强，被害人心理承受能力日趋极限，如果得不到缓解，势必会走向精神崩溃边缘，甚至最终走上绝路。

1.3.2.2 研究思路与框架

人口贩运犯罪问题必须从刑法角度解决，贩运受害者也必须从人权的角度解决，已经得到全球共识。犯罪是一种复杂的社会现象，当犯罪原因出现变化时，犯罪预防策略也应发生转变，特别是因对犯罪原因的认识和研究重点变迁，犯罪预防的重心也会发生转移。犯罪原因与犯罪预防之间关系的基本原理，决定着犯罪预防策略的变化（王焱，2016）。创造一个有利于反贩运的环境，或摸清为什么有些人更容易被贩运，了解哪些人容易成为人口贩运的受害者，这些都是有意义且必不可少的预防犯罪设计的前提（Pharoah，2006）。另外，如果我们不能真正理解人口拐卖的原因和影响因素，很难从根本上惩治源源不断的人贩子和防止他们对受害者的侵犯，保障受害者的权益和帮助受害者康复。服务的规划和购买时以需求为导向的，服务的规划与采购应依据个人需求的准确评估和服务效果的个人期望（Abarshi et al.，2010），由于弱势群体缺乏权利意识，不可能准确地提出自身需求，我们使用被害人化理论探求拐卖对受害者的影响，以研究其主客观需求。在相互交织的因素中理清现代人口拐卖的结构，弄清拐卖犯罪发生的社会原因，对症下药，多管齐下，将有利于促进国家成功实施反拐行动。

在此研究思路的指导下，我们在评估国家反拐行动时，需要通盘考虑政策执行者、政策受益者与政策牺牲者三方面的利益，把供（受害者）需（买主）结合起来，同时考虑到联系供需市场的中间环节（人贩子），首先分析被拐妇女儿童的被害人化因素，找出受害者被拐的原因，以及拐卖对受害者及其家人的伤害，受害者及其家人的需求，并通过越轨理论研究人贩子和买主犯罪的社会背景，在贩运供需理论的大框架下分析中国人口拐卖形势和探究拐卖根源，使用被害人化理论探求拐卖对受害者的影响，以研究其主客观需求。基于这些研究评估中国国家反拐行动计划的各项政策，探究国家反拐行动中存在的问题及原因，然后借鉴国内外经验，围绕以“受害者为中心”的方法，研究国家反拐计划的政策路径，通过打击犯罪和买主来缩小买方市场，通过赋权增能缩小卖方市场，建立预防—打击—救助—康复的长效机制，从而更加有效地保障弱势群体的权利（见图 1–1）。

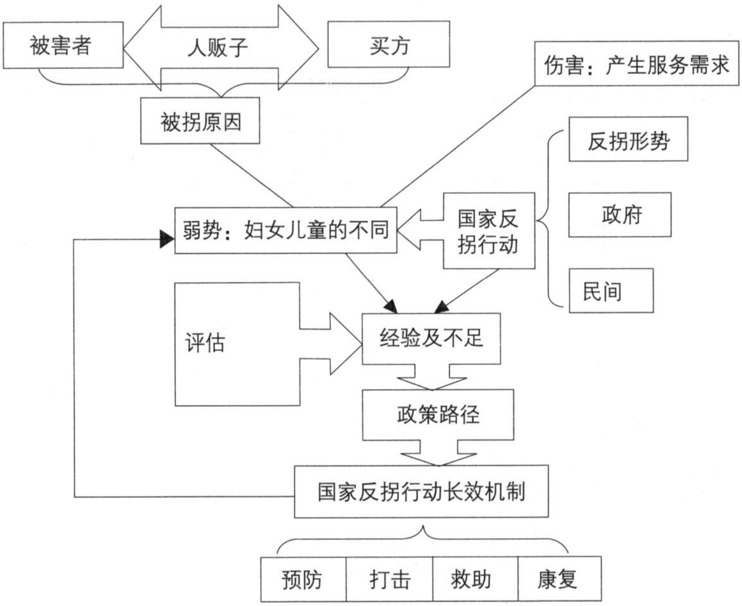

图 1–1　本书的研究内容框架结构图

鉴于妇女和儿童是具有不同意义的行为主体，妇女是有自我意识的成年人，被拐原因及拐卖带来的伤害不同，其显现的弱势也不同于儿童，决定了对妇女儿童的研究方法也不同，因此，我们的研究框架还应考虑到妇女与儿童的区别与联系。

1.3.3 研究设计

根据公共政策评估的模型与方法选择本书的研究模型和方法。

1.3.3.1 研究模型

公共政策评估标准可能是学术界争论最多的问题之一（王瑞祥，2003）。瑞典学者 Vedung（1997）针对政策评估标准问题，归纳出 10 种模型，主要包括目标获取模型 (goal–attainment model)、侧面影响模型 (side-effects model)、自由目标评估模型 (goal–free evaluation model)、综合评估模型 (comprehensive evaluation model)、用户导向模型 (client–oriented model)、相关利益人模型 (stakeholder model)、政策委员会 (policy commissions)、生产率模型 (productivity model)、成本—效果模型 (cost–effectiveness)、成本—收益模型 (cost–benefit)、同行评议模型（peer review）等。对于反拐这个专业性非常强的政策来说，必须根据专家意见制定特殊的评估标准，不能简单地套用一般的评估准则，因此我们在这里使用相关利益人模型。“相关利益人”的本意是在一个企业或商业活动中拥有投资份额、股份或其他相关利益的个人或组织。该模型具有较大优点：首先，评估者往往对一项政策所涉及专业知识知之甚少，必须通过与相关利益人的交流解决这一难题，否则会给评估工作带来很大困难。其次，该方法不囿于既定的政策目标，而是综合考察政策制定、实施过程中涉及的各种因素，故而最大化地反映实际情况。最后，该方法有利于了解相关利益人的需求和关注点，能反映各方面的意见，政策建议也最易于操作，因而应用价值较高（王瑞祥，2003）。

我们尝试使用反拐中各相关利益方进行评估，但是如何定义政策评估活动中的“相关利益人”正是该模型难题之一，研究者多采用列举办法来解决（王瑞祥，2003）。表 1–2 列出了政策制定、执行及政策评估过程中的相关利益人，但到底哪些个人或组织属于“相关利益人”并无固定答案，我们可以根据拐卖犯罪中具体情况和反拐具体需要来判断。Vedung（1997）专门就瑞典和北美的评估方法的操作方式做了说明：在瑞典，相关利益人组成“特别政策委员会”(ad hoc policy commissions) 对政策自行评估；在北美，则由评估专家做评估，相关利益人仅是访谈对象。本书采用北美的评估模式，基于该原则，提出了反拐的相关利益人（见表 1–2）。

表 1-2　政策制定、执行过程中的相关利益人

相关利益人	解　释	反拐相关利益人	相关利益人	解　释	反拐相关利益人
Citizenry 公民	在国家政治系统中有权选举各级决策者的公民	被拐妇女儿童及其家人	Local Agency 当地管理部门	负责政策传达的基层管理	各级公安机关
Decision-makers 决策者	负责决定各种政策是否要制定、继续实施、中止、暂缓执行或取消的政府官员	国家反拐工作部际联席会议	Street-level Bureaucrats 社区基层干部	负责政策传达的一线负责人（通过当面宣讲、电话、邮寄等方式直接将政策传达给群众）	社区民警
Political Opposition 不同政见者	对某项政策持不同意见的人	人贩子	Clients 用户	政策的调节对象（如业主、厂商等个人或组织）	买主
National Agency Managers 国家一级的主管官员	负责政策实施的国家高级官员	公安部	Neighboring Agencies 交叉部门	政策实施所牵涉的其他政府机构	反拐工作联席会议成员单位
Program Directors 具体主管官员	具体负责政策实施的国家中层官员	公安部刑侦局打拐办	Program Competitors 竞争者	与政策执行部门竞争有限资源的机构	公安机关非刑侦部门
Regional Agency Managers 地区主管官员	某一地区负责政策实施的主管官员	公安机关刑侦部门	Contextual Stakeholders 大环境中的相关利益人	实施一项政策的大环境所牵涉的组织、团体、个人及其他单位	志愿者、群众
Private Intermediaries 独立中介机构	对于政策实施，在某方面负有责任的非政府组织	反拐 NGO 组织	Research Community 学者	从事政策相关内容研究的学者	反拐研究学者、律师

1.3.3.2 研究方法

从定性与定量两个角度，西方政策评估方法分为规范本位和实证本位两个层面，前者结合了常用社会调查研究方法，主要从价值角度分析复杂而难以量化的政策议题；后者则主要从事实角度运用数理分析方法和统计模型，对政策效果进行相对精确的测量。20 世纪 80 年代后，第四代政策评估技术注重主观衡量和价值判断，前者受到青睐。规范本位政策评估方法，一方面，承认社会中存在的多元价值观，重视对政策制定与评估者、政策受益者与政策牺牲者等政策利害相关者内心感受的回应，主要包括他们对政策评估的声

明、关切和议题（Claims，Concerns & Issues）等；另一方面，它突出评估者的中立角色，要求保持评估环境的中立性、完整性和自然性，评估者必须避免先入为主的偏见，通过诠释辩证的协商过程，与政策利害相关者建构良好关系。该评估方法主要包括深度访谈法、参与观察法、非介入性研究方法、案例研究法等（李德国、蔡晶晶，2006；House，1980）。政策评估方法作为评估模式的一部分，其选择与政策有直接联系，政策内容和行业性质决定评估内容和分析对象，同时由股东权益和项目设计确定评估问题，并针对不同的分析对象设计询问模式，最终确定最合适的评估方法（孔婕，2010）。人口拐卖研究领域一个主要挑战是如何获得与拐卖相关的可靠和可比较的数据，反拐行动计划的评估是基于定性而非定量的方法，定性数据能够更深入了解因果关系的过程，往往会更加可靠（Rossi，1993），因此我们主要使用第四代政策评估技术，依据联合国毒品和犯罪问题办公室（2008）编写的《打击贩运人口活动工具包》以及中国政府出台的两个国家反拐行动文件设计访谈提纲及问卷，重视政策利害相关者的内心感受，中国妇女儿童拐卖的政策相关者主要包括受害者、相关政府部门、人贩、买主等，为了制订相应的援助和被拐幸存者的治疗方案，需要专家和非政府组织（NGO）的实践知识。结合拐卖资料，我们针对不同的研究对象选择不同的研究方法（见表1–3）。

表 1–3　本书的研究方法

<table>
<tr><th colspan="2">内容</th><th>方法</th><th>资料来源</th></tr>
<tr><td rowspan="3">拐卖人口的犯罪形势</td><td>被拐妇女儿童</td><td rowspan="3">深度访谈法、内容分析法、统计资料分析法、案例研究</td><td rowspan="3">深度访谈法、内容分析法、统计资料分析法、案例研究</td></tr>
<tr><td>罪犯</td></tr>
<tr><td>买主</td></tr>
<tr><td>反拐行动评估</td><td></td><td rowspan="2">深度访谈、参与观察法、案例研究</td><td rowspan="2">二手资料，深度访谈公安部打击拐卖妇女儿童犯罪办公室、买卖地的公安机关以及其他相关政府部门、反拐NGO人员、打拐志愿者和被拐人口等</td></tr>
<tr><td colspan="2">政策路径</td></tr>
<tr><td colspan="2">长效机制</td><td>深度访谈、案例研究</td><td>总结国内外反拐经验，调查联合国及NGO的反拐项目，访谈政府官员、反拐NGO人员、专家等</td></tr>
</table>

（1）深度访谈法。

深度访谈法，是指对不同的人，针对某项议题进行访谈。该方法将访谈过程视为“交谈事件”，更强调“访问者”与“受访者”共同进行意义建构，评估资料的来源就是访谈过程中激发的各种观点。因此，“受访双方持续的互动”是“深度访谈”后的政策评估结果。为了实现研究目标，我们考虑了不同的政策利害相关者编写了访谈提纲与问卷（见附录）。

我们首先按照供需关系将买入地和卖出地做了区分以进行深度访谈。在公安部刑侦局打拐办的支持下，我们在北京、广东、福建、河南、河北、云南、浙江等地做了调研。其中，广东、福建、河南、河北是买入地，云南是卖出地。在这些地方，除了调研公安机关外，我们还访谈了服务提供者、民政部门、妇联部门、被拐卖的妇女儿童。服务提供者主要包括福利院以及非政府组织（NGO）。NGO 主要包括联合国机构间湄公河次区域反对拐卖人口项目组、宝贝回家志愿者协会、随手公益之家、建林寻子网等。在 2014 年中欧警务培训项目打击拐卖人口犯罪培训班上，对参加培训的 34 名各省、市、自治区的打拐警察召开了座谈会。

即使我们在收集数据前已经确定了需要怎样的标准，但仍然没有解决原始数据收集所面对的主要挑战：许多受害者不希望被确定为受害者；很多人不愿意告之被性剥削或者卖淫的经历。她们竭尽全力为自己被拐卖的经历保密，甚至对自己的家人也守口如瓶（Brunovskis & Tyldum，2004）。因此，收集拐卖人口数据的一个主要挑战就是：说服受访者对一个陌生人讲述他们的被拐卖或被性剥削经历。在一般情况下，这样敏感的问题只有我们通过更长期的感情投资和反复考察以及与被访者建立信任和融洽的关系，才是产生可靠数据的必要条件；另外，开展对被拐卖人口的实证定性研究的主要障碍之一是接近受害者，因为其中有个显而易见的困难，就是不能在他们还在人口拐卖者（人贩子）手中时开展研究，这不仅不太可能而且相当危险，所以我们主要访谈的是一些被解救的妇女。在收集数据过程中，一方面，招募访问员在家乡收集被拐案件，由于访问员在家乡的社会网络使受害者更容易相信并告知实情，并通过公安机关核实这些案件的真实性；另一方面，主要是访谈在救助站的被拐妇女。我们访谈的被拐妇女一共有 14 名，其中外籍妇女3名，救助站的妇女4名。由于被拐孩子涉及性剥削的很少，也期望回归原生家庭，很多家长也没有放弃寻找被拐孩子，所以我们曾计划对他们进行问卷调查，但是调查出来的问卷缺失太多，我们就以问卷为蓝本访谈了被拐卖孩子和家长，孩子和家长各30名。

对于买家，我们尝试访谈被拐人口中已经被解救的，但无一例外被拒绝，后来以“隐藏介入”的方式访谈了18家收养孩子的家庭，其中广东9家、福建4家、河南2家、河北2家、江苏1家。这些家庭坚决否认自己收养的是被拐孩子，当然有可能是真的不知道孩子是被拐而来的，但承认是非正规渠道收养的。对于被拐妇女的买家，无论通过何种方式进行调查，都没有获得成功。妇女被解救走的家庭极端不配合，而没有被解救走的家庭，都以各种方式办了结婚证，使得我们没有渠道介入调研，所以我们在调研被拐妇女时增加了买主的相关信息，以被拐妇女的视角看待被拐家庭，可能更具有真实性。

我们加入了人贩子的信息。我们尝试在青海、甘肃两个监狱访谈7名人贩子，但是效果并不理想。众所周知，人贩子对于访谈提纲几乎是采取回避的态度，多以“不清楚”“忘记了”“不知道”来搪塞。因此对于人贩子的相关信息，我们主要通过典型案件的卷宗和对警察的访谈来了解。我们还访谈了20余名志愿者，包括全国人大代表“宝贝回家”网站创始人张宝艳女士、反拐律师张志伟先生和民间打拐英雄魏继中先生等，因为志愿者只是参与某一方面反拐活动，我们没有编制专门的调研提纲，主要是以非结构化访谈为主。

（2）参与观察法。

参与观察是评估者从情境以当事人的角色，亲临现场直接观察一种活动、行为、现象、政策进程等，理解其中所蕴含的整体意义。在拐卖研究中，受害者和利益相关者的叙述是很重要的，但同时需要增加访谈者的细致观察和判断，因为人们往往言行不一致，也许有谎言掺杂其中，对访谈者的观察太有必要了，所以我们使用了参与观察法。在各地调查时，我们参观了20家公安打拐单位和近10家福利院，并且我们组加入了许多寻子/家群观察，“宝贝回家”志愿者协会拥有的失踪儿童、家长、志愿者、警察交流的QQ群，

“随手公益”QQ 群等，通过 5 年多的观察，收集了大量一手资料。公安部与“宝贝回家”网站建立了打拐合作机制，为了充分利用社会力量，更好地与“宝贝回家”志愿者合作，公安部特别指示，全国各省、自治区、直辖市的公安机关都要派驻专职的打拐负责人到“宝贝回家”QQ 群，与这一公益组织建立了长期、稳定的打拐合作机制。目前，已有超过 400 名的公安打拐专职人员加入了“宝贝回家”的公安部打拐工作 QQ 群，直接与“宝贝回家”网站的工作人员及志愿者对接，处理有关被拐寻亲的各种事情，“宝贝回家”网站和“随手公益”都建立了失踪儿童、家长、志愿者 QQ 群，作者以志愿者的身份加入其中。

（3）非介入性研究方法。

非介入性研究方法，是指为了保证评估的精确性和中立性，评估者不介入政策评估过程，通过观察或测量其他事务得到资料用来佐证评估结论，主要包括内容分析法、统计资料分析法和历史研究法等。内容分析法是政策评估时，将定性研究素材转化为量化资料的一种方法，其数据主要来源于大众传媒的记录；统计资料分析法是使用官方或准官方的统计资料进行政策评估；历史研究法是在现代生活中对历史数据加以研究。对于拐卖人口，已收集到的信息绝大部分来自二手资料、人口拐卖受害者和从事打击人口拐卖犯罪工作的人（如执法者、受害者服务人员）。目前，对于人口拐卖程度的知识主要来自两个数据来源：执法记录和受害者服务机构的记录。执法机构非常适合收集和报告有关犯罪的信息以及提供受害者和罪犯的标准化信息。因此，在本书中除了使用公安部刑侦局打拐办、公安机关及服务机构提供的资料和数据外，还使用了“宝贝回家”网站的登记数据以及受害者所写的微博等。“宝贝回家”网站隶属于“宝贝回家”志愿者协会，是我国吉林省一个著名民间公益网站，它自成立起就致力于帮助失踪儿童找回家人、协助被拐儿童的父母找回孩子。目前，有越来越多的打拐志愿者加入打拐阵营中，全国各地志愿者有近 24 万之众。各省市都有志愿者不定期组织相关公益活动，“宝贝回家”志愿者协会已跻身国内最具有公信力及影响力的公益组织之列。“宝贝回家”志愿者协会建立了“宝贝回家”网，这是一个信息交流平台，截至 2015 年 4 月，其网站信息包含家长寻子的 17140 条，宝贝寻家的有 13120 条。

孩子类型包括走失、收养、遗弃、被拐等，但是大多数数据并不能做深度分析，我们将数据进行了清理，发现有 5007 条家长寻找被拐儿童的，有 4612 条被拐儿童寻找父母的，信息主要包括被拐儿童的性别、年龄、被拐时间、被拐地点等。这些案例都是被拐儿童或者家长自己填写到网站，同时又经过网站工作人员或志愿者核实的，保证是真实的被拐，我们将这些登记材料量化（见附录八、九），主要使用定量研究方法分析。在此尽管中国《刑法》规定儿童是 14 周岁以下的未成年人，但是依据数据和实际情况，我们将被拐时 16 周岁以下的未成年人都计入儿童。我们还使用了统计资料分析法，在各地的调研中，收集了当地大量的相关数据和资料，其中收集和参考了 73 份案宗，必要的还访谈了相关办案人员，以保证资料的真实性。分析软件使用的是 Stata12.0。

（4）案例研究方法。

案例研究方法也是政策评估的重要方法之一。案例研究方法是综合运用历史数据、档案材料、访谈、观察等多种数据和资料的技术与手段，系统地、综合地描述和分析某一背景下的特定社会单元（个人或团体组织）中发生的典型事件的背景与过程，在此基础上进行解释、判断、评价或者预测。该方法所得出的结论不依赖于抽样原理，采用“分析性概括”，而非“统计性概括”的方法，其有效性更多地依赖于在理论指导下对资料的分析（王建云，2013）。我们的研究案例主要包括为了突出报告的特殊和适用性，我们专注于具有一般性、连贯性和特殊性的人口拐卖案件，寻找和定位影响较大的人口拐卖案件为典型案例，凡是本书使用的人口拐卖案件，除了公安部挂牌督办案件外，其他案件都通过相关公安机关做了进一步核实；国家反拐行动中，各地都对妇女儿童的权利保障进行了探索，有了较为成功的经验，我们将其视为典型案例，观察政策方案与执行结果之间的关系，将其经验完善和提升；我们以志愿者的身份还参与了一些反拐案例，也被收录。

对于研究时依旧是未成年人的被拐儿童，由于未成年人缺乏一定明辨是非的意识和评价能力，对其的研究方法集中于案例研究方法和非介入性研究方法，深度访谈则多侧重于家长、警察和志愿者等。

1.3.4 重点、难点

1.3.4.1 重点

查明妇女儿童拐卖根源和甄别被拐妇女儿童。鉴别被拐妇女儿童和根除被拐根源，是保障被拐人口权利的治标治本之法，也是目前中国国家反拐行动中面临的重要问题，本书重点研究被拐妇女儿童被拐的根源及甄别办法。

打击犯罪与权利保障的结合。要根除拐卖根源，打击犯罪必须结合扶贫、教育、性别平等和社会参与等政策。如何将打击犯罪与权利保障相结合，整合各部门来保障弱势群体的权利是本研究的另一个重点。

1.3.4.2 难点

正如 Tyldum and Brunovskis（2005）指出，研究人口贩运问题的突出困难是，我们面对的是“隐藏的人群”。社会上还有很多事实上的人口拐卖犯罪没有被发现，即隐藏犯罪，仅采取社会科学经验研究中常规的调查方法，很难获取真正有价值的信息，调查隐藏人口、隐藏犯罪是本研究的难点。此外，我们考虑到由于人口拐卖定义不一致的问题对研究“拐卖”这个问题造成的困难。

2 当前中国妇女儿童被拐卖的现状

2.1 被拐妇女儿童数量

2.2 被拐妇女

2.3 被拐儿童

2.4 人贩子情况

2.5 妇女儿童的不同

近年来，中国政府相继出台了两个国家反拐计划，严厉打击拐卖人口犯罪活动，以实际行动证明中国政府坚决反对任何形式侵害妇女儿童权益的行为。但是，受到各种消极因素的影响，拐卖犯罪在很多地方死灰复燃，并呈现出越来越多的犯罪组织化、手段多样化的特点，反拐形势依旧很严峻。在众多的妇女儿童拐卖犯罪案件中，除了一直都比较猖獗的拐卖妇女卖为人妻、非法收养被拐儿童外，现在强迫被拐妇女卖淫或从事性服务的恶性案件增多，一些家庭出卖自己的亲生子女，也占到较高比例，体现了拐卖犯罪的新形势和新变化。

政策评估重视政策制定与评估者、政策受益者与政策牺牲者等政策利害相关者内心感受的回应，按照贩运的供需理论，本章主要关注买主、受害者、人贩子三类利害相关者，结合个人被害因素理论、被害性理论和贩运供需理论，讨论中国不同的拐卖形式、受害者被拐根源及给他们带来的伤害。被拐卖有多种因素，但究竟是什么原因使得个人处于被拐卖的弱势状况？研究中最通常的假设是：贫穷和缺少教育是导致拐卖产生的基本因素，但事实上还有很多其他原因。在不同的地方，不同的因素均可增加被拐卖的风险。最重要的是，人口拐卖的情况是复杂的，占主导地位的文化习俗、家庭结构、社会支持系统和社会的封闭或开放性，都可能影响反拐的形势和努力。反拐还需要我们深入了解“拐出地”和“拐入地”的社会背景，必须准确把握人贩子、中介人、受害者及其家庭、买主及其家庭的生存状况、需求和心理特征。我们仍然缺乏有关结构性因素的知识，创造一个有利于反对贩运的环境，或摸清楚为什么有些人比其他人更容易被贩运，了解哪些人容易成为人口贩运的受害者，这些都是有意义且必不可少的预防贩运设计的前提（Pharoah, 2006）。另外一个需要解决的重要问题是：为什么同样是心理脆弱性相似的人，只有一部分会被贩运而其他人却不会。在探索受害者的脆弱性时，人口贩运对受害者的生活产生何种影响也需要做进一步探索，以便更好地保障受害者的权利（NHRC-UNIFEM-ISS, 2004）。因此，为了建立全面和有效的反拐策略，本部分研究的基本问题是：为什么有些人更容易被拐卖；是因为他们具有容易被拐卖的性格缺点，还是他们心理的脆弱性，还是由于缺乏家庭和社区支持；或是他们心理的脆弱性塑造了他们的个人特色；为什么心理的脆弱性会影响某些人的动态，他们是什么时间或如何呈现弱势；“拐出地”和“拐入地”的社会背景是什么，受害者的需求和心理特征也是我们关注的重点。

2.1 被拐妇女儿童数量

在过去的10年里，全球人口贩运的受害者数量已经受到广泛关注（Belser, Cock & Mehran, 2005; US State Department, 2007），针对大量媒体的关注和积极游说，政策制定者要求按照人口贩运受害者的规模拨款和实施监控政策。中国到底有多少妇女儿童被拐，这也是多方关注的问题。但是，统计人口贩运的受害者数量通常非常困难（Ronald, 2014），因为人口拐卖犯罪是隐藏的；受害者不愿意承认自己是受害者，或担心遭到报复不愿意起诉人贩子。

在中国全国范围内，从1991年开始，公安部先后组织过5次打拐专项行动，2001—2005年又在广西、四川、河南、湖北等重点省、自治区多次开展区域性打拐专项斗争，取得了一定成效。在警方长期的高压打击之下，进入2000年以后，拐卖妇女的案件有所减少，但儿童拐卖案件开始频发高发，并且多发于少数民族聚居区，一直到2009年，人口拐卖犯罪呈现高发态势，这一年也是儿童拐卖的高发期（佟亮，2012）。在这种情况下，公安部于2009年4月起又一次开展了全国打拐专项行动，与此同时，加强与国际社会反拐合作，全面加大打击妇女儿童拐卖犯罪的力度，有效遏制了拐卖犯罪势头，战果也颇为丰硕：全国共破获拐卖妇女案件16137起，拐卖儿童案件11777起，打掉7025个犯罪团伙，刑事拘留49007名人贩子；解救被拐儿童18518人，解救被拐妇女34813人。但是，中国到底有多少妇女儿童被拐，到目前为止还没有很有说服力的官方数据，对受害者的数量估计显示了巨大的差异。据联合国儿童基金会公布的情况，中国官方统计，中国境内每年约有 1 万名妇女儿童被拐卖，其中儿童（主要是 5 岁以下的男孩）约占 10%；但美国国务院却认为在中国这一数据在 2 万人左右；一些独立机构统计的数据更高，认为每年中国被拐卖儿童的人数达 7 万多（Custer，2013）。据《南都周刊》2009 年报道，据不完全统计，中国每天就有至少 192 名儿童被拐卖，而能够找回的却只有 0.1%。甚至还有人认为，考虑到不可避免的“隐藏犯罪”（任何社会被破获的犯罪都只是实际发生犯罪的一部分），中国大陆被拐妇女儿童数恐怕比上述数据还要高得多。中国最大的寻子网“宝贝回家”网站，现在已经登记了近 7 万例失踪儿童，可是“宝贝回家”只是个民间组织，很多人对其并不了解，所以，在网站上登记的数据也只是失踪儿童的一小部分。公安部公布的打拐专项行动解救了 8 万多名被拐儿童，这些孩子当中，只有几十个在“宝贝回家”网站上登记过。所以，“宝贝回家”网站上的数据应该与实际数据还有很大的差距，这个数量可能至少要上升几十倍，正如当年张宝艳女士所说：“我国的被拐儿童应该是以数十万计。”

从总体上看，这些数据尽管说法不一，但都是通过个别统计做出的大致估算。目前，媒体和研究者引用较多的“20 万”儿童被拐或失踪的数据来自中国之声《央广夜新闻》2013 年的一个报道，“根据不同的统计数据，中国每年的失踪儿童至少在 20 万人左右，而能够被找回的也只占到 0.1%”，但是并没有给出详细的计算过程和依据。另外一个数据给出了计算过程，2006 年 9 月，《南都周刊》在一篇相关报道中列示了一份名单，这份名单包括总共 518 名历年失踪儿童，他们主要来自云南、贵州和广东等三省。记者根据名单一一打电话核实，确认其中只有 31 名孩子找到家。因此《南都周刊》认为，如果按照 10% ~ 20% 的破案率来计算，推算中国每年大概应有 3 万～ 6 万名儿童失踪，而 10 年积累下来就可在 20 万名上下。这其中当然也包括很多自己离家出走的孩子，但相当大比例的还是被拐儿童。一石激起千层浪，这一说法引起了全社会的广泛关注。以“每年有 20 万儿童失踪”为主题或内容的帖子、评论充斥网络，引起阵阵恐慌。但是，也要看到，这种计算方法是典型的“缺乏透明度，从几例案例外推来确定大规模受害者数量”，“10% ~ 20% 的破案率”也没有任何依据。为了消除人们的恐慌，公安部刑侦局副局长、刑侦局打拐办原主任陈士渠（2013）对此回应称："这些数字纯属谣传。目前如果有儿童失踪或被拐，家长基本都发微博，会有网友立刻转发给我，但大家可以看看我的微博，发案并没有那么频繁。媒体发布数字应切实负责，先核实数据真伪再发布信息，不要误导社会大众。尤其是近年严打之下，发案较少，该数字严重失实。"

很多寻子家长和志愿者都反映，受害者数量是一个值得全社会关注和思考的问题，更值得全社会共同努力，我们不应当鼓励缺乏真实数据的传播行为，同时希望有关部门尽力发布真实的信息数据，但是真实的数据却是很难得到或准确估计。无论是国际还是国内，数据的产生都是困难的、复杂的。拐卖人口是一种隐藏犯罪，许多受害者不认为自己是被拐人，甚至很多孩子压根儿都不知道自己是被拐的，家长也没有报案。一些受害者出于害怕报复，不出面起诉人贩子，有些人相信他们不出面会更好，因为他们都亲眼目睹或经历过受害者在过去的起诉失败。因此，这就更加大了获得准确数据的难度，很多人认为现有的数据大大低估了受害者的规模。拐卖数据收集的另一个障碍是缺乏可以提供数据共享的执法机构和服务提供商。缺乏统一的数据口径，人口拐卖受害者可能是在多个执法机构参与下获救的，会多次出现在受害者计数中；同样的受害者也可能出现在其他相关服务机构统计计数内。长久以来，中国人口管理都是以"户籍"为基础的。近些年来，随着社会经济飞速发展，人口流动越来越多、越来越频繁，传统的条块分割式的人口管理方式已不能适应社会经济的发展。特别是这种管理方式会造成人口在流动过程中，户籍在异地不能无缝对接，不可避免地产生所谓"黑户""黑工"现象。有时，由于该部分群体的相关档案缺失，公安部门难以对失踪人口有效监控和搜寻，是否被拐更无从得知。即使是依据每年的被拐妇女儿童报案数也无法准确估算被拐人口数量。2010年公安部明确要求，各地公安机关只要接到儿童失踪的报案，一律立为刑事案件，在我们调查的被拐儿童较多的某省,大部分地级市每年立案的被拐儿童案件数量也就几个，但有的地级市有2000多个。虽然报警案件很多，但是很多都是临时走失，一旦找到以后又不及时到公安机关销案，形成很多表面上的儿童失踪案件，还有很多妇女孩子被拐后无法报案，如妇女被限制人身自由，孩子不知道自己被拐，这些都使被拐妇女儿童的数量扑朔迷离。

国际上，在强烈的数据需求下，民间组织和社会活动家不断推动知识的生产，最终使得少数几个区域“没有科学依据估计”的初级数据资料得以出版。为了证明人口贩运的规模和严重程度，数据可能会膨胀不实，以显示打击贩运人口的重要性。为此许多学者讨论、估计人口贩运的规模，号召进行可靠的数据统计，并要求改进方法来描述观察到的案例（Laczko & Gramegna，2003；Tyldum & Brunovskis，2005；Goździak & Collett，2005）。研究人员发现，国际、国家和区域都有统计方面的问题，并批评他们“运用缺乏透明度的方法和源文件，从几例外推确定受害者为‘受害者’的标准定义缺乏客观基础。虽然大多人同意这样的观点，但由于问题棘手，都承认目前最好的评估近似是粗糙的‘瞎猜’”（Godzdiak & Collett，2005）。定量数据的问题是，无论多么糟糕的数据质量，呈现出的数据结论甚至可能只有数据生产者自己才相信，这是弊大于利的，这样的数据还可能被其他研究者应用于其他目的。有关人士认为，只要注意避免弊端发生，这样的夸张数据并不是主要问题，但是这些研究者并没有认识到，不准确的估计可能导致很多救助政策被“提出”，这同样是十分不恰当的（Dottridge，2003）。我们的目标是认识拐卖如何发生以及在何处发生，如何保障受害者权利，需要更多专题领域的具体研究，而不是大规模的尝试计数（或只是猜测）拐卖的受害者人数，因此本书也不对中国被拐妇女儿童的数量进行估计。

2.2 被拐妇女

Watts and Zimmerman（2002）认为，妇女贩运是对女性来说是最常见和情节最恶劣的一种暴力行为。国际上，贩运妇女最主要的目的是强迫她们从事性交易。性交易是一种比较特别的人口贩运形式，一般这样定义：以招聘、引诱、携带、运输等形式提供或获取女性；对成年女性采取强迫、欺诈或胁迫等手段；对未成年女性，无论采取任何手段，只要涉嫌让其从事商业性行为，均为性交易（Moossy，2013）；在中国，妇女被拐的另一个重要目的是嫁做人妻。目前，还出现了许多新的性剥削形式，如跨国性交易，这些做法严重侵犯了妇女的尊严和权利，与其享有平等权利的原则相违背，并将她们置于遭受暴力侵犯及虐待的危险之中。

在人口贩运领域的实证研究中，我们常常忽视评估受害者的弱势（Ray，2008）。我们需要发现影响妇女被贩运的变量是什么，其中哪些变量影响较大。迄今为止，在所能获得的文献中只找到了两个与此相关的研究：罗马尼亚妇女脆弱性的微观研究（Lazaroiu & Alexandra，2003）与国家发展指标的宏观分析（Bales，2005）。罗马尼亚是人口贩运到欧洲的主要来源国之一。对罗马尼亚进行的微观研究选取了 2003 个样本；宏观层面研究主要处理两个问题：在全球范围，一是一个国家人口贩运最重要的推动因素是什么；二是一个国家人口贩运最重要的拉动因素是什么（Bales，2005）。这两项研究分析证实了很多一般假设，如贫困、人口压力、同辈群体概况和食品短缺是“推动因素”；人口老龄化和高生活水平是“拉动因素”。这些因素涉及经济、政治和社会等多方面，并且包括有组织犯罪和政府腐败、通信技术的进步、边境管制、父权文化、价值观和信仰，以及全球化、商品化等其他因素。中国作为一个发展中国家，具有自己独特的国情、文化传统和人口结构，妇女拐卖的状况和原因存在自身的特点。

2.2.1 中国的拐卖妇女现状

全世界大约三分之一的妇女儿童拐卖案件都发生在东亚地区，其中最严重的地区就是湄公河区域（其中包括中国的云南及广西）（UN，2010）。在中国比较贫穷的地区，大多数被拐妇女都是被卖给一些单身男性（俗称“光棍儿”）作为妻子；在一些比较富裕的地区，大多数被拐妇女则被卖给发廊、按摩店、洗浴中心等色情场所被逼卖淫或从事色情服务（MacLeod，

2000）。最高法2015年公布的资料也显示，“拐卖、拐骗妇女强迫卖淫的犯罪日益突出，特别是一些不法分子与境外人员相互勾结，拐卖、拐骗外籍妇女的犯罪在部分地区有增多趋势。”（罗书臻，2015）

2.2.1.1 被拐卖为人妻

被拐妇女大多被卖给贫困地区的农村光棍儿“为妻”。根据“婚姻梯度理论”，女性总是在寻找配偶时“向上找”，即嫁给比自己优秀的男人；而男性往往是“向下找”，即娶到经济和社会地位不如自己的女性为妻。由于经济和地理条件等众多原因，许多贫困地区的女青年不愿意“下嫁”给当地男青年，造成该地区婚育年龄的男女比例严重失衡，很多大龄男青年无法娶到妻子，产生了“买妻”这一潜在的拐卖“市场”需求。人贩子正是看中这些贫困地区的潜在需求，为了牟取非法暴利，将妇女拐卖到这些地区，这是中国拐卖妇女犯罪的传统形式。

随着流动人口越来越多，人贩子追求最大利益，被拐妇女的重点拐入地已经出现了转移，就拐出地而言，将形成具有地区特征的梯级流出层次。按照在中欧警务培训项目打击拐卖人口犯罪培训班警察座谈会的访谈结果，“拐卖妇女犯罪在河南、广东、福建、四川、安徽等省最为严重。”① 在这几个省份中，河南、四川、安徽都是农业大省，人口基数大，经济相对落后，但已经解决温饱问题，同时频繁的外出流动打工积累了一些财富，原有的光棍儿有经济能力购买女性为妻，而广东、福建两省经济虽然发达，但是贫富差距较大，一些山区的经济尤为落后，一些大龄男青年娶妻比较困难，但属于劳动力流入地，有条件购买妇女；而经济条件更差的省份，在妇女拐卖市场上没有竞争力，不会获得人贩子的青睐。但更多的是，随着人口流动的频繁化和社会经济的发展，妇女拐卖的拐出地和拐入地将日益复杂化和交叉化，人口拐卖既可能与人口流出同时发生，也可能发生在其后，或者可能某个地区既是妇女拐卖拐出地，同时也是拐入地。

---

① 鉴于本报告访谈对象较多，在引述受访者的话时，只点出身份，不编号。

2.2.1.2 被拐卖淫的妇女

国际上，性贩运包括贩运和强迫年轻女性和儿童从事卖淫活动以及其他形式的性剥削，是人口贩运的最大子集（Savona et al.，2003）。凯思琳·巴里（Kathleen Barry，1979）这样定义女性奴：女性奴是在所有可能的情况下，妇女或女孩无法改变她们直接生活环境的条件；无论她们怎样做，都无法摆脱遭受的性暴力和性剥削。联合国毒品和犯罪问题办公室（UNODC，2009）公布的调查结果显示，从全球155个国家评估人口贩运的趋势，贩运最突出的形式（占总样本的79%）是商业性剥削。国际人口贩运的资料表明，约有一半是儿童，70%～80%是女性；在女性中，大约70%是强迫卖淫和其他形式的性剥削（U.S. Department of State，2004），而且性交易在过去10年中大幅增长（Flowers，2001；Kelly，2002；Monzini，2004；Struhsaker & Furman，2002）。

在中国也出现了这种趋势，早在2007年，公安部已经发现，在传统以出卖为目的的拐卖妇女儿童已经逐渐得到控制的情况下，以劳动剥削和性服务为目的的人口拐卖呈现上升趋势。公安部（2007）的数据显示，我国每年大约有3000例妇女儿童拐卖案件立案，受害者被迫进入娱乐行业的比例已经占拐卖案件总数的50%～60%，90%的受害者来自安徽、河南、湖南、四川、云南和贵州等省份，以妇女和儿童为主，他们被送到较为富裕的东部省份，主要拐卖形式为性剥削。联合国估计“在中国，每年约有25万名妇女被贩运卖淫”（Green，2011），形势更为严峻。

2.2.1.3 涉外妇女拐卖增多，骗婚出现

现在，出现了越来越多来自缅甸、朝鲜、俄罗斯、越南等国家的妇女被贩运到中国与中国男性结婚或从事卖淫活动（Tiefenbrun，2008），中国女性被拐卖出国的也越来越多。在广西、云南等地，买卖越南、缅甸等东南亚各国妇女做新娘的市场非常火爆，价格随着日益上升的需求而一路攀升，从20世纪90年代的2000～3000元不等已上升至现在的5万～20万元。但是，购买新娘成婚以后，骗婚、逃婚事件屡见不鲜。

中国和东南亚国家的很多民族都属于同宗同源，特别是有着相似的传统

习俗和语言，地理上很多地方接壤，绝大多数的边境线既无天然屏障，又无人工阻隔设施，受访警察说："我们和越南就隔一条河，河很窄，不用船，就砍一棵树作为工具就能过河，看到我们这边有人，可以很快退回去，咱们一点办法都没有。"因此，近年来，随着中国和东南亚经济水平的差距，引发了越来越多的非法入境、非法居留、非法务工"三非"现象，跨国拐卖也有所增长。在十多年前，人贩子还是多使用暴力将越南、缅甸等国家的年轻女性带到中国卖掉，但由于中外警方对人口拐卖都进行了严厉打击，甚至联合办案，效果明显，因此近几年很少听说类似的暴力事件，形式转为哄骗为主。但是迎娶东南亚新娘"风险"很大。目前，来到中国生活的外籍新娘的遭遇多种多样，满意或不满意的都有，有的满意者甚至会介绍自己的亲朋好友嫁到中国，但也有的不满意者会在中途要求离婚甚至逃跑，使得其中国丈夫人财两空。另外，也有专门从事骗婚的外籍新娘，在结婚后突然卷钱消失，即俗话说的"放白鸽"，但因本身就是非法婚姻，最终投诉无门。2014 年河北曾经发生过一起上百"越南新娘"集体失踪，就是典型的"放白鸽"事件。

2.2.1.4 中国被拐卖到海外的妇女人数也不断增加

根据 2008 年美国国务院《人口贩运报告》，中国仍然是人口贩运的"来源国、运输和目的地国，人口（包括男人、妇女和儿童）贩运的主要目的是性剥削和强迫劳动"。中国公民被贩运到非洲、亚洲、欧洲、拉丁美洲、中东和北美的数量不断增加。

贫困、失业和对廉价劳动力的需求，导致大量弱势群体被人贩子利用，以介绍工作和婚姻为名被诱骗（Osmany, 2007）。一些贫穷和绝望的中国妇女，往往被人贩子对国外虚假的宣传和承诺所吸引，被拐卖后被迫卖淫和承受商业性剥削。她们通常被贩运到中国台湾及泰国、马来西亚、日本等地。Lee（2005）的研究明确了亚洲两条主要的贩运路线，其中一条是从云南省到俄罗斯和韩国。陈士渠表示："在中国西南的云南和贵州，大部分拐卖发生的真正目的是强迫妇女结婚。但是现在的趋势是：有组织的人口拐卖团伙将中国妇女拐卖到国外强迫卖淫。"被拐卖妇女大多来自农村贫困地区，她们被拐卖后，被强迫嫁人或卖淫。陈士渠进一步引用马来西亚警方的数据指出，截至 2014 年 11 月底，一共有 5453 名疑似从事色情服务的中国籍妇女被马来西亚警方拘留。

2.2.2 妇女被拐卖原因

性贩运和被拐卖为人妻的市场不同于劳动剥夺、强迫乞讨等的市场机制。研究已经发现，被贩运妇女，往往是由于贫困、从农村向城市的流动、失业、家庭破裂和同伴的影响而落入人贩子手里。性别、年龄、缺乏教育、失业、离婚或丧偶、艾滋病、地理位置、人贩子虚假的招聘广告与人口贩运息息相关（Bell，2001；Bertone，2000；Coonan，2004；Denisova，2001；DongHoon，2004；Erez et al.，2004；Hughes，2001；Kelly，2003；Kramer & Berg，2003；Melrose & Barrett，2006；Munro，2005；Potts，2003；Raymond，2004；Zhang & Chin，2002；ILO，2003）。结合以往研究及中国国情，依据这些因素，使用相关理论，来分析中国妇女拐卖市场。

2.2.2.1 性别比失调成为妇女被拐卖的一个诱发因素

结婚成家是人生大事，对中国人来说，婚姻尤其被赋予非常重要的意义，中国人至今崇尚“普婚”文化，这是越轨理论中的文化目标，然而与“普婚”文化目标相悖的是，伴随着中国出生性别比的持续偏高和女性的缺失，婚姻市场出现挤压，部分男性难以通过正常制度化手段适时婚配。

几个因素相互交织导致中国女性的严重短缺。男尊女卑深深扎根于中国文化，在封建社会，传统女性在家庭中处于从属地位，女性“从夫居”，并照顾公婆；此外，只有男性才能继承财产和姓氏。农村社会保障制度不健全，“养儿防老”是家庭解决养老问题的“唯一”途径，如果只要一个孩子，在中国普遍的共识是，最好是一个男孩。自 1979 年开始，中国开始实行严格的计划生育政策来控制人口快速增长，这项政策在我国一直严格执行。在此背景下，在一些贫穷落后地区，女性自身利益遭受不同程度的侵害：婴（胎）儿阶段，为了符合计划生育政策规定，并在家庭内部确保有一个男孩，一些妇女对性别选择性流产，部分女婴因而被剥夺出生权，造成出生人口性别比偏高。出生人口性别比，也叫婴儿性别比，即相对于出生 100 个女婴出生的男婴数，国际社会公认的正常值为 103 ～ 107。由于男性的死亡率往往高于女性，所以等到了婚育年龄，男女数量就趋于基本平衡。在中国，自 1982 年第三次全国人口普查后，就发现出生人口性别比偏高，从此以后，出生人口性别比就持续攀升，目前已经有 30 余年。特别是在 2008 年，出生人口性别比达到了最高值 120.56，使得中国成为世界上出生人口性别比最严重失衡的国家之一，婚龄男性远远多于婚龄女性。目前，除了西藏以外的其他省份，无论是城市还是农村，无论第二、第三孩次还是一孩的出生性别比都偏高（周俊山、尹银，2011）。中国社会合理的女性人口在基于“男孩偏好”的社会压力下消失。中国原人口与计划生育委员会提供的数据表明，中国计划生育政策推行 30 年来，共少生 3 亿人，但是减少的人口女性居多。由于只能生育一个孩子，为了逃避缴纳社会抚养费，女性的生存权也遭受侵害，因为营养和就医等方面的性别歧视带来女孩的偏高死亡率，导致女性人口更少（靳小怡、刘利鸽，2009）。

女性的出生权与生存权的损害，进一步带来性别比的失调，会带来婚姻市场挤压、人口拐卖等社会问题，对社会不同群体产生负面影响，进而损害社会整体福利（周俊山、尹银，2011）。进入 21 世纪，性别比失调问题已成为人口社会可持续发展领域亟须解决的重大战略和民生问题（李树茁、果臻、尚子娟，2014）。如今性别比失调问题已由隐性走向显性，最为明显的是日益凸显的“婚姻市场挤压”问题（李晓宏，2012），当前逐渐进入婚育期的“80 后”“90 后”，成为这种不幸的承担者。目前，中国的性别比是 120，这样巨大不平衡的男女性别比例意味着到 2020 年，年龄在 20 ～ 45 岁的男性将比女性多 3000 万到 4000 万，也就是说，约有 3000 万到 4000 万的单身男性将找不到结婚对象，成为所谓的“光棍儿”。2013 年后，中国男性过剩人口每年将超过 10%，每年平均约有 120 万中国男性找不到初婚对象（李树茁、姜全保、费尔德曼，2006）。根据婚姻迁移理论，这些“剩男”最终会沉积在低收入的贫困阶层，也正是因为有这样的人口结构压力，现在农村地区的彩礼节节攀高，贫困家庭支付不起昂贵的“天价婚姻”，部分大龄男单身成为名副其实的弱势群体，正常的家庭生活对他们来说是一种奢望

（陈友华，2004）；在家庭养老为主流的养老模式现实环境中，他们将“老无所依”（石人炳，2006）。于是，他们选择了创新方式去获得文化目标，就是“买妻”。很多大龄光棍儿的家庭宁愿铤而走险，从人贩子手中购买被拐妇女为妻，这样能够花费较少的钱娶到媳妇（WHO，2000）。普利策奖得主马语琴（Mara Hvistendahl，2013）特别指出，作为出生性别比失衡最严重的国家之一，在当代中国，妇女贩运是适婚女性短缺所造成的主要后果之一。

男性是商业性行为的买家，是被贩运的妇女和儿童的最终消费者。在全球范围内，数十亿美元的色情业收入都来自男性的口袋，他们购买性服务或光顾色情场所（Hughes，2002）。在中国，性别比失调不仅仅提高了男青年娶妻的难度，尤其增加了购买商业性行为的人数。除了买妻这个手段以外，色情业也给光棍儿解决生理需求提供了另外一种手段。性别比失调也刺激了色情市场的发展，提高了对妇女的市场需求和妇女被拐的可能性。据2000年第五次全国人口普查的统计数据，广东省常住人口男女性别比为104，性别比总体均衡，但湛江市的男女性别比偏高，在广东省失衡最严重，为112；第二是阳江市，为110.73，第三是茂名市，为110.21，第四是佛山市，为110.05（见表2–1）。

表2–1　2000年广东省部分城市性别比

城市	性别比	城市	性别比
广州	108.7	阳江	110.73
韶关	106.91	清远	106.91
深圳	97.77	东莞	89.42
珠海	100.3	中山	99.02
汕头	101.75	潮州	102.57
佛山	110.05	揭阳	105.15
江门	101.12	云浮	106.39
湛江	112.00	惠州	101.82
茂名	110.21	梅州	101.16
肇庆	102.16		

数据来源：根据广东省“五普”数据计算。

其中，湛江市在“五普”时出生性别比更高，达到127.41，个别地区甚至超过130。2013年的数据表明，湛江男性户籍人口已达505万人，而同时女性户籍才450万人，整整多出了50万男人，大致相当于一个县的人口。相比“五普”时，10年过去了，性别比失衡问题变得更加严重。事实上，在湛江的个别地区，性别比偏高所带来的影响已呈现显性，一些年龄较大、经济条件较差、身体不好的男性，在湛江本地很难找到合适的对象，不得不到其他经济状况较差的地区找老婆（蒋玉森、方常君，2003）。我们在湛江调研时还发现，在湛江这个流动人口较少的城市里，色情业近年来发展较快，卖淫女子主要来自越南。所以，性别比失调实际是对人贩子的变相鼓励和刺激，给妇女拐卖提供了较大的市场需求和高额利润，他们变本加厉地拐卖妇女，并把她们作为妻子卖给光棍儿或是强迫她们从事色情服务，加剧了落后地区拐卖妇女、买卖婚姻、性犯罪现象的发生。

2.2.2.2 经济全球化促进了国际贩运

目前已经明确的是被贩运人口，一般是从欠发达国家向发达国家流动，个人希望寻求改善经济状况的机会，至少有四个因素促成了这种现象的发展：经济全球化，发达国家对个人服务需求的增加，妇女失业率的持续上升，以及快速和缺乏管制的互联网诱骗（Osmany，2007）。无论外籍妇女被拐到中国，还是中国妇女被拐到国外，都存在一个共同特征，即人贩子给受害者承诺可以提供合法的工作及签证，这种看似合法的劳动力招聘。人贩子提供这项服务在于收取高额费用，这些女性抵达目的地后发现自己被债务束缚，工资和工作条件等就业安排也远远低于原先承诺的，或被非法拘禁，或因不堪折磨而被迫卖淫。2011年，公安部指挥吉林省公安机关联合安哥拉警方成功摧毁了一个特大拐骗中国妇女至安哥拉强迫卖淫的犯罪团伙，该犯罪团伙以高薪到安哥拉酒店打工为名，拐骗国内年轻女性至安哥拉后强迫她们卖淫，这是近年来中国公安机关破获的最大一起跨国拐骗中国妇女强迫卖淫案件。负责招募的团伙成员以“做足疗、当酒店服务员一年能挣10万多元（人民币）”为诱饵，在国内专门物色那些困难家庭、一心想出国赚钱改变现状的天真女孩，承诺只要女孩愿意前往，他们先行垫付签证、飞机票等费用，到安哥拉挣到钱后再归还。近年来，随着中国对外开放的不断扩大，中国公民到海外旅游、工作、生活的人员日益增加，也存在性方面的需求，进而扩大了对拐卖中国女性从事性服务的市场需求，据犯罪嫌疑人供述，他们的“会所”只允许华人进出。

经济全球化的发展为中国男人实现结婚这个文化目标提供了创新式的制度化手段，就是购买外籍妇女为妻。随着全球化的发展，很多中国人到国外做工，加之中国与东南亚原本就存在婚姻关系，有很多是边民自发的婚姻，外籍女子主动跟随在当地工作的中国人来到中国，给外籍女子带来到中国的希望，也扩大了妇女拐卖的市场供给。很多被拐外籍女子是被老乡以介绍到中国务工、学习技术、学语言、做生意等方式骗到中国，再被拐卖到偏远山区为人妻或强迫卖淫。在一些地方，拐卖东南亚女子已经形成一个产业链，人贩子通常先是制造舆论，宣传中国的美好生活，通过口口相传、反复和夸大的形容，或者带女孩子的家长去那些已经嫁到中国，家境稍好的女性家里参观，以说服女孩及家人放心，其实这也是拐骗的一种手段，受访警察表示：“开始还主要在广西、云南和广东等南方边境省份到越南，之后是到缅甸、柬埔寨找新娘，后来则逐渐扩展至其他地区，甚至连黑龙江这样地处遥远的东北省份，也不断有男子到越南、缅甸寻找新娘。”

2.2.2.3 贫穷是妇女被拐卖的一个主要原因

Butegwa（1997）坚持认为，贫穷是妇女被贩运的主要原因。经济贫困和对更好生活方式的希冀是人口流动最主要的推动因素，也是主要原因（Williams & Masika，2002）。失业、低工资、生活贫困将一些绝望的妇女推向了人贩子。处于弱势地位的文盲妇女往往容易成为人口拐卖的受害者，人贩子以更好地工作机会和结婚对象为诱饵来吸引她们。在大多数情况下，她们丝毫不会想到自己可能被拐卖。被拐的一位缅甸妇女说：“在家里实在是太难生活了，爸爸有时候会打我们，让我们出去讨钱。”失业和无收入来源的压力、与丈夫的感情冲突、维持生计的艰辛，她们为了家庭和寻求更美好的未来而外出，这些女性反映出主动的勇气和坚韧的性格，但正是这些对美好生活的憧憬和梦想被人贩子所利用，成为这些女性被拐卖的弱点或诱发因素。几乎所有受访者所提到的一个被拐危险因素就是贫困，贫困因素单独或掺和其他因素加剧了女性被拐卖的风险（Bortel et al.，2008）。2015年2月，中国警方破获了一起特大跨国拐卖缅甸籍妇女案。自2012年以来，该拐卖团伙多次以务工、介绍婚姻等为名，拐骗缅甸籍妇女到云南。被拐卖的缅甸籍妇女大多来自缅甸经济条件相对较差的山区，人贩子将被拐妇女从缅甸骗入中国境内，随后送往内地偏远山区，以5万～8万元不等的价格卖予他人为妻。这些缅甸妇女不懂汉语，不能与中国人交流，见到买主时还满心欢喜地以为见到了雇主，就主动跟着买主回家了。在安哥拉特大拐骗中国妇女强迫卖淫案中，该犯罪团伙在国内专门物色那些家庭条件不好的女孩并屡屡得手，经济拮据和贫困生活成为她们被拐的弱点或诱发因素。

生活和经济贫穷成为人口拐卖的一个根本原因，此处绝不意味着歧视贫困人口，而是希望通过我们的研究对贫困人口尤其是女性贫困人口给予更多的关注，并为他们赋权增能。贫困不仅源于资源的缺乏，也可能是由于缺乏资源、信息、机会、权利和流动性。因为贫穷，有的孩子尤其是女孩无法上学，她们的发展权受到侵害，她们希望可以做一些改变自身生活状况和提高家庭收入的努力。我们走访了某省妇女被拐比较多的一些村庄，这些村庄大部分“前几年基本以种地为生，经济发展很滞后。现在一部分人外出打工，一部分人继续在家务农，有的一家人都在外打工，家里空无一人；有的家里只留下少数几个人种地，其余人在外打工。村里很多人想致富，但是缺乏知识，带有盲目性，造成了环境的大幅度破坏，不合理的耕种加上气候变化，耕种所带来的收入微乎其微，近几年外出打工的人越来越多！……村子交通很差，坐车要到一公里外的公路，而且车辆很少有，路况很差”。而从传统的农业社会进入工业社会，无疑提高了她们被拐的风险。

贫困也扩大了人口拐卖的市场需求。性别比失衡使婚姻市场出现挤压，按照婚姻迁移的波状理论，由于出生性别比过高引起的“娶妻难”等社会问题会先发生在偏远的农村贫困地区，而并非城市。从家庭和个人条件上看，男性婚配困难的重要因素之一是经济状况差，当婚姻市场被挤压时，贫穷男性很难找到配偶（李树茁、MonicaDasGupta，1998；刘利鸽、靳小怡，2011）。人口学的研究显示，当一个地方的婚龄女性出现短缺时，婚龄男性就会选择向更低年龄的女性求偶。民政部的调查显示，从近年来全国民政部门婚姻登记的年龄情况来看，男女的婚龄差有进一步拉大的趋势（李晓宏，2012）。同时，当一个地区的婚姻挤压发展到一定程度，无法解决适婚人口的婚姻问题，就会蔓延到其他地区，如城市男性可能找农村女性，富裕地区的男性会找贫困地区的女性。最终，“剩男”或条件比较差的男性沉积在低收入的贫困阶层。这是造成“千万光棍儿”现象最根本的原因，增加了对拐卖妇女的需求。

买卖方区域的变化也说明了贫困是引发妇女拐卖的重要原因。随着社会经济的快速发展，离家打工的流动妇女知晓了越来越多的流入地相关信息，经济发达的沿海地区成为合法的婚迁地，沿海经济发达地区大龄男单身可以通过合法的制度化手段实现其文化目标，所以其数量不再累积，大规模婚娶的阶段已过，拐卖妇女的重点拐入地区将由沿海发达地区转向东中部地区。可以预见的是，一些地区妇女外嫁历史如果很长，并且该地区不处于特别贫困的状态，处于其中的妇女被拐减少并逐渐进入萎缩期，但是，有妇女外嫁历史且依旧处于贫困的地区，外地女性嫁入较少，婚姻市场中男性有剩余，通过本地正常的婚姻市场不能解决婚姻问题，不可能遵循制度化手段，只好通过购买被拐妇女解决，很多依然是被拐妇女流入地（王金玲，2014）。

2.2.2.4 大规模人口流动刺激了妇女拐卖多发

流动人口和人口贩运之间的关系已经被《补充议定书》所承认，尤其是流动妇女和流动儿童。在这种模式下，受害者经常会觉得迁移流动将会带来更好的经济和工作机会，并在懵懂的情况下，将自己置于被贩运的位置（Conny，2009）。按照人口迁移的推拉理论，对于人口的（自愿）流动来说，经济收入和就业机会是重要的拉动因素；同时，普遍的贫困、财富分配的不均、就业问题和人口增长是人口迁出的重要推动因素（Martin & Widgren，1996）。因此，这些推拉因素创造了一个个弱势移民流，这种人口流动也导致社会解体。美国芝加哥学派的社会解体（Social Disorganization）理论认为，社会解体是犯罪的原因，人们生活在群体之中，相对于警察、法庭等官方正式社会关系，以亲情、友情、师生和邻里关系等为内容的非正式社会关系对犯罪的影响更大，大规模的频繁人口流动使非正式社会关系趋于解体，因此犯罪必然会增加（郑杭生，2013）。人口流动这种社会大环境构成了受害的弱点或诱发因素，妇女在这种社会环境下很容易引发被拐。

受访警察说："（我们市发生的拐卖妇女案件）针对本地人的拐卖案件几乎没有遇到过，一方面犯罪分子和这类人的接触较少，没有共同的生活轨迹；另一方面是由于她们文化素质比外地打工人员高，被骗的概率较小。"2010年第六次人口普查数据显示，中国的流动人口已经达到了1.4亿人，约占总人口的10%，而流动中的妇女儿童是流动人口中面临被拐卖风险最大的群体（孙晓素，2007）。中国大量的人口流动和就业市场对劳动力的需求，使得年轻女性流动人口数量也在迅速上升，这就给人贩子制造了拐卖和剥削这些弱势女性的机会。农民外出寻找工作主要靠投亲问友等非正规渠道进行，而不是正式的中介机构，也就是受害者与人贩子之间存在合作的可能性，构成了个人被害因素理论中的合作因素，给人贩子提供了可乘之机；其中的重要原因是，正式的中介机构也有，但是收费较高，且服务质量不好（中国农民工问题研究总报告起草组，2006）。一些农村女孩刚到城市，和其他农民工相同，大多是由亲戚老乡等帮忙带入，这些亲戚和老乡的非正式社会关系成为她们在城市的社会网络的全部，特别是在最初阶段，成为其在城市中立足的支持体系（李培林，1996）。非正式社会关系对促进流动人口的社会融合有重要而积极的作用，特别是在国家和政府的官方正式社会关系缺少的情况下，其作用更是无可取代（Zhao，2003）。这些长期生活在农村，且与外界很少接触的女性，在决定外出前往往信息贫乏，而又没有其他信息来源，所以只能相信并依赖这种非正式社会关系。被拐卖妇女中，有很大的比例是在外寻找工作时被拐卖的。而令人震惊的是，这些打工受骗者又有相当大的比例是受到亲友、熟人、同乡拐骗，一位被访的警察也说道："经常出现犯罪分子利用老乡身份拐骗打工妹的。"这对"非正式社会关系神话"是一个沉重的打击。Bustamante（2002）在其研究中强调，在迁移流动时，弱势群体的"弱势"会被放大，从而更易导致被贩运。对于"准流动人口"，她们准备流动，但很多时候都缺乏必要的社交网络、知识和资源，被迫寻求"非正式社会关系"的帮助。人贩子一般都会在这个环节充当所谓的"专业人士"，往往会承诺给予更好的工作机会和高薪作为诱饵，在这种引诱和欺骗下，准备流动的妇女会把自己放在一个从属的位置，跟随人贩子寻求机会，并失去对自己的控制（De Ruyver & van Impe，2001）。在中国，很多人贩子都是以“进城打工”为借口来吸引农村女性，对外出打工的女性承诺工资高、生活好等对她们有很大诱惑的条件，很多农村妇女都以为进城有就业机会，而自愿跟随人贩子进城，结果落到了人贩子手中。除了合作因素以外，还存在弱点或诱发因素，受害者的心理存在的弱点容易导致被拐，访谈中，被拐妇女都痛恨自己的“单纯”，很容易相信人贩子的话，“第一次出门打工就是怕，有个热心人帮助自己，很感激。”如今现代工业社会和传统农业社会两种相互对立的价值规范和行为方式并存，被拐妇女很多从农村到城市，对从传统农业社会到现代工业社会，对大相径庭的“游戏规则”并不熟知，她们的家庭也因为相关的信息和知识匮乏疏于警告和防范。现代工业社会不同于传统农业社会，总体上更加崇尚“个体价值”，即肯定“以个人为中心”，而后者则更关注和肯定群体价值，崇尚“群体至上”，这就产生了文化冲突，导致社会解体。一些由农村进城打工的妇女，她们已经身处现代工业社会，但仍然奉行的是传统农业社会的价值观念，依靠非正式社会关系，从而被拐。从这个意义上讲，被拐妇女也是受害者，受害于现代工业社会的“游戏规则”，而不仅仅是“轻信”他人和对社会“无知”。她们这一群体，其实是在现代工业社会和传统农业社会双重夹击下的社会解体“牺牲品”，或者说是转型社会的“牺牲品”。

同时，人口流动的后果也使婚姻市场的挤压集中在贫困地区。女性从内地到沿海、从山区到平原的婚姻迁移导致婚姻挤压的后果发生了空间转移，贫困和边远农村地区的男性及其家庭主要承担了这种后果（张春汉、钟涨宝，2005；马健雄，2007），他们通过合法手段达到文化目标的可能性越来越小，只好“买妻”。

2.2.2.5 买妻亚文化的形成致使拐卖妇女行为更加猖狂

在一些地区，在“普婚”文化目标的影响下，一切越轨行为都得到承认和包容，“收买被拐妇女合法化”已经形成了一种社区亚文化，有时体现在整个拐入地的农村，甚至得到一些地方政府的默许（郭细英、肖良平，2007）。“买妻”被认为是解决当地农村光棍儿婚姻问题的“理所当然”和“默认”方式，并不会受到群众的道德谴责甚至法律制裁。买妻通常都是全村行动，在某些偏远地区已经形成了完整的产业链，而且最可怕的是，这个产业链往往是由整个地区的村民集体维系的，这种文化的形成致使拐卖妇女行为更加猖狂（靳小怡、刘利鸽，2009）。

我国农村地区的宗族势力仍然强大，这些宗族只以本族利益至上，而不考虑是否违法，他们护短、护丑，被拐妇女在村子中，往往由整个村子和宗族的力量看守，在这样大规模人群的看守下，被拐妇女根本无计可施，逃跑无方（MacLeod，2000）。拐卖案件多发生在山区等贫困地区，越是这种落后地区，传统观念越是浓厚，家族势力越大，警方要深入挖掘拐卖犯罪和打击拐卖团伙的难度更大。事实上，经常发生村民联合抵制警方解救被拐妇女的群体事件。这些村民隐藏被拐妇女，或者干脆同警方武力对峙。警方出于不扩大事态的考虑，基本上都是夜间实施解救甚至有时会放弃解救。至于为何当地的村干部、村民都对拐卖妇女的信息守口如瓶，可能因为在他们看来，村子里经济困难的大龄光棍儿即使花钱买媳妇成家，也是好事，如果有人对外面走漏了风声，就是极大地损害村民利益，或者是一件“缺德事”，“告密者”最终将被村民视为“异己分子”般永远“孤立”起来。有的群众甚至主动为“买妻”的家庭牵桥搭线，并被认为是热心村民，更谈不上对“买妻”家庭向公安机关检举报案。警方在解救被拐妇女时，不但要异地用警，而且行动时往往要在后半夜悄悄进村，然后偷偷摸摸地把被拐妇女带出来。整个行动都要非常小心翼翼，因为稍有不慎惊动了村里人，那就是男女老少齐出动，在围追堵截警察之后，就可能有一些老年人直挺挺地躺倒在警车轮子前面，直言“不把人（被拐妇女）留下不准走”。早些年，甚至还有把警车打烂，将警察打死的情况发生。

2.2.2.6 家庭是妇女被拐的重要推力

许多研究表明，我们不能低估家庭或家族在人口贩运中的参与作用，家庭是妇女被贩运的重要推力，甚至很多女性通常就是由家人或熟人介绍给人贩子的（Surtees，2005）。

妇女通常是被从农村拐卖到城市，这并不奇怪。性别不平等通常导致受害者以“女性”为主，具体原因包括现有社会结构的不平等，不能给妇女提供平等公正的受教育和就业机会，女性受到来自经济、社会、文化等方面的剥夺（Frostell & Scheinin，2001）。农村或一些地区往往经济困难，当地的女性缺乏基本资源，更是为了逃避根深蒂固的歧视女性的环境而被迫迁移流动（U.S. Deptentment of State，2005），成为其被拐的弱点或诱发因素。这些妇女很多是被亲戚朋友以“介绍打工”的名义骗至拐入地，强迫成婚或从事性服务和卖淫。事实上，被拐妇女在被拐之前，很多经历过一些家庭变故，包括父母离异、父母被判刑或成长于隔代家庭，还包括一些家暴受害者、遭受过性侵犯、孤儿、生长于多子女家庭或残缺家庭。研究表明，大部分被贩运妇女和儿童来自上述的“问题家庭”或有相关成长背景（Gershuni，2004；Save the Children，2003，Surtees，2005），这使得她们在心理上更容易被人贩子操纵。人贩子的选择目标也往往是那些在家庭中生活痛苦或是有家庭问题的妇女。一名受访妇女（轻度残疾）说：“母亲贪财，又怕我在家里嫁不出去是累赘，就把我卖了。”对于妇女来说，家暴不仅会推动妇女外出寻求出路，也会在整个拐卖过程中对她们的健康产生负面影响。在儿童期经历过性骚扰或性虐待的妇女，还有那些经历过创伤或家暴的妇女，相比那些从未经历过类似事件的妇女，更可能遭受长期的生理和心理健康的影响，并且更可能在未来有冒险行为。“他（丈夫）动不动（经常）打我，我就出去打工。”很多受害者的父母都是婚姻出现问题，如父母离婚，离婚双方都不愿意要这个孩子，这就给其造成巨大的心理伤害；或者父母有不好的示范作用（Watts，Adams，& Nelson，2003）。2014 年，四川成都市成华区检察院办理的一起案件就有类似情形：受害者陈某的父亲犯罪入狱服刑，母亲离家出走，陈某寄住在姑姑家里，被人诱骗到成都，从事色情按摩。“问题家庭”的孩子更容易被拐卖，在某地的调研中，办案民警表示：“失足女和滥交女往往会成为下手的对象，人贩子不容易接触到正常女孩。”

但是，这并不意味着所有被拐卖的妇女儿童都有不正常的家庭关系。有的被拐妇女有“正常”的家庭环境，家庭没有暴力和冲突，甚至与家人保持着和谐的家庭关系（Surtees，2005；Brunovskis & Tyldum，2004）。这种家庭出身的女孩，很容易被溺爱，尤其是在中国独生子女的大背景下，自立能力差，对社会认识程度不足，存在被拐的弱点或诱发因素，容易被拐骗。“当时很傻，（别人）说什么就信什么。”一位被拐女孩叙述自己被拐经历时如是说，办案民警这样评价：“（被拐妇女）文化水平有限，防范之心淡薄，你只要自称是她们老乡，她们非常容易上当受骗。”

2.2.2.7 被害人生理、心理的弱势形成了被拐卖的弱点或诱发因素

近年来，随着群众防拐意识的提高，一些偏远地区的残疾妇女，成为人贩子觊觎的目标。这些妇女精神残疾或者智力残疾，几乎没有任何自我防卫能力，其家人也有“甩包袱”的心理。2015 年 2 月，江西赣州铁路公安部门破获了一起系列拐卖智障妇女案件，人贩子先后拐卖 10 名弱智妇女，带至山东省聊城市、冠县、临清市等地卖出，非法获利共计 60 万余元。

受害者法制观念淡薄，使人口拐卖市场与法律惩罚措施绝缘。意大利的研究发现，受害者总体上法律意识淡薄，大多受教育程度较低（Curtol et al.，2004；Brunovskis & Tyldum，2004）。人贩子经常使用一些非法手段，常用的包括吸毒、殴打、恐吓，对受害者进行生理和情感上的隔离与迫害，但是目前与此相关的预防教育不足，加之受害者往往具有心理健康问题、语言障碍和年龄幼小。经济发展与法律意识滞后会形成巨大的文化差距。被拐妇女往往缺乏法律意识，被拐时不知道报警，甚至逃脱了也不知道拿起法律武器捍卫自己的权利，使人贩子无法得到应有的惩罚，形成被害理论的免责因素，所以人贩子对拐卖妇女更加肆无忌惮。但并不只是受教育程度较低的妇女被拐，事实上，被拐妇女的学历横跨了文盲到研究生。近些年，市场经济快速发展，人口流动也进一步加剧，农村的社会结构、生活方式和价值观都在这样的社会环境中发生了巨变，人们对教育不太重视，“厌学热”、新“读书无用论”等观念在农村很有市场。特别是近些年的“大学生就业难”，使得农民对教育更加失望。以功利主义为导向，很多农村父母和孩子放弃读书而选择外出打工赚钱，打工得到的短期收益使农村家庭感到满足（周潇，2011）。特别是在多子女家庭中，“男尊女卑”的封建思想仍然在农村根深

蒂固，女孩的教育权受到更大的负面影响，往往辍学到城市打工（胡枫、李善同，2009），看到城市富裕而又陌生的环境，自信心受到更大打击，心理更加脆弱。一位被访女性这样说道："我们那里思想意识相当滞后。重男轻女的思想非常严重，包括我爸妈，但是他们好在没有在教育方面重男轻女。有的家庭就明显在教育上重男轻女，甚至还有家长不让女儿上学，只让儿子上学。"缺少文化，导致很多女性被拐，甚至在被拐卖后连逃跑都没有办法。一名访问员发现这样一个案例，一个村子里兄弟两个都买了媳妇，"逃跑这种事，老二家媳妇儿一次就成功了。她念过书又识字有点常识，找个机会，跑上了马路直接上了辆卡车，永远地逃了。而老大家媳妇儿，在去年冬天逃了一次。这一次是有人指点，她事先带好了身份证和一点钱，成功地坐上了公交车到了县里。但她不识字，完全不知道怎么去车站，只要有人看她就畏畏缩缩地跑，被人当是小偷报警抓了起来。警察最后把她送回了家，她得来的，是一次最惨的毒打……"我也想过逃走，但没有身份证，又没有钱，也认不得几个字，出去以后两眼一抹黑，往哪儿逃呢？"一个被拐妇女对解救民警说："外面是荒郊野岭，呼救根本没人听见，逃跑只会招来毒打，我不敢反抗，只能一直哭。"

中国的应试教育也造成很多大学生被拐卖。如今，接受过高等教育的女大学生竟然也被拐卖给人做传宗接代的工具。这虽然让人不可思议，但也在情理之中。因为这些人一般社会阅历少，心地比较善良，容易相信人，然后就被拐走了。大学几年，她们茫然坐于高等院校围墙之内，接受应试教育，社会阅历几乎是空白，缺乏防范意识。一位被拐的女大学生说："那时候很笨很笨，很容易相信人，我就是在走路时撞翻了一个男人的包，他说他的手表摔坏了，要我赔 150 块钱，我没钱，他就拽着我走，我怎么求他都不放手，后来他叫我跟他去一趟离 Z 市不远的一个县城。"表述的是一个女大学生，最后的结局是被拐卖。

受害者的生理、心理弱势还体现在被拐卖妇女的低龄化。因为随着妇女年龄的增长和成熟，人贩子对她们的控制难度加大。在过去的 10 年中，人口贩运领域已经涌现了大量的微观研究，尤其是在欧洲和东南亚，发现受害者大多是年轻人，因为年轻人相比年长者，会更加向往更好的生活和机会（Ward，2005）。在中国，20世纪八九十年代被拐卖的妇女年龄大多在18～40岁不等；进入21世纪以来，被拐妇女大多数在20岁左右，受访警察表示："14～20岁的女性最容易被拐卖。"年轻女性更容易受到人贩子的控制（Ward，2005）。青少年固有的弱点使她们更容易成为被拐卖的目标，青少年成长过程中的问题也增加了这个群体的弱势。比如，大多数被拐的年轻女性往往在学校读书时学习成绩较差，不受同学和老师的关注，很多人厌学、辍学等，甚至过早地退学到工厂打工，思想和心智尚未成熟，社会经验不足，存在被害的弱点或诱发因素，容易被犯罪分子下手；同时也有教育方面的原因，包括一些家长望子成龙心切，孩子压力过大而逃学或辍学；也有一些孩子学习成绩差受到老师、同学、家长的歧视，甚至离家出走，还有其他一些社会原因。11～14岁的孩子正处于叛逆期，代际冲突明显（Brunovskis & Surtees，2007）。流动家庭的家长与子女多是分开居住，子女由留守在农村的长辈抚养，到一定年龄以后再被家长带入城市上学，这种孩子与父母的亲子关系存在隔阂，很容易因为一些小事离家出走；很多孩子家长的教育方式不当，或者由于工作太忙，无法抽出很多时间陪伴孩子，采用简单粗暴的教育方式，而新时代的少年儿童，接受新事物、新观念的能力强，对家长教育提出了更新更高的要求，从而造成代际矛盾，加上小孩自身的叛逆性，造成孩子离家出走事件时有发生，这也是造成失踪案件多发的主要原因（赵维泰，2004）。人贩子正是利用这些冲突了解到孩子的家庭状况，同时离间亲子关系，诱使孩子离家出走导致拐卖发生。在我们调查的案例中，有一个小姑娘14岁，一天早上因为作业没写完不敢去上学，被妈妈狠狠地骂了一顿，她连袜子都没穿就背着书包出门，然后就再也没有回家。家里报警，后来发现被拐卖。

2.2.2.8 一些地方色情产业死灰复燃为拐卖妇女提供了诱发因素

色情产业死灰复燃也为拐卖妇女提供了诱发因素。性服务在中国一直属于违法行为，但又屡禁不止，近年来又重新蔓延，日益猖獗，甚至在一些地区已经发展到产业化规模（潘绥铭，1999），成为严重的社会问题。

Leppänen（2007）认为，人口贩运受到供给、需求和限制因素的多重影响，光棍儿的大量出现加大了对卖淫女的需求，还有一些其他因素，包括在工业环境中的劳动力季节性就业也会影响人口贩运。中国人口流动大多是单枪匹马的个体流动，以家庭为单位的流动并不占主体（王宗萍、段成荣、杨舸，2010），流动人口尤其是男性农民工常常在城市长时间的打工生活中处于“性饥渴”状态，根据 Hughes（2004）的说法：“嫖娼活动盛行的地方，如果找不到足够的当地妇女来满足嫖客的需求，那么贩运良家妇女为娼的可能性也就大大增加了。”这种情况下，供需都旺盛的市场扩大了色情市场的规模，这种社会环境为妇女被拐提供了诱发因素，进一步提高了女性被拐的风险。据受访警察反映，在他们那个地方，很多色情场所老板：“四处收买被拐卖妇女，留在自己经营的非法场所卖淫，……通常这类案件审查下去会涉及黑社会势力，最后会变成打黑案件。”

2.2.3 被拐妇女的生活状况及需求

拐卖受害者的需求研究一直是一个难题，受害者很难主动，也可能缺乏能力向别人谈论自己的需求。关于被拐妇女的报道中，常见到她们会遭受暴力、性侵犯等，人口贩运中的性侵犯经常会给这些女性带来直接的和长期的危害，受害妇女非常容易得病，特别是在高度紧张的情况下（比如，强迫性行为）。由于社会耻辱和偏见，对性剥削受害者的解救和康复非常困难，后来逐渐重新回归原来的社区更难（Ateneo, 1999；Ould, 1999）。因此我们使用被害人化理论，访谈受害者本人、警察和志愿者等，分析被拐妇女的生活以及拐卖对其造成的伤害，分析其在生活中面临的问题及弱势，探求使其逐渐回归正常生活的方法，将这些方法视为其需求。我们发现被拐妇女可以分为以下几类：

2.2.3.1 留在拐入地的妇女

有的被拐卖成家的妇女也许不会遭遇虐待，但在大多数买卖妇女案件中，受害者往往被买方长期限制人身自由，有些被卖到偏远山区都不知道往哪儿跑。更多的情况是，由于被拐妇女和丈夫双方并无感情基础，并且由于语言不通、生活习惯不同，很难融入当地社会；男方通常以“我付钱了的货物”的心态对待女方，不给女方自尊、自由等，造成女方基本没有家庭地位的尴尬境地。被拐妇女表述较多的是：“像牲口一样被关着，没有人身自由，有时候还会挨打。”相当一部分被拐为人妻的妇女长期遭受着精神和身体上的折磨和虐待。买方对被拐妇女进行非法拘禁、强奸，妇女长期遭受着人身自由的限制，对不听话或不服从的还进行暴力虐待。2013 年 7 月 11 日，江苏省睢宁县警方解救出一名被拐女子杨某。该女子几经人贩子转手最终被卖给了该县岚山镇黄山村的王某，沦落为王某的“生育工具”。为阻止其逃离，王某竟残忍地用粗重的铁链将其拴缚，还将其一丝不挂地拴在牲畜棚内。杨某精神上深受刺激，患上了精神分裂症。有的买主为了防止被拐妇女逃跑，甚至将被拐妇女毒傻，使其彻底成为生育工具。

当然，还有一部分被拐妇女愿意留在买主家，即使她们已经得到解救或者有机会逃离。当解救到来或有机会逃跑时，被拐妇女会比较拐出地与拐入地、原家庭与买主家庭的环境，评估留下与返乡的可能后果。被拐妇女主动选择留在买主家，受到拐出地与拐入地经济发展水平差距和传统观念的影响（和珊珊，2009）；被拐妇女所呈现出的“斯德哥尔摩综合征”倾向（杨一，2016），同时我们也发现对孩子的眷恋，也是被拐妇女留在买主家的重要原因之一。这类妇女中最为著名的是“河北最美女教师”郜艳敏。

郜艳敏出生于河南省襄城县一个农民家庭，初中文化，1993 年到河北蠡县一家工厂打工。1994 年 5 月初，年仅 18 岁的她在石家庄火车站被两个女人贩子以工厂招工为名诱拐到河北省唐县，被转手给 3 名男人贩子，其中一人将她强奸，最后以 2700 元卖给河北省曲阳县灵山镇下岸村一个比她大 6 岁的农民。下岸村位于大山深处，只有一条羊肠小路通向外界，郜艳敏多次逃跑、三次自杀均未遂。1995 年暂任教师在村小上课，2000 年因没有教师愿意来而成为村小代课教师。2005 年，被摄影家无意中发现并将她献身教育的故事传播网上；后来郜艳敏想通过揭开自己的遭遇提醒单纯的女性警戒那些人群中的恶魔，不让悲剧重演，提起了自己当年被拐的往事。2007 年 1 月，郜艳敏被选为“2006 年感动河北十大年度人物”。号称以郜艳敏为原型改编而成的电影《嫁给大山的女人》于 2007 年开拍，2009 年上映，但这部电影对现实进行了一定程度的美化，并不是完全忠实于郜艳敏的经历，一些剧情与现实大相径庭。2015年7月，“被拐女成乡村教师”这则10年前的新闻被网友重新翻出，再次在网上引起热议，陈士渠29日通过微博表示，必须严惩人贩子，也必须追究买主的刑责，应当救助受害者，不能纵容拐卖、同情买主。他透露，已部署当地警方调查。同一日，郜艳敏证实自己仍是本村“临时代课教师”，并表示不愿意过多回应网上的讨论，称“平时不怎么上网”“谢谢大家关心”。

根据郜艳敏的经历，我们可以看到被拐妇女愿意留在拐入地的部分原因：

原家庭的种种现实条件使被拐妇女无法回归。当初，被拐妇女离家出走、上当受骗，很多是因为对包办婚姻不满、与丈夫感情不和，或者是从家庭中得不到温暖；而如今被解救回去，她们将面对的仍然是这样的婚姻和家庭，所以不少被拐妇女表示：“不愿回到那个没给自己留下任何美好记忆的家。”她们原家庭条件也无法接纳她们。即使暴力事件和迫害结束后，被拐受害者的行为和生理健康仍旧有不良反应和长期影响，包括物理后遗症（如慢性病、胃肠道疾病和健康的恶化）、心理反应（如焦虑、抑郁、攻击和自我伤害等）（Raymond et al.，2002）。我们的被访妇女也在不同程度上患有一些疾病，有关部门很少对其进行康复治疗，受访警察说：“能找到家的尽量送回家，异地安置非常少。”但是她们的原家庭，不论是在经济上还是心理上，都无法应对被拐女儿的状况。2015年，江西省赣州铁路公安机关破获的拐卖智障妇女案件中，人贩子利用了这些智障妇女的家人急于甩掉“包袱”的心理，以介绍对象为名将她们拐卖，因为对于原本贫困的家庭而言，智障女儿是一大负担。当警方千里迢迢将解救出的受害者送回家乡时，其中一名受害者家属竟然拒绝接收，理由是“家里困难，无力承担”。后经当地村委会协调，将其纳入低保，这名受害者才得以回家。我们访谈中的一位被拐妇女，因为她被拐，父母受到刺激接连得了重病先后去世。她说：“父母没了，家已经不在了，只剩下房子，哥哥姐姐都结婚了，我大哭了很久，心死了，待了没多久便回了（买主家）。”

被拐妇女被迫留在买主家还有传统观念的影响。Pamela & Claire（1997）指出：“相较于男性，社会更常以身体、肉体属性来定义女性。”在中国这个重男轻女严重的国家尤为如此。在中国一个普遍的看法是，女人被拐卖是自己的过错。此外，人们相信，女性要从一而终，贞操是非常重要的，甚至超过生命。尤其是农村妇女，她们很难有独立人格，被包办婚姻，甚至通过换亲或彩礼给自己的兄弟们换回一个妻子，所以对于她们自身，无非是被卖与这个男人或者那个男人。这些封建观念在中国社会中普遍存在，根深蒂固。在被解救出来的被拐妇女中，有许多类似的情况，在拐入地和拐出地这两个空间里，人贩子、买主乃至被拐妇女的父母，在劝诫被拐妇女时，几乎都有意或无意的、主动或无奈地以"嫁鸡随鸡，嫁狗随狗""女人终须嫁人生子，跟谁都是过日子"这样刻板的性别角色论来形塑、规训、引导她们的思想和行为，使她们主动接受了被拐卖、结婚、生育的既定事实，接受传统社会所认可的女性角色规范（杨一，2016）。这也是现实中郜艳敏父母拒绝她回河南老家的理由。被拐一年后，郜艳敏甚至获准和丈夫一起回到老家。得知女儿被拐卖做媳妇后，郜艳敏的父母就躺在床上，整天不动。她问父母："我能不能不回去了？"她抱着很大的希望，不想走了，但她等来的是父母艰难而尴尬的回答："父母说，这是你一辈子的事，无论你走哪条路，我们都会尊重你 的选择。……在咱们这个地方，结过婚的女子，再想找个好对象就难了。"父母的态度破灭了她最后的希望，内心一番挣扎后，郜艳敏告别了伤心欲绝的父母，跟着丈夫又回到了拐入地。尽管郜艳敏的父母是爱她的，"家里人为了找她，母亲急瞎了眼，时年 40 多岁的父亲一年里头发全部变白。"甚至连媒体都没有督促法律对人贩子和买主实施应有的惩罚，更没有对郜艳敏给予更多的救助，反而美化为正能量，为郜艳敏戴上"大爱无疆""嫁给大山"的"滴血"桂冠（杨一，2016）。

经济差距状况在被拐妇女留在拐入地也起到重要作用。近些年来，特别是随着社会经济的发展，尤其是从贫困地区拐卖到发达地区的外来妇女反倒觉得生活比之前好些，因为这些妇女在老家的生活实在太贫困，温饱都要发愁，"比在缅甸时强，能吃得上大米和肉，家里也有很多家用电器（电视机、冰箱等）"。一位被拐妇女陈述："（嫁）给谁都是过日子。"买主，也许经济上要比她父母选中的家庭殷实得多，她们更愿意留在买主家。于是，现在很多时候她们就很安分地在拐入地结婚生子，不想逃走。有受访警察说：

“有的妇女在被我们解救遣返以后，又回到买主家。”

对孩子的眷恋。有些人难以忍受骨肉分离的痛苦，放弃逃跑，甚至在解救出来后又自愿回到买主家中。在我们的调查中，一些被拐女孩往往还没有达到法定结婚年龄。尽管女性都是向着经济比较发达的地区流动，但是婚姻挤压会集中在贫困家庭，买主家的经济状况一般会低于当地平均水平。被拐女孩的年龄比较小，但她们的“丈夫”是老光棍儿，在农村基本属于生育“高龄”，买妻后抓紧生育，给家庭添丁成为迫切需要，同时生孩子是“拴住”被拐妇女的最好方法（王金玲，2008）。这些外来新娘因为在当地人生地不熟，语言不通，加上买主的看管，她们被人为地孤立起来。特别是结婚生子以后，既会挂念自己的父母和亲人，想返回自己的家乡，又放不下怀中的孩子，难以割舍骨肉深情，这种煎熬使得她们一直徘徊，最终错过了逃跑机会，一生这样生活下去。郜艳敏也是如此，随着女儿和儿子相继出生，她内心的伤痕渐渐抹平。至今为止，下岸村的被拐媳妇已经跑掉了一半，包括郜艳敏的二嫂，留下的孩子有七八个。每次看到别人跑掉，郜艳敏的心情都很复杂，“她们走了，留下的孩子怎么办？”

对买主的感激，不可否认有一定程度的“斯德哥尔摩综合征”倾向。被拐妇女在被拐期间，都会遭受人贩子的非人折磨，在执法机关不能出现时，买主在某种意义上是她们的“救世主”——可以将其带离这种境地。郜艳敏被拐期间，不断遭到人贩子奸污，每天经历着不堪忍受的折磨，当最后的买主——她未来的公公出现时，郜艳敏扑过去，跪在他面前，苦苦哀求他快点将自己买走。郜艳敏毫不讳言说着丈夫，这个比她大 6 岁、小学三年级文化程度的羊倌，“缺乏感情，没有一点共同语言”，但她又说：“我为什么会留下来？是公公、婆婆的善良打动了我。他们对我很好，如果离开他们，我良心上也过不去。有时我也觉得自己懦弱——我是不忍心伤害身边的每一个人。自从来到他家，我一直努力做个好媳妇，没想过‘当一天和尚撞一天钟’，不像别的媳妇，不是跑，就是闹。”直到如今，郜艳敏仍旧觉得公公当时是救人者的身份。

2.2.3.2 被解救回家的妇女

受访警察反映，妇女被拐两种情况报案较多，解救的也较多：一是已订婚的未婚少女，家长要求找回来，收了彩礼，在外面结婚了家里无法向夫家交代；二是被拐前已婚，已婚妇女又一次结婚，不仅构成重婚罪，而且原来的丈夫四处找老婆，人财两空，给社会带来极其恶劣的影响，造成严重的社会问题。

但是，这些被解救妇女承受着第二次伤害。很多时候，执法机关也不能或不愿帮助受害者，往往不关心她们的安危，不为受害者提供服务，受害者被解救后仍然出现重复的创伤后应激障碍（PTSD），很难重新融入社会或应对未来面临的压力事件（Brunovskis & Surtees，2007），甚至导致受害者重新被贩运（UN，2007）。在中国，卖淫案件的受理是由治安部门负责，人口拐卖是刑侦部门受理，很多强迫卖淫的人贩子是按照《刑法》第三百五十八条“组织他人卖淫或者强迫他人卖淫的，处五年以上十年以下有期徒刑，并处罚金；有下列情形之一的，处十年以上有期徒刑或者无期徒刑，并处罚金或者没收财产”，虽然这种处罚高于人口拐卖的处罚，但是却忽视了对受害者的救助和康复，给受害者带来危机，再加上地方政府缺乏有效的资源和资金严重不足，许多伤痕累累的被拐妇女回到家中，受到第二、第三次伤害，无法康复。拐卖妇女被解救回家乡后面临自己的家庭和社区的歧视。有的被拐妇女逃回家后，发现丈夫已经再婚；家人会觉得被拐妇女成了他们的耻辱，即使被拐并不是她的错；家人也因为被拐妇女承受着巨大压力。访谈中有一个案例，被拐妇女梁某大概被拐了三四年，回来以后村里人从来没有见她出来过，甚至出嫁时村里都没几个人看到，她父母也不对外人提及，只是听说回来以后一段时间经常看见警车到她家来，关于被拐的三四年做了什么，村民议论纷纷，说法不一，有人说是被人拐卖，有人说是到外地卖淫。访问员介绍：“她好像已经出嫁了，而且出嫁的地方都不清楚，估计只有她父母知晓！好像丧失了生育能力。”一位被拐妇女控诉：“我的人生，都在（被拐）那一年颠覆了。我曾经觉得，我上学时成绩很好，我可以考上大学，但这一切都没有了，我不再纯洁，不再是个乖孩子。我心里一直有阴影，我选择了逃避，离开家出去打工，十多年来，我很少回家，我怕别人瞧不起我，我怕父母嫌弃我，如果不是为了父母，我早自杀了，不必活得那么痛苦。”由于家庭、社区和政府等外界良性因素都没有介入，被拐妇女处于自我封闭的状态，心理发展形成了螺旋式的恶性循环：自责—孤独—自卑—绝望，发展到最后，有的妇女自我摧残甚至崩溃。有位访问员说：“我老家以前有个女孩被卖到山里，因为逃跑，手脚都被那家人（买家）打残了，警察把她救出来。但她残废了，家人养不起，村里的人又说闲话，她家人想把她送回去（买主家），她就自杀了。”

2.2.3.3 既没有在买主家又没有回自己家的妇女

有的妇女被解救后或者逃离买主家以后，并不愿意回到自己原来的家，她们选择在外生活。有的被拐妇女承受折磨太多而精神失常，完成生育后，对买主没有了价值，被买主抛弃，有的被转卖。病情实在严重的，买主和原家庭都不接纳的沦为流浪女，经常受到伤害。一位受访警察说：“有次接到报警,有一个流浪妇女,出警后发现这个妇女很脏,我们找了个女工帮她洗澡，她拼命地拽着自己的裤子，3 个女工才把她的手掰开，她裤子上系着 8 根铁丝。”甚至有的被拐妇女走向了自我复仇的道路，将买主一家毒死或者烧死，同归于尽。

如何处理在买主家生下来的孩子也是困扰离开买主家妇女的一个难题。被拐妇女生育后被解救或逃离拐入地，但她们的孩子一般留在了拐入地，生活在特殊的单亲家庭中，变化的家庭环境导致了这些孩子行为偏差和性格缺陷，亲子关系、人际关系、自我控制力等社会化发展相对不足（王俊君、吕世辰、王小平，2010）。很多被拐妇女不愿意再抚养孩子，中央电视台《等着我》（2014 年 8 月 19 日）播出了一例雷某某寻亲的案例，雷某某的母亲拒绝与他相认，她表示现在家人还不知道自己当年被拐卖的事，更不知道自己还有一个儿子。如何处理这些孩子法律没有相关规定，一位被访者说：“我多年前被拐卖，被迫和当地一位男青年结婚（结婚证都不是我亲自办理的），生了一个儿子。后来逃离了在外打工。他有一同乡后来发现了我，告诉了他。现在，他家要求我负担孩子的抚养费，不然就去法院告我。”有的被拐妇女想抚养孩子，但是，对被拐妇女与买主所生的子女应由谁抚养，现行法律中尚无明确规定，更为重要的是，买主对孩子灌输对母亲的仇恨，孩子与其形同陌路，甚至恨之入骨，一名被拐妇女禁不住对孩子的思念，找到孩子，“但他告诉我他没有妈妈。”

2.2.3.4 进入色情行业的被拐卖妇女

被拐妇女如果被迫进入色情行业将面临更大的危险，可能会经常遭受强奸和身心虐待，受到多重的影响。色情行业中的毒贩和“皮条客”有时强迫妇女去频繁做流产，地下诊所和非法医疗设施会给她们的身心带来更大伤害（Campagna & Poffenberger，1988）。性侵害使她们失去希望和尊严，她们面临的健康风险更大，更容易感染艾滋病和其他性病。欧洲的一项研究发现，56% 的被贩运妇女有反复出现失眠噩梦的症状，和还有创伤后应激障碍（Raymond et al.，2002）。她们被拐卖和剥削一段时间后，开始有不良反应，甚至成为“斯德哥尔摩综合征”的受害者，成为人贩子的帮凶，甚至，有的被拐妇女最终也沦为人贩子。这种矛盾的心理现象，使受害者难以摆脱人贩子的控制。

2014 年 9 月，湖北省襄阳市樊城公安分局破获了一起拐卖妇女案件。民警在审讯案件时发现，这个团伙一共有 27 名成员，包括 20 名比较年轻的男性和 7 名女性（老鸨）。受害者多达 30 余人，大多数来自襄阳且是未成年人，处于 14 ～ 19 岁。但直到案件告破时，一些女孩仍旧执迷不悟，有的还对民警说：“我愿意赚钱给他花。”这样的忠诚度着实令人吃惊。那么，人贩子是如何哄骗这些女孩的呢？其中，有一名受害者小琴（化名）只有 15 岁，2013 年 11 月的一天，她被犯罪嫌疑人胡某骗到了宜昌，胡某以恋爱为名，两人游山玩水，共同度过了几天开心时光，这几天的浪漫美好生活至今都令小琴难以忘怀。不料，胡某后来说变就变，很快露出了庐山真面目，胡某突然告诉小琴：“钱都花光了，咱俩没钱了咋过日子？你出去坐台吧，这样来钱比较快。”小琴听后大吃一惊，连声拒绝。这只是其中一例，其实大多是类似的情况。据被访的办案民警介绍，这些少女被骗后，人贩子都是对她们采取“一劝二骗三威胁”的方法，有的试图逃跑的女孩还遭到了人贩子的毒打。这样，时间久了，有一些女孩与人贩子朝夕相处，完全被犯罪团伙洗脑，安心卖淫为生。女孩们收到的嫖资，都要悉数上交给老鸨，老鸨不会给这些女孩钱，她们只与女孩的“男友”结账。至于“男友”，他们只给女孩一些零花钱。后来，这些女孩被解救出来时，她们身上并没有多少钱。特别需要指出的是，由于这种“工作”相对轻松，“赚钱”又快，一些女孩即使在识破谎言后，也依然选择继续从事这种“工作”。经过一番“洗脑”，还有的女孩成为“斯德哥尔摩综合征”的受害者，成为人贩子的帮凶，自愿加入“仙人跳”案件。这些女孩通过网上聊天的方式，勾引男网友到宾馆开房，一旦“时机”成熟，女孩的“男友”就会强行敲开宾馆房门，声称该网友强奸了其女友，殴打威胁对方并勒索上万元的“损失费”作为补偿。很多不谙世事的女孩相信了人贩子的谎言，她们心甘情愿地通过卖淫甚至“仙人跳”的方式来为“男友”赚钱。更糟糕的是，一些地方公安机关未能区分被拐妇女是被迫还是自愿卖淫。卖淫在中国是违法的，被拐卖妇女经常被错误地指控从事卖淫而受到惩罚。据受访警察反映：“她们由于文化水平有限或者害羞、惊慌害怕，难以提供对打击和抓获犯罪有实际作用的信息；另外，有些被拐妇女本身就是失足女，还存在‘仙人跳’的案件，她们在警局也不会交代真实情况，解救出来再联系她们通常联系不上。”警察通常让其自行离去，康复和遣返更无从谈起。也由于这个原因，对于性拐卖的妇女，我们尝试了多种方法，成功访谈案例很少。

2.2.3.5 留在中国的外籍妇女

目前，对于被拐外籍妇女一般是被遣返回自己的国家，和中国被遣返回家的妇女一样，她们又回到被拐卖的地方，不仅仅重新面临原来的贫困和艰难，更糟糕的是，她们经常面临来自祖国的惩罚和排斥。受访警察说：“我们将她们遣返回去，她们往往挨打，甚至被她们国家的警察打，觉得给他们丢脸了，有的（被拐妇女）又跑回来了。”

成家留在中国的外籍妇女，却面临更大的问题。由于中国政府不承认被贩卖妇女和中国人之间的婚姻，成为真正意义上的“合法夫妻”仍然困难，这些妇女无法获得适当的身份，无法办理中国身份证或户口，在中国也无法就业（Chang et al.， 2008），几乎无法享有基本的社会权利和福利；有的即使生了孩子，在法律层面也得不到承认。

2.3

被拐儿童

相比于被拐妇女的隐藏性，被拐儿童相对比较容易调研，很多被拐儿童成年后开始找家，其父母多年来也一直在寻找，高科技的发展为他们的重逢提供了条件，也给我们提供了大量被拐儿童的信息。我们将贩运供需理论扩展到儿童拐卖，从供需两方面分析儿童拐卖。

2.3.1 拐卖儿童犯罪的主要特点分析

2.3.1.1 发案量下降，由前期上升态势扭转为下降趋势

拐卖儿童不是一个新问题，虽然现在受到了更多的关注，但这是 20 世纪 80 年代以来，中国经济体制发生变化以后，经济利益对人的刺激所造成的一个后果，尽管这并不是一种简单的因果关系。同时，中国东南沿海特殊的产业结构和经济模式，造就了大量以劳动力为主的外来务工人员生活、工作，从而也带来一大批儿童生活、学习，拐卖儿童问题也随之显现并急速增长。尤其是步入 21 世纪，社会呈现多元化发展，城乡一体化进程加快，新的社会问题层出不穷，拐卖儿童犯罪日益突出。

2008 年国家反拐行动开始后，各地在公安部、省公安厅的指导下，开展了一次声势浩大的打击拐卖妇女儿童犯罪专项行动，有效震慑了犯罪。随着我国经济社会发展形势的变化和人民素质的整体提高，加之公安机关的打击、媒体的宣传、志愿者和民间组织的关注和介入，原有的恶意街头拐卖、偷盗抢等呈现大幅下降，拐卖儿童现象也逐渐减少，陈士渠介绍：“近几年来现案减少，新发案件破案率都很高。”

2.3.1.2 偷盗、诱骗等方式拐卖儿童案件数下降，亲子买卖上升

儿童被拐发案量下降的同时，出现了亲子亲卖。2015 年 2 月，据最高

人民法院新闻发言人孙军工介绍，采取偷盗、强抢、诱骗等方式实施拐卖儿童犯罪的发案数量明显下降，大部分被拐儿童系被亲生父母出卖或遗弃，继而被人贩子收买、贩运。现在有些亲生父母卖自己的孩子，这些孕妇根本不想要孩子，她们生孩子就是为了赚钱，在某些地方甚至还形成了风气，访谈中民警反映有些地方已经将卖亲作为生财之道，“要想富怀大肚，一年一个万元户”。

这里可以看到拐卖人口犯罪的另一个侧面：由于社会经济和生育资源等分布的不均衡，这些拐出地很多人都愿意通过出售亲生孩子来获得收入。最主要的原因是，当地或其家庭真的贫穷，赤裸裸的穷。当地生活贫困，很多人无一技之长，全家靠生孩子售卖来补贴生活。尽管随着近些年政府在各方面的投入和倾斜，贫困家庭的基本生活还是可以保障的，不至于因为生存不下去而售卖孩子，但是这里存在一种“相对贫困”，这些家庭往往缺乏一技之长，外出打工见到城市“灯红酒绿”的生活使其体验到与城市居民身份和收入的巨大差距，他们也向往城市居民的高质量生活，但是现实中他们的收入只能满足基本生活需要，一种相对剥夺感油然而生，从而产生一种犯罪的可能（Levitt，1998），走上卖亲子的路。所以，不仅是经济原因，更是多种原因导致了这些家长售卖亲子，具体包括法制意识淡薄、缺乏教育等。当地“重男轻女”思想严重，有的家庭为了有一个男孩，频繁超生，如果生出女儿，就只能送人；加之计划生育政策严格，超生的父母因为怕罚款或为经济利益而往往是自愿将亲生儿女卖掉。一些人贩子，正是看准了这个机会，借口将这些父母“不想要”的孩子送人，实际上是将孩子转手倒卖。按照最高法的数据，卖亲子成为儿童拐卖的主要形式，不过有的警察评价：“现在卖亲子成为儿童拐卖的主要形式，不过，人贩子说这些孩子是从他们父母手中买的不足为信，因为这可以使他们的犯罪行为显得不那么严重（相比拐来的）。如果真是买来的，从何处、何人手中买来，警方去调查一下，至少大部分孩子的父母是可以查清楚的，但大部分儿童找不到亲生父母；也可能存在非婚生育的问题，担心影响以后的家庭生活，而放弃报警。”

2.3.1.3 买主购买孩子的类型多样化、营利化

传统上，买主买孩子的目的是收养，但是，中国儿童被拐卖出现了利用拐卖儿童牟利的情况，包括控制儿童乞讨、卖花、卖艺等劳役，甚至控制少儿犯罪：1）有些人贩子拐来孩子后，将其卖给职业乞丐，孩子被沦为街头乞讨的道具，甚至更残忍的是，为了博得人们的同情乞讨更多的钱财，孩子被人为致伤致残。2）被拐女孩一般被强迫从事色情业、性服务，而男孩更可能被卖到黑工厂做童工。3）有些孩子被不法集团控制、教唆，在街头卖花、卖艺、偷盗等，个别的还被犯罪团伙教唆做碰瓷等不法活动。

（1）乞讨。

尽管受访的志愿者和警察都强调，跟随成年人乞讨的孩子大多数是其亲生孩子，但是大多数流浪未成年乞讨者属于“骗讨”“强讨”（李迎生、吕朝华，2007）。孩子被人贩子拐卖到职业乞丐手中，受到胁迫而进行乞讨。每个乞讨儿童每月可以为幕后黑手带来 2000 ～ 20000 元的收入。更为可怕的是，有的被拐卖儿童甚至被人控制，人为致残，因为在乞讨时，孩子的情况越惨，往往能讨到越多的钱，并且更加无法脱离乞讨组织，为幕后乞丐组织赚取更多的黑心钱，如 2004 年被解救出来的宫某某，她被人贩子拐来后，被迫在街头乞讨，人贩子为了让她要到更多的钱，就在她的腿上割出伤口，让伤口流脓发炎，每天人贩子都用刀片刮她的伤口，因为血流得多，要的钱才多。

有的幼儿乞讨已经发展成为有组织的、成规模的“丐帮”。河南省某县不少人组织成立杂技团，以演杂技为名“租来”多名幼童，分别到河南、湖南、广西等地，利用暴力威胁等手段，让这些幼童沿街乞讨。大约从 1993 年起，安徽省阜阳市太和县某村村民也开始从事类似活动，他们物色残疾儿童，甚至有些是年龄尚小、各方面都正常的儿童，被他们人为致残后，带到全国各地乞讨，这些人在当地被称为“乡主”。早饭后，“乡主”把童丐安放在固定地点乞讨，他们在远处监视，晚上收工、收钱。如果童丐没有完成乞讨任务，不仅得不到饭吃，还要遭受毒打。“乡主”将孩子带出乡时，都在一定程度上欺骗了童丐的父母或家人：有些“乡主”说，是带这些孩子到寺庙门口看摊子卖香火，还有些说带到福利工厂打工。从该村走出去的残疾童丐足

迹遍布全国各地，近在太和、阜阳、合肥等安徽省内城市，远则到北京、上海、天津、广州、成都、哈尔滨等大城市。

（2）做工。

在国外被贩运的儿童中，做童工是很常见的（GoZdziak & Bump，2008）。近年来，随着“民工荒”以及人力成本的增长，中国也出现了童工现象。中国法律是禁止童工的，所以童工往往是被拐卖或被拐骗的。在四川凉山，工头拐骗童工的现象人尽所知，人们普遍将此现象称之为“带工”（魏恒，2008）。总的来说，是巨额利润促使工头们将凉山孩子带到珠三角和沿海发达城市。“带工”最早兴起于1998年前后，珠三角地区劳动密集型产业发展迅速，四川凉山工人特别能吃苦耐劳，工厂老板非常欣赏，就会在凉山工人回家过春节时，交代他们带一些凉山老乡过来，慢慢形成一种带工网络。但自从2003年开始，随着凉山居民与外界社会和其他地区的接触越来越多，很多人到了一定年龄，就自己出去找地方打工了，原有的带工网络逐渐失去了作用，于是，这些工头们为了赚钱，就把目标转向了不谙世事又听话的小孩身上。有被访者说：“现在这些工头实在太黑，甚至干脆把小孩卖给工厂了。”令人颇感震惊的是，不少童工外出打工，在村子里甚至成为值得骄傲和高兴的事。贫穷父母送他们的孩子去工作是决策的重要因素，富裕国家或地区的工资前景促使家庭送孩子去接受童工这项工作（Dottrige，2002）。在当地很多家长眼里，只要工头能够按时支付约定的工钱，那就是好事一桩。但是，即使是被拐骗的孩子也不愿意回家乡上学，饥饿和暴力让他们向往工厂生活。

更大的犯罪黑数是被拐的童工。魏继中说：“严打（作者注：国家反拐行动）开始后，拐卖儿童案件数量在下跌，但是这几年10～14岁孩子的失踪在翻倍长，我现在就在找这个答案，就是被逼做工。”河北丰宁满族自治县西官营乡西窝铺村村民袁某的儿子2007年不幸走失，为了寻找儿子，袁某和其他几位有相同遭遇的家长组成“寻子联盟”，跑遍了河南、山西，从“黑砖窑”里解救出上百名孩子。据这些被解救出的少年奴工介绍，他们大部分都是打工时被骗至“黑砖窑”，有些甚至是在大街上被人强行掳去（张硕，2013）。

（3）控制少儿犯罪。

利用儿童的年幼无知和易于控制，控制儿童犯罪也逐渐增多，如偷盗、碰瓷等，最典型的是利用新疆籍儿童进行偷盗。随着经济体制转轨和社会转型，新疆出现了人口流动加速、流浪未成年人数量逐年增加的现象，一些不法分子拐卖一些流浪少年儿童在内地一些大中城市进行扒窃、抢夺、贩毒等违法犯罪活动。“十二五”期间，新疆籍流浪儿童将近 5000 人，基本上来自南疆（纯光，2016）。由于家庭造成的儿童主动离家出走约占 20%，而另外 80% 则绝大部分是被人贩子诱拐而走（魏一平，2011）。被拐骗到内地的维吾尔族儿童，很少与一般流浪儿童一样，通过拾荒、乞讨谋生的，相反，他们主要从事偷窃、抢劫等，沦为不法分子的生财工具。在中国法律规定中，不满 14 周岁的未成年人犯罪是不负刑事责任的，不满 16 周岁犯罪较轻者也不追究刑事责任，而是由其家长或监护人负责加以管教。犯罪分子为了钻法律的漏洞，所以，这些被拐骗到内地以盗窃为生的儿童，一般都是在 6 ～ 14 岁。

另一种犯罪手段“碰瓷”近年也逐渐流行起来。犯罪分子利用少年年幼无知，容易控制，唆使、威逼未成年人碰瓷，以勒索司机钱财。深圳市“最残忍撞车党”被告人李某某、曾某等人诱骗多名未成年人至深圳，先是强迫被骗未成年人吸食毒品“K 粉”，待未成年人吸毒昏迷后将其胳膊打断，再开车将断臂的未成年人送至繁华地段，制造被汽车撞伤的假交通事故，继而向司机勒索财物的方式实施犯罪。

2.3.1.4 拐入地和拐出地更加分散化

从 20 世纪 80 年代开始，公安部和全国妇联一直合作，共同调查拐出地、拐入地、中转站等，这些概念在 80 年代末提出，是基于 10 年左右的调查和深入拐入地和拐出地摸查的结果。但从目前的研究来看，更多的是关于“拐出地”的调查，而关于“拐入地”的调查则很短缺，这也会给反拐带来不利影响。更重要的是，拐入地、拐出地也在随着时代变迁而变化，现在呈现分散的状态。

结合在各地的访谈和“宝贝回家”网站数据分析发现，目前就收买孩子的地域而言，北方地区比较分散，贫困的农村地区较多，不如南方地区集中，人贩子的交易也都集中在省市交界即所谓的“三不管”的地方。就收买目的而言，北方地区以养儿防老和童养媳为主。我们将买孩子的区域分为：1）农耕为主区域：早期的山东以鲁中、鲁南为主；江苏的苏北；安徽的皖北；河北的冀南；河南的全部，由于上述地区在农耕为主的年代，相对地大物博，地产丰富，简单说就是能基本吃饱。而主要拐出地云南、贵州、四川等地多山地、交通不便、物产贫瘠，最初出现“买老婆”，随着“家贼引来外鬼”，那些“外地媳妇”或者人贩子开始把手伸向孩子。2）东南沿海地区：随着改革开放的深入，东南沿海经济的飞跃，北方的“儿童市场”价格不再“占优”，特别是1992年之后，广东、福建沿海“孩子的价格”大大上扬，人贩子追逐利益最大化，市场有转向趋势，南方富了，更有钱，孩子价格高，南北方的转换是农耕经济和市场经济的转换造成的，拐入地和拐出地更加分散，这其中，拐入地和拐出地分别较明显，唯独河南不太清晰，被拐的也不少，拐入的也不少，广东本省的买卖也不少（见表2-2）。

表 2-2　儿童被拐的主要城市

拐出地	样本数	%	买入地	样本数	%
贵阳市	213	4.62	莆田市	122	4.65
广州市	121	2.62	徐州市	75	2.86
重庆市	77	1.67	重庆市	75	2.86
遵义市	121	2.62	泉州市	48	1.83
成都市	76	1.65	上海市	40	1.52
毕节市	97	2.10	邯郸市	39	1.49
东莞市	39	0.85	德州市	36	1.37
长沙市	38	0.82	郑州市	36	1.37
南昌市	29	0.63	北京市	35	1.33
安顺市	51	1.11	石家庄市	35	1.33
郑州市	26	0.56	临沂市	35	1.33
昆明市	24	0.52	洛阳市	33	1.26
绵阳市	40	0.87	福州市	32	1.22

（续表）

昭通市	21	0.46	苏州市	31	1.18
西安市	40	0.87	宿州市	30	1.14
六盘水市	21	0.46	开封市	30	1.14
武汉市	40	0.87	南京市	29	1.10
宜宾市	19	0.41	成都市	29	1.10
深圳市	18	0.39	新乡市	28	1.07
达州市	35	0.76	邢台市	27	1.03
南宁市	17	0.37	武汉市	27	1.03
其他城市	3447	74.77	其他城市	1753	66.78
合计	4610	100	合计	2625	100

数据来源："宝贝回家"网数据计算。

儿童买入地多集中在东部沿海，但也包括一些北方农村地区，并出现了由南向北的扩散趋势。南方的贵州、云南、四川、广东成为儿童失踪的主要地区；福建的晋江和莆田、广东的潮汕地区和海陆丰地区、河南省、河北省、山东省西部地区，则成为被拐儿童的主要流入地。这种分布不完全与经济发展水平有关，还有传统思想影响的原因。云南、广西是最大拐出地中的两个省份。现在，随着交通和通信的发展，时间、空间的"缩小"，拐入地、拐出地不再明显，原有的"传统拐卖路线"不再单一。河北、河南、山东等受传统文化影响严重的地方，以及四川凉山、云南、贵州这些偏远的、经济欠发达的地方成为拐卖人口输出的大省，这里反映了经济发展的不平衡。

2.3.2 买方收养孩子的原因

按照贩运的供需理论，被贩运的产品和服务的最终用户 / 消费者会影响需求，旺盛的买方需求是人口拐卖犯罪屡打不绝的根本原因。在中国被拐儿童的主要去向还是收养，有些家庭因为不育或者子女早亡，精神上会感到失落和痛苦，为达到"延续香火"和养儿防老的目的，在经济条件允许的情况下，他们中的一部分人就通过收买儿童来满足自己的心理需求和养老需求；

同时，计划生育政策和烦琐的收养手续加剧了这种现象的发生，形成了巨大的买方市场（见图 2–1）。

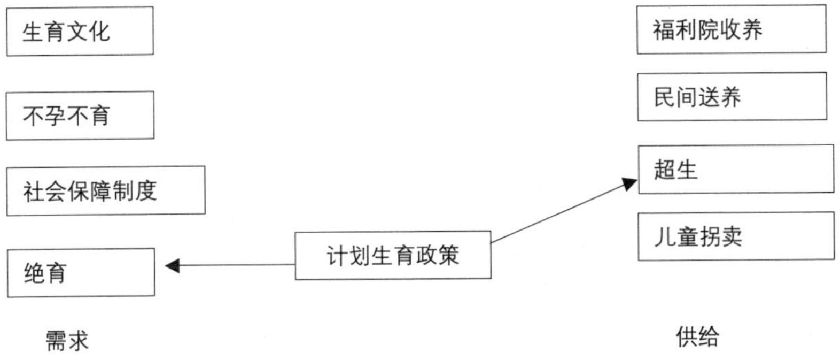

图 2–1　买方收养孩子的原因

2.3.2.1 传统生育文化刺激了对儿童尤其是男童的需求

在中国传统文化中，重男轻女、传宗接代、儿女双全这些思想源远流长，这是整个社会的文化目标。尽管社会经济发展很快，但这种重宗族、重男丁的观念却依然十分顽固。受传宗接代封建传统思想影响，一些人置法律和道德不顾，高价收买孩子，以延续自家香火或显示自家人丁兴旺、家庭发达，这在很大程度上为人贩子拐卖儿童的需求市场起到了一种刺激和推动作用。

传宗接代、继承香火的孩子同时能够在家庭或家族中继承家业。买进孩子的重点地区是山东、福建和广东的潮汕地区。中国的改革开放使上述地区经济发展迅速，民众积累了大量财富，有了购买儿童的经济资本。此外，这些地区崇拜男丁，“多子多福”的观念非常盛行。为了传宗接代，那些只有女孩的家庭希望能收养男婴，为的是将来家族得到传承，长大以后成为家庭的“顶梁柱”。于是，这些家庭不顾法律和道德的约束，非法收买儿童，形成了较大的买方需求。比如，在潮汕地区，许多有儿无女、有女无儿及没儿没女的家庭设法买进孩子，有子女的家庭为了发展家族产业，发展下一代的势力，花再多钱也愿意买一两个孩子，有的家庭甚至还买儿、买女互相攀比。我们在东莞对拐卖儿童的调查表明，买方主要集中在潮汕地区的农村，潮汕地区农村传统“香火”观念太强，以至于很多家庭从人贩子手里买男孩，传承“香火”。“香火”观念是汉文化中的一个元素，不是“潮汕”特有的，但是潮汕文化作为汉文化中的一个地域性亚文化，在汉文化的基础上严重加重了“香火”观念、加重了重男轻女倾向则是一个存在的事实。其他的汉文化地区有“香火”观念，有重男轻女倾向，但并没有汉文化地区之一潮汕地区如此严重。这也是其他地区没有潮汕地区拐卖儿童如此严重的重要原因（中央电视台，2007）。

宗族势力的影响，也是拐卖儿童的一个因素，在广东潮汕、福建南部地区，很多地方还是由当地一些人丁兴旺的家族主持着一切事务，男丁的数量代表着家族的势力，所以，有些人家为了扩大家族势力，甚至在自己家有了两三个男孩以后，还要再买上一两个男孩，以扩充家族的人口和势力。一个被拐到福建的男孩林某，他所在的家庭就是父母已有 7 个亲生孩子，但嫌家里的男孩太少，就又买了他，他是家里的老八。久久不能生男孩的家庭也愿意买男孩，“买一个男孩放在家里，可以做一个引子”，一些潮汕人相信，家里有一个男孩，可以形成某种气场来帮助妇女生出男孩。男女双全的思想也有一定影响，被调查的买主大多坦诚：“年轻时应该多生一个女娃，女娃知道疼人，现在……”他们的儿子早早离家上学、工作，家庭过早进入空巢期，为了弥补感情缺失，在男女双全思想的影响下，更倾向于收养女孩，所以女孩的价格也在不断上涨，被拐儿童中女孩的比重也逐渐增多。

2.3.2.2 社会保障制度不健全强化了对男孩的需求

与传统文化相对应的是养老的严峻现实，香火观念，最重要的是和社会保障制度相关。中国农村缺乏养老保障制度，只能依靠家庭养老，于是养儿防老是中国农村的普遍现象（张川川、陈斌开，2014）。没有男孩的农村家庭为了实现养儿防老、老有所依，就不惜一切代价从早就做准备，买个男孩为自己养老打算，所以这也是被拐男童比例较高的原因。买孩子也与强烈的传统文化影响有关，中国人崇尚“多子多福”，并坚信“不孝有三，无后为大”，但是城市居民有正式的工作和养老保障，“延续香火”和“养儿防老”观念淡化得多，这也是铁一般的事实（陈胜利、张世琨，2003）。还有一些残疾人，特别是智障残疾人，可能在找配偶和成立家庭时有些困难，加之国家的社会保障制度覆盖程度有限，家人会以创新的方式给他们养老，就会提前给他们买个孩子用作以后养老。2013 年，广西著名的“5・19”案件，被解救的覃某某就是此类受害者，他被卖给了一个智障者当儿子。那个智障者一直生活不能自理，买来覃某某后，由其妹妹抚养，打算再过几年等覃某某能做一些简单家务，就让覃某某与其一起生活，照顾他并为他养老送终。这些也扩大了儿童拐卖的市场需求。

重男轻女的社会制度也刺激了一些家庭买男孩。现实中，农村的宅基地、耕地、分红和福利只传给男性，一些农村妇女因结婚、离婚、丧偶等失去这些权利和福利（钱文荣、毛迎春，2005）。我们在调研中也发现，买孩子比较严重的地方都认为男孩才是最重要的，女孩将来要嫁出去是别人家的，跟自家没有任何关系。

2.3.2.3 计划生育政策限制了制度化手段

生男孩的文化目标可以通过合法制度化手段完成，但是中国实行的计划生育政策控制了生育空间，限制了家庭获得男孩的制度化手段，在儿童拐卖犯罪中也起到推波助澜的作用。但这项政策规定中国绝大多数家庭只能生育一个孩子，也导致中国养儿防老体系出现漏洞；此外，在传统文化的影响下，这一政策一定程度上影响到人们更加倾向于养育男孩，因为男孩成年后可以成家立业，更有能力照顾年迈的父母。20 世纪 70 年代，计划生育政策开始推行。1980 年，新《婚姻法》颁布，限制婚姻年龄和生育年龄，女性法定最低结婚年龄是 20 岁，男性是 22 岁。1978 年 3 月，“国家提倡和推行计划生育”第一次被写入宪法；1982 年 9 月，中共十二大把实行计划生育确定为基本国策，《宪法》第 49 条规定：“夫妻双方有实行计划生育的义务。”到 1991 年 1 月，在大陆地区，在各省、直辖市、自治区实践基础上，基本上形成了一个局面——城镇计划生育政策以“一对夫妇只生一个孩子”为核心（冯国平、郝林娜，1992），农村地区主要分为独生子女政策为主的地区，独生子女政策与独女可生二孩政策混合的地区，独女可生二孩政策与二孩政策混合的地区，二孩及以上政策的地区，少数民族地区的计划生育政策较为宽松（郭志刚等，2003）。计划生育政策的区域性不同给儿童拐卖创造了市场供给，尤其是贵州、云南、广西和四川等省区的一些少数民族地区计划外生育屡禁不绝，导致这些地区的男童拐卖异常活跃。在外来人贩子的带动下，当地贫困村民也参与整个链条运作。在云南农村，许多妇女甚至售卖她们的新生儿。严格的计划生育政策下，妇女可能会承担更多压力，她们希望怀一个男孩，或者需要额外的钱来还债，宁愿卖掉自己的女儿而再生一个儿子。许多妇女害怕社会偏见，以及巨额社会抚养费。如果生的是儿子，许多家庭甘愿缴纳社会抚养费，但不愿意为女儿缴纳。被拐女婴经常被卖给没有孩子的城市家庭，或需要女孩帮忙做家务的农村家庭，甚至被卖到偏远乡村给农民做童养媳。可以说，即使这些孩子真的是他们的父母出卖的，但绝大部分也是社会抚养费的压力导致的。2002 年 9 月 1 日起施行的《社会抚养费征收管理办法》规定“社会抚养费的征收标准，分别以当地城镇居民年人均可支配收入和农村居民年人均纯收入为计征的参考基本标准，结合当事人的实际收入水平和不符合法律、法规规定生育子女的情节，确定征收数额。”例如，按照《云南省社会抚养费征收管理规定》，非农业人口夫妻违法多生育一个子女的，按照上年度全省城镇居民年人均可支配收入的 5 ～ 10 倍计征社会抚养费；农业人口夫妻违法多生育一个子女的，则按照上年度地州市农民人均纯收入的 5 ～ 8 倍计征，多生育两个以上子女的，按照违法多生育子女数为倍数计征。这对贫困家庭是一个沉重负担，比如，一些家庭意外怀孕了，害怕被征收社会抚养费，不如将孩子送养或者干脆卖掉。或者原本想生个男孩，然后缴纳社会抚养费的，但又生了个女孩，于是为了有机会再生个男孩，只好把这个超生的女孩送养或者卖掉。一个家庭可能交得起一份社会抚养费，但交不起两份，因为第二份通常是第一份的两倍，家长不得不售卖孩子，形成了儿童拐卖市场的“供给方”。

再考虑到经济总体水平较高，一些富裕地区的农村家庭有足够的经济实力“购买”儿童，客观上形成了较大的需求。现在，中国家庭需要孩子的数量增加了，按照贝克尔（1985）的孩子质量数量转化理论，家庭收入的增加，首先会增加对孩子数量的需求。另外，由于独生子女家庭的弊端，很多家庭觉得一个孩子太少，想多要几个。当然，计划生育政策使得孩子在中国显得异常珍贵，一般情况下，想要更多孩子的家庭，只要夫妻双方有生育能力，可能更愿意自己生而不是买一个孩子。所以，买家往往来自不能生育的家庭，或者迫切想要个儿子而不得的家庭。很多夫妻在年轻时受制于计划生育政策的影响，只能生育一个孩子，现在孩子大了，家庭进入空巢期，他们也后悔："要是多生一个孩子多好。"现在由于身体和事业等多方面的原因，只好买一个孩子。还有的是没有生育能力，中国人口协会（2012）发布的一项调查结果显示，我国现有的不孕不育者已经超过4000万人，占育龄总人口的12.5%；男性精子质量正在以每年1%的比例下滑。而计划生育政策带来的绝育手术导致不能生育的可能更多。自1971年以来，中国已实施3.36亿次堕胎手术和1.96亿次绝育手术，但是有的绝育手术是不能恢复生育能力的。比如，作为永久性的避孕方式，男扎的复通率约98%，复育率仅为50%～60%（刘亚晴，2014）。在访谈中一些买主面对"为什么不自己生而要买孩子时"，他们的理由是："已经做过绝育手术，怎么也康复不了，只好买了。"我国很多地区的妇女在生育了一个孩子以后，被强行做了绝育手术，而在农村都是靠养儿防老的，所以，家庭对儿子有需求，计划生育绝育手术使他们无法遵循制度化手段，迫使他们买孩子。

2.3.2.4 中国的收养门槛过高，正规收养渠道不畅通

评估不同的市场需求和供给，必须将合法因素从非法活动中剥离（Ronald，2014）。家庭面临需要孩子这种状况，可以通过正规收养渠道，而不必走买孩子这条道路，但是正规收养渠道的苛刻，也提高了儿童被拐卖的可能性。

我国有大量孤儿且社会收养需求很大，但由于现行收养法中一些规定滞后，收养条件过高，收养程序不完善，对非法收养行为监督缺失、打击不力，致使家庭私自收养、购买儿童等现象屡禁不绝。我国《收养法》规定，收养人应当同时具备以下条件才可以收养孩子："无子女，有抚养教育的能力、未患有不适合收养子女的疾病，并且收养人年满30周岁。"这样一系列的条件让很多想收养孩子的家庭望洋兴叹。更让人大为诟病的是，我国的福利院一般要求收养人必须向其缴纳一定数额的赞助费，甚至有些福利院的赞助费用高达数十万元，国内家庭从福利院收养孩子的成本甚至要高于从人贩子

手里买孩子，巨额费用让很多想通过正常渠道收养孩子的家庭望而却步。有些福利院即使有正常可以收养的孩子，也拒绝办理民间收养，因为如果福利院里没有孩子，可能会影响到他们的经费及人员编制，所以，他们一定要让福利院里有孩子，而拒绝有需求的家庭收养这样的孩子。这些进一步使很多家庭无法遵循制度化手段获得孩子。

中国家庭收养孩子的条件也非常苛刻，往往这样要求：身体健康、智力正常、相貌要好，4 岁以下。也就是目标过高，减少了市场的有效供给。买孩子的家长面对“为什么不到福利院收养”时，大多回答：“福利院孩子大多数是残疾儿童，我们想收养一个健康的。”健康孩子在福利院是“抢手货”，不能满足需求，甚至有的家长还认为“福利院的孩子都是孤儿，他们克死了父母，不吉利。”另外，中国人“重男轻女”，自 1993 年《外国人在华收养子女实施办法》起，被外国人领养的中国孩子超过 11 万人，其中被抛弃再被外国人收养的孩子中超过 90% 的是女婴，极少比例的男婴中又有绝大多数是有残疾或者有疾病的孩子（席越，2014）。2005 年，福利院收养的弃婴差不多有三分之二都被外国人收养，在 2001 年到 2007 年，外国人收养超过了一半人数，从 2008 年开始，这个比例虽然在下降，2012 年依旧占大约三分之一（民政部，2013）。国内这些家庭综合权衡之后，往往用创新方式去获得“孩子”，他们乐于选择以更低廉的价格从人贩子手中买健康的孩子，从而催生了儿童拐卖。

2.3.3 儿童被拐的主要原因分析

拐卖儿童现象的发生和扩大有着深刻的社会原因和复杂的社会背景。在一个论证全球贩运理论的探索性试验中 Väyrynen（2003）注意到，贫穷、战争、立法薄弱、松懈的边境管制、腐败的警察和有组织的犯罪导致了儿童贩运泛滥；在中国，贫困、城乡差距大及男孩偏好是构成拐卖儿童犯罪的主要原因（崔小凤等，2000；周丽苹，2006；王启梁，2007；赵星和吕珊，2010）。结合这些因素，我们使用被害人因素理论分析了中国儿童拐卖的状况与原因。由于被拐孩子在被拐时年龄较小，很难记清楚自己的亲生家庭状况，所以我们主要分析寻子家长提供的数据，主要包括个人特征、家庭因素和社会因素，对被拐孩子仅分析其性别和户口所在地。

2.3.3.1 被拐儿童的个人特征

（1）被拐儿童的年龄。

通过数据分析发现（见图 2-2），被拐孩子年龄集中于 2 ～ 5 岁，其中 4 岁的最高，占 18.35%，未满 1 周岁的仅占 2.55%，然而随着年龄的增长，一直到 4 岁达到最高，然后开始下降，到 12 岁达到最低，仅为 1.29%，在 12 ～ 16 岁间有所提高，在 1.5% 左右徘徊。这是因为 2 ～ 5 岁的孩子比较容易养活，并且还没有形成完整的记忆力，容易走失，被拐后也比较容易被别人控制，构成个人被害因素理论中的弱点或诱发因素。

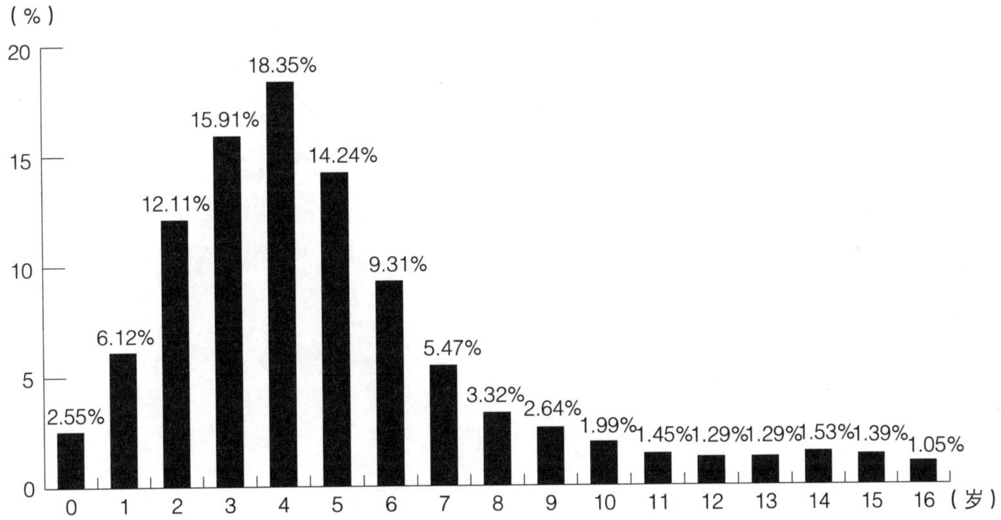

图 2-2　被拐儿童的年龄分布（XT=5007）

（2）被拐儿童的性别。

被拐孩子 55.55% 以上是男孩，其中家长寻儿子的占 75% 以上，寻家孩子中男孩约占三分之一。

就被拐对象而言，由过去以男孩为主变为女孩也越来越多。图 2–3 数据显示，0 ～ 7 岁以前，主要是男孩被拐，受中国传统重男轻女、传宗接代思想的影响，男孩在儿童收养市场上颇受欢迎的，对买主和人贩子构成吸引因素。有需求就有供给，但是也发现一个新的现象，随着孩子年龄的增长，一些 7、8 岁甚至 10 多岁的女孩也相继被拐，10 岁以上女孩被拐的比例越来越大，应该说形势十分严峻。一些地区男女比例严重失调，使一些地区购买女孩的现象加重。河北省公安厅打拐办相关民警透露，现在的人口拐卖案件有一个新的特点：女婴的“价格”虽然比男婴低，但往往比男婴还“抢手”。近年来，由于一些地区重男轻女的影响，很多家庭存在“生男即止”的现象，在怀孕以后去做性别鉴定，如果检查出胎儿是女孩就做人工流产，直到生下男孩；但是又受到儿女双全传统观念的影响，觉得不完美，希望再有一个女孩更好，受计划生育政策的影响，这时候很多家庭会采用买一个女孩的方式完善自己的家庭结构，有些家庭在儿子已经成年后，选择了购买一个女童。性别选择的结果致使很多地区性别比严重失调，婚姻挤压和迁移导致很多农村的男孩长大以后娶老婆都是个难题，因此，有些精明人家就趁孩子不大，几千块甚至几百块就买回个女孩养着，等这个买来的女孩长到十几岁，就直接给自己的儿子当媳妇，这样，就比娶一个媳妇的成本低出很多。另外，有些地区流行娶媳妇收彩礼，而且彩礼金额非常高，所以，很多家庭也是买个

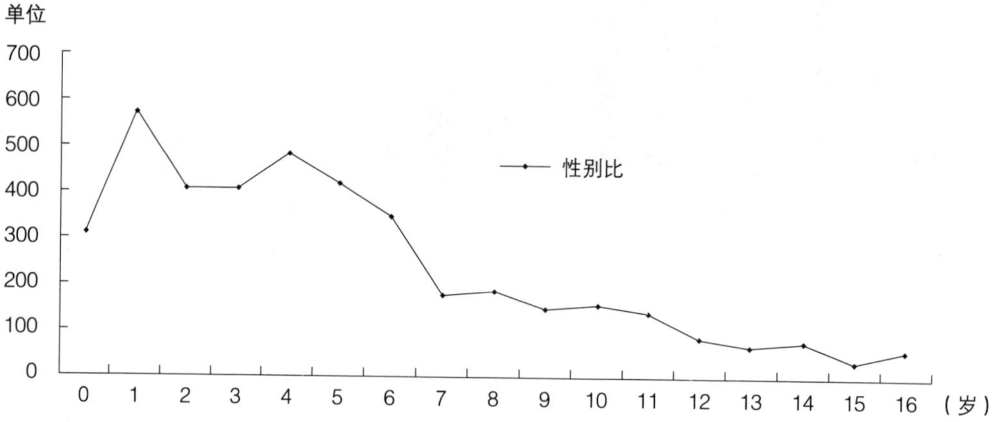

图 2–3　被拐儿童的性别比（XT=5007）

女孩，将来大了可以收些彩礼，就把自己儿子娶媳妇的彩礼也解决了，买个女孩被精明的买主当成一条生财之道（Rosenthal，2003）。对于十几岁的女孩被拐，也不排除被逼卖淫的情况。

2.3.3.2 被拐儿童的家庭状况

被拐儿童的家庭以弱势家庭为主，被拐孩子的家庭户籍大多是农村户口，占 95% 以上。为了进一步分析被拐儿童家庭的弱势，我们进一步分析家庭的社会地位。

（1）被拐儿童的社会阶层（见图 2–4）。

以父亲的职业作为社会分层的标准是社会学界的常规做法，国家机关、党群组织、企业、事业单位负责人被称为“管理精英”， 专业技术人员被称为“专业精英”，其余的是非精英职业群体（边燕杰、刘勇利，2003），我们发现精英家庭丢失孩子的较少，其中管理精英仅占 0.29%，专业精英占 2.51%，非精英阶层占被拐孩子的大多数。

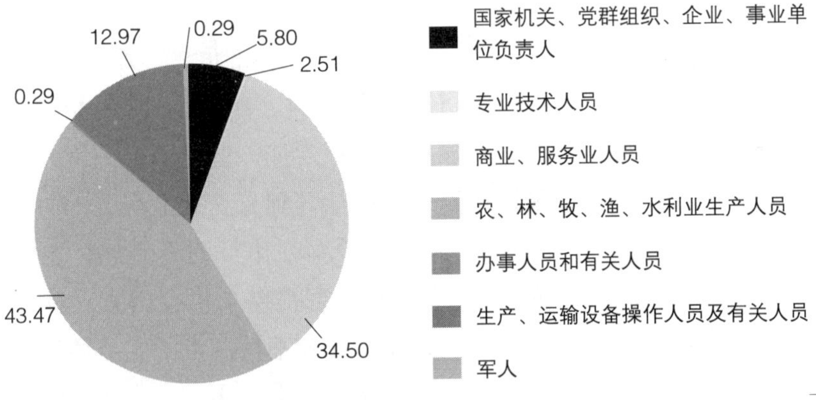

图 2–4　儿童被拐时父亲从事的职业（XT=2429）

（2）兄弟姐妹数量（见图 2–5）。

我们进一步分析被拐儿童家庭的孩子状况，发现当时被拐孩子是独生子女的占 48.5%，2 个孩子的占 32.4%，两者占 80% 以上，说明孩子被拐并不是因为孩子多无法照顾，而是疏于照顾。

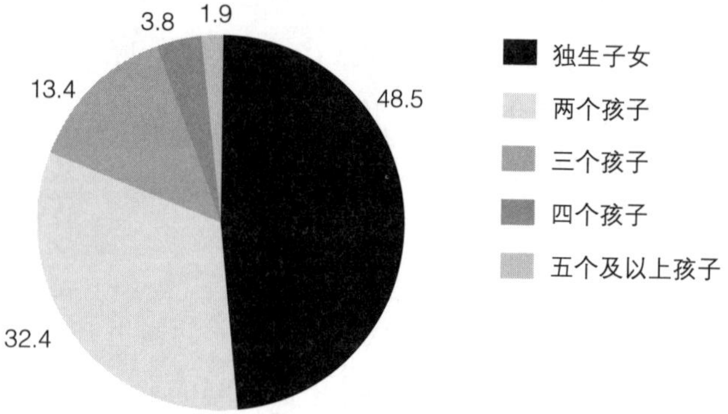

图 2-5　被拐儿童的兄弟姐妹状况（XT=2429）

2.3.3.3 被拐的社会因素分析

社会管理制度有漏洞也是儿童被拐的重要原因。在国际上，大多数被拐受害者都是流动人口（Bruch，2004）。

（1）被拐时间和地点（见图 2-6，图 2-7）。

从儿童被拐时间看，白天居多，相对集中。从拐卖儿童案件来看，人贩子的活动规律具有不特定性，但多借家长白天忙于生计，无暇顾及子女之机作案。在我们的数据中，在知道孩子被拐具体时间的 4977 个家庭内，9 时至 18 时发案数最高，其中上午 10 时至 12 时、14 时至 17 时相对集中。部分家长为生计终日忙碌奔波，无暇照顾小孩，如一些家庭夫妇俩人均是打工族，两人上班后将子女单独留在家中，或让其独自在街上玩耍；一些做小生意的夫妇只顾与客人讨价还价，而任由子女在市场附近晃悠，忽略对子女的教育和监护，为人贩子对其实施犯罪侵害提供了机会因素。这些现象在外来人员聚集的地方屡见不鲜，成为拐卖儿童案件高发的主要原因之一。“2004·6·1”系列案的主犯刘建秋就反映其作案利用了“小孩无人看管”之机。2001 年 3 月至 2004 年 5 月期间，刘建秋等人单独或结伙，窜到东莞市几个镇区的市场，趁儿童单独玩耍、身边无成年人陪同之机，以买泡泡糖、玩具等为诱饵拐带儿童。据统计，刘建秋等 10 人作案次数达 31 次，共拐卖儿童 38 名，几乎每次作案都能成功。寻子家长彭某峰（电影《亲爱的》男主角田文军原型）描述自己在深圳居住的地方：“建筑都是破破烂烂的，沿街小贩流动，各种外地口音的人在街上穿梭，黑色的摩的在招揽客人，一条

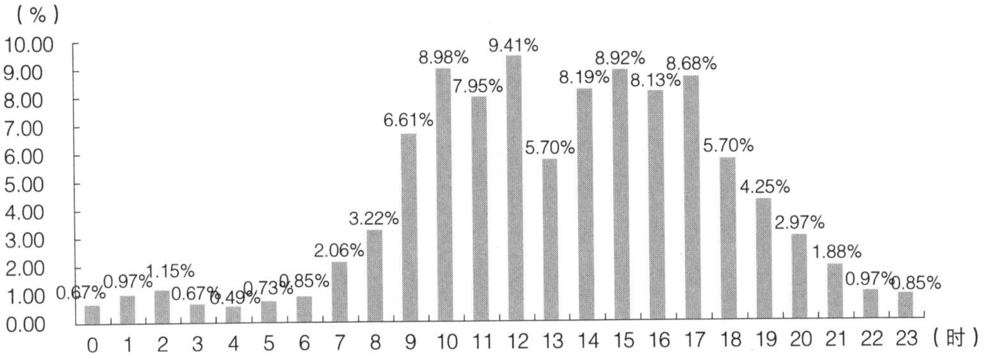

图 2-6　儿童被拐的时间（XT=4977）

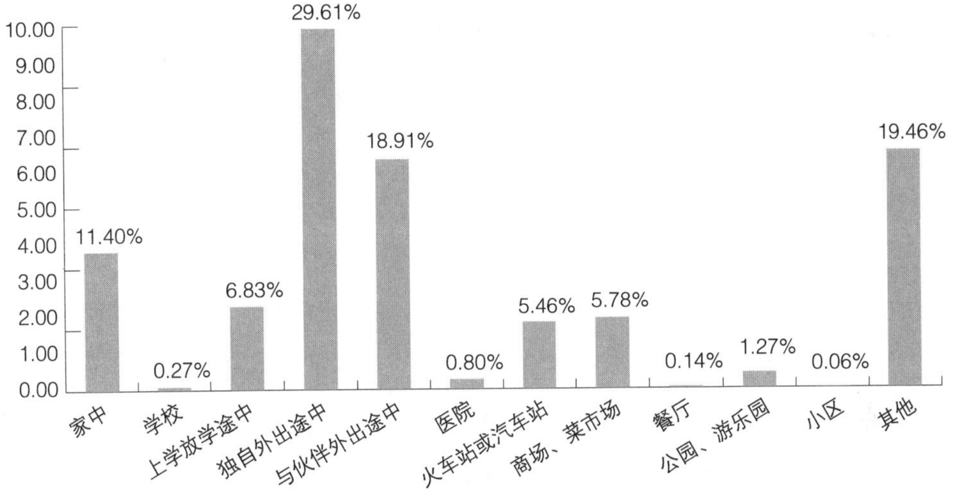

图 2-7　儿童被拐的地点（XT=4977）

臭水沟穿村而过。街道也很脏。进入这样的地方，你会特别不适，觉得不安全，好像随时会有人过来抢你的钱包、打你一顿似的。”

从儿童被拐地点看，独自外出途中和公共场所居多，主要集中在菜市场、商场、火车站或汽车站等公共场所，约占 60%，孩子“独自外出被拐”的较多接近 30%。第二个是“与伙伴外出途中”，接近 19%，两者都说明没有成年人陪同，占约一半，这说明家长监管不力，防范意识不足，儿童独自外出成了被拐的机会因素。菜市场、商场和火车站或汽车站等公共场所各占

5% 以上，在家中丢失的也比较高，占 11.4%，小区丢失较低，仅为 0.06%。

（2）孩子被拐较多的城市。

我们进一步分析孩子被拐较多的城市，其中有两个类型如前表 2-2：

第一，流动人口较多的城市，包括东莞、深圳等，以及中西部省会城市，如贵阳市、郑州市、西安市、昆明市等。中国东南沿海特殊的产业结构和经济模式，造就了大量以劳动力为主的外来务工人员生活、工作，省会城市则有更大的财政优势，产业投资和公共服务体系建设都较其他城市发达，因此在内陆地区，流动人口对省会城市保持了持续偏好，很多省会城市也成为流动人口的集中地，省会城市中的流动人口大多超过百万，且在多个省会城市周边形成流动人口集中地的区域化态势（刘涛、齐元静、曹广忠，2015），也带来一大批儿童生活、学习。根据历年的《中国教育年鉴》，2009 年至 2012 年期间，进城务工人员随迁子女数量逐年增加，从 2009 年的 997 万增加至 2012 年的 1394 万，3 年间累计增长近 40%；2013 年，进城务工人员随迁子女数量首次出现下降，规模仍在 1277 万。基于户籍制度改革的滞后，城乡二元结构长期存在，加之过多的流动人口超过了城市的财政支持能力，这就使得农民工问题长期存在，农民工流入比较多的城市更加突出（吕臣、彭淑贞，2016）。大量务工人员进入城市，流动人口数量增加，城市设施跟不上，形成了规模不小的“城中村”和流动人口“聚居地”。农民工全家的收入并不高，很难支付孩子的上学费用，流动儿童存在看管难、白天无人照顾，入托难等问题（聂洪辉，2008），学校对学生的“防拐”教育缺失，流动人口对儿童拐卖犯罪的防范意识欠缺。家长闲着的时候会看着孩子，但工作或生意一忙，就顾不上，让孩子自己玩，未能认真履行法定监护职责。其中，相当一部分家长把农村养儿育女的观念和习惯带到城市，他们仍像在老家那样采取“放养”的方式，将适龄读书的孩子搁在家中，或者让他们到处玩耍，因为自身的无知行为而引发犯罪人对其实施加害行为（促进因素）。被拐孩子的家长孙海洋分析自己孩子丢失原因时说：“我们就是从小城市过来的，也没有这个（防拐）意识。”所处的社会环境存在弱点是机会因素，容易引发犯罪侵害的发生。

第二，云贵川的地级城市。犯罪是社会形态的产物，生活环境中的某种模式对犯罪人形成影响，构成了犯罪行为模式（谢利，2002）。正如Osmany（2007）所说："当人们面临基本生存的需求得不到满足的威胁，很难预防人们犯罪。"这些地方大部分都贫困落后，一般交通非常便利，或者是几省交界，发现孩子丢了都不知道去哪个方向追。特殊的地理位置形成了特殊的产业结构，为了改变贫困面貌，在外来人贩子的带动下，当地贫困村民也参与了一整个链条运作。

（3）被拐儿童的类型。

我们进一步研究农村儿童的丢失位置，发现21.2%的儿童并不是在户籍所在地的县区失踪，也就是他们是流动儿童。我们将农村非流动儿童进一步做了区分，将父母任意一方从事非农产业的儿童作为留守儿童，我们发现留守儿童占被拐儿童的27.94%，流动儿童和留守儿童占被拐儿童的一半以上（见图2-8）。

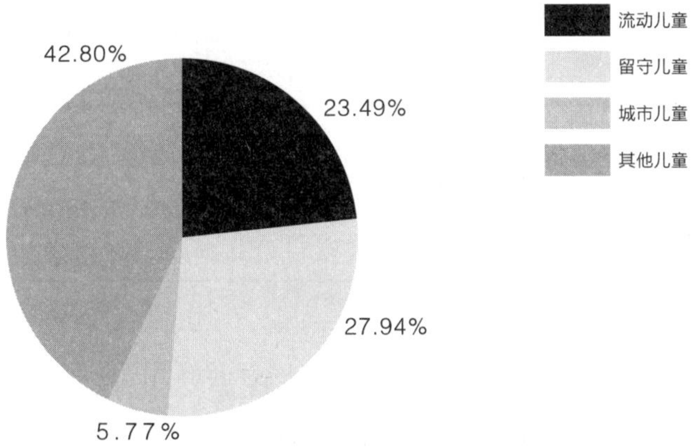

图2-8　被拐儿童的类型

如今农村"留守化"现象的日趋普遍，常住人口主要是妇女、老人和儿童等，其自我防范能力欠缺，而青壮年的外出打工削弱了政府治安联防能力，导致农村治安问题愈加严重，治安形势日渐严峻。尤其是在一些偏远农村，夜间甚至出现了"零治安力量"的状况，儿童被拐风险增加（罗小玲，2016）。与其他孩子相比，留守儿童是一个特殊的群体，更容易受到伤害，单亲监护、隔代监护中，监护人缺乏监护意识或监护意识还停留在农村，或因谋生自顾不暇或年迈力不从心等情况而无法全方位监护他们，"宝贝回家”网站的数据显示，虽然孩子平时都有人照管，但是被拐时无人陪同的占52.45 %，未成年哥姐陪同的占 9.4%，两者超过 60%（见表 2–3）。留守儿童面临来自多方面的安全威胁，留守儿童缺乏父母或监护人的照看和保护，自我防范意识还未完全形成，容易受到意外和人为伤害（栾殿飞，2012），甚至留守儿童在被拐儿童中还超过了流动儿童。陈士渠也表示，流动儿童和留守儿童是被拐的高危群体，留守儿童和流动儿童还容易互相转化。被拐儿童的父母或监护人的看护不足、防范措施缺乏，形成了孩子被拐的机会因素（张涨，2015）。

表 2–3　被拐孩子平时照顾人和被拐时陪同人

	平时照料人（n=4976）	被拐时陪同人（n=4915）
父亲	1.33	2.67
母亲	90.50	12.25
无人	0.28	52.45
祖辈	6.75	2.36
保姆	0.52	0.49
哥姐	0.62	9.40
其他	1.33	20.39

孩子被拐还存在一种激发或挑惹因素。因为家里结怨，别人为了报复而拐走儿童。失踪儿童罗超凡的母亲回忆，她在菜市场卖菜，经常提醒顾客防盗，盗窃团伙放话：“她经常坏我们的好事，把她孩子偷走，给她点颜色看看。”不久，罗超凡失踪。

2.3.4　被拐儿童的生活状况及需求

儿童在被拐后命运如何，是一个备受关注的问题。不同类型的被拐儿童面临的问题不同，很多被拐儿童不仅生活不如意，心理上也存在问题。

2.3.4.1 被拐卖用来盈利的儿童受的折磨最大

劳动贩运与性贩运一样恐怖（Hepburn & Simon，2010）。我们访谈的一个新疆籍被拐儿童，被强迫偷盗，一旦不服从就会被毒打，他的身体脖子以下的部分都是伤痕，他哭诉头目："把刀柄取下来，用绳子把刀子捆住打我。"这样会很疼，但不会出现致命伤，有的孩子甚至被殴打致死。除了被打外，受害孩子往往营养不良，他们可能永远不会达到他们年龄应有的身高。恶劣的生活条件使受害者还可能患结核、肝炎等传染性疾病，因为他们长期居住在拥挤、不卫生的环境；还可能有其他慢性疾病如糖尿病或心血管疾病而得不到及时治疗；一些被拐女童可能有生殖健康问题，包括性传播疾病（如艾滋病）、尿路感染、盆腔疼痛、因性侵受伤，甚至被迫去堕胎。一些受害者表现出的心理症状与创伤的心理效应一致。创伤性事件涉及"实际的或潜在的死亡或严重伤害"或"威胁到自己或他人的身体完整性"和"表现出的无助和恐惧"（American Psychiatric Association，2013）。据凉山被拐童工介绍，我们每天都至少要工作 13 ～ 14 个小时。一位童工说："工作很累，我想回家，我们都想回家，但是没有车费。"事实上，就算有车费，他们也很难逃脱。一位稍大点的童工说，工头常常会恐吓他们，"我们如果想摆脱控制或者回家，那就是死路一条。"如果自己偷跑或"跳槽"，连命都有可能会丢掉，因为工头会派人来将他们杀死。女孩则更惨，因为工头会随时强奸她们，还有少数漂亮的女孩被诱惑吸毒，然后被带进色情场所赚钱，从劳动剥夺转向性剥夺（饶德宏等，2008）。最为人们熟知的童乞宫某某，脚被人残忍地挖出了一块块伤口，当快要结痂时，为了讨到更多的钱，伤口又要被重新挖开。河南太康杂耍儿童卖艺乞讨事件的暴露就是因为一个乞讨儿童被打死。

2.3.4.2 被买用来传宗接代的被拐儿童，生活也并不一定幸福

一些儿童被买去用来传宗接代，应该算是被拐儿童中最"幸运"的了，但这些孩子也生活得并不幸福。根据社会化理论，家庭、社区、同辈群体等都是社会化必不可少的主体。这些孩子的生存权利受到严重侵害，包括和亲生父母交往的权利。无论是访谈中还是在 QQ 群里寻家孩子的倾诉中，"养父母基本都不愿意让他们知道自己的真实来历，或者与亲生父母联系，更不

会让儿童回老家（亲生父母家）。”更进一步看，许多家庭买孩子的目的也很明显，就是传宗接代，为了更好地控制孩子，他们剥夺了孩子受教育的权利，“同龄的孩子在上学，我却干活。”很多被拐孩子诉苦。志愿者说，在众多的寻亲案例中，被拐孩子往往被家里当作劳动力，一般不会接受太多教育，会识字、能算账便足够。很多孩子是文盲，阻碍了其寻亲。缺乏父母的爱，有的被拐儿童诉说：“在养父母家里，从来都是睡地上”，“从小到大没有上学，养父母对我不好，很小就让我出去打工，非打即骂。”很多孩子自始至终都不喊养父母“爸妈”。在被拐孩子的成长过程中，由于其被拐身份还会受到同龄伙伴的嘲笑，“他们喊我八百元（我是养父母800元买的）。”

即使摆脱养父母的控制，被拐儿童的成长也存在很多问题。过早离开家庭，失去了家庭的关怀，对其正常成长是不利的。现在的社会，没有身份证寸步难行，但据志愿者介绍，有一部分孩子由于被拐过程中从人贩子手中逃脱，或是人贩子遇到意外把孩子遗弃，或是从小从买主家逃出来，或是被拐孩子与养父母关系僵化而养父母不给办户口，他们没有身份证。他们不知道如何寻找到亲人，又不知道向社会求助，所以，一直在流浪中长大，到现在也没有身份证，他们无法找工作，无法乘坐交通工具，到异地办事时无法住宿，在权益受到侵犯时无法维权，打工挣了工资无法存在银行，特别是他们无法正常结婚，就算同居生下的孩子也没有户口，被拐的恶果延续影响到下一代，对身心造成极大的刺激，甚至很多孩子还走上了犯罪的道路。

2.3.4.3 心理康复

与生活状况相比，可能更难改变的是心理伤害，被拐孩子的心理多多少少存在一些问题，如赵某勇和赵某宽：

赵某勇和赵某宽，四川省达州市开江县永兴镇人。1994年，7岁的赵某勇，和5岁的弟弟赵某宽跟随母亲肖某某去赶场。到了镇上，蒲某某（犯罪分子）走上去搭讪，将肖某某骗到了家里。他先与廖某某（另外一名犯罪分子）将肖某某挟持进了里屋，再将孩子带进了房间。然后，当着两个孩子的面将她杀死，接着将两个孩子关在小黑屋里最后将两个孩子转卖。赵某勇被卖到福建莆田，名字也被改为“徐扬”。他在养家曾多次逃跑，却从未成功。他小学五年级便被迫辍学，天天干农活、赶鸭子。赵某勇 2012 年 9 月与生父相认，并协助公安机关抓到凶手，2013 年 3 月，按照凶手的供述，赵某宽被找到。

赵某勇一直很苦，由于被拐卖时年纪尚小，他不知道父母和弟弟的全名，更不知道家庭地址，但在他心里却从未忘记老家的印象。他能做的，只是拼命地告诉自己，千万不能忘记兄弟两个被拐卖的经历。年复一年，他凭着强大的绘画天赋，画了很多画，反复记录着家乡的山水、街道、房屋，以及母亲遇害的场景。“我害怕忘记，怕有一天找不到回家的路。”他说。“妈妈还活着吗？弟弟在哪里？他们也在找我吗？”无数个夜晚，他将头埋在被子里，哭着入睡，泪水打湿了枕头。他最怕过春节，工友们欢天喜地奔回老家时，他却无家可归。他只好装作开心的样子，买票假装回家。为了寻找弟弟，他这些年走过了许多地方，但毫无线索。这种心理折磨，很多找家的被拐孩子都有，他们一直强调“我就是想知道我的亲生父母是谁”，每逢佳节是他们最痛苦的时候，他们一遍遍呼喊“我的家在哪里”。

赋权增能理论认为，在早期社会生活中，如果能获得的良好经验，可以给人们带来参加社会互动和增强协调人际关系的信心和能力，能够充分运用社会制度去进一步提高自己的能力，而拥有这些能力有利于接受并扮演重要的社会角色。但对于很多受压制的人群而言，他们可能面临一系列间接性的和直接性的权利障碍。间接性权利障碍可能对人们的社会化过程产生负面影响，负面的早期生活经验会给人们参与社会互动的信心带来负面影响，进而影响其协调人际关系和运用社会制度的能力，直接制约人们承担重要的社会角色。直接性权利障碍也有负面影响。比如，劣质的服务可能恶化健康状况，并阻滞个体的发展（Solomon，1973）。赵某勇坚持不懈地找到自己的家，找到杀人凶手，但仍面临一系列问题：即使不再与买家联系，与亲生父亲和弟弟并不亲热。虽然已近 30 岁，赵某勇仍孑然一身。他说，常常半夜醒来，仍不知身在何处，找不到心灵的家。即使母亲大仇得报。他的微博上这样写着“某某是哪个法律人士审判的，就赔偿 5 万，某某就这样草草结案你会得报应的，我妈的命就值 5 万啊？我把你全家灭了给你 50 万，你等着吧！”“我 13 岁出来打工就为妈报仇，我要追究当年你们这狗官，我为了这个大案子花了多少心血，救了多少孩子呀？你们连一个 7 岁孩子都不如，人犯（贩）

子也有坐过八年牢，你们为什么不追究刑事责任，我要上诉要上告你们。”很明显他在承受着第二次伤害，童年的经历使他面临一系列权利障碍，制约其对社会角色的承担，很难融入家庭和社会。

2.3.4.4 打拐被救孩子的身份一直很尴尬

现在，一般将打拐解救儿童一律送往福利院，固然能够让买方“人财两空”，但也并非万全之策。福利院并非这些孩子的最佳归宿。进入福利院后，被解救孩子可能面临更加艰难的生存环境，因为考虑到亲生父母回来寻找的可能性，所以他们只能在福利院成长，不能被社会收养。但与福利院其他孩子不同，这些孩子一般都是健康正常的孩子，与福利院大部分残疾儿童一同居住和生活对他们的心理也产生刺激；另外，这些孩子比福利院原有的孩子更加难以管束，福利院的评价是“叛逆”。福利院工作人员说：“他们很难接受福利院，经常逃跑，有时候甚至跑回养父母家。”更重要的是，在福利院他们享受不到家庭的爱，所以福利院大多建议：“这些正常孩子就应该回归家庭。”

2.3.5 寻子家长的生活状况及需求

但被拐儿童家长也面临更多尴尬，像赵某勇，找到家后，如何与家人相处是一个主要问题。而他弟弟赵某宽好一些，碰到了好心的买主，早期社会生活中获得的良好经验使他对抚养自己长大的买主有很深的感情。赵某宽的养父早年去世，养母改嫁，爷爷奶奶对他很好，将他培养成人，他不愿意改变此前的生活。像赵某宽这种孩子，养家对其不错，他们往往不愿意主动找亲生父母。

孩子被拐卖，他以一种出乎意料的方式影响着家庭的方方面面，几乎对家庭生活的各个层面都会带来难以磨灭的伤害。有位寻子母亲在 QQ 空间里写道“等待成了最深的绝望”，这句话是大多数寻子父母生活的真实写照，同时也无声地考问着中国的国家反拐行动。

2.3.5.1 被拐儿童家长面临的现实问题

首次被害是因为直接犯罪侵害而遭受的身体物理性损害、财产的物质性损失以及心理的精神性损伤，给家长带来的伤害是巨大的。

被拐儿童的家长，基本不会主动放弃寻找。但实际上，长期的找寻使他们在经济上也走向崩溃，因为大部分父母本身就是弱势群体，找寻孩子花费了他们大量的精力，这样就没有太多时间工作赚钱，而且四处找寻的费用也是一笔不菲的开支。很多寻子家长因为找孩子花光了所有积蓄，甚至举债寻子，家庭经济条件不好，“很多被拐儿童家庭都像我一样，为了找小孩，基本上走遍了大半个中国，每个家庭都是花费数十万元。”较差的经济条件不仅给寻子家长自己带来负面影响，而且即使找到孩子，孩子可能也不会选择与他们一起生活，根据相关规定，未满 16 周岁的被拐儿童应被遣送回亲生父母身边，16 ～ 18 周岁的孩子有权利选择跟亲生父母或养父母生活。“宝贝回家”网站站长张宝艳说：“我们网站找到家的孩子，选择和亲生父母和养父母一起生活时，基本上都选择经济条件好的一方。”这对亲生父母又是一个沉重打击，很多亲生父母无奈地接受这个现实:“只要知道他活着就行。”

丢失孩子的家长大多是在农村，没有养老保险，而且，很多人为了找寻丢失的孩子放弃再要孩子，他们的养老问题也应该受到关注。有家长这样说道：“我们这个特殊群体，国家怎么对待？真正失独是孩子死了。而我们孩子被拐，什么时候才能找回？不仅没有国家补助，而且要付出更多经济和精力！”等待公安机关破案却好像遥遥无期，为了感情寄托和老年保障，很多家庭犹豫是不是要再生育，如果生育，感觉对不起被拐的孩子，但真要是决定生育时，又面临很多问题，准生证很难办，原来大部分地区都是独生子女政策，很多地方“很坚定没有死亡证明就不能再生育”，或者必须将被拐孩子的户口注销才能办理准生证，家长“不希望孩子回来后看到我把他的户口也下了。”很多家长非常反感：“孩子只是被人贩子从这里偷去了那里，没有任何迹象证明孩子死亡，但为什么某些部门可以开出死亡证明？”还有，即使所有的手续都办好了，丢失孩子的家长由于长期的煎熬，身体和心理存在很多问题，很难再怀孕，“我老婆输卵管堵塞，还有什么雄性激素偏高……要做试管婴儿，现在我们又没有钱，真不知道怎么办！”

2.3.5.2 寻找孩子父母承担的多次伤害

一些寻子父母承担着二次伤害。负面的社会或群体反应包括亲戚、朋友羞辱性或冷漠的表达，还包括他们自己对案件的公开反复重现，这些都给寻子家长带来了二次伤害。丢了孩子，父母在精神上、情感上会几近崩溃；他们抓住每一个机会，抓住任何一点希望，在每一个寻亲网站上登记自己的寻子信息，印刷了很多传单寻找孩子。张宝艳女士回忆一个寻子家长："他几乎两三天就给我打个电话，他也不好意思天天问我孩子找回来没有，就天天问我，大姐你吃了没有，半夜打电话也问我吃了没有。"但是在找寻的过程中，他们一遍又一遍重复着丢孩子的过程，本身就是一种煎熬，并且"碰见好心人能可怜可怜你，要是碰见没有良心的就会骂你没有本事照顾好孩子。唉！真是人间是非难猜测啊。"这种煎熬给寻子家长带来了二次伤害。有的家长为了找孩子，许诺了重金，还引起了不法分子的垂涎，经常有人致电他们，"提供"孩子的下落，但都是些假信息。"每天都有 40 多个电话打来，持续了大概半年，搞得我精疲力竭。"一位寻子家长这样说。明知道是假的，可是寻子家长依然愿意相信。

但是，对于这些积案，能找到孩子的绝大部分是孩子主动找父母，如果孩子不主动在全国打拐 DNA 库录入 DNA 找父母，找到的概率非常小。很多孩子如果养父母对其不错，会不愿意做 DNA，还有很多孩子寻家是受了委屈或者挫折才开始找亲生父母，过了这段时间他们不愿意再寻找亲生父母。很多时候为了劝孩子做 DNA 是件很头疼的事情，一个丢失孩子的母亲说："我恨不得把孩子拉过来扎一针。"

在心理上，寻子家长对孩子的思念，更多的是自责甚至互相埋怨。寻子家长每天活得很痛苦、很煎熬，寝食难安，更没心思工作，到处乱跑找孩子。跟寻子家长接触后最大的感觉就是：无奈。"什么方法都用了，就是没有一点线索，孩子就是找不到。""现在我在痛苦中过了 7 ～ 8 年，年纪也大了，小孩没有找到，也没有生小孩，真的好痛苦。"一位寻子的爸爸像极了祥林嫂，反复地说："都怪我，没提防。" 这些寻子家长心里的痛苦，我们一般人很难理解："假如小孩生病，不在了，父母也会很痛苦，但过一段时间，能慢慢恢复，继续过正常生活。可这些寻子家长的心，一直是悬着的，刚刚平静了，一听到哪里又打拐了，又找到被卖的小孩了，又有啥线索了，马上放下手头的工作，奔过去，根本没法过正常生活，而且这种让人煎熬的寻找，没个尽头。”不仅如此，家庭内部也会出现一系列问题，如家庭关系的恶化，相互埋怨，“这些年我们夫妻感情很不好……，她说把孩子弄丢了，谁知道她把孩子整哪去了。”孩子丢失后，家庭内部指责比较多，怨父母看管不严，怨老婆没带好孩子，老人自杀或者气死，夫妻离婚特别多。一位丢孩子的父亲指责孩子奶奶：“她在家时，孩子被抢走，过几天她还去打麻将，我觉得是她与别人勾结抢走我的孩子的。”

种种不利状况使寻子家长承受着第三次被害人化，导致其对社会的敌视甚至成为罪犯。第三次被害人化是被害人被害后心理发展的一个重要时期，寻子家长处于自我封闭的状态，如果在其寻子过程中没有外界良性因素的介入，包括政府和志愿者等，他们的心理发展常常形成螺旋式的恶性循环：他们有着浓厚的自责心理，“都是我不小心把孩子丢了”。紧接着就是孤独，和任何人都不打交道，自卑的心理也接踵而来，“碰见好心人能可怜可怜你，要是碰见没有良心的就会骂你没有本事照顾好孩子。”发展到最后，难免会出现绝望的心理，甚至会出现下列两种结果：一是自我摧残（甚至崩溃）。寻子家长中自杀的，精神失常的特别多。二是个人复仇。虽然近年来中国已经加强了反拐，并强化公众在这方面的意识，但不少被拐儿童的家长说，他们在孤军作战，靠自己的力量寻找孩子。首先，他们必须与拐卖儿童的庞大、不透明网络做斗争。很多家长在报案和找寻孩子的过程中，见到了一些警察不作为的行为，对警察产生了反感甚至敌视，由于警方寻找失踪儿童的努力常常无法让这些家长感到满意，甚至有的家长坚信：“如果警察愿意找，肯定能找到孩子”。尤其是有些家长对积案是有怨言的，主要是他们孩子没有得到解救，天天抱怨说“这个孩子找到了那个孩子找到了为什么我们的孩子找不到”，怀疑国家反拐行动的真实性。寻子家长不信任国家和法律，对公安机关能找到自己的孩子不抱任何希望，于是便通过个人的报复行为以满足自己的心理需求。受访律师张志伟这样解释寻子家长上访“只是他的孩子没有找到，他就对政府不信任，就会闹得越凶，可能就越得到关注，越得到重视，他们有时候就喜欢这种方式引起关注。”寻子家长频繁地上访，“我（每）

两个月去北京一次。”甚至他们慢慢从受害者成为犯罪者，一个家长要求政府满足他的要求，否则“明天我去省里，要是解决不了，我后天去北京。”各地警方在重大会议期间，为了维稳派大量警力看守这些家长，防止他们进京上访，被拐儿童家长孙某洋说：“深圳市公安局的领导告诉我，说为了不让我上访，深圳市已经花了很大的精力，如果还有什么情况没有解决好，还是先请到本市的相关部门去表达，去上访也不能解决什么问题。”所有这一切导致寻子家长对整个社会产生了不满。

2.3.5.3 找到孩子以后如何相处

增加儿童的身份认知是受害儿童被解救后的重要工作（Ronald，2014）。在我们调查中，有的孩子还是快乐的，没有被虐待，更没有注意到亲生父母为了找自己所受的苦。有的被拐孩子不认亲生父母，因为收买家庭通常会不断地向孩子灌输他是被遗弃的观念，在孩子心中种下对亲生父母的憎恨。未满 16 周岁的被拐儿童应被遣送回亲生父母身边，16 ～ 18 周岁的孩子有权选择跟亲生父母还是养父母生活，按照这个年龄划分，我们分析父母找到不同年龄被拐儿童后所面临的问题：

（1）未满 16 周岁的被拐孩子。

年幼时就被拐卖的孩子，对亲生父母几乎没有记忆，却与买方产生了难以割舍的亲情；多年分离造成的迷失、陌生和不适应，是被拐儿童及其亲生父母难以走出的一片心理乌云，父母找到了孩子，却难以找回过去的亲情（任安立，2015）。孩子被解救回家后，生活习惯上的不同，家庭生活水平不同，亲生父母家生活水平往往远远落后于养父母家，孩子心理产生极大的落差。而短时期的环境变化容易产生心理上的“自我迷失”，部分孩子无法自我调整。比如，黄某珍的儿子失而复得让一家人十分高兴，但回家后的儿子却对家人非常陌生，对养父母有着很深的感情，晚上经常把头蒙在被子里偷偷哭泣，尤其是逢年过节，总会坐在门口默默流眼泪，在学校上课时也经常走神发呆。不仅如此，最初黄某珍不允许儿子与养父母联系，儿子听后大哭，只能放弃这个想法。再如，彭某乐也是如此，将养母的电话牢牢记在脑海里。对于被拐儿童的养父母，其作为买方是儿童拐卖的罪恶之源，但在被拐儿童的眼中，却已经成为他们事实上的“父母”，而他们的亲生父母对他们来说则是陌生人。“我回到家，他跟我说话不超过5句。”黄某珍说，自从儿子被解救回来后，这样的情形已成常态。如今家庭对儿子的成长已经有心无力。孩子被拐卖时大多在3～6岁，被解救回家已是8～10岁，甚至更大，这一年龄段正是他们的叛逆期，且正逐渐形成自我立场和观点，被拐前后不同的生活环境容易让他们难以适应，特别是如果被拐地方的家庭环境比亲生父母家庭环境好，孩子容易产生抵触心理。孩子是找回来了，亲生父母要解决的麻烦还很多，而这些麻烦，很多已经超过了他们的能力。对于未来如何，亲生父母一片茫然，找到孩子时那种兴奋已经过去。有的亲生父母甚至对找回孩子，让孩子回到自己身边是对是错，都已经产生疑问。这些几岁的孩子，根本不知道自己被拐卖后亲生父母的煎熬。

而为了孩子更好的前途，亲生父母更加纠结。有一位妈妈，千辛万苦地找到了自己的孩子，但新的烦恼又来了。她的孩子现在12岁，养父母家境很好，孩子学业也好。而她这些年为了找孩子，工作不固定，也没有钱，夫妻俩还离了婚。如果现在认亲，孩子知道了真相，心理会有阴影，会让他混乱：为什么这里一个爸爸、妈妈，那里又一个爸爸、妈妈？为什么把我丢掉了？万一孩子受影响，情绪不稳，再出事怎么办？影响了学业，耽误孩子的人生怎么办？认还是不认，让这个妈妈很纠结。更多的亲生父母在这种情况下会放弃认亲或者忍痛不领回孩子，让孩子与养父母一起生活。

（2）16～18周岁的孩子。

16～18周岁正处于向成年过渡期，因为被拐时大多2～5岁，还无法认知这个世界，对亲生父母的记忆模糊，相认后与亲生父母并没有感情，加上如果养父母的经济条件好于亲生父母,被拐孩子多选择与养父母共同生活，甚至不愿意与亲生父母联系，但这对亲生父母的打击可想而知！

央视一套《等着我》2015年2月的一期节目，陈某章，15年前两岁时被人贩子拐走，以1.3万元卖给广州一位“有钱人”陈女士，并改为此名。同年，广州警方破获一起拐卖妇女儿童团伙案，将小陈解救。但因人贩子没有落网，一直没找到其亲生父母，小陈被送往当地福利院抚养。由于福利院条件有限，陈女士又重新办理了收养手续。陈女士独身，在广州有房产和铺面。2014 年 9 月 15 日，深圳南山警方经血样 DNA 比对，终于找到小陈的生父陈某喜、生母汪某窕。但见面相认的时候，小陈没有主动和亲生父母说一句话，后来给亲生父母发了一条短信明确提出，希望亲生父母以后不要再来打扰他，他只有养母，然后就再也没有和亲生父母联系过。2015 年，亲生父亲患食道癌晚期，希望见儿子最后一面，但是被小陈拒绝，经多方劝说，小陈最终同意私下见面。

这种状况对亲生父母的打击是巨大的，虽然法律可以对人贩子和买主进行判刑，但却无法左右一个已经 17 岁孩子的选择。小陈从衣食无忧的富裕家庭，一下子回到赤贫的生活环境中，对一个 17 岁涉世未深的孩子来说，真的是件很难的事。可能除了经济原因以外，他选择和养母在一起，与养母的感情应该也是一个重要原因。小陈的生父母并不要求小陈脱离养家，但希望与他们有联系有来往。但可以肯定，作为小陈监护人的养母，是不愿意保持这种尴尬状态的，她含辛茹苦养了小陈这么多年，现在还得继续供养小陈，但他一旦跟亲生父母正常来往，感情培养起来，她失去的可能就不只是这个孩子了。至于亲生父亲得了癌症他也不肯见面这件事，他确实处理欠妥。养母“买”人是错，对他是伤害，亲生父母疏于管照，将他弄丢了也是错，对他也是伤害。亲生父母将此事直接闹上媒体，挟亲情威逼他，还明里暗里指责他嫌贫爱富，让他背上贪财的罪名，对他也是一种伤害，可能会导致小陈对他的亲生父母更加反感，隔阂更深。

（3）成年孩子。

即使成年孩子与亲生父母相认以后家庭关系也不一定和谐。很多孩子和家长相认后，不知道如何经营，很多观念不一致，被拐孩子的养父母家庭与亲生家庭经济条件和社会地位往往不一样，亲生家庭出于弥补心理，很多亲生父母往往承诺：“你其他兄弟姐妹有的你肯定会有”，但是由于很多客观原因，往往达不到，使亲生父母与孩子又受到第二次伤害。比如，赵某勇坚持不懈找到自己的家，找到杀人凶手，但身份证上的名字仍旧是“徐扬”。有的孩子说“他们（亲生父母）经常管我要钱”，有的孩子甚至绝望自杀，因为他苦苦找寻的亲情并不如他想象中的美好。

2.4
人贩子情况

拐卖人口严重侵犯人权，而且危害社会稳定，长久以来，我国一直致力于打击人口拐卖犯罪。但人口拐卖犯罪屡禁不止、屡打不绝，没有得到根本遏制，人贩子在拐、骗、抢的环节中形成了一整套利益链条。对人贩子的研究涉及很多方面，如招聘方法、人口贩运运输路线、出发地和目的地、把受害者运到目的地的方法、剥削模式（强迫卖淫、性剥削、暴力等）、使用的暴力行为、伪造的文件等（Adepojou，2005；Carling，2006；Ciconte，2005；Di Nicola，2004 ，2007；Gozdiak & Collett， 2005； Kelly，2005；Kelly & Regan，2000；Laczko & Gozdiak，2005；Savona Decarli & Di Nicola，2002；V and ekerckhove et al.，2003）。通过在各地调研，我们发现，近些年中国人口拐卖犯罪出现了一些新的特点和动向，对受害者的犯罪，如强奸、殴打、勒索、欺诈和绑架等，都有一系列的流程和运作；犯罪的主体也从以前较多的单个犯罪发展为团伙性和有组织犯罪；拐卖手法也发展得更加多元化，由从前单纯的“偷”发展到现在的“明抢明夺”，甚至为了得到儿童而不惜杀害儿童亲人，由简单地以介绍工作为借口的拐骗等发展为以公司招工等名义进行拐卖；网络拐卖妇女儿童案件呈多发趋势。

2.4.1 人贩子拐卖手段

2.4.1.1 组织形式：有组织犯罪

根据《联合国打击跨国有组织犯罪公约》，“有组织犯罪集团”通常定义为“由 3 人以上组成的结构化团队，在持续一段时间内，一次或多次严重犯罪，犯罪的目的是直接或间接地获得金钱或其他物质利益”。人口贩运往往具备有组织犯罪的普遍特征（Buscaglia & Dijk，2003）。Salt（2000）认为人口贩运和有组织犯罪密切相关。这所谓的“相关”是基于这样的事实：

受害者的长距离转运需要有效率的组织、大量充足的资金、快速多变的行程、及时的法律服务和强烈的反侦查意识（Bruckert & Parent，2002）。目前，中国人口拐卖犯罪中团伙化趋势明显，也呈现职业化特点：职业化的拐卖网络正在形成。以前的拐卖妇女儿童犯罪并不十分复杂，拐卖手段以“骗”为主，儿童被收养和妇女被卖为人妻的情况占大部分。如今，特别是在贫困的农村和城乡结合部的拐卖儿童犯罪，已经形成了“拐、藏、转、运、卖”一条龙的专业化网络，职业化的拐卖网络正在形成。过去的拐卖妇女儿童犯罪团伙往往是为了共同的犯罪利益而临时结成结构松散的群体，随着公安机关的不断严打，群众防范意识的提高，拐卖犯罪团伙为了获得生存和发展，不断提高组织化程度。

儿童拐卖逐渐发展为在“收集孩子—联系买方地区人贩子—征集送货妇女—联系买家”每个环节都有详细分工：人贩子有组织、有预谋地选择对象，再实施犯罪。人贩子在偷到孩子后，会尽可能地在半小时之内逃离这个城市，并且因为多是团伙作案，很快就有同伙在外地负责接应和转手，将偷来的孩子明码标价，下线则负责分头寻找买家，下线作为中介，如果能够促成一单生意成交，一般可得一定数额的“中介费”。在不断的发展中，人口拐卖链条日益严密，人贩子集团之间的讨价还价还形成了一整套“暗语”。在南方，有的被拐儿童以“货名”相称，比如男孩被称为“正品”，女孩被称为“副品”，满月的婴儿被称为“一两”；在北方，男孩被称为“大货”，女孩则被称为“小货”。拐卖妇女呈现了同样的趋势。从近年来破获的案件来看，人贩子的作案手段一般比较隐秘，且分工细致，“骗”“运”“销”每个环节都有专门人员负责，先是由买主地区的人贩子调查“买方市场”，寻找买主，并确定大致的条件，包括人数、长相、年龄、身高等，然后将“需求清单”报给卖方的人贩子，接到这种订单的团伙开始实施拐卖。然后，由当地的中年妇女寻找拐卖目标，在成功拐出女性后，转由青壮年男性看守、运输和调教这些女性就范（具体的调教手段包括恐吓、殴打、强奸甚至轮奸等）。之后，他们将这些被拐的年轻女性胁迫到火车或长途汽车，将她们分别运送到需求地。女孩被拐卖给了各地的人贩子，人贩子根据不同农村地区的需求出售。这其中还有一些当地农民参与到销售环节，成为“销售终端”，即负责专门为人贩子和被拐妇女提供吃住和隐藏地，并负责把风，从中获利。或者提供给色情场所。在某地近年来破获的拐卖妇女强迫卖淫案，背后都有黑社会性质组织的影子，最后都被列为打黑案件。现在，犯罪主体中，女性的比例越来越高。女人贩子往往起到了男性不可替代的作用。女人贩子在团伙中的地位相当高，她们通常是该犯罪团伙中某个人的女朋友，负责给被拐妇女做思想工作，买衣服和吃的，看管等工作；有时进厂打工，寻找年轻女孩结交为朋友，等时机成熟时约定出厂去玩，结果女孩轻易就会落入人贩子手中；同时还出现了雇用哺乳期妇女负责隐藏、运送婴幼儿的新型犯罪手段；有些妇女在被拐卖以后，本来是受害者，但后来竟然加入犯罪团伙，成为害人者，许多女孩就是被她们以“介绍工作”为名被拐骗的。因此，无论是拐卖妇女还是儿童，其犯罪网络都错综复杂而又组织严密，拐卖团伙成员构成复杂，内部分工非常明确，作案具有持久性和连续性，犯罪手段越来越多样化，由单一的诱拐、偷盗逐渐向绑架、抢夺等手段转变，团伙内部分工复杂而有序，“偷盗—运输—拐卖”成为一个链条，如果其中一个环节遭受打击，其他环节往往很快得知消息而逃之夭夭，这无疑加大了侦破难度。办案民警诉苦：“以往的串并案件模式在被拐卖妇女的案件中很难实行，除非警方掌握确凿证据，或者有被害人旁证，否则很难深挖出有效线索。”

犯罪分子多为跨省区流窜、结伙作案。以前的拐卖犯罪跨地域流动犯罪较少，而现在拐卖妇女儿童犯罪，经常是外地犯罪分子和本地犯罪分子互相勾结，形成一定规模的犯罪集团共同进行拐卖的犯罪活动，分工较为严密，物色、拐带、卖出都有专人负责，有些甚至是夫妻、弟兄等分工合作，共同实施犯罪，由过去各自单独作案到现在交织成复杂的犯罪网络。在犯罪的过程中，由于犯罪分子目的相近、利益一致、流窜作案的共性使多个拐卖儿童团伙交织在一起，往往是一个拐骗团伙与多个下家联系，一个中间人都有多个上家或团伙，造成多个拐卖犯罪团伙成员交叉作案，形成犯罪网络，犯罪能量呈几何级膨胀。人贩子如果在一个地方成功拐骗孩子，30 分钟以内就会将孩子转移到外地，如果家长没有及时发现孩子丢失，待到报案的时候，孩子早就无影无踪了，警方寻找线索也是难上加难，这使得很多类似案件长期无法破案，形成积案。例如，2004 年 6 月 1 日，广东省东莞警方破获

"6·1"系列拐卖儿童案（以下简称"2004·6·1"案件），该案中的2名主要犯罪嫌疑人胡某平、郑某俊，也是云南省昆明市系列拐卖儿童案件中的主要案犯，销赃犯罪嫌疑人陈某波同是2009年打掉的李某国系列拐卖儿童团伙的销赃犯罪嫌疑人。在"宝贝回家"网站中有一个这样的案例，人贩子从陕西省拐孩子卖到河南省，而这个跨省拐卖案件从拐到卖，仅用了3个小时就完成了跨省交易的整个过程，由此可见，现在人贩子的拐卖活动已经达到了相当专业和有效率的水平。同时，人贩子也频繁转移其拐出地和拐入地。当某个地区的执法十分严格时，人贩子通常就会转移到其他地区，继续犯罪（International Organization for Migration，2005）。经过与警方讨论确认，这也适用于中国。当一个地区成为执法关注的"热点"区时，人贩子把他们的行动转移到其他地区。人贩子使用的运输路线，通常很难被执法机构发现（Hyland，2001），随着中国警方在火车站频繁抽查身份证，乘坐火车实行了实名制，通过火车上运输被拐人口变得更加困难。人贩子为了逃避打击，由原来的乘坐火车转向大巴甚至是自驾车，人贩子频繁更换住址，即使带着受害者也是如此，团伙之间仅使用手机、微信。受访警察叙述了一个破获的案子：人贩子四处收买被拐卖的妇女，留在自己经营的非法场所卖淫，"一旦发现有人想逃走或者报警，就迅速转手卖给下一个买家。"这也给公安机关破案提出了巨大的挑战。

拐卖犯罪的"亲联性"尤为突出。所谓"亲联性"，是以家庭、宗族、血缘等为关系，纠合犯罪。正是由于这种以较亲密的亲情、血缘关系为基础和纽带，交织构成的犯罪网络，就使得拐卖手段更加顽固、狡诈、多变和难侦破。犯罪的社会学习论认为犯罪是个人社会交往和学习的结果，犯罪行为学习多发生在有亲密关系的人群中，这种学习主要包括犯罪技术和对待犯罪的态度两项内容，个人违法是因为所处群体中赞许违法者占了多数（郑杭生，2013）。从近几年打击掉的拐卖妇女儿童犯罪团伙来看，这些团伙的"亲联性"表现尤为突出，多以亲情、血缘、地缘等关系纠合，组织结构比较稳定，而且在犯罪过程中，他们具有强烈的反侦查意识，不断总结经验教训，加强对团伙成员的筛选和管理，进行更加细致的分工，手段更加专业，利用先进科学技术，作案更具连续性，形成了"拐、藏、转、运、卖"一条龙的作案模式，向着组织化程度越来越高的方向发展，突出了社会学习论。例如，在“2004·6·1”案件团伙中抓获的5名拐卖儿童犯罪嫌疑人，他们均为四川籍，并且相互之间都有亲属关系，其中刘某秋是梅某的姐夫，胡某平是刘某秋的情妇，彭某是刘某强的妻子。该团伙各成员之间分工明确，刘某秋、刘某强等专门负责从拐出地物色、拐带儿童到目的地藏匿。胡某平负责将儿童卖给当地及附近镇的居民。还有一个犯罪团伙，邵某元贩婴团伙，属于典型的家族性犯罪团伙，团伙成员多为夫妻或亲属关系。首犯邵某元是山东枣庄人，涉嫌拐卖了100余名儿童被绳之以法，他的妻子、表舅、小舅子和大舅子等多名亲属都涉案其中。邵某元夫妻以及苏某银是核心成员，其他负责中转、联系买家的大多是两家的直系或旁系亲属。作为亲属，因为有利可图，邵某元的亲戚们非常轻易就被吸引入伙，甚至在内部还有竞争机制。

2.4.1.2 拐卖手段：愈加恶劣凶残

尽管不同国家之间有具体差异，但世界范围内人口贩运的特点是非常相似的。这些共同的特点包括虚假招聘、昂贵的路费和招聘费用，扣留受害者的护照和其他身份识别文件、控制和限制受害者的行动自由，威胁驱逐出境，威胁要伤害受害者及其家庭，以及伤害受害者的身体等。在任何国家，无论其地理位置如何，也无论该国家属于发达国家还是发展中国家，都具备这些交易特征（Hepburn & Simon，2010）。人口贩运的本质是受害者在其他人的有效控制下，并受到剥削，其中“控制”是关键因素（Piotrowicz，2007）。在中国，经过警方多年坚持不懈的严厉打击，以盗抢及诱骗为手段的拐卖现象已经大大减少，但拐卖人口的模式发生了巨大的变化，拐卖手段更加高明和隐蔽，总的特征从“单一式”发展到“多元化”。拐卖的诱饵主要是以“介绍工作”和“经商”为名，特别是对儿童的拐卖大幅度上升，在各个阶段的拐卖方式不尽相同。

（1）招募阶段。

犯罪实施过程中，以打工（包括卖艺）、做生意为名诱骗受害者，或采取盗窃、抢劫、抢夺等手段，暴力性明显增强。对于受害者，最常见的是，人贩子似乎总是选择弱势群体，很少会选择有政治关系、经济富裕或独立的人（Estes & Weiner，2001）。由于弱势群体的生活困难，人贩子会给受害者承诺有更好的生活、高薪和无数可信的机会，这种欺骗对于儿童是特别有效的，因为他们经常不明白要做什么。例如，人贩子会告诉受害者，她们将一起工作，作为“同事”，事实上，人贩子很可能打算让她们去卖淫或者乞讨；此外，孩子的父母经常被欺骗，有时人贩子会许诺未来高收入，但家长往往不知道自己孩子的命运，也不知道其从事的具体工作。河南太康、四川凉山的童工大多如此。四川省成都市成华区检察院2014年办理了一起案件。一名46岁的中年无业男子李某控制了一名13岁的小女孩从事色情按摩活动。据罪犯李某交代，2014年4月，他在凉山州老家给了小女孩的姑姑1万元，后以“打工”为由，将小女孩带往成都。不明真相的女孩到成都后，在李某的教唆下，每天从事色情按摩。我们收集到的数据显示，另一个明显的趋势是，受害者中孩子比成年人更容易受到伤害。人贩子以收养为名骗取或收买孩子后再将他们转卖，引诱、欺骗儿童。以各种手段取信于儿童或家长，是人贩子常用的作案手段。例如，宫某某案，2001年2月，宫某平以开杂货铺收养残疾人可以免税为由，骗得徐某倩的父亲徐某伟信任后将孩子带走，并将其改名为宫某某，其后将宫某某带到武汉、广州等地行乞。还有一些人贩子为了将孩子弄到手，甚至采用入室偷盗的手段，趁家长不在或不注意之机，将孩子抱走。还有的人贩子使用暴力手段，比如抢劫、绑架孩子，由过去的暗地作案发展到明火执仗。而且，这些人贩子的拐骗手法越来越狡猾而多变，有的会伪装成家政服务人员，潜伏在雇主家里，趁其不注意将孩子拐走。我们从“宝贝回家”网站收集的数据显示，拐卖孩子时，采用暴力手段的占23.4%，拐骗手法的占34.5%。

儿童拐卖有不同的手法，总结起来，第一种手法被称为“权威诱惑法”。这种方法一直被人贩子沿用，即人贩子能清楚地叫出孩子的名字，然后告诉他，自己是受其父母委托，前来接孩子回家，甚至也得到了孩子老师的同意。这种“权威诱惑法”是骗取孩子的信任而达到诱骗孩子的目的。Wilson & Dalton（2008）的研究表明，大多数人贩子是当地著名的医生或商人，并可能在他们生活的地区经济状况好，社会影响大，甚至受到广泛尊重。2013年发生的陕西富平贩婴案就是一个典型案例，罪犯张某霞凭借自己的医学“权威身份”，利用农村群众担心医疗负担的心理，诱骗他们放弃新生儿。第二种手法被称为“物质利诱法”。这种方法通常是以一些物质或礼物作为诱饵，利用了孩子的好奇心而达到诱骗孩子的目的。比如，人贩子可能会这样告诉孩子：“小朋友，叔叔/阿姨给你买了个礼物，想知道是什么吗？在车里，跟我到车里去看看吧！”第三种手法被称为“带路引路法”。人贩子是利用孩子善良的品格，达到诱拐孩子的目的。比如，他们可能会问孩子：“小朋友，你知道怎么去某个地方吗？可以带我去吗？”一旦孩子答应，就被拐走了。第四种手法被称为“威逼利诱法”。由于我国的计划生育政策一直非常严格，一些人贩子看到有些家庭孩子多、生活贫穷，就诱骗孩子的父母出售孩子，以获得不菲的收入。比如，在云南省昭通市，经济条件整体都比较落后，很多农民收入很低，年均仅两三千元，一些农村家庭也确实有超生现象。人贩子会上门找到婴儿的父母，说服他们，以三四千元的价格轻松购得婴儿。这里的民警说：“这里的山区农村确实很贫困，很多农民超生的孩子如同负担，根本养不起，只能卖了。”还有的人贩子，专门找超生家庭，特别是贫困家庭，主动上门为孩子的父母“讲解”计划生育政策的严肃性，并以举报相威胁。被“忽悠”的父母惊魂未定，对人贩子深信不疑，看到这个情景，人贩子顺水推舟地提出，可以把超生孩子交给他，他会将孩子送到附近条件好的人家来养，逃避缴纳社会抚养费。父母要是想孩子了，可以随时去看望。一些父母经过人贩子的“政策攻心”和“甜言蜜语”，乖乖地将孩子交出。更让这些父母满意的是，人贩子会拿出一笔在他们看来不少的钱，一般是三四千元，作为“营养费”。第五类是“高智商法”。有的女人贩子以交友为名，与儿童父亲发生性关系，趁机拐走儿童，并威胁儿童父亲：“如果报警，就告你强奸。”

鉴于妇女是成年人，人贩子拐卖妇女的办法更加复杂。拐卖妇女的人贩子特别青睐年轻女性，尤其是在东南沿海以加工业为主的区域。在中国改革开放的过程中，劳动密集型经济发展模式起到了重要的推动作用，而这些劳动密集型企业往往更适合女性。从女性流入人口的规模分布来看，根据2005年全国人口一次性抽样调查显示，全国吸纳女性流动人口比例最高的是广东省，达到21.41%。由于流动人口与本地人不同的就业与生活模式，封闭的生活方式，户籍人口与流动人口难以交往的现实，造成男女两性的就业场所和生活空间隔绝，进一步强化了现实生活中男女性别结构的失衡。对于很多年轻而又朝气蓬勃的打工妹来说，外出打工不仅包括她们的“生活驿站”，也处于其“恋爱季节”。这种供给与需求的矛盾遭遇到性别比失衡以及个人婚恋期望上升的现实困境，就给人贩子创造了机会。据受访民警介绍，人贩子拐卖妇女的主要手段是：第一类，以“介绍工作”为名。在妇女拐卖中，介绍妇女外出打工的人贩子，在当地大多是“能人”。人贩子在短时间内即建立一个强大的网络可以控制年轻女孩，这些人贩子向女孩或妇女承诺高薪工作、美满婚姻和幸福生活，而这些往往是在这些女性以前的家庭关系和生活中所没有且一心向往的。一位被拐妇女在被访时这样谈道：“那时候我们老家的经济发展得不好，家在农村又比较穷。主要是我爸这个人不求上进，挣的钱都拿去打牌喝酒了，结果为人贩子所蛊惑，一时鬼迷心窍，同意她们把我带出去打工挣钱，一出家乡就再也回不去了。”第二类，以“交朋友、出去玩”为理由。这些人贩子经常游荡在城市郊外，在工厂旁和街道上寻找机会，只要看到年轻漂亮的单身女子，就上前去搭讪。通常，上前搭讪的人一定是人贩子中年轻英俊的，他通常打扮得很时尚，谈吐也尽显优雅。女孩看到来了这样的男子和自己搭讪，也往往会怦然心动。这样，在设计好的场景下，两人很快就开始了恋爱。当人贩子觉得“火候”差不多时，就邀请女孩和他一起去远郊或者外地旅游。只要女孩答应，就会被骗走。事实上，到了热恋的程度，很少有女孩子会拒绝。将无知少女带到外地玩几天，然后快回家的时候称自己没钱了，让女孩先去工作两三天，把路费凑齐然后一起回家。结果就把女孩直接卖给买家，自己拿钱走人。当女孩做了两三天后发现不对劲，买家就用暴力威胁、非法拘禁，并强迫她们卖淫。第三类，以嫖娼为名，到红灯区、按摩院、发廊等场所，将本身就从事卖淫的失足女带至附近或者事先踩好点的宾馆、旅店。在宾馆内，青年男子会采用哄骗、轻微暴力或者失足女自愿等形式将失足女衣服脱去，并且找借口拿走失足女的手机等联系工具，强奸并强迫失足女拍下裸照，作为日后威胁与控制这些失足女的工具。

（2）牟利阶段。

人贩子通常会使用武力、情感策略和经济手段来控制受害者。被拐妇女在人贩子手中，被关数周到数月不等，人贩子还会对她们下药、恐吓甚至多次强奸。这些残忍手段的持续滥用会使受害者害怕和胆怯，更容易被控制，因此，即使这些女性有机会，也很少会反抗人贩子或逃跑。有时人贩子会与被拐卖女性建立一种浪漫的、不切实际的，甚至类似母女般的情感纽带，使受害者患上“斯德哥尔摩综合征”，从事卖淫或不愿意逃离（Bortel. et al., 2008）。2007 年广东省普宁市警方破获了一起集拐骗、强奸、强逼、组织、容留妇女卖淫于一体的案件，解救出 22 名受害的打工妹，在警察准备带走发廊老板罗某时，这些女孩竟齐齐跪地，为他求情，请警察别抓他，因为他平时很照顾这些女孩，人贩子要打她们时，罗某一般都会制止；罗某能记住这些女孩的生日，在生日时会带她们一起玩，给她们买蛋糕。最让这些女孩感动的是，因为他的争取，她们“欠”人贩子的钱从 5 万元减到了 3 万元。人贩子经常扣押受害者的身份证明，在这种情况下，即使受害者离开他们也没有能力养活自己，甚至经常会返回去找人贩子。人贩子也对受害者进行身体和精神虐待，并且不对她们进行任何医疗救治，人贩子甚至强迫受害者吸毒上瘾（Estes，2001）。总之，他们会以各种方式对受害者的生理和心理施加影响。女性的情感关系，包括男朋友或家庭成员，都可以成为人贩子的控制工具。无论采用何种手段，主要目的和结果都是使受害者产生或增加恐惧感。一名被拐女性在面临选择逃跑还是留下来的时候，她选择了后者。因为人贩子威胁她，如果她逃跑，他就回去杀光她全家人，而他们是熟人，属于熟人作案。被拐女性还可能遭遇不同形式的债务奴役，她们被迫用其工资来偿还“欠款”，主要是支付她们被拐的路费、服装和食物等。在许多情况下，人贩子并不需要持续对被害人施加影响使她们顺服，因为受害者可能在这个过程中看到了在此地比在家乡生活更好，或者感到自己家乡的生活条件令人绝望或危险；还有的人可能会由于在家乡的社会地位低或者家庭存在问题，从而屈服于被拐的命运而不积极反抗。

人口拐卖事件中，儿童是特别容易受到伤害的群体，因为他们还不成熟，知识和社会经验不足，很多时候不懂法律和不知道求助。在许多情况下，被拐儿童不顺从就会遭到人贩子的殴打，打到他们听话为止。现在，越来越多的人贩子在拐卖、拐骗儿童后，强迫他们从事乞讨、偷盗、碰瓷等犯罪活动。人贩子为了使这些孩子保持安静和听话，无所不用其极，有的会给年幼的孩子喂服麻醉药，还有一些乞讨团伙为了博取路人的同情，会伤害儿童肢体，使孩子致残或其他生理伤害，还有的被逼吸毒成瘾，人贩子为他们提供毒品也成为一种控制手段。这些儿童尤其是幼儿面对人贩子的伤害，没有任何自救和求助能力，完全由人贩子掌控。人贩子经常哄骗被拐妇女儿童："警察不会帮助你们，报警也没用。"但令人遗憾的是，就这点来说，人贩子往往是对的，由于相关法律的不健全和漏洞，警察可能无法识别人口拐卖过程中的受害者，有的人去公安机关报案，"公安机关说如果事发所在地的公安机关不受理的话，那其他地方的公安机关就更加不会受理。"导致很多人不知道到哪里报案。很多被拐新疆儿童在逃脱人贩子的控制以后，向警察求救，但往往由于语言问题救助失败后又落到人贩子手中。

2.4.1.3 网络拐卖妇女儿童案件呈多发趋势

人贩子为了适应环境变化，不断创造更多机会和开拓市场。科学技术的进步方便了大众，也促进了犯罪活动的猖獗。随着网络的不断普及，互联网已经成为人口拐卖的关键工具，利用网络招聘广告诱拐是人贩子常用方法。犯罪组织已经从之前庞大的、笨重的垂直结构，分化为更小、更灵活的水平结构（Staatscourant，2000）。据被访民警介绍，近年来利用网络拐卖妇女儿童的案件呈多发趋势，约占总案件数的三成。互联网和各种新的信息通信技术的应用，使得人贩子可以分散活动，提高了妇女和儿童被拐和性剥削的可能性。

科技的发展使人口拐卖的智能化特点加强。网络拐骗的案例层出不穷。由于警方不断加大打击，人贩子转而寻求更为隐蔽的方式进行拐卖犯罪活动，利用互联网搭建网络平台，打着婚介、民间收养、送养的幌子从事拐卖犯罪活动，十分隐蔽，极具欺骗性，同时十分分散，无明显地域特征，客户可以到网上选择可能的目的地和选择潜在的受害者。一般来说，犯罪团伙组织越严密，结构越固定，其犯罪的智能化程度也就越高。在公安部挂牌督办的“2013·7·3”特大网络贩婴专案中，犯罪团伙自2012年以来通过在互联网上搭建“圆梦”“人人要我”“收养吧”“中国孤儿网”4个网站，通过QQ群或开设淘宝网站，引诱有买卖婴儿意向人员通过QQ私聊等方式洽谈价格，并向买主有偿提供“出生证”帮助被拐婴儿落户，促成买卖，待交易成功后收取数百元至数千元不等的“赞助费”。互联网扩大了人口拐卖的市场，包括市场的供需双方，该犯罪团伙涉及全国20多个省市。另一个变革是智能手机的应用。仅仅在几年前，人贩子通过各种社交媒体网站招募性工作者和招揽嫖客，现在许多人已经直接改用微信，随时可以获得或发送有关信息。受访警察表示：“微信在人口拐卖交易中扮演了远比我们所能想象的更为重要的角色。”微信的普及和技术的推广，在给大众带来便利的同时，也大大便利了拐卖活动，其中的“摇一摇”功能也使性活动购买和销售更加方便且危险性大大降低。“手机是开展反拐战斗的新的前沿阵地。”人贩子大多使用预付费手机进行性拐卖犯罪活动，与嫖客接洽，还使用智能手机的GPS信号追踪被控制的受害者，防止她们逃跑。未成年人往往很容易在网吧、酒吧或夜总会找到色情图片和视频，使用QQ、微信拐骗的也越来越多，使家长更难约束和管教孩子。据被访的办案民警介绍，这些被拐少女大多来自农村地区，父母外出打工，监护缺位，有一些是因为网恋而被骗，她们自己普遍缺乏自我保护意识，学校也没有相关的教育。

2.4.2 人贩子犯罪的原因

犯罪学相关理论认为，犯罪者形成的行为模式，主要来源于其对自身生活某种环境模式的吸收，换句话说，一定的犯罪形态就是一定社会形态的产儿。一般来讲，犯罪行为往往发生于骤变的、迅猛发展的社会变化中，这时原有生活方式和新的社会条件会发生冲突，个人适应的出现在社会与个人危机同时发生的时刻,如果这时得不到足够的社会支持就容易发生犯罪行为（菲利，2004）。基于犯罪学理论，我们从就业、利润、经济、法律制度等方面分析人贩子拐卖妇女儿童犯罪的原因。

2.4.2.1 市场经济中的失业风险使人犯罪

在对人贩子的调研中，“生活所迫参与拐卖”是人贩子辩解最多的原因，一位女人贩子供述自己的生活来源时，说主要是“陪人打牌”。我们在调研中收集的 73 份案宗显示，涉案人员文化程度低，在共计 376 名人口拐卖案件被告人中，有女性 240 名，占总人数的 64%；这些被告人身份比较单一且文化水平低，无一例外均为农民，其中 70% 为文盲，最高学历仅为初中；他们起初进城打工，但是在城市中抵御市场经济风险能力不足，个人很难适应城市社会，在目前的社会环境和体制下又没有得到足够的社会支持，最终导致犯罪。河南省“2013・3・3”特大拐卖儿童专案，该案主要发生在郑州市中牟县，曾被公安部列为全国“打拐”专项行动挂牌督办，为近几年来该省涉案人员最多，被拐卖儿童数量最大的一起拐卖妇女儿童案件。法院查明，该案罪犯谭某志等 37 人自 2008 年 2 月至 2013 年 4 月期间，先后从越南及我国云南省文山州向河南省、河北省、山东省等地拐卖妇女儿童及收买被拐儿童共计 26 起 30 人。

而这些被人们认为是十恶不赦的人贩子原来都是靠卖力气为生的农民。多年来，居住在黄河滩区附近的农民，就地取材，利用黄河淤泥和高滩取土烧砖，砖瓦窑厂成为当地农民增收和就业的重要产业。但这些砖瓦窑多是违建，河南省中牟县在此地建的砖瓦窑至少有 200 多座，但经由主管部门批准兴建的砖厂却只有一家。这些违法乱建的砖瓦窑厂往往是取土无序，不仅严重破坏了黄河的生态环境，同时对黄河的行洪安全带来极大隐患。自 2005 年开始，河南省政府认识到问题的严重性，着手整治黏土砖瓦厂。2010 年，省政府发布了 111 号文件，提出力争在三年内全部关闭黄河滩区黏土墙材企业，中牟县首当其冲。截至 2012 年 3 月，中牟县所有 189 座黏土砖瓦窑厂拆除完毕。在这个系列行动中，拆窑、复垦、产业转型等不仅是一场地方政府治理环境的风暴，也是一次当地经济发展方式的改革和阵痛之变。整个推进过程不容易，因为关系到当地群众的生存和致富，阻力很大。由于多年来发展砖瓦窑业，整个中牟县以砖瓦窑为核心，群众已经形成了较为完整的生产和生活链条。这其中的多个环节——挖土、运输、生产、晾晒、叉砖等又吸引了大批外来务工人员就业。虽然当地政府清醒地认识到，关闭这些黏土砖瓦窑厂，对于促进长远发展实为上策，特别是有利于维护黄河滩区的生态环境和堤坝安全，但短期内可能会对当地经济有不利影响。比较困难的是，政府需要在解决好关闭黏土砖瓦窑厂的基础上稳定群众生活，确保不给群众生活带来过大压力。于是，拆窑行动执行之初，中牟县县委、县政府拿出专项资金，用来支持产业转型。不过，政府对在砖厂打工的外来务工人员的扶植考虑不足。在砖场关闭的情况下，很多外来务工人员无处可去，缺少经济来源，便加入了人口拐卖团伙。在该专案中，有一部分云南籍人贩子，他们有的是曾在河南务工的人员，有的是嫁到了河南的妇女，与河南本地人熟识，相互之间保持密切联系，慢慢形成了相对固定的贩婴网络。按照越轨理论，这些工人已经适应了作为砖厂工人的生产生活，但是政府的改革切断了他们的生活来源，也就是打断了他们原来的制度化手段，却没有给予他们相应的支持，导致他们走向了拐卖妇女儿童的犯罪道路。主犯之一 67 岁的谭某志原是中牟县一砖厂的会计，在砖厂工作时，有很多来自云南的工人，有了孩子不想要了，便让他去打听有没有想要买孩子的，从而慢慢发展成了一个特大的贩婴网络。由于地方政府的社会保障制度没有覆盖外地民工，在政策改革过程中，地方政府在劳动力市场上对外地民工采取了更加严厉的歧视性政策，加剧了外地民工失业对本地户籍居民失业的替代。民工在劳动力市场上失业后会更加脆弱，并因此具有更大的犯罪倾向（章元、刘时菁、刘亮，2011）。

2.4.2.2 高额利润回报，低犯罪成本，诱使人贩子铤而走险

获得经济收益是人贩子从事拐卖的主要动机。在美国，执法人员表示，92% 的人口贩运犯罪网络同时涉及毒品交易和卖淫（Farrell，McDevitt & Fahy，2008）。犯罪团伙参与人口贩运，不仅强迫受害者卖淫，也强迫受害者贩毒、乞讨和偷窃等（Gunatilleke，1994），在中国，还涉及碰瓷。这些受害者的剥削者可能是人贩子、色情场所老板，他们操纵性产业、性拐卖等犯罪活动。

国际上，人口贩运是排名第三甚至第二的最赚钱的犯罪；在中国，也是如此。访谈中，几乎所有的人贩子都辩称："家里穷，想赚钱"，尽管不足

以相信，但是也说明人贩子从事拐卖犯罪的原因是为了“钱”。这样的情况下，人口拐卖的经济效益就更难根除。这些涉案人员普遍文化程度较低，在市场经济中没有竞争力，很难拿到高收入，再加上个人的不务正业、好吃懒做，于是为了获得高收入，涉足拐卖，走向世界。一般来讲，被拐儿童的拐出地经济水平较为落后、贫困，而拐入地则相对经济发达、富裕，成功拐卖一个儿童，人贩子大概可获得几千元至几万元不等的收入，特别是男婴，成功拐卖后可以获得更高利润。一位受访警察这样评价人贩子的心态：“拐卖儿童虽然要承担很大的风险，但一旦拐卖得手，只要得以逃脱惩罚，就几乎是‘无本万利’的事。”在陕西富平县拐卖婴儿案中，张某霞从“白衣天使”转变到拐卖婴儿的罪犯，引人关注。张某霞家庭月收入上万元，然而，正是这样一个被大家信任且“不差钱”的医生，也从产妇手中骗来新生儿并高价售卖，由此可以看出拐卖中的巨大利润。

从成本效益上分析，拐卖妇女也是高利润。2015 年 2 月，江西省赣州铁路公安机关破获的拐卖智障妇女案件中，人贩子拐卖 10 名智障妇女，非法获利共计 60 余万元。人口拐卖团伙一方面拐卖人口，另一方面会参与组织卖淫、走私和贩毒等多项犯罪活动。国际刑警组织的有关报告显示，人口贩运往往与传统的犯罪活动交织在一起，如偷盗车辆、贩毒、洗钱等（Kendall，1999）。不仅性贩运和色情场所的利润促使人贩子强迫受害者从事性交易，还经常向受害者索要其他费用，如路费、服装费、食宿费等。成都成华区检察院办理的组织未成年人进行违反治安管理活动的案件中，被骗小女孩仅仅从事色情按摩，在半年时间内，为罪犯李某牟利 2 万余元。周俊山、尹银（2013）在深圳的调查显示，失足女仅仅在 KTV 陪唱，月收入就会达到 1 万元以上，加上出台，收入会更高。如果这些失足女是被拐妇女，那这些收入就是人贩子的收入。

2.4.2.3 非法收养与拐卖界限不清、妇女拐卖和介绍对象混淆

在中国，拐卖儿童和收养儿童之间的关系是一个非常严肃的问题，但却十分不明确。受传统习俗的影响，农村地区的亲属之间送养、过继子女的情况非常普遍。一些地方的村民们普遍对介绍、收买儿童现象习以为常，甚

至认为介绍收养儿童是积德行善。民间传统送养惯例一时也不易改变、不易规范，并且，现在不能生育的和不愿生育的人也越来越多，快节奏的生活和压力是主要原因，加之计划生育政策的严格，想抱养孩子的家庭排队，送养孩子的则犯难，供不应求，于是中间就出现了“媒介”——人贩子。孩子买方需求众多，而一些职能部门还有“利益”之嫌，福利院的健康孤儿是抢手货，残疾儿童往往没人要，多数买孩子的受访家庭坦白“不愿意收养残疾儿童”。在他们看来，这些官方机构“卖”的价格不菲，而且手续烦琐，所以，人们宁可自己找人“黑市成交”。在拐入地，很多群众对拐卖人口犯罪认识不足，错误地认为买孩子并不是犯罪，而是在做好事，介绍一名儿童还可以得到二三百元的报酬，因此他们会积极主动地为“买主”牵线搭桥，为拐卖儿童敞开了方便之门。在拐出地流传着一句话：“一年一大肚，年年万元户。”一些愚昧的农民把生孩子售卖当成一种生财之道，贫困落后催生拐卖市场，部分孩子父母因为生存压力卖了亲生骨肉。在贵州、云南等省份，就有一些家长卖掉了自己的亲生孩子。亲子买卖确实让人纠结，这些家长想要将自己家的孩子“打发掉”，但又不会白白送人，一旦收了钱就会形成拐卖。这主要是收养政策不到位、渠道不畅造成的。收养制度的不完善，使很多社会大众产生误解：他们认为出卖自己的孩子无可厚非。在现实生活中，我们了解到很多这样的情况，一位受访的警察提到，当接到报警解救孩子时，发现孩子是被亲生父母卖的，警方最终只是警告一下，更加深了这种错误认识。正是这种“市场”的存在，拐卖渠道畅通，刺激并鼓励了拐卖儿童犯罪的发展蔓延。网络上现在有很多人借收养孩子而收取营养费，还有更多的是亲生父母变相卖孩子，成了一种稀松平常的商业活动。在“2013·3·3”特大拐卖儿童专案中，谭某志等人在2008年至2013年4月期间持续从云南文山、越南等地低价收买、拐骗儿童至中牟、开封、洛阳等地进行拐卖，张某霞等人收买了被拐儿童，并涉案共拐卖妇女2名、儿童28名。谭某志多次辩称，他也知道拐卖儿童违法，但不知道有这么严重，他过去工作的砖厂很多工人都来自云南，认识的很多外地人一直要不上孩子，同时，还有工人和他说，孩子不想要了，让他去打听有没有人要小孩。这样，他解释道：“我认为我是在办好事啊，帮助别人解决需要，并不算违法。也没有骗、偷孩子，更没有伤害孩子。”

在妇女拐卖中也存在类似状况，有的人贩子说：“我以为就是作为个中介帮别人讨老婆，但没想到是严重犯罪。”在法庭上，蒋某某听到对自己的犯罪宣判后懊悔万分。7名越南女子经他手被扮作云南苗族姑娘卖给浙江“剩男”，他认为，只要越南女子自愿嫁给中国男性，应该是可以的并且是合法的。

2.4.2.4 作案易得手，不易被揭发，起诉的低风险使法律缺乏震慑力

赫希（Hirschi）的社会控制理论认为社会控制力量太弱，是导致偏差犯罪行为的主因。拐卖人口相比于抢劫等侵财犯罪，更加隐蔽和不易被发现，作案方式也更加安全。人口拐卖是一种复杂的犯罪网络，人贩子会使用许多不同的策略来避免搜捕和起诉。特别是前些年，人贩子根本不太担心法律惩罚。原因很多，比较重要的是，人们的法制观念缺失，很多妇女儿童在被拐卖后，他们的家属一般不会想到第一时间求助于警方，只是进行周边小范围寻找，未果则作罢。在中国的国内法中没有关于拐卖人口的明确定义，而且“绑架”这个词在许多案件中并不适用，因为有些受害者往往是自愿地跟随人贩子，后来才落到被拐卖的境地。由于我国并没有授权给公安机关或行政执法机关可以对未成年人的人身权利合理干预或强制保护，也没有明确规定国家以何种形式或何种力量来保障儿童的基本权利不受侵害，更没有辨别被拐儿童的标准，所以在一般情况下，警察并不会主动盘问儿童的身份和来历。面对一些好心群众的盘问，被操控的儿童缺乏报警能力和意识，人贩子往往以一句“这是我的孩子”就轻易蒙混过关。有的被成功救出的乞讨儿童，不能清楚说明自己的家乡及住址，给他们治病和临时安置也成为问题，使执法顾虑较多。还有很多被拐妇女，即使在被成功解救后，为了保全自己的名声或是保护家人，不敢声张和报警，不敢追究人贩子的责任。在人贩子眼中，拐卖儿童比拐卖妇女更安全简单，加之儿童未成年和不谙世事，即便被解救，也往往没有检举和揭发能力，更不能给警方指认罪犯、提供线索和提供证据，从而使犯罪分子轻易逃避打击。受害者软弱、消极的行为强化了人贩子的侥幸心理，构成个人被害因素理论的免罚因素，推动人贩子产生新的犯罪动机。

另外，中国人口拐卖的定义很窄，许多在国外被认为“人口贩运”的，在中国并不在妇女儿童拐卖罪内。陈丹案中，成都市成华区检察院以涉嫌组织未成年人进行违反治安管理活动罪对李林进行了批捕，无法按照人口拐卖罪进行批捕和惩戒。而《刑法》第262条第2款规定：“组织未成年人进行盗窃、诈骗、抢夺、敲诈勒索等违反治安管理活动的，处三年以下有期徒刑或者拘役，并处罚金；情节严重的，处三年以上七年以下有期徒刑，并处罚金。”可见，对人贩子的处罚很轻。人贩子刑满释放后重操旧业的比例特别高，疯狂狡猾、有恃无恐地作案。不止一个地方的受访警察强调，落网的人贩子大多都有过拐卖犯罪前科。

2.4.3 拐卖犯罪给警方带来的挑战

鉴于人口拐卖供需旺盛，人贩子的犯罪手段越来越复杂，拐卖人口犯罪相比于抢劫等侵财犯罪，更加隐蔽和不易被发现，存在各方的难处。

2.4.3.1 调查取证难

司法实践中警方在侦办拐卖犯罪时在证据调取方面并不如意。现在科技发达，交通便利，通信技术和互联网迅速发展，给了人贩子作案的机会，作案方式越来越隐蔽化和智能化。人贩子都是跨区域流窜作案，拐卖案件一般存在多个现场，也可以说没有传统意义上的犯罪现场，一般不会给警方留下明显的或者太多物证和书证（而物证和书证是八大证据类型中至关重要的两类），再加上拐卖案件往往涉及的点多、面广、线长，而且由于跨省甚至跨越边境，很难找到交易现场的关联性，因此拐卖案件一旦发生，公安机关很难准确判定作案现场、作案时间和相关线索，甚至是否真的是拐卖案件都难以定论。一方面，在侦查之初，公安机关无法开展现场勘查工作，除了报案资料外，手中往往没有任何线索和证据，加之很多报案人提供的信息不准确，调查取证难度大，并且很多证人甚至受害者由于种种原因不敢或不愿出来作证，导致可能有的言辞证据少之又少。另一方面，因为涉及多个案发现场，区域范围广泛，要进行完整的证据收集需要大量的时间、精力、物力、财力，而且还不一定能收集完整。在证据不完整的情况下要形成完整的证据链条困难非常大，而达不到排除一切合理怀疑就只能认定疑罪从无，案件侦破往往会因此终止。这就是很多受害者指责的："我们都知道他是人贩子，但是报警了，警察不去抓，有的抓了很快就放了。所以人贩子肯定与警察有勾结。"

在互联网普及之前，很多人贩子还会出面诱拐女孩，这给执法人员提供了寻找和解救受害者的重要信息，但是随着互联网的普及，互联网已经成为人贩子扩大贩运的工具（Goodman，2011），根本见不到人贩子而女孩已经被拐骗走了，这能够最大限度地保障人贩子的安全性和藏匿地理位置的匿名性，区域跨度之大使调查难上加难，这给警方发现分离收集所需证据带来挑战。

2.4.3.2 打击很难彻底

由于公安机关未能适应快速变化的拐卖犯罪环境，先进的犯罪技术和手段也让执法人员难以高效地履行反拐职责。在中国的公安侦查体制中，技术侦查是由技侦部门负责，这给刑侦部门的协调带来一定困难，很多人口拐卖案件往往发生在基层，由辖区主管公安部门负责侦办，而人口拐卖案件往往是跨省区的，需要兄弟省区协助，在没有明确是不是被拐案件时，刑侦部门往往不愿意立案，这样案件主办单位刑侦部门很难协调兄弟省区技侦部门，存在合作障碍。

人口拐卖犯罪团伙已经形成了错综复杂的犯罪网络，交通通信的便利，使犯罪团伙成员能够很快地通风报信和逃脱，这给公安机关带来了巨大的挑战，很难将团伙成员一网打尽，继而影响后续各方面的工作，为此在很多大型案件中，都由公安部统一指挥、统一行动，"公安部要求统一行动，严密监视嫌疑人，我们已经锁定嫌疑人了，担心他们得到消息跑掉，我们只好提前控制他们。"但这种提前控制可能打草惊蛇，一旦其他团伙联系不到被控制的团伙成员，可能会望风而逃，影响了调查取证和打击的力度。中间环节多，解救受害者困难重重。妇女儿童被拐后，一般很快被进行数次贩运，形成一个错综复杂的拐卖链条，人贩子都有很强的反侦查意识，一位中间人说："我们从来没有主动和他们（人贩子）联系过，他们的手机号经常换。"任何一条线索如果出现中断，被拐妇女儿童就可能下落不明，解救工作也无法开展。如在福建泉州市打掉的 2011 年“6·1”拐卖儿童团伙中，因一名中间人已年老死亡，一名中间人患肺癌晚期无法讲话交流，还有个别涉案人隐姓埋名，以致该案仍有近 10 名被拐儿童未能解救出来。

2.5
妇女儿童的不同

在拐卖中，妇女儿童存在很大不同，包括被拐原因，对受害者及其家人的伤害，以及家庭对他们的态度，这决定了反对妇女拐卖和反对儿童拐卖的对策也存在着很大差异。

2.5.1 妇女儿童被拐原因中都体现出弱势，但弱势不同

妇女儿童被拐都是因为其弱势，但是弱势的表现不同，儿童的弱势更多是其亲生家庭的弱势。

妇女和儿童是具有不同意义的行为主体，妇女个人的能动性应该视为重要的内容，也就是说，在妇女拐卖中，妇女本人的“同意”引人注意。在有些情况下，拐卖妇女儿童的手段比较隐蔽，例如，有些妇女希望摆脱贫困或者家暴，想到其他地方寻求较好的生活，因而自愿跟随人贩子出走。受害者的生理、心理、贫困的经济和生活存在弱点形成了被拐卖的弱点或诱发因素。在大多数情况下，她们丝毫不会考虑自己被拐卖。Butegwa（1997）坚持认为，贫穷是妇女被贩运的主要原因。经济贫困和对更好生活方式的希冀是人口流动最主要的推动因素，也是主要的原因（Williams & Masika，2002）。在这

种模式下，受害妇女经常会觉得迁移流动将会带来更好的经济和工作机会，并在不完全清楚的情况下，将自己置于被贩运的位置（Conny，2009）。另外，被拐女性在被拐前，其中很多已经经历过一些家庭变故，沦为家庭受害者，包括父母离异、父母被判刑或成长于隔代家庭，还包括家庭暴力的受害者、遭受过性侵犯、孤儿院中的孩子、生长于多子女家庭或残缺家庭（Gershuni，2004；Save the Children，2003；Surtees，2005），这使得她们的心理更容易被人贩子操纵。或者受害者多为农村，妇女通常是被从农村拐卖到城市，这并不奇怪，城乡二元社会使农村妇女更加弱势。农村或一些地区往往经济困难，当地的女性缺乏基本资源，更是基于性别不平等的压迫迁移流动，逃避根深蒂固的歧视女性的环境，这样面临的危险就是流动过程中“安排”（U.S. Dept of State，2005）。男女性别差异通常导致被拐卖者“女性化”，具体原因包括现有社会结构的不平等，不能给妇女提供平等公正的受教育和就业机会，女性受到来自经济、社会、文化等方面的剥夺（Frostell & Scheinin，2001）。没有工作和收入来源的压力、与丈夫的感情冲突、维持生计的艰辛，她们为了家庭和寻求更美好的未来而外出流动，这些女性反映出主动的勇气和坚韧的性格，但正是这些对美好生活的憧憬和梦想被人贩子所利用，因此有些受害妇女往往是自愿地跟随人贩子，后来才落到被拐卖的境地。

在人贩子眼中，拐卖儿童比拐卖妇女更安全简单。人口拐卖事件中，儿童是特别容易受到伤害的群体，因为他们年幼，知识和社会经验不足，没有正确的认知能力，有些被拐孩子是流动儿童或者留守儿童，有些孩子本身是残疾儿童，这些都造成了其弱势。被操控的儿童更是缺乏报警能力和意识，由于我国并没有授权给公安机关或行政执法机关可以对未成年人的人身权利合理干预或强制保护，也没有明确规定国家以何种形式或何种力量保障儿童的基本权利不受侵害，所以在一般情况下，警察并不会主动盘问儿童的身份和来历。面对一些好心群众的盘问，人贩子往往以一句“这是我的孩子”就轻易蒙混过关。儿童未成年和不谙世事，即便被解救，也往往没有检举和揭发能力，更不能给警方指认罪犯、提供线索和提供证据，从而使犯罪分子轻易逃避打击。相对于妇女，儿童的弱势更多体现在其家庭上，贫困的家庭，由于长期的谋生而疏于对儿童的照顾，甚至因为贫困将亲生子女出卖。

2.5.2 妇女儿童被拐对家人的伤害不同，家人的态度也不同

我们在公安机关和QQ群发现的长期找寻孩子的家长，多是寻找儿童，而不是失踪或被拐的成年女子。尽管妇女儿童被拐都给家庭带来伤害，但是妇女儿童被拐对家庭影响不同。

儿童是维系一个家庭的重要纽带，关系到一个家庭的和睦幸福。拐卖儿童犯罪活动，不仅严重损害被拐儿童的身心健康，而且会给家庭带来无法抹去的精神创伤。孩子被拐以一种出乎意料的方式影响着家庭的方方面面，几乎对家庭生活的各个层面都会带来难以磨灭的伤害。人贩子卖掉一个孩子，接踵而至的便是一个家庭数十年的痛苦，家庭所有人的命运也发生不可逆转的改变。儿童丢失父母多有责任，尤其是负有责任的一方多有愧疚感，受到的二次伤害也比较严重，找寻孩子的意识也往往比较强烈。相对于妇女对家庭的了解，被拐儿童对亲生家庭了解较少，对于其找家产生负面影响，还好高科技的发展为他们的重逢提供了条件。

妇女是有自我意识的，她们大多知道自己的姓名和家庭地址，家庭是妇女被拐的重要推力，贫穷是妇女被拐的主要原因之一。没有工作和收入来源的压力、与丈夫的感情冲突、维持生计的艰辛，她们为了家庭和寻求更美好的未来而外出流动，但正是这些对美好生活的憧憬和梦想被人贩子所利用，成为这些女性被拐卖的机会因素。经济水平的高低和乡村内部的“情理”逻辑传统观念的认可程度，和对孩子的眷恋等合力造成被拐妇女在去与留的双重困境中所呈现的“斯德哥尔摩综合征”倾向，这些进一步将她们逆向推回被拐入地。

家庭对她们的态度耐人寻味，妇女被拐在两种情况下家人报案较多：一是已订婚的未婚少女，家长要求找回来，收了彩礼，在外面结婚了家里无法向夫家交代；二是被拐前已婚，多是丈夫四处找老婆。有的妇女被解救后遣返回去，甚至家人都不愿意接纳。由于地方政府缺乏有效的资源和资金严重不足，许多被拐妇女伤痕累累地回到家中，受到第二、第三次伤害，无法恢

复。由于被拐妇女处于没有得到康复和救助自我封闭的状态，家庭、社区和政府等外界良性因素都没有介入，其心理发展常常形成螺旋式的恶性循环：自责——孤独——自卑——绝望，发展到最后，有时会出现一种结果，自我摧残甚至崩溃。拐卖妇女被解救回家乡后面临自己的家庭和社区的歧视，被拐妇女遣返回家对家庭产生巨大压力。家属会觉得被拐卖的妇女成了他们的耻辱，即使这并不是她的错，加之父母年龄大了，很多事情有心无力，所以很多妇女屈服于命运，愿意待在买主家，家人寻找积极性也不高。

3 对中国反拐行动的评估

要想了解被拐人口权利保障的程度和根除拐卖根源，必须评估反拐行动的成效（Hartl，2010）。没有对反拐行动的评估，就不可能有准确评价方案或明显的干预的效果。目前，国际反贩运内容已由最初的提高妇女儿童权利和自我保护意识、倡导安全流动转变为与扶贫、提供实用技能培训、创造就业机会等相结合的综合治理手段，这种全面保护妇女儿童的机制对反贩运工作至关重要。然而，对结果和影响的评价常常是欠缺的，本部分着重依据“3PR”原则和“以受害者为中心的方法”评估中国国家反拐行动。目前，中国已从原来的“打拐”转为“反拐”，已经建立了由政府领导、民间组织配合、国际组织支持的完善反拐工作机制，鉴于此，我们从不同反拐部门（利害相关者）的角度来评估中国的国家反拐行动。

3.1 公安机关的经验与困境

毫无疑问，公安机关是反拐的主体。公安机关作为反拐领域主要的执法机构，其工作范畴包括边境管理和打击跨国拐卖人口，公安部设有专门的反拐部门，2007 年国家级打击拐卖妇女儿童犯罪办公室成立。

3.1.1 公安机关的经验及成效

自 2009 年 4 月公安部在全国范围部署开展“打拐”专项行动以来，各级公安机关积极回应人民群众的期盼，始终把反拐工作作为关注民生、保障民生、服务民生的一项重要举措，健全完善了各种行之有效的工作机制；切实加大打击拐卖犯罪力度，强化侦查破案、查控堵截、敦促自首、审讯深挖、摸底排查、采血比对、查找解救等工作，贯彻宽严相济的刑事政策，千方百计侦破更多拐卖案件，解救更多拐卖受害者。对于重特大拐卖犯罪案件，由公安部统一指挥，跨区域、多警种合成作战，并积极推动国际执法合作；此外，警方还协调相关部门落实国家反拐行动计划，建立健全多部门齐抓共管、综合治理的工作机制，坚决遏制拐卖人口犯罪的蔓延，维护社会和谐稳定。

3.1.1.1 组织保障

2007 年，为遏制日益猖獗的拐卖妇女儿童犯罪、保护群众切身利益、保障社会和谐稳定，公安部“打击拐卖妇女儿童犯罪办公室”经公安部党委批准成立，设置在公安部刑侦局下，简称为公安部刑侦局打拐办，其主要职责是掌握国内拐卖犯罪动态，组织、指导和监督全国各地公安机关的打击拐卖犯罪工作，直接侦办跨国拐卖犯罪。2009 年，公安部开展了“全国打击拐卖妇女儿童犯罪专项行动”，其间各省、自治区、直辖市均成立了“打击拐卖妇女儿童犯罪办公室”或者临时性的“打拐”专项行动领导小组，市级公安机关也成立了打拐机构或者专有机构负责打拐，在人口拐卖严重的地区还有专职民警打拐。

近 10 年来，在公安部的坚强领导下，公安部刑侦局打拐办组织指挥各地公安机关，为保护妇女儿童权益做出了极大贡献。“全民反拐”已成为中国警民携手互动的成功范本，深入广大人民群众心间（王文硕，2013）。在公安机关和各界群众的共同努力下，截至 2013 年 7 月，共破获人口拐卖案件 9.6 万起，抓获犯罪嫌疑人 17 万名，打掉犯罪团伙 1.5 万个，解救被拐儿童 8.3 万名、被拐妇女 12.6 万名，这意味着解救了超过 20 万名被拐妇女儿童，也意味着无数家庭得以团圆。在督导指挥各地严打拐卖犯罪、解救受害者的过程中，公安部刑侦局打拐办不仅成为全国公安队伍的排头兵、先锋号，更被誉为人民群众心中的“守护神”和人贩子眼中的“铁面判官”，受到社会各界的广泛赞誉，相继获得“全国维护妇女儿童权益先进集体”“全国实施妇女儿童发展纲要先进集体”、全国“工人先锋号”等殊荣，这是全国人民对于公安战线打拐工作的肯定和褒奖。

3.1.1.2 公安机关探索建立了一系列的机制

成绩的背后是公安机关探索建立一系列的机制，其中最为成功的是拐卖儿童案件“一长三包”侦办责任制、妇女儿童失踪快速查找机制、来历不明儿童摸排比对机制和公安部儿童失踪信息紧急发布平台等。

（1）“一长三包”责任制。

对拐卖儿童案件实行“一长三包制”。所谓“一长三包制”是对每一起拐卖案件都要成立专案组，开展专案攻坚，不破不撤。对拐卖儿童案件实行的“一长三包制”，“一长”就是市、县、区公安机关主要领导或主管领导担任专案组组长；“三包”就是专案组组长要对案件侦办、查找解救受害者、安抚受害者家庭工作全程负责到底。案件没有侦破，犯罪嫌疑人没有到案，被拐儿童没有找回，专案工作就不能放松，“一长三包”的专案组也不能撤销。

在公安机关办理的所有案件中，只有人口拐卖案件提出了这样的要求，其他的案件，无论是命案还是爆炸案件，公安部都没有特别要求市、县、区公安机关主要领导和主管领导亲自指挥侦办。由市、县、区公安机关主要领导或主管领导担任专案组长，可以调动更多的资源投入拐卖案件的侦办工作，确保尽快破案，解救受害者。

（2）建立妇女儿童失踪快速查找机制。

2010 年，公安部明确要求，各地公安机关只要接到儿童、少女失踪被拐、或妇女被拐的报案，一律立为刑事案件，要第一时间组织查找，第一时间勘查现场，第一时间立案侦查，第一时间完成采血检验入库，要像侦办命案一样侦办人口拐卖案件。失踪被拐最初几小时，是查找和发现犯罪线索的黄金时期。因为妇女儿童被拐之后，会在很短时间内被人贩子转移，如果不在最短时间内抓获犯罪分子，将受害者解救，受害者可能很快就会被转移到外省，以后再查找就相当困难。因此，公安部对此做出规定，2009 年 11 月 1 日后，无论积案现案，如果有群众举报投诉公安机关对本地拐入儿童未发现，或对儿童失踪、妇女被拐的情况不立案、不采血，以及报警与立案、入库情况不一致的，公安部将对该地公安机关通报批评，问题严重的，将被列为全国拐卖妇女儿童的重点地区，实行综治一票否决。凡发现分县局有两起以上漏排、漏查、漏检或该立案不立案情况的，以“不作为”按有关规定追究该分县局领导和相关人员的责任。

2011年6月1日，公安部部署全国公安机关建立妇女儿童失踪快速查找机制，明确规定，110指挥中心一旦接到儿童少女失踪被拐和妇女被拐的报警后，要立即通知交警、治安、巡警、刑警等各部门，全力查找。这里用的词是“失踪”而不是“被拐”，因为被拐需要有证据证明，失踪则不需要有证据证明，所以失踪时要启动全面快速查找。这个机制的成效也非常明显，实际上是能够动用整个公安机关的力量查找失踪儿童和被拐妇女。这些儿童其实很多是走失的，不是被拐。尤其是幼童，一旦走失，在人流量比较大的地方，如果不是公安机关动员，仅靠家人的力量难以找回。如果走失儿童被外人带回家养，或者送给别人抚养，后果是与被拐卖一样的。实行该机制，最重要的是快速反应，多方查找儿童。各级公安机关接到失踪警情后，突出一个“快”字，做到“接警出警快，调集警力快，调查走访快，收集信息快，寻查行动快”，以尽快找回失踪儿童。

（3）来历不明儿童摸排比对机制。

每名儿童成长过程中都不可避免地会涉及户籍登记、就医、防疫、计生管理、上学、就业等社会活动，因此，从儿童成长过程产生的各种社会信息入手查找来历不明或疑似被拐的儿童，往往可以起到事半功倍的效果。为排查失踪被拐儿童，公安部在进一步深化打拐专项行动的同时，部署全国公安机关开展来历不明儿童集中摸排行动，要求各地公安机关对本辖区实有人口中来历不明的儿童进行全面摸排，从而查找、解救更多被拐儿童。公安部要求，对发现的疑似被拐儿童，一定要采集生物检材，经刑事技术部门检验后，录入全国打拐DNA信息库比对，查找其亲生父母。要求各地从户籍管理、学籍管理、收养登记、人口计生、卫生防疫、群众举报等信息入手，以13类儿童为重点对象开展摸排，确保一个不漏。这13类重点摸排对象主要包括：1）未办理户籍登记的儿童；2）非亲属关系申报办理户籍的儿童；3）与家庭成员户籍地址不在同一地市的儿童；4）落户时间与出生时间相差较长的儿童；5）街头流浪、乞讨、卖花、卖艺的儿童；6）被强迫违法犯罪的未成年人；7）民政部门福利、救助机构内的儿童；8）办理收养登记的儿童；9）无出生记录或涉嫌伪造、变造出生记录的儿童；10）卫生部门有防疫登记但无户籍登记的儿童；11）计生部门掌握的非亲生儿童；12）教育部门有入学登记但无户籍登记的儿童；13）群众检举的来历不明儿童。

为落实快速寻查失踪儿童工作，明确各警种、部门职责，公安机关专门制定并试行了“公安机关协助查找失踪妇女儿童快速反应联动工作机制”。该机制对快速寻查工作模式、各部门的任务、责任以及奖惩制度作出了详细规定。通过建立并运行该机制，保证了快速寻查失踪儿童工作能够有条不紊地开展：一是入户（村）排查。各地“打拐办”组织民警走村（社区）串户，全面梳理本地走失人口和新增人口情况，从中发现犯罪线索，工作已经常态化；同时，从省厅下发的依托全省人口信息系统后台抽取的非亲属关系落户儿童的名单入手，逐一查明来历；二是入（学）校排查。积极协调学校及教育行政主管部门，核查小学和幼儿园在册学生名单，逐一查明未上户口的在校生来历；三是入（福利）院排查。组织民警深入福利院，对其中来历不明的儿童以及街头流浪乞讨的来历不明儿童进行排查；四是入（数据）库排查。积极协调计生、卫生等反拐成员单位，通过警综平台、计生管理信息系统、卫生儿童防疫信息系统之间的数据比对，发现未上户口妇女儿童，逐一查明身份情况；五是入娱乐、休闲场所排查。重点清查娱乐、休闲场所，及时发现掌握强迫被拐妇女卖淫的犯罪活动线索；六是密切监控拐卖犯罪前科人员。

同时，还健全摸排奖励机制和摸排倒查追究责任制度，对相关民警进行奖惩。严格落实公安部刑侦局“打拐办”要求，将公安部刑侦局“打拐办”下发的摸排奖励金足额发放给摸排有功的民警，每摸排盲比比中 1 名被拐儿童，奖励相关民警 1000 元；每摸排盲比比中 1 名被拐儿童家长，奖励相关民警 500 元。在奖励的同时，还健全摸排倒查追究责任制度。基层公安机关已将疑似被拐儿童的调查摸底纳入日常工作，完善相关工作机制；并明确规定凡外地、市公安机关到本地解救出被拐儿童，而本地公安机关此前未将该儿童列为疑似被拐儿童并采集相关信息、血样的，县（市、区）公安机关要向市局报告漏查原因及改进意见，市局视情予以通报问责。

（4）公安部儿童失踪信息紧急发布平台。

为适应拐卖犯罪互联网化的趋势，在阿里巴巴公司的技术支持下，公安部儿童失踪信息紧急发布平台在 2016 年 5 月正式上线启动，这标志着中国儿童失踪信息发布的官方渠道正式成立。公安部儿童失踪信息紧急发布平台可协助各地公安机关即时发布儿童失踪信息，并将信息自动推送到相关新媒体和失踪地周边一定范围内的相关人群，让更多群众准确快速地获取相关信息，提供失踪儿童线索，协助公安机关破获拐卖案件，尽快找回失踪儿童；对于群众反映的儿童失踪线索，平台第一时间部署涉案地公安机关打拐民警进行即时核查，确属失踪的，积极督促涉案地公安机关尽快找回儿童；失踪儿童已找回的，将失踪原因及找回情况及时反馈；如果是谣言，平台可以及时辟谣，形成与广大群众良性互动的机制。2016 年 11 月，为了扩大平台信息发布渠道和范围，公安部儿童失踪信息紧急发布平台二期新接入支付宝、UC、手机淘宝、YunOS 系统、腾讯 QQ、百度、一点资讯、今日头条、360 手机卫士、滴滴出行等新媒体和移动应用。儿童失踪信息紧急发布平台上线半年内，共计发布失踪儿童信息 286 条，找回儿童 260 名，找回率达到 90.91 %，其中解救被拐儿童 18 名、离家出走儿童 152 名、迷路走失儿童 27 名、不幸溺亡儿童 32 名、不幸遇害儿童 20 名、其他原因儿童 11 名，取得了显著成效。

3.1.1.3 调整拐卖案件立案管辖范围，建立快速反应联动工作机制

拐卖儿童妇女犯罪属于一种严重刑事犯罪，以前只有刑侦部门才能管辖，但全国刑警只有约 15 万人，警力相当紧张。打拐，并不仅仅是刑侦部门一家的事，现在这种观念已得到广泛认同。国家反拐行动开始后，派出所可以直接立案开展侦查工作。全国派出所的警力是 60 万 ~70 万，相当于一下子可以增加几十万警力打拐，第一时间对案件展开侦查，这是一个重大的进步和变化。公安部在专项行动开始之前就已下发文件，明确了公安机关内部各警种的打拐职责，成立“打拐”专项行动领导小组，由刑侦、治安、技侦等警种联合组成专项行动办公室，多警联动，形成合力。工作中，将任务统一分给各级公安机关，没有对警种做出硬性规定，便于各地“一把手”直接协调部署该项工作，协调各警种联动，共同做好 DNA 采血检验乃至全部打拐工作，防止出现刑侦部门单打独斗的局面。

公安部要求，各地公安机关要严格按照规定做好接报警和立案侦查工

作，对发现的所有拐卖儿童妇女线索，要认真负责地组织开展专案侦查，实行儿童失踪快速查找机制，建立起“省厅指挥协调，各地市公安机关全力配合”的打拐协作工作机制，明确规定协作办案、协助抓捕、协助解救、打击买方市场和情报信息交流等一系列工作的奖惩标准。依托指挥中心扁平化指挥，建立指挥中心与治安、刑侦、派出所、交巡、技侦、网侦等部门，点对点、点对面的衔接和协作机制，从而达到以快制快；并建立了快速反应联动工作机制，明确了刑侦、治安、交警、巡警、户政等警种以及行动技术、网监、监管、法制等部门协助查找失踪儿童工作责任：刑侦部门作为破案主力军，不断研判犯罪信息，强化侦查破案，提高打击力度和破案率。为配合刑侦部门做好反拐工作，公安部治安管理局对治安部门积极参与“打拐”专项行动提出了要求：治安巡警部门结合日常工作，加强巡逻防范，有针对性地对涉嫌拐卖儿童的重点人员进行盘查，力争及时发现和控制可疑人员；要认真受理报案，积极开展走访调查。公交分局加强对车站、公交线路的宣传和巡防布控，及时掌握情况，及时堵截在途中。行动技术和网监部门积极协助刑侦部门侦破拐卖犯罪案件、抓捕犯罪嫌疑人。通过明确各部门、各警种工作责任，落实责任制度，从而避免不作为和扯皮现象，减少阻力，形成合力，全面推进。如今，几乎每一次破案，每一次解救行动，都能看见各警种的身影，而不只是刑警。多警联动的工作模式发挥了公安机关开展快速寻查失踪妇女儿童工作的最大合力，规范程序，有章可循。快速反应联动工作机制明确规定了接受、处理儿童失踪报警的工作程序，使接案民警从一开始接警就懂得如何去做，如何能做得更好，其他相关部门、警种也知道如何开展相关的工作，大大提高了查找失踪妇女儿童的效率。

3.1.1.4 跨省打击拐卖犯罪网络正在形成

人口拐卖是大区域，跨范围作案，只由一个地方的公安机关开展侦办难度比较大。拐卖妇女儿童案件中还有跨国拐卖案件，要突破域界，跨区协作。如今路网四通八达，交通便利，儿童被拐一小时内就能被送达另一个市甚至跨省。以前基本上是各地警方自扫门前雪，针对人口拐卖犯罪的新形势，公安部要求各地凡是发现重大的拐卖犯罪线索，都要立即报告公安部，由公安部统一指挥涉案地开展侦查。近年来，在公安部的统一指挥下，多省警方联动，各级公安机关在查找工作中不再局限于本辖区，往往把查找范围扩大到相邻的市和镇区，打掉了多个跨省作案的重大团伙。

各省公安机关也尝试进行跨区域合作，有些地方还探索建立了区域协助办案工作机制。比如，为加强被拐妇女儿童重点拐入地及拐出地间打击拐卖犯罪的协作配合。2013 年 10 月，福建省公安厅主动联系、推动与广东、广西、四川、贵州、云南等省（自治区）公安厅“打拐办”共同制定了《闽粤桂川黔滇六省区合作打击拐卖妇女儿童犯罪框架协议》，通过明确六省（区）公安机关打击拐卖妇女儿童犯罪的协作内容、方式和要求，实现侦查资源整合和集约化，从而推动反拐协作的层次和水平实现了跨越式发展。

3.1.1.5 建立全国打拐 DNA 数据库，发挥了积极作用

为了解决妇女儿童被拐多年后身源识别确认难的问题，更方便查找、解救多年前被拐的妇女儿童，解决积案，公安部建立了全国打拐 DNA 信息库，2009 年印发了《公安机关查找被拐卖儿童 DNA 检验技术应用规范（试行）》，要求各地对 13 类儿童都要采集 DNA 信息入库，也免费采集其父母的 DNA 信息，父母和孩子双方的信息都输入打拐 DNA 信息库里自动比对，一旦对比成功，就会自动提示。DNA 信息库主要用采集生物检材比对，生物检材泛指有生命的动植物的组成全部及部分残留于刑案中的痕迹物证，一般是指与人体有关的毛发、血液、分泌物、人体组织、骨骼等。从更广的范围来说，只要是非亲生入户的都必须进行 DNA 检验，只要没有出生证的即被认定为“非亲生”，所以，有些以“超生”名义落户的孩子也可能会按此标准办理。

早在 2000 年，我国公安机关就利用 DNA 检验技术帮助 546 名被拐卖儿童找到亲生父母。经过 17 年的发展，全国 DNA 实验室已从 36 个增加到 236 个，从最初 DNA 比对 10 个点到现在的 24 个点，技术方法明显进步，大大提高了检验能力。目前，承担 DNA 血样检测任务的有公安部物证鉴定中心、32 个省级和 11 个地市级公安机关 DNA 实验室，这些 DNA 实验室已联网，能够异地查询比对 DNA 数据，实现了全国 DNA 技术资源和数据资源共享。利用高科技让“打拐”事半功倍。为确保比对发现更多被拐儿童，公安部规定

失踪、被拐儿童父母和来历不明、疑似被拐儿童均要采血，DNA 测试费用由各地公安机关承担。DNA 数据库发展成一种长效机制，成为公安机关打拐日常工作的一部分。反拐行动中在公安部统一部署下，全国公安机关坚持“应采尽采”的原则，严格落实 13 类儿童及其父母必须采血的规定，不断充实全国打拐 DNA 信息库，尽快找回更多的失踪、被拐儿童；还会同民政部门对福利院和救助机构内来历不明的儿童采血入库,并建立日常采血机制。公安部刑侦局打拐办提供的数据显示，自 2009 年“全国打拐 DNA 建库会战”以来，共采集疑似被拐儿童血样 35 万份以上、失踪儿童父母血样 4 万余份，已经有 4000 多名被拐儿童通过打拐 DNA 信息库成功找到亲生父母。将 DNA 远程比对技术大规模用于打击人口拐卖犯罪工作，这在世界是首创的。全国打拐 DNA 数据库是一项基础性、战略性资源，它既有重大的现实效益，更具有深远的战略意义。

3.1.1.6 加强与相关国家警方的合作，打击跨国拐卖犯罪

近年来，拐卖人口犯罪逐渐呈现国际化、组织化的特点，中国被认为是贩运源国、中转国以及目的地国家。人口拐卖对象主要是中国境内的中国公民，但也有中国人被拐入非洲、亚洲、欧洲、拉丁美洲、中东和北美的。

面对这种状况，中国进一步加强了在打击相关犯罪领域的国际合作。2009 年 12 月 26 日，我国加入《补充议定书》，并调整国内相关立法来对应其规定，体现了打击人口拐卖犯罪的决心。为了更好地打击跨国拐卖人口犯罪和进一步加强执法合作，截至目前，中国公安机关已经与 41 个国家的警务部门签订了 72 个警务合作协议。在东盟地区，中国公安部先后与越南、柬埔寨、泰国等国家警务部门签订了双边合作协议，把打击拐卖犯罪活动确定为双方合作的重要领域。公安部还与各大国际国内组织开展了以反拐为主的合作项目，与俄罗斯、英国、澳大利亚和马来西亚等国家警方对应点进行情报交流和调查，合作打拐。在边境地区建立了 8 个打拐联络官办公室，并多次派员远赴安哥拉、刚果等国开展抓捕解救行动。强化了与相关国家警方的执法合作，也取得了令人瞩目的成效。

3.1.2 存在的困难与挑战

国家反拐行动计划实施以来，在打击成效、机制建设、部门协作等方面取得了一定成效，有效减少了案件发生，并大大减少了调查走访、外出追逃、异地解救的工作量，避免了抽调警力成立专案组、划拨专项破案经费等问题和困难，降低了破案总成本，有效提高了打击效能，进一步促进了群众对公安机关的认同感，改善和密切了警民关系。但问题仍然存在，一些体制、资金以及法律适用等方面的现实困难制约了反拐工作成效的进一步提升。

3.1.2.1 经费和警力依旧不足

国家反拐行动之所以能取得一些成效，与各级领导重视对基层公安机关在经费、警力上的“倾斜”有很大关系，尽管如此，公安警力和经费依旧不足，缺乏足够的办案人手，使有些妇女儿童失踪案件线索不能及时查证，导致一些被拐卖妇女儿童得不到及时解救，犯罪分子逍遥法外。人口拐卖案件多为跨区域、大范围流窜作案和团伙作案，预防、调查、取证、抓捕、解救、康复、遣返等花费大。按照走访中公安机关提供的数据，办理一起拐卖案件，解救一名被拐卖妇女儿童，平均花费 2 万～ 3 万元，有的团伙作案则需要花费数十万元，跨国案件甚至上百万元；数据建库、安置、宣传等基础性工作更是要投入更多的资金。中央财政打拐专项经费在 2009 年已经恢复，现在每年有 5000 万元，公安部刑侦局打拐办另外有 500 万元经费，中央财政打拐专项经费由公安部提出意见发给各地用于补助地方打拐，补助标准是按照每个地方拐卖的严重程度，包括破获的拐卖案件和 DNA 库采血的数量，在很大程度上满足了打拐的需要。但是在地方，公安机关的办案经费主要来源于地方财政，对于打拐，更多的是：“没有专门的、正规的挂牌打拐机构，通常该类案件频繁发生，且社会影响力较大时，刑侦大队会介入侦查。抽调几个民警成立专案组，再由一名专职民警牵头部署。办案过程中产生的经费一般也不多，这类案件碰到的也少，所以费用可以从正常的办案经费那条路走，上面没有专门划拨打拐经费。”而人口拐出拐入地大多是相对贫穷落后地区，打击拐卖案件没有财政专款，欠缺大案补助，许多地方的刑警队是经费包干，超者自负，即使在经济比较发达的省份，各级政府将反拐各专项业务经费纳入本级财政预算，但其数额与实际要求仍有较大差距。比如，2011年，福建省列入财政预算的反拐工作经费为120万元，但是当年仅投入打拐工作的经费就多达300多万元。因而足额经费保障是办理拐卖犯罪的坚实后盾，而在真正办案时由于经费有限及程序手续流程等限制，办案经费往往不能立即到位，很多地方没有专门的打拐资金，基本上是从其他办案经费中挪取，“很难做到专款专用，打拐资金不能及时到位，只能使用其他办案经费，等打拐专项资金到位了再填补，当然更不能给领导提议专款专用了。”甚至出现办案资金缺位的情况，直接影响到案件的深入办理。一位受访的省厅负责打拐的警察说：“拐卖多发生在贫困地区，年年有案。越是这种地区，基层警力越是匮乏，一个山区派出所可能就一两个民警，他们没时间、没精力、没经费、没技术去打拐，自然效果不好。”此外，解救孩子如果还找不到其父母，福利院不接收，将无处安置孩子。尤其是“意外负担”让不足的办案经费雪上加霜。很多被解救的妇女儿童患有各类疾病，诊治疾病的经济压力落到了公安机关身上。打拐经费保障困难，一定程度上影响了打击力度，资金缺乏已经影响了公安机关的一般工作和打击人口拐卖的具体能力，可能还会带来更多的间接影响。受访警察说，“经费短缺大，打击了公安机关打拐的积极性。”在沉重经费压力下，有些公安机关消极立案。两高、公安部、司法部联合发布司法解释，要求儿童、少女失踪就立即立案，迅速出警，但没有确立不立即立案的问责措施，就为一些警方不立即立案埋下了伏笔。甚至有些领导对于发现的案子，也采取回避态度。如何确保警力、经费到位，这些问题需要各级政府统筹安排。

拐卖儿童案件社会影响巨大且性质特别恶劣，发案必破已经是公安部的明令要求，面对严峻复杂的拐卖犯罪形势和艰巨繁重的反拐工作，要求各级公安机关建立完善的打拐机构，加强打拐专门队伍建设，力争“打拐”队伍专业化。一线执法者在拐卖受害者甄别能力上的进步，可以使更多的受害者受益。根据《中国反对拐卖妇女儿童行动计划（2008—2012年）》和《反对拐卖人口行动计划（2013—2020）》规定，各级公安机关刑侦部门除肩负打击拐卖犯罪、解救受害者职责外，还承担反拐联席会议办公室职责，负责协调各个联席会议成员单位开展预防、救助、安置、康复等反拐工作，任务艰巨繁重。拐卖犯罪十分复杂，打拐需要专门队伍，否则很难胜任，但是面对如此严峻的形势，公安机关专职打拐人员数量不多，目前仅有北京、天津、河北、吉林、安徽、广东、广西、云南、贵州、四川、新疆等半数以上的省区市成立了专门打拐机构，每个省两三个人，但仅仅是一个科级部门，流动性较大。事实上，打拐是一项专业性很强的工作，需要熟练和高超的技术，之前有很多专职打拐人员刚刚熟练上手又被调到其他部门；很多地区缺少打拐警察的编制，各地打拐工作都归在刑侦部门，很多打拐警察缺乏专业性，“我们都是各个大队里不同专业和警种的人员抽调过去的。‘边干边学、慢慢上手’嘛！……对于拐卖案件相关的法律不熟悉，是在办案过程中和法院还有检察院慢慢沟通了解到的。”没有专职的打拐机构，也就没有专项资金；很多地区把打拐工作当成一项临时的专项行动，并没有作为长期工作进行考核，也无法给予配套资金支持。有的县级以上的政府有一个打拐领导办公室，设在公安局，但大多数打拐办一般情况下是“有牌无人”，在需要打拐的时候才临时从各部门抽调几个人过来，还有可能每次抽调的人都不一样，这样的打拐没有连续性，也不利于案件的侦破（有些案件办了一半，人员换了，又得重新追查），打拐人员的责任也不好明确。拐卖犯罪技术的发展也使得执法人员很难高效地履行职责，侦破手段甚至跟不上犯罪手法的变化；打拐干警力不从心、跨区破案难、经费保障差、装备跟不上已经成为不争的事实，严重影响了打拐的线索收集和效率。

与客观原因相对应的是主观原因，也是更为重要的方面。地方“保护主义”和警察落后的主观认识阻碍了打拐进度。虽然中央对“反拐”工作高度重视，公安部也早已利剑出鞘，但仍有相当一部分基层公安干警由于种种原因而“背道而驰”， 很多执法人员本身对人口拐卖问题的认识就很无知，还有一些警察甚至认为，“妇女儿童从贫困地区被拐卖到富裕地区，改善了他们本身的生活条件，是件好事！”甚至中间还牵涉利益和腐败，几乎所有买孩子的家庭都通过各种“疏通关系”，比如给公安机关某些人请客送礼，给买来的妇女儿童登记了户口，导致有些执法人员不但不试图解救孩子，甚至怕被“黏包”处理，在打拐行动中通风报信，帮助买家出谋划策，应对打击，这也同时导致有些想举报的群众，怕被公安机关内部的人泄露举报人信息而不敢举报。立案容易，销案较难，造成积案。个别公安机关迫于考评政绩的指标要求，存在不破不立的现象，造成了更多的积案。以前的人口拐卖案件要找到孩子或抓到罪犯，才能销案，这样的案子好立不好破，拐卖案件费钱费警力，使得有些地方公安机关怕影响政绩，对此类案件干脆只做简单记录，根本就不正式立案和上报或少上报。

3.1.2.2 资源共享度低、信息交流不通畅

面对复杂的拐卖犯罪形势，需要多警种配合，但是公安机关内部不同部门之间配合存在问题，各警种间各自为战，信息交流不畅通，出现刑侦一家唱“独角戏”的可悲状况。

人口拐卖的受害者很可能被强迫从事卖淫等犯罪活动，也就是存在性拐卖的现象。人口拐卖案件由刑侦部门主管，但是女性卖淫案件是治安部门主管，而不是刑侦。卖淫在中国是非法的，按照《治安管理处罚法》第 66 条的规定，卖淫、嫖娼的，处十日以上十五日以下拘留，可以并处五千元以下罚款。但是卖淫和性贩运很难区分。自 20 世纪 90 年代，国际上没有就“性贩运”的概念达成共识。这种共识的缺乏，主要体现在一种更深层次的讨论，即妇女是否“自愿卖淫”或从事性服务（Locher，2007）。有关性贩运的起诉，主要是取决于对受害者的道德判断，而不是人贩子在贩运人口过程中的犯罪行为（Tyldum，2005），因此，受害者的意见可能在很大程度上影响公安机关的执法干预和对人贩子的公诉。但是，现实中存在这样一个问题，有的被拐妇女本来就是失足女，这类女性本身行为就不合法，即使遭受侵害，她们也会逃避与警方接触，因此犯罪黑数大；无论人贩子对待被拐卖妇女有多么恶劣或采用什么样的剥削手段，如果受害者不追究人贩子，公安机关就束手无策。实践中，查处卖淫案件隶属于地方公安机关治安管理部门，而不是刑侦部门，很多反拐文件是由公安部刑侦局签发的，其他部门，如治安、派出所不一定能学习到。缺乏性贩运的知识，他们很容易将卖淫和性贩运混淆。努力不足也是一个重要原因，不少被拐孩子的父母反映，当他们报警时，警方往往以“证据不足”为由不予立案，往往错过了抓捕犯罪嫌疑人、解救受

害者的良机。对此，一位受访警察表示：“老百姓报警都是去派出所，但是中国由于警力不足，很多地方都没有实现刑警进驻派出所，其他警种对拐卖不了解，导致出现这种情况。”现在派出所可以直接立案开展侦查工作，此种状况在很大程度上会得到缓解。对于调查受害者尤为重要的旅馆业、娱乐业等特殊行业以及流动人口信息系统是由治安、人口管理等部门管理，侦查部门需要通过以上部门才能获取信息，费时费力，给侦查工作也带来了不便，影响了时效。

重特大跨省拐卖犯罪网络由公安部直接指挥进行侦查，但是中小型案件，如果跨省的，不同省份公安机关，尤其是不同部门的，存在一定困难。按照相关规定，跨省案件需要相关公安部门协调时，必须通过省厅或者市局主要领导给同级部门发函，这会耽误很多时间和时机，很多时候警方只能依靠私人关系协调解决。受访民警说：“从法律上来说，跨区域跨省的案件，双方民警都有管辖权，但是实际情况往往比较复杂。我们没有权力抓捕外地嫌犯，需要当地警方配合，由当地警方先立案，再移送案件给我们。但是如果当地民警没有进一步行动，我们也就只好不了了之。”

3.1.2.3 打拐 DNA 数据库宣传不够

公安部打拐 DNA 数据库建立以来，各地公安机关按照公安部的规定，免费为失踪的被拐孩子及其家长以及疑似被拐卖的孩子采集血样并加入 DNA 数据库，打拐 DNA 数据库的运行及效果得到了全社会的赞赏和肯定。但是总体上看，DNA 比中率不高，存在以下问题：

（1）血样采集率不高。

1）由于基层公安机关不了解采血相关规定，不给寻亲家长与孩子采血。多数家长去见警方要求采血时，都被一些借口拒绝。例如，没有接到免费采血的通知、孩子是走失不是被拐、孩子失踪时间太长、当时没有立案所以无法查到案底、需要孩子找到后再采血对比等；有些警方甚至要求家长交费。公安部要求各地公安机关对要求做 DNA 采样的失踪孩子及寻子家长一律免收一切费用，大多数地方公安机关会免费采样，但仍有极个别的地方公安机关会收一定费用，这也是为什么有那么多的寻子家长和儿童无法比对的原因之一。DNA 数据库里的样本较少，这也使得 DNA 数据库的作用大打折扣。为什么孩子被解救后通过 DNA 比对还找不到父母？因为他们的父母也许还没有攒够钱做 DNA 采样。很多从小被拐的孩子要求警方采血时，有些警方会以现在孩子已经超过16周岁，不属于被拐儿童而拒绝采血。据志愿者反映，去公安机关不费任何周折就能顺利采血的案例不是很多。2）宣传面覆盖不够，很多家长和孩子不知道采血政策。公安部确定的 13 类重点儿童开展全面细致地排查，并通过多方面开展工作，实现对上述 13 类重点儿童全部采取生物检材进行检验，结果录入全国打拐 DNA 数据库比对鉴定。这些采血人的类型，很多基层民警不知道，寻亲家长和孩子也不知道。3）有些地区要求对寻家孩子的养父母立案后，才能给来历不明的孩子采血，这样很容易把寻亲孩子吓跑，亲生父母没找到，和养家关系也闹僵，这就使一些有顾虑的孩子放弃采血。根据公安部相关文件规定，从小被拐或来历不明的孩子，被采集血样者可以自主选择其户口所在地、目前常住地或者案发地的公安机关提出申请。但很多寻家孩子，直接到基层要求采血的话，基本都不行，理由就是不知道有此规定，或者是市局与派出所之间互相踢皮球。由于有些寻家孩子经济上尚未独立等原因，不希望在寻找到亲生父母之前恶化与养父母之间的关系，因此希望秘密采血。但是，很多基层公安机关要求立案后才能进行调查，否则就不给采血。此举使得很多寻家孩子放弃采血，导致亲生父母的 DNA 即使入库，也没办法对比。

（2）血样比对不及时。

家长和孩子采血后，由于负责人员主观和客观的原因导致不能及时比对甚至不能比对。1）采集血样后，有的 DNA 数据没有进入打拐数据库，而是进入了失踪人口信息库。部分寻子家长在孩子丢失后，立案不久就申请了采血，其后被警方告知已入库。但是，后来家长将资料整理提交公安部刑侦局打拐办查询得知的结果却是未入库。最后，经家长到采血单位再次确认才得知，家长 DNA 被录入的是失踪人口数据库。寻家孩子同样存在这个问题，可能的原因是基层警方对于数据库管理的疏忽或是不了解，采血后将被采血人员的血样数据进行了错误的录入。在志愿者的查询中，发现入错库的情况非常多，这样会导致一些数据在两个库中无法进行比对，从而失去比中机会。

2）比对速度慢，血样长期处于待送检状态。很多地区的血样存在长期待送检的情况，原因主要是刑事案件较多，基层公安机关一般是先处理刑事案件，打拐血样就面临着长期等待，由于经费有限，DNA 检测虽然免费，但是送检没有配套资金，还有的地区是打拐血样得批量做，采血后先封存，等打拐血样采集的数量足够一批再送检，而有些地区拐卖案件不多，根本就凑不出够送检的批量，血样就一直不送检。很多基层警方也反映，比对速度慢，很难和家长或者孩子解释。3）采血后部分血样下落不明。部分寻亲者采血后，DNA 数据的状态既不是待送检，也不是已入库，甚至有的一年以上都没有信息。寻亲者去采血单位查询，被告知——谁也不知道血样现在在哪儿（应该就是丢了）。4）DNA 比中结果无人通知。2011 年，福建警方在为一个孩子补办户口时按规定给孩子采集了 DNA，血样采集入库并成功比中，这个孩子就是长沙被拐 20 年的王某，于是福建警方马上把情况通报给长沙警方，让长沙警方通知孩子的亲生父母，但一直没有等到长沙警方的回复。直到 2011 年年底，福建警方直接联系到王某的亲生父母，王某的亲生父母才知道孩子已经找到，王某妈妈立即去长沙警方询问，长沙警方却回复不知道此事。

（3）DNA 比对不准确。

由于人为失误等原因，部分 DNA 比对结果不准确。1）因技术或人为原因，致使 DNA 鉴定结果不准确。在找到的孩子中，有的情况是首次 DNA 鉴定结果不准确，接到警方通知，说双方无血缘关系，有的志愿者根据对寻亲双方资料的熟悉程度，再次申请重新比对，在第二次比对中得以重新比中亲生父母。基层警方反馈的解释是，第一次鉴定错误原因有的是血样污染（但也有警官认为，血样污染绝对不可能，因为血样污染，要么是做不出来，只要能分析出结果，就不影响数据的真实性），有的是录入数据时出现差错，这样的失误让人深表担忧。2）由于有些家长采血年代太久，采血的位点太低，影响对比结果。有几例家长找到丢失的孩子后发现，寻家的孩子及家长都采过血并入了库，但由于有的家长是 2000 年以前采集的血样，当时采集的只有 10 个位点，数量过少，影响了比对结果。

（4）残缺家庭比对尚需完善。

单亲比对须进一步核实。据基层警方反馈，由于公安部的要求是寻家孩子与父母双亲的比对，如果与父母同时比中，系统会自动提示，但如果父母双方只有一方采血，系统有时会比对出几十个或上百个疑似的对象，所以，就要根据这些数据与实际情况再结合起来综合比对，或是把数据重新提高位点进行分析。但如果有疑似对象，会单独提出来做，如果没有事先确定的疑似对象，一般同时有众多数据的就没有人再分析比对了。所以，单亲比对很少有人再做进一步的分析，这就会使单亲丧失比对的机会。并且，单亲比中以后，警方不能像双亲都健在那样出示鉴定报告，单亲家庭的比对，只能告诉家长，有多少个位点对上了，只能说不排除有血缘关系，因为没有鉴定报告，有的孩子就无法解决户口等后续问题。

父母双亡，只有兄弟姐妹等亲人则无法比对。有很多找孩子的家长都去世了，现在只剩下兄弟姐妹在寻找，当找到疑似亲人以后，各地警方都说这样的兄弟姐妹无法鉴定，导致寻亲双方只能泪眼相望，不能相认。

3.1.2.4 积案成为反拐工作的难点

国家反拐行动对侦破现案有显著效果，但对积案的侦破效果不太明显，积案会对受害者及其家庭产生二次甚至三次伤害，如何侦破积案已成为国家反拐行动亟待解决的难点。国家反拐行动解救的孩子大多是自生自卖的多，破获的大多是现案，积案破获的则不多。拐卖犯罪本身十分复杂，人贩子分工明确，被拐妇女儿童大都多次转手，任何一个环节的线索断了都很难再侦办下去；有些拐卖案件发生在十几年前甚至几十年前，由于以前条件的限制，卷宗放的时间太长，保存不完善；从总体上看，既没有现场，也缺乏线索，时间长、环节多、跨度大，调查取证难、犯罪嫌疑人抓捕难、被拐妇女儿童解救难，影响破案率，形成积案。一个警察说：“这个案子 21 年了，我也跟了 6 年了，去年（2014 年）抓获人贩子，也未找获孩子，家属一直上访到州局大领导，我也是第四次进福建找被拐小孩了。”尽管警方做了巨大努力，那些长年寻找被拐孩子的家长并不认可警方的打拐成果。

以前对拐卖案件的不重视导致反应不快，公安机关立案侦查介入滞后，最终产生积案。因为，拐卖儿童案件发案前期多表现为儿童走失，没有明显的被拐迹象。发现儿童丢失后，其家长一般都是先自行或发动家人寻找，在找了很长时间后，才到公安机关报案。有的基层派出所接到报案后重视不够，认为该儿童可能只是暂时性的迷路，很快就会被群众送返或自行回家，并没有第一时间组织警力进行查找；还有的基层派出所借口“失踪儿童超过 24 小时未能找回才立案”，直到确认 24 小时后才报上级刑侦部门介入侦查，从而错过了最佳破案时机，导致一些破案线索丢失，现案变成了积案。把关不严，堵截被拐儿童身份合法化措施不到位。很多符合上学年龄的被拐儿童都已经在拐入地入户、入学，完成了非法身份到合法身份的转变。这一非法身份合法化渠道的畅通，很大程度上助长了买卖儿童犯罪的发生以及买方市场的不断扩大。经过我们深入调查，一些拐入地对儿童入户的条件很宽松，只要当地村（居）委会开证明，证明儿童与父母是亲生关系就可入户，既不需要提供正规医院出具的出生证明，也不需要做 DNA 鉴定，基层公安机关更不会去调查，被拐孩子大多名正言顺地上了户口。现在买主给被拐孩子上户口有以下几种渠道：一是办理假出生证明，或者有些已有孩子的家庭给孩子办理双胞胎证明，然后就可以到派出所办理户口；二是设计弃婴现场，假装是捡到弃婴，到民政部门办理正式的收养手续，然后办户口；三是当地政府相关部门明知孩子来源可疑，但在收取一定费用后，直接给孩子办理户口；四是等国家人口普查时，按超生人口统一补办户口；五是存在一些家庭收养孩子后，拿不出相关证明被公安机关拒绝办理户口后，通过上访等手段让地方政府帮其办理户口。经过多方“沟通”，“买主”最终能名正言顺地帮助被拐儿童上户口，继而能顺利完成入学等一系列的手续，使拐卖案件更加难侦破，这除了与当地的民风民俗有关，还与当地政府尤其是户籍管理相关部门人员的管控、堵截不力密不可分。全国公安机关户籍信息化（青藏新部分地区除外）基本上都是从 20 世纪 90 年代中后期开始的，到 2000 年基本普及。但是在有的发达地区 5 岁以下儿童进行户籍登记的屈指可数，“很难想象，在经济如此发达的地区，户籍管理工作竟然如此落后。”有的民警说。被拐儿童身份合法化刺激了买方市场，助长了当地群众收买儿童的恶习，所以有的志愿者说：“堵住上户口漏洞，打拐难度降低 80%。”

目前信息整合水平低，送返被拐儿童工作道路崎岖，造成警方对打拐工作产生畏难情绪。公安机关在解救出被拐儿童后，为其寻找和识别亲生父母的工作繁重而艰巨。对于已解救但未能找到亲生父母的儿童的安置工作，必须取得政府其他部门的配合，比如民政部门，若不能妥善安置，将严重牵制警力，影响民警的工作积极性和主动性，使民警对打拐工作产生畏难情绪。有的基层警察反映："我们很想破案，但是后期怎么安置这些孩子不知道，如果安置不了，破案也没有什么意义。"

3.1.2.5 妇女被拐案件很难立案，疑似儿童被拐案件牵涉了太多警力

2010年，公安部明确要求，各地公安机关只要接到儿童、少女失踪被拐、妇女被拐的报案，一律立为刑事案件，但是被拐需要有证据证明的，没有证据的只能算失踪，在实际中，有很多拐卖犯罪，在前期都是以失踪为表现形式的，很难立案。在受害者失踪后，其家属一般在第一时间向公安机关报案，但按照《全国失踪人员信息管理工作规定》，公安机关需要家属提供受害者被拐的相关证据，证明失踪人有遭受犯罪侵害的可能，但是报案人很难拿出证据，所以立案很困难。很多时候，警方未能有效地评估失踪妇女的情况，并作出必要的决定，来展开彻底调查。在这些错误的评估和决定中，警察的偏见可能起到了作用：一些人指称，警察对失足妇女、流动妇女和农村妇女存在偏见，导致对这些群体失踪案件的关注不够（Coordinating Committee of Senior Officials Missing Women Working Group，2010）。失踪案件具有隐蔽性，也往往找不到任何蛛丝马迹，即使是经验十分丰富的刑侦专家也难以断定是一起刑事案件，这时只能依靠侦查人员多年的经验，敏锐地察觉到事件的非同寻常，然后展开调查。

根据公安部的相关规定，查找疑似失踪人员信息，由失踪地的公安机关相关部门进行，失踪地不能确定的，由疑似失踪人员居住地的公安机关进行查找。"但是，各地的实际情况又不一样，有的是由派出所接案，有的是刑警队直接侦查，比如，在河北、浙江一般先由派出所调查，如果确定属于刑事案件，则移交刑警队。"受访民警介绍说。派出所和治安部门只负责自己接报的失踪人员的登记、查找，治安、刑侦部门之间缺乏必要的协调配合。

这种分散管理的模式不仅使失踪妇女信息沟通和资源共享以及各部门、各地区协同查找难以实现，而且制约了数据比对查询功能的发挥。而失踪案中犯罪嫌疑人可能蓄谋已久，如果公安机关对失踪案不立案侦查，只能导致犯罪猖獗，使更多的失踪妇女被拐。

鉴于孩子失踪状况，公安部规定一旦失踪，必须快速寻找，但是疑似被拐案件太多，占用了很大警力。现在，传统的拐卖儿童案件逐渐减少，甚至在一些地方零发案，但是儿童走失的事件却时有发生，难以杜绝，这无疑成为一个重大的社会安全隐患。另外，儿童少年离家出走事件不断。这些失踪案件与被拐案件很难区分。孩子年龄很小一旦走失，特别是在人流量比较大的闹市区，如果不依靠公安机关动员，依靠家长自身的力量难以短时间找回。如果走失孩子被别人带回家养，或者送人抚养，后果与孩子被拐是一样的，“被别人带回家养”在有的地方甚至成为儿童失踪的主要原因，这也是公安部要求儿童失踪必须立案的原因。

但是，这种无条件立案也带来恶果。首先，这种疑似被拐案件占用了太多警力，尤其是在流动人口较多的大城市。在我们的调研中发现，甚至一个地级市的此类案件平均每年超过上千件，而同省的兄弟市仅仅为十几件或者几件。该市公安机关因为有孩子失踪没有立案，导致孩子被拐，相关领导受到处分，鉴于此，该市公安机关在接受儿童失踪报案过程中，严格立案。但是立案后进行情报比对、信息交流、案情研判、侦查工作等，占用了绝大多数警力。在妇女被拐中也存在这种问题，调研中各地警方都遇到这种情况——“家属报案称失踪，但是找到女孩之后才知道是女孩和男朋友私奔。”这种疑似被拐案件家属报失踪的数量太多，如果每个都予立案，警力是根本不够的。这种无条件的立案侦查将大量自力救济的失踪案件引入公力救济，超越了基本的公安职能，带来警力资源的极大浪费。为此，基层公安机关颇有微词：“公安部就坐在办公室制定标准，不知道基层有多难。其实孩子失踪没有必要都立案，8 岁以上的就没有必要。”其次，忽视了立案的条件性限制，未能实现相关立法目的。按照《刑事诉讼法》第 110 条规定，人民法院、人民检察院或者公安机关对于报案、控告、举报和自首的材料，应当按照管辖范围，迅速进行审查，认为有犯罪事实需要追究刑事责任的时候，应当立案。

但是目前公安部要求儿童失踪无条件立案，这种模式虽然能够满足报案人公权力介入的急切心理需求，却违背基本的诉讼准则。最后，如果无犯罪事实或不能确定是否发生犯罪事实，会产生刑事案件撤销的功能性障碍（裘树祥、马跃忠，2015）。很多家长积极报案，但找到孩子后，报警人如果不去销案，不主动向公安机关反馈儿童下落明确的信息，基层接处警单位也不主动组织回访，不主动联系家长销案，很容易造成积案，导致大量无效数据“空转”，干扰以后的工作视线，降低办案效率，最终整体削弱公安机关的行政和刑事执法能力，调研中发现，这些情况在公安实际工作中大量存在。撤案不仅仅是一个刑事案件的侦查结束，而且是侦查主体办案水平、绩效考核的标准所在，甚至可能引入检察机关的侦查监督权的客观行使。因此，现在当报警人报案被拐时，很多公安机关并不是按规定立刻立案，即使是儿童失踪案件，只是先进行调查，确定是拐卖案件后才立案，但是，这样会导致很多警力资源无法使用，一旦真是拐卖，已经耽误了时机，所以不少打拐专职警察建议：“需要对失踪儿童建立一个风险标准，以便更好地配置警力。”

3.2 反拐工作部际联席会议

我国建立反对拐卖妇女儿童行动工作部际联席会议，联席会议阵容非常强大，由公安部、中央宣传部、中央综治办、全国人大法工委、卫生部、全国妇联等 31 个部委组成。各单位在国家反拐行动中“保障被拐卖受害者合法权益，加强被拐卖受害者的救助、安置、康复、家庭与社区融入等工作，帮助其顺利回归社会”等方面起到了很大作用。

3.2.1 反拐工作部际联席会议成员单位的反拐经验

人口贩运是一种有组织的犯罪行为，有多方面的原因和后果，需要采取多种方法来解决（Friesendorf，2007）。反拐是一项社会综合治理工作，它涉及公安、民政、妇联、农村基层组织等社会管理方面的多个职能部门。人口拐卖犯罪光靠打击是不够的，还需要各部门、各地区齐抓共管、综合治理，形成反拐的整体合力。没有任何执法或服务机构拥有帮助满足受害者在救助、安置、康复、家庭与社区融入、法律等方面需求的全部技能和资源。为了提供这些服务，近年来，公安机关积极与妇联、民政、教育、福利院、救助站等其他政府部门及单位沟通、协调，为受害者提供越来越有效的服务和帮助。我国还建立了反对拐卖妇女儿童行动工作部际联席会议，这是我国反拐行动的最大亮点，蕴含中央反拐的巨大决心。联席会议阵容非常强大，由公安部、中央宣传部、中央综治办、全国人大法工委、卫生部、全国妇联等 31 个部委组成，每个部委都确定一名联络员，力求推动各部门合力反拐，并协调国际合作。公安部被明确为部际联席会议牵头单位，国务委员、公安部部长担任召集人，召开国务院反拐行动工作部际联席会议，加强与各方面的沟通，进一步推进国家反拐行动的落实；各成员单位责任明确，立足本职，多角度、全方位、立体化地开展反拐宣传。公安部在部署、推动各级公安机关开展国家反拐行动的同时，认真落实反拐联席会议牵头单位职责，先后制定了《反对拐卖妇女儿童行动计划（2008—2012 年）》和《反对拐卖人口行动计划（2013—2020 年）》，明确各部门反拐工作职责任务和相互间协调、保障机制；经常性地深入重点地区开展调研和评估，有针对性地调整工作部署；展示反拐工作的成效，宣传党和政府反拐的积极态度和坚强决心，宣传相关法律规定和国家政策，引发了社会强烈反响。

各级“打拐办”积极协调当地妇联、计生、民政、综治部门发挥职能优势，齐抓共管，形成合力，各司其职，营造强大反拐工作氛围。公安部、全国妇联、原国家卫计委都建立了协作机制，要求各级妇联和各级计生部门发现拐卖犯罪及时通知公安机关，公安机关开展调查从中破案，解救受害者。有的地方通过与计生部门合作，从计生管理入手，重点对本辖区所有“二女扎”和企事业单位职工中的“一女户”等收买儿童意愿较为强烈的家庭开展调查走访，排查各种来历不明儿童。公安机关将开展打拐工作解救受害者的有关情况，及时通知民政、妇联和卫计委以便做好后期安排。各级妇儿工委、妇联、司法行政、卫计委等部门结合行业特点，采取宣传年画、手机短信、微信等群众喜闻乐见的形式，定期开展主题宣传，增强群众的反拐防拐意识；各级教育、文化等部门立足职能，依托九年制义务教育、文化扶贫等载体，为青少年成长创造良好环境。积极协调反拐成员单位协同联动，明确要求严打利用儿童乞讨。2009 年 9 月，公安部与民政部、住房和城乡建设部、卫生部四部委联合下发《关于开展街头组织儿童乞讨和强迫未成年人违法犯罪专项整治行动的通知》，开展“街头组织儿童乞讨”和“强迫未成年人违法犯罪”专项整治行动，今后无论城管、派出所、巡警队，如果发现有人带儿童乞讨，一律带回派出所、巡警队审查，与原籍公安机关核对，以确认儿童身份。如果儿童来源不明，公安机关将其送到福利院或救助中心，采集血样输入公安部打拐 DNA 数据库，帮助其寻找亲生父母；对利用儿童乞讨者，将按情节轻重依据《治安管理处罚法》处罚，直至以组织儿童乞讨罪追究刑事责任。民政部门、社会保障部门的一些下属机构，比如福利院、救助站、劳动力中介机构等，也积极参与查找来历不明或疑似被拐儿童。2009 年 8 月 3 日，民政部、公安部、财政部、住房和城乡建设部、卫生部五部门联合发布《关于进一步加强城市街头流浪乞讨人员救助管理和流浪未成年人解救保护工作的通知》，要求各部门配合公安机关开展“打击拐卖儿童、妇女”专项行动，加强城市街头流浪乞讨人员救助，重点解救和保护流浪乞讨儿童。2011 年 8 月 18 日，国务院下发《关于加强和改进流浪未成年人救助保护工作的意见》，加强和改进流浪未成年人救助保护工作被列入重要议事日程。2014 年最高人民法院、最高人民检察院、公安部和民政部四部门联合制定的《关于依法处理监护人侵害未成年人权益行为若干问题的意见》开始探索撤销不合适监护人的监护权，确保未成年人得到妥善监护照料，并特别指出：“本意见所称监护侵害行为，是指父母或者其他监护人性侵害、出卖、遗弃、虐待、暴力伤害未成年人，教唆、利用未成年人实施违法犯罪行为，胁迫、诱骗、利用未成年人乞讨，以及不履行监护职责严重危害未成年人身心健康等行为。”为卖亲子、收养被解救的被拐儿童扫清了障碍。在各个部门中，对反拐起到作用较大的有如下几项内容。

3.2.1.1 国务院妇女儿童工作委员会和全国妇联

妇女团体是反拐行动的前线。受害女性往往更喜欢在对性别敏感的环境下讨论该问题，以便更好地提高人们对人口贩运问题的认识，倡导改变及帮助更多女性受害者（Tzvetkova，2002），这给妇女团体参与反拐提供了得天独厚的条件。国务院妇女儿童工作委员会（以下简称“国务院妇儿工委”）是国务院负责妇女儿童工作的协调议事机构，负责协调和推动有关政府部门执行妇女儿童的各项法律、法规和政策措施，推动妇女儿童事业的发展。国务院妇儿工委推动落实男女平等基本国策，坚持“儿童优先”原则，一直致力于中国妇女儿童的生存、保护和发展，协助国务院制定和颁布了《中国妇女发展纲要（2001—2015 年）》《中国儿童发展纲要（2002—2010 年）》；积极发挥议事协调的作用，协助其他相关部门解决妇女儿童发展中的突出问题，依法保护妇女儿童合法权益，还承担了联合国机构间湄公河次区域反对拐卖人口项目（UNIAPC）的国家协调员工作，具体负责“防拐”“打拐”相关部门之间的协调、联络和沟通等工作。

中华全国妇女联合会（简称全国妇联）长期以来一直致力于反拐，1995 年，联合国第四次世界妇女大会在北京召开以后，全国妇联就呼吁出台反对人口拐卖的相关法律，并与公安部合作开展了多项反拐专项活动，提供被拐妇女儿童安置、康复咨询和回归社会等服务；妇联还一直致力于推动妇女法制宣教工作，推动查处侵犯妇女儿童权益的典型案件，参与社会治安工作综合治理，保障妇女儿童的合法权益，如为预防和制止拐卖儿童的问题发生，云南省妇联建立了“云南省妇联社区流动妇女及儿童服务示范工作站”，为流动人口集中的社区，有需要的妇女儿童提供服务和帮助，包括校内外预防拐卖儿童、促进妇女儿童健康体面生存、保障妇女儿童生命、安全成长等多种法律知识的培训、倡导和宣传教育。针对妇女儿童拐卖问题，全国妇联还推动建立被拐儿童的临时监护制度，推动《刑法》修正案修改完善了拐卖妇女儿童犯罪相关条款。全国妇联还是国际劳工组织“消除童工国际项目”下“中国预防以劳动剥削为目的的拐卖女童和青年妇女项目”的主要合作者。2000年到2008年，历时9年，全国妇联与国际劳工组织联手开展了“湄公河次区域反对拐卖妇女儿童项目”和“中国预防以劳动剥削为目的的拐卖青年妇女和女童项目”。这些项目覆盖了6个省，率先从预防的角度关注人口拐卖问题，使数十万妇女儿童受益。2010年，“中国预防以劳动剥削为目的的拐卖”项目（二期）正式启动，通过多部门合作，完善预防了以劳动剥削为目的的拐卖人口政策框架，改善试点省份预防拐卖人口的措施，提高妇女儿童保护自身权利及安全流动的能力。项目在进一步借鉴第一期试点经验的基础上，通过开展“参与式生活技能培训”“手拉手助学”“流动妇女之家服务”等各种形式的活动，在云南、贵州、福建、湖南、江苏、安徽、广东、四川8省深入推广了良好的防拐模式（王薇，2010）。除此之外，还与联合国儿童基金会、英国救助儿童会等组织和机构联合执行反拐项目，在社会中产生了良好影响。

3.2.1.2 原卫计部门

原卫计部门具有中国最为庞大的信息员队伍，他们不仅是政府部门的“耳目”，更是群众的“贴心人”。他们能够及时掌握群众计划生育信息变动的情况，为街道计生办及社区加强管理提供准确全面的信息基础，也能为反拐做出贡献。为全面落实国家反拐行动计划，加强对拐卖犯罪的综合治理，切实维护妇女儿童的合法权益，原国家卫计委与公安部建立了来历不明、疑似被拐妇女儿童信息通报核查机制，具体包括：1）各级卫计部门要加强计划生育日常管理和服务，及时了解和掌握本地区育龄妇女的生育情况并采取切实措施减少政策外生育；发现来历不明、疑似被拐的妇女儿童，应及时通报同级公安机关。2）各级公安机关接到卫计部门通报后，要立即部署核查。发现拐卖犯罪线索的，应当及时立案侦查，抓获人贩子，解救受害者。对来历不明、疑似被拐儿童，要及时采血检验并录入全国打拐DNA信息库。3）各级公安机关对侦办案件中获取的拐卖妇女儿童信息，要及时通报同级卫计部门，并结合本地实际，加强部门合作，共同预防拐卖妇女儿童犯罪。

在福建省，公安机关与卫计部门的合作较为典型。为深入推进疑似被拐妇女儿童的摸排工作，2013年2月，福建省公安厅与省卫计委反复协商、酝酿，依托计生信息员体系，捆绑协作，建立了计生打拐信息员工作制度，延伸侦查触角，为福建省落实国家反拐行动计划，构建齐抓共管、综合治理的反拐工作格局进行了有益的探索。福建省公安厅、省卫计委联合制定下发了《建立计生打拐信息员工作制度的相关通知》，明确福建省将逐步建成计生打拐信息库。福建省建立打拐信息员队伍，由打拐信息员和打拐信息联络员组成，1村设1名信息员，1乡设1名联络员，由县（市、区）人口计生部门在村、乡（镇）两级人口计生管理员中确定，通过结合计生管理日常工作，发挥人口计生基层网络工作优势，积极配合公安机关收集辖区范围内买卖妇女儿童、来历不明妇女儿童、非亲生子女、非亲属关系落户人员以及政策外生育子女变动情况等涉拐犯罪线索。根据要求，福建省卫计委、公安厅将积极推动全省计生打拐信息库建设，利用双方已经建成的人口户籍管理系统、打拐DNA数据库、育龄妇女管理系统、流动人口计划生育管理系统等数据库资源，统筹规划，分步实施，建成了计生打拐信息库，实现全省计生打拐信息的实时汇总和自动研判预警，进一步健全疑似被拐人员摸排工作的长效机制。

3.2.1.3 民政部

民政部制定下发了一系列政策文件，与公安部等部门形成了良好的反拐工作联动机制。为了维护被解救妇女儿童合法权利，各地民政部门加强对反拐工作的组织领导，积极配合公安机关等有关部门开展反拐活动，认真做好被解救妇女儿童的救助、返乡安置和康复等本职工作外，还积极参与预防工作。特别是在走失儿童的救助，可疑儿童的排查方面，福利院、收容站积极与公安机关联系和配合，对各种来历不明、流浪、疑似被拐儿童进行抽血入库送检。

2011年5月，民政部专门召开全国打拐被解救人员救助保护工作会议，要求民政部门对公安机关打拐解救出来的受害者都要集中安置、救助，减轻公安机关在反拐工作中的负担。有的地方公安机关通过与民政部门配合，对本地抱养儿童进行重点排查，从中发现来历不明儿童。为规范亲生父母有特殊困难无力抚养的子女的收养工作，切实维护被收养儿童的合法权利，在各地民政部门探索的基础上，《家庭寄养管理办法》已于2014年9月14日通过，第 7 条规定了，“未满十八周岁、监护权在县级以上地方人民政府民政部门的孤儿、查找不到生父母的弃婴和儿童，可以被寄养。”这进一步探索了找不到家的被拐卖儿童的收养问题。2011 年 4 月民政部—联合国反拐机构间项目（UNIAP）保护拐卖受害者合作项目开始，在全国建立了贵阳市救助站、昆明市救助管理站和广东省少年儿童救助保护中心三个试点机构；为了改善救助站拐卖受害者的服务管理，民政部编制了《救助站服务拐卖受害者工作指南》手册，在全国救助系统推广；地方救助机构还对员工开展了一系列培训，提高了救助和保护拐卖受害者的能力和水平。

3.2.1.4 教育部

拐卖儿童犯罪受侵害的高危人群是农村进城务工人员的子女，这需要加强社会管理创新。流动儿童在城市入学减少了被拐案件。早在 1998 年，为使流动儿童少年依法接受义务教育，教育部根据《中华人民共和国义务教育法》及其《实施细则》，制定了《流动儿童少年就学暂行办法》，各地也都积极实施各种方法推进流动儿童入学，如在东莞，流动儿童入学大大减少了拐卖案件的发生。2007 年 12 月，公安部曾建议有关部门解决农村进城务工人员子女入托入学的问题，建立可供进城务工人员子女就读的幼儿园、托儿所。这可以使这些孩子有人看管，人贩子很难下手。2011 年，《中国儿童发展纲要（2011—2020 年）》实施，逐步将流动人口纳入当地经济社会发展规划，确保流动儿童平等接受义务教育。在保证子女入学的同时，有些教育主管部门和学校还将反拐教育内容纳入普通中小学和中职学校教材和教学活动中，提高学生的自我保护和防拐意识；在学校管理制度中，提高教师的反拐意识，明确了教师发现疑似拐卖情况及时报告的义务。

3.2.2 存在问题

中国政府在应对拐卖人口问题上做出了明确的承诺，各部门都做出了很大贡献，但是从目前情况看，反拐工作的主要问题在于各部门之间的合作仍不够充分，成员单位没有形成反拐合力，利益相关者之间的协调与合作缺乏政策和法律框架，执行不力：

3.2.2.1 联席会议起到的作用不一，公安机关起不到协调作用

合力未能形成，打防工作不力，机构保障不到位，公检法、民政、妇联、计生、卫生、教育等部门未能形成合力，处于被动局面。整个社会应对预防和打击拐卖人口犯罪问题上，尽管中国发布了广泛关注的国家反拐行动计划，但地方资源分配不足，相应的职能部门没能较好地发挥各自的职能作用，部分成员单位主动作为意识不强，一些成员单位对自身反拐工作职责定位不明、措施一般、力度不大。调研中发现，有的地方“就是一年开一两次会”，有的连会议都组织不起来。

在具体的工作中，计生、民政、卫生等部门虽然掌握了大量不明儿童的信息，但未能及时传递给公安机关；相关部门没有充分开展有针对性的宣传活动，人民群众的法律意识、防范意识、参与意识薄弱。正是由于协调配合不够，难以形成合力，给人贩子留有生存空间，继续作案。中国虽然对户口登记有严格的制度，但在一些拐卖猖獗的地区，一个婴儿只需要花大概 200 元就能找村主任开一张出生证明，然后就可以到派出所上户。如果是几岁的孩子，则需要在计生部门缴纳几千元的社会抚养费，再到派出所办理户口登记。另外，在农村，虽然计划生育政策执行得也比较严格，但传统观念和人际关系影响深远，计生干部也颇感力不从心，对于“超生”既成事实的家庭只能以收取社会抚养费了事，“超生”的情况也就相当于得到了默认（于学军，2006）。所以，一部分买主就借“超生”之名，通过缴纳社会抚养费使买孩子名正言顺，解决了收养儿童的户口问题；领结婚证时，不需要当事人到场，买被拐妇女的家庭也借助一些力量领取了结婚证。被拐妇女儿童身份的合法化，也让更多的家庭加入了收买被拐妇女儿童的行列。甚至有些官员并不认为人口拐卖是一种严重的犯罪行为，不积极采取措施来阻止。公安机关虽然担任了联席会议的召集人，但是在基层“很多时候召集不起来，他们（其他部门）都说，他们不懂，让我们自己做”，甚至有的公安机关感到他们牵头没有权威性，“应该由综治委或者政法委承担联席会议牵头角色”。在调研的几个省市中，有的地方各成员单位在市级以下层面部门参与反拐行动的不多，甚至都不知

道他们的上级部门是国务院反拐部际会议联席办公室的成员单位。

3.2.2.2 部门利益存在冲突

不同部门之间存在不同利益，有些部门仅仅考虑部门利益而忽视了反拐大局。

目前，有很多孤残儿童及被拐儿童、走失儿童生活在各地的福利院、救助站、未成年人保护中心和流浪儿童保护中心，还有一些寄养在爱心家庭或生活在民间团体办的各种学校、儿童村等。这些孩子有很多是被拐的或走失的，也有些是因为各种原因离家出走的，他们由于年龄太小、智障及其他原因，很多说不清楚或不想说出自己的家庭地址。福利院救助站信息不透明，没有一个公开的信息平台对外公示这些走失孩子的信息,也不允许家长查询。虽然在反拐行动开始时，有明确规定，来历不明的孩子可以采血验 DNA，但全国各地福利院收养的孩子现在很多都没有做 DNA，各地民政部门解释说没有这个经费，警方也不主动去做这方面的工作。因此，难以得到准确的受害者人数，更不能帮助他们找到父母，甚至使部分走失儿童被当作无家可归的孤儿收养，永远失去了与亲人团聚的机会。儿童的亲人并不知道他们生活在福利院或者已经被收养，一方面国家花费巨资抚养这些孩子，另一方面孩子的亲人在倾家荡产寻找这些孩子。

现在收养孩子，福利院及救助站可以收取高额的赞助费，所以，一些福利院、救助站在接收了走失儿童后，并不愿意主动为这些孩子找家，部分福利院收养的儿童，在没查清来源之前，还在陆续办理境外收养，获得巨大的经济利益。很多福利院把孩子当成了“摇钱树”。福利院苛刻的收养条件还使很多没有孩子的家庭，通过正常的渠道收养不到孩子，只能买孩子。调研中还发现，有的民政部门不愿意接收警方送来的孩子，称他们是财政包干，每年的预算都是年初决定的，被拐儿童安置资金往往是预算外的，没有针对被拐儿童的额外安置资金。

3.2.2.3 考核指标不合理

国家反拐行动计划明确将反拐工作纳入社会管理综合治理考核范畴。考核机制推动了反拐，但也存在不合理之处。公安部“三令五申”要求地方如实立案，但一些地方对此存在顾虑，有些地方为了追求考核成绩而隐瞒人口拐卖现象。现实中的考核往往太过于重视破案率，民警往往担心拐卖案件数量的上升会影响综治考评，甚至被“一票否决”，为了提高破案率而有案不立或草率处理案件，应付考核。有些地方的警务人员不是考虑积极配合，快速破案，解救被拐人员，而是以这样那样的理由来敷衍了事或者包庇纵容买主；个别地方甚至还有警务人员通风报信给买主、纵容“不明人员”对打拐志愿者和被拐家长进行打击报复；还有的地方，本来一些案件完全可以向省公安厅或者公安部申请督办，以求获得更大的破获机会，但由于某些领导的认识不足以及诸多“其他考虑”，往往被压下来做一般案件处理，以致一直未告破，形成积案，很多地方不破不立，一名受访警察对于疑似妇女被拐案件评价说：“受害者家属报案，但是警方通常不予立案。因为成年人有自由行为能力，如果没有足够证据证实受害者是被拐卖的，警方不能立案。因此，我们受到现实的约束（不足的警力和经费），也只能选择证据较为充分，犯罪事实比较清楚的给予立案。” 但是，不立案很难采用技术侦查和通缉等手段，影响破案效果。不同地方的社会经济状况不一，差异很大，流动人口多的城市被拐案件多，这种整体“一刀切”的考核标准严重损害了部分地区警察的工作积极性；调研中流动人口较多的地方都抱怨“考核指标不合理”，流动人口少的城市则对考核指标意见很少。同样，有些地方拐卖案件本身就很少，在排名中较为落后，但这不代表该地的反拐做得不好。到底是没有拐卖案件还是没有发现拐卖案件，无法衡量。

预防被拐无法考核。预防活动的效果不是立竿见影的，目前还没有设立相关机制来评估拐卖活动的预防。有些地方由于预防做得好或者其他原因，压根儿不存在拐卖案件，很难排名靠前。这样导致的结果是，警方及各个部门在预防方面的努力很难衡量，有些部门对此不感兴趣，而只对打击、起诉很感兴趣，严重影响国家反拐行动的可持续性。考核指标在一定程度上还是偏重打击和解救等压制性措施，对康复和安置强调不够。打击和解救的指标容易考核，但是康复和安置投入巨大，收效并不明显，各个部门积极性不高。

3.3

民间力量参与

反对拐卖妇女儿童犯罪，真正的基础在于人民群众。发动群众，加大同民间组织的合作，争取得到广泛的支持，不容忽视。毋庸置疑，非政府组织不仅在预防人口贩运方面起着重要作用（Kawshar，2011），而且能够为受害者提供社会和心理援助、提供住所、经济支持、提供回归和社会融合帮助、接受心理咨询和辅导、提供职业培训、法律咨询等方面的服务（Tzvetkova，2002）。社会各界爱心人士是一支不可忽视的反拐力量，潜力巨大，涉及广泛。买卖妇女儿童现象存在于社会之中，哪些是买家、哪些是有拐卖妇女儿童嫌疑的人，群众最清楚。妇女和儿童就生活在我们的周围，学校、幼儿园等都是儿童聚集地，很多人对周边孩子的情况了如指掌。在中国，公安机关打拐部门也积极与民间寻子组织或打拐人士建立长效合作机制。陈士渠说："打拐是一项综合工作，要加强同社会各界的联系。事实证明，一些信息如果能及时反馈给公安机关，对打击拐卖犯罪极有帮助。"

3.3.1 NGO 的构成

在中国反拐战线上活跃着诸多的 NGO 组织（非政府组织），主要分为本土 NGO 和国际 INGO。

3.3.1.1 本土 NGO

本土 NGO 组织分为内生型和外生型，简单来说，前者是由被拐孩子的家长自己成立的组织，即"寻子联盟"，后者是指由关注被拐人群的机构或社会人士发起成立的。

寻子联盟，主要由寻子家长组成，他们以集体的力量寻找孩子、寻求外界帮助、宣传、上访等，以引起政府及社会各界对拐卖案件的高度重视。据

《凤凰周刊》报道，在云南昆明、河南郑州、广东东莞和深圳，已经形成规模较大的“寻子联盟”。他们不仅是家长们联合起来的单纯性寻子组织，还广泛发动了社会力量和其他资源，在社会上造成了一定的影响。一人帮大家，大家帮一人，也与政府、媒体进行了良好合作。

外生型反拐民间组织主要是由热心群众组成的以反拐为目的的民间组织，目前影响比较大的有“宝贝回家”志愿者协会、随手公益之家、老魏寻人网、建林寻人网等，其中最为著名的是“宝贝回家”志愿者协会，在2007年由张宝艳夫妇组建，是专门帮助被拐、走失、流浪、乞讨与被遗弃儿童的民间组织。该协会始终坚持“关爱儿童，共筑和谐”的办会宗旨，经过10年的发展，协会的志愿者队伍已经发展到24万余人，遍布全国各地并延伸到美国、新加坡等国。“宝贝回家”利用网络优势，建立了信息收集、资料对比、视频制作、论坛宣传、家长指导、网站维护、志愿者协调、寻人救助、公安部联络群等小组，志愿者们可以依照寻人救助的不同需求有条不紊地开展工作，在“宝贝回家”网站上，每位登记寻亲的人都有专门的志愿者跟进。截至2017年底，该协会共帮助2000多名被拐、走失的孩子找到亲人。此外，协会还通过各种渠道安置无家可归的孩子10多名，为100多名特困寻亲家庭提供了经济援助，协助警方抓获了100多名人贩子。目前，该协会已成为国内最具公信力、影响力的“反拐”公益组织。

3.3.1.2 国际NGO组织（INGO）

在中国从事反拐的INGO组织大多在国际上享有盛誉，资金雄厚，经验丰富，主要包括英国救助儿童会、国际劳工组织等，为中国反拐带来了先进的经验、资金、技术、人员及项目等，在中国国家反拐行动中起到重要作用，并对于中国NGO特别是民间组织的带领、促进其成长至关重要，发挥了独特的优势和作用。

（1）英国救助儿童会。

英国救助儿童会在全世界拥有28个成员组织，分布在125个国家开展工作，是全球最大的由女性创立的民间组织，运作资金每年近13亿美元。英国救助儿童会2000年开始在湄公河次区域开展针对被拐儿童的保护工作，在中国主要在云南、青海、广西和新疆等地开展。救助儿童会反拐项目负责人表示，救助儿童会反拐工作的宝贵经验是提高儿童的自我保护能力，增强家庭的防范意识，充分发挥儿童、家长和社区三者的主导作用，根据不同年龄段儿童的特点采取预防措施，同时构建多部门合作下的儿童保护机制。

针对学龄儿童，英国救助儿童会一直坚持在学校和社区中开展以儿童为主要对象的宣传教育，通过学校的“第二课堂”、主题班会等活动形式，向儿童传授预防拐卖的知识和自救知识，提高对被拐卖的风险认识，并通过同伴间的信息传播，将知识传递给更多儿童。英国救助儿童会建立了“儿童活动中心”，为儿童提供学习反拐知识的场所。除了从儿童入手外，英国救助儿童会还建立了“社区家长网络”和“家长委员会”，并吸纳外来流动人口参加，他们不但宣传儿童权益和儿童保护、预防拐卖的知识，还承担着发现拐卖问题及时上报的责任；为被解救的被拐儿童提供职业技能培训，并积极帮助他们寻找就业机会。另外，英国救助儿童会非常注重与政府的合作与配合，目前已与多个政府部门组建了合作网络。在昆明市官渡区、玉溪市红塔区和南宁市西乡塘区，英国救助儿童会推动形成了区一级公安、民政、教育、妇联、卫生与计划生育、人力资源与社会保障、司法和综治等部门共同参与的“反拐项目工作网络”，还为政府合作伙伴成员提供有关儿童权益保护的培训，并与政府部门共同开展反拐知识和相关法律、法规的宣传。

（2）国际劳工组织。

国际劳工组织主要是与中国政府部门合作，通过项目形式推动中国反拐工作的进行。2004年5月1日，国际劳工组织“预防拐卖女童和青年妇女项目”在广东正式启动，项目周期为4年。目标人群主要是10～24岁的女童和年轻女性，通过开展宣传教育、培训生活技能、提供就业服务等活动，在社区/村开展高风险目标人群的直接干预行动；在劳务输出省建立安全流动通道，向潜在外出打工的青年女性提供免费的就业信息和服务，同时进一步在企业中开展宣传等工作，使几十万妇女儿童受益。

2010年，国际劳工组织与全国妇联再次合作，开展“中国预防以劳动剥削为目的的拐卖”项目（二期），在借鉴一期项目试点良好经验和做法的基础上，通过开展多种形式的活动，将良好的预防拐卖模式推广至云南、贵州、福建、湖南、江苏、安徽、广东、四川8个省份，进一步扩大了项目影响，保障了弱势群体的权利。

3.3.2 NGO所起的作用与社会效益

在中国，民间组织的工作遍布各个领域，几乎参与了反拐行动的各个环节，尤其是在打击妇女儿童拐卖犯罪，促进被拐妇女儿童的康复和重返社会等方面起到了重要作用。更为重要的是，促进民间组织尤其是“寻子联盟”的发展，在很大程度上与赋权增能理论的理念一致，“寻子联盟”的发展使寻子家长与外在环境积极互动的过程中挖掘自身潜能，获取外界力量，促进社会资源和机会的运用，获得掌控自身相关事务的力量，激发了他们的权利意识和内在潜能，改变了自己无能或弱权的地位状况，从而提高了他们应对外在不利环境的能力和获取社会资源与改善生活状况的能力。

3.3.2.1 预防

预防作用主要体现在提高大众的防拐意识，提高执法机构和政策领域对反拐的重视和宣传能力：组织宣传活动，包括组织召开宣传计划的协调会议、内部会议，社区动员，文化宣传活动，与执法机构合作，促进媒体宣传，针对地方政府机构和对不同的利益相关者进行培训，联系不同政府部门官员开展培训、会议等活动；通过带动和宣传，引导群众提高防拐意识，关爱妇女儿童，增强防拐意识；积极号召群众参加当地政府、司法机关及非政府组织开展的反拐宣传和防拐演习活动；支持地方政府整合广播、电视、网络、报纸等社会资源，大力宣传反拐知识；向两会代表介绍反拐活动，争取让他们把提案反映到相关部门，促进国家尽早完善相关法律制度。如彭某峰，在孩子刚丢失还六神无主，很快就激发了他的权利意识和内在潜能，学会了运用社会资源和机会：1）接受采访，通过国内外媒体寻子。从儿子彭某乐丢失开始，彭某峰接受过近百个采访，有多家报纸对彭某乐失踪事件做过报道，甚至包括新华社和《纽约时报》，吸引了社会各界对儿童拐卖的重视。2）组建民间寻亲联盟。彭某峰还组建了民间寻亲联盟，把全国各地寻子父母组织在一起。3）多次悬赏百万网络发帖，彭某峰联合孙某洋等深圳寻子联盟的家长，多次“悬赏百万”，在多个网络社区上发帖，网友们提供了众多线索。4）微博寻子。自从有了微博之后，彭某峰还与香港《凤凰周刊》记者部主任邓飞合作，利用微博寻子。逢年过节，他就在微博上发布彭某乐的照片，希望看到图片的网友们能在回家乡时帮助寻找孩子。最终历经3年的努力，终于在2011年2月找到了儿子彭某乐。更重要的是，他的努力使社会各界重视儿童拐卖，提高了防拐意识，深圳民警高度评价彭某峰：“他是中国反拐历史上里程碑式的人物。”

3.3.2.2 打击/解救

民间组织在打击妇女儿童拐卖中也可以起到很大作用：1）在街头、车站、公园等公共场所一旦发现疑似被拐人口、拐卖线索及时报警，配合警方开展指认、作证、取证等。在“宝贝回家”公安部打拐工作QQ群中，一个乞讨儿童在一个月内相继在岳阳、长沙被热心群众发现并报警，说明了志愿者的威力。2）发现以非法牟利为目的，拐骗、绑架、收买、贩运、介绍、接送、中转妇女儿童，或者偷盗婴幼儿的行为，积极向公安机关举报，发现拐卖犯罪破案线索或证据向公安机关提交。

一些民间组织与政府部门进行了广泛而卓有成效的合作。如“宝贝回家”志愿者协会与公安部建立了反拐合作机制，为了更好地与志愿者进行反拐协作，公安部指示全国各省市公安机关派遣专职反拐负责人进驻“宝贝回家”，与“宝贝回家”建立了长期稳定的打拐合作机制。目前，已有500多名专职打拐警察加入了“宝贝回家”的“公安部打拐工作QQ群”，直接与“宝贝回家”网站的工作人员及志愿者对接，处理各种被拐寻亲案件。同时，公安部打拐办指定内部多名工作人员与“宝贝回家”志愿者协会直接对接，负责处理失踪儿童急件、基层警方“不作为”投诉、DNA采集协调与查询、线索举报等工作，公安部还与“宝贝回家”建立了定期座谈制度，向志愿者、寻子家长、寻亲儿童介绍反拐工作的进程与计划，听取志愿者与家长对反拐工作的意见及建议。这样，志愿者能随时与全国各地警方保持联系。无论在全国任何地区发生拐卖儿童现象，志愿者都可以第一时间在网上联系到当地打拐警察，既方便又快捷，这毫无疑问进一步推动了“全民打拐”的进程。

3.3.2.3 救助

对于失踪妇女儿童家庭，民间组织给予了必要的物质帮助、医疗、心理咨询和精神安慰，为其寻亲提供协助。另外，民间组织还直接或间接资助贫困的被拐卖受害者，也通过慈善组织进行捐助。一些 NGO 组织也为妇女就业赋权增能。在劳务输出省建立安全流动通道，向可能外出务工的青年妇女提供免费的就业信息和服务，为被遣返的被拐妇女、外出流动返乡妇女和家庭困难的妇女提供职业技能培训，并积极帮助她们寻找就业机会。

3.3.3 中国反拐 NGO 存在的问题

NGO 的发展为国家反拐行动做出了很大贡献，但是也存在一些不足，既不利于 NGO 本身的发展，也不利于国家反拐行动。

3.3.3.1 寻子联盟的频繁越级上访导致地方政府不支持 NGO 发展

NGO 存在的最令人棘手的问题是，寻子家长的权利意识与受到第二、第三次伤害后的反应之间的界限很难把握。受到伤害的寻子家长的频繁越级上访，一方面是因为过去对拐卖案件的不重视，没有及时对案件进行侦破，形成很多积案，导致寻子家长对政府、公安机关有怨言；另一方面是沟通有问题，从国家层面在立法和政策制定的时候，不是很了解基层情况，不清楚民众的诉求。受害者对国家的政策，包括一些重大行动也不了解，甚至有误解。一个地区人员的频繁上访会给当地政府带来压力，也确实给社会管理带来很多隐患，警方也因此不得不派出更多警力来“控制”上访者——很多时候，警察和人贩子的战争由此变成警察和受害者家属的斗争，给家属带来第二次伤害，很多寻子家长控诉：“你（警察）不管人贩子反倒来管我。”这是因为寻子家长存在方法不当、缺乏组织、经济匮乏等困难，加上长期寻亲未果，情急之下频频上访而被列为维稳对象。这样寻亲家长就会受到第二、第三次伤害，常常陷入了“恶性循环”，长时间找不到孩子，性情焦躁，将这种情绪与对警方的不满结合起来，与政府的矛盾也越来越尖锐，给当地警方带来了巨大压力，恶化了警民关系，因此他们的寻子活动常常得不到政府的支持和配合，寻找孩子的路程也就越发艰难。

因此，有些政府部门把 NGO 放在政府的对立面，根本不认同赋权增能意识，更不支持对寻子联盟赋权增能。执法机构和 NGO 之间的角色“冲突”，肯定会进一步削弱反拐的能力。

3.3.3.2 组织自身不完善，功能不健全

民间组织缺乏相关专业训练，在人力、财力等方面都存在一定问题。根据相关法律规定，公益组织必须定期向社会公布捐款收支账目，接受社会监督，保障捐款用于公益事业。但是有个别违规的反拐 NGO，募捐后拒绝向社会公布捐款收支账目。有的志愿者说：“因为监管的缺失，只靠组织者个人自律，短期还有可能维持账目透明，但随着时间增长，钱财增多很容易迷失初衷。”

民间组织的人力资源缺乏。专业人员缺乏，人员提供与需求完全不成比例，有很大的缺口。一位 NGO 人员承认，她所在的组织缺乏相关专业工作人员，无法为被拐妇女提供必要的咨询、设施或其他资源。民间组织的主要支持力量是志愿者，但是志愿者认为，他们为受害者提供的服务直接取决于时间、资源和能力，很难提供高质量的长期服务。所以，目前 NGO 尤其是国内 NGO 还处于帮助寻亲、打击人贩子阶段，在帮助受害者康复、遣返、回归社会等方面涉及较少。

3.3.3.3 巨大的市场利益和立场分歧导致 NGO 之间存在种种矛盾

鉴于寻找拐卖人口的市场巨大，现在有很多力量介入。近几年，民间自发成立了十余家寻子、寻亲网站和寻人组织，有的网站收益巨大，按照有的网站的价格，把寻人信息挂在网站上每年 500 元。“宝贝回家”网有 6 万多人找家或孩子，如果收费的话，每年的收入达三千万元，优秀的民间组织还能够接受大量的社会捐助，有巨大的经济利益，因此，导致民间组织相互之间既不合作也不往来，信息不能共享，经验不能交流，甚至还存在明争暗斗。

目前，各网站、组织的志愿者总数有30万余人，但相互间从不配合开展工作，总数很多但过于分散。甚至有极个别的寻子网站竟把“寻子信息”当作商品来垄断控制，强令寻子家长不得在该网站以外的网站发布寻子信息，否则给予永久性删除信息。同时，有的网站要求志愿者不得与其他网站有任何联系，否则将被除名并被踢出QQ群。甚至还有的民间组织之间出现了互相攻击、拆台及争功行为。一旦一名受害者得以成功救助，就有几个民间组织跳出来，争抢功劳，在网上打口水战，甚至互相诋毁和攻击。因此，如何协调各组织携手合作，资源共享，使寻亲效果明显提高成为课题。

民间组织的冲突还来自立场的不同，主要存在于寻子联盟与外生型民间组织间。分歧主要体现在：1）是否应该与政府合作，寻子联盟将自己放在政府的对立面，外生型民间组织则愿意与政府合作，而这种态度被寻子联盟视为“背叛”。2）对待志愿者的贡献问题。寻子家长虽然很感激志愿者，但是有些家长搞不清楚什么是志愿者，认为志愿者应该给他们奉献一切。例如，在魏继中去世以后，大家都很悲痛，有的寻子家长却号召向魏继中学习，贡献自己的生命；还有的寻子家长由于长期的寻子，精神压力大，一旦碰到困难，志愿者没能及时援手，就开始指责志愿者是“作秀”，引起志愿者的寒心和反感。

3.4 对中国国家反拐行动的总体评价

多年来，经过持续不断的高压严打和各方的综合治理，反拐工作取得了很大成效，公众的防拐反拐意识明显提高，中国拐卖犯罪已基本得到有效遏制；但也要认识到，由于尚未彻底铲除滋生拐卖犯罪的土壤，买方市场的需求依旧很旺盛，部分地区拐卖犯罪还是比较突出，反拐工作在完善立法、落实政策、后期安置等方面需要不断改进和推动。

3.4.1 中国反拐工作所取得的成绩

各级政府部门、民间组织等经过了一系列努力和探索，为预防和打击拐卖提供了丰富的经验和成功的实践总结，中国反拐工作整体上面貌焕然一新，特别是自《中国反对拐卖妇女儿童行动计划（2008—2012 年）》实施以来，通过 10 年时间对“国家反拐行动计划”不懈地贯彻落实，目前反拐综合治理取得了初步成效。

3.4.1.1 从“打拐”到“反拐”的转变，体现了理念的转变

2008 年 1 月 1 日，《中国反对拐卖妇女儿童行动计划（2008—2012 年）》是中国反拐工作的一座里程碑，这是首个国家级“反拐”文件，其中明确了 5 年间反拐的核心内容，首次提出了“建立集预防、打击、救助和康复为一体的反拐工作长效机制”。根据国际公约和国际经验，这说明中国的“打击拐卖”已向“反对拐卖”的方向扩展与延伸，后者包括“预防—打击—解救—康复—安置”的全过程，在理念和工作格局上给中国国家反拐行动带来了战略性转变。打击拐卖妇女儿童犯罪是一场长期而复杂的斗争，国家反拐计划从“打拐”到“反拐”的转变，有利于实现反拐工作由公安机关单打独斗的狭隘局面推展向全社会广泛参与预防、打击、救助和康复的综合治理模式转变。同时，公安机关还充分发挥反拐联席会议机制的作用，进一步推动相关部门指导各地落实国家反拐行动计划，做到有计划性地整合多部门资源，广泛研究立法、打击等对策，最大限度地吸纳民间力量，最终形成强大的反拐合力，持续深入推进“反拐”专项行动，实现对拐卖犯罪的综合治理。2013 年，首个国家反拐行动计划圆满收官，接着，中国政府发布了新《反对拐卖人口行动计划（2013—2020 年）》。我们可以发现，两个计划的名称有所差异：前者是“中国反对拐卖妇女儿童行动计划”，而后者是“中国反对拐卖人口行动计划”，将“反对拐卖妇女儿童”转为“反对拐卖人口”，

这个差别看似细微，实则意义非常重大。前一个计划的反拐范围主要针对妇女儿童，而新计划包含了所有人口拐卖行为，不局限于妇女儿童，扩大了适用对象。这种修改，既适应了当前中国拐卖犯罪的发展变化形势，也符合履行国际公约的需要，有利于中国参与国际合作反拐，更好维护国民尤其是弱势群体的权利。

打击拐卖人口犯罪历来都是中国刑事立法和司法实践的主要任务之一，在社会各界的努力下，目前已经形成以《宪法》为基础，《刑法》为主体，有关法律、法规和部门规章相配套的反拐法律体系。2010年，中国在加入《补充议定书》后，修改了《刑法》相关内容，主要体现在《刑法修正案（八）》中，直接涉及有关拐卖人口犯罪，均规定在《刑法》分则第4章“侵犯公民人身权利、民主权利罪”中，涉及的刑法条文主要有第240条、第241条和第242条等3条，主要包括“拐卖妇女、儿童罪”；“收买被拐卖的妇女、儿童罪”；“聚众阻碍解救被收买的妇女、儿童罪”3项罪名；第416条还专门规定了不解救被拐卖、绑架妇女、儿童罪和阻碍解救被拐卖、绑架妇女、儿童罪等罪名。《刑法修正案（八）》加大了对拐卖犯罪的打击力度，提高了强迫劳动法定刑，也对招募用于强迫劳动的犯罪行为处理办法做了明确的规定。同年4月1日，最高人民法院、最高人民检察院、公安部、司法部联合出台了《关于依法惩治拐卖妇女儿童犯罪的意见》，明确规定了打击拐卖妇女儿童犯罪的立案、定罪量刑、适用法律、案件管辖、证明标准等问题，全面加大了对拐卖犯罪的打击力度。对于拐卖妇女儿童犯罪集团的首要分子，情节严重的主犯、累犯，偷盗婴幼儿、强抢儿童情节严重，将妇女、儿童卖往境外情节严重，拐卖妇女、儿童多人多次、造成伤亡后果，或者具有其他严重情节的，依法从重处罚；情节特别严重的，依法判处死刑。在买家方面，既强调要加大打击买家的力度，也明确采取“宽严相济”的原则，即并不是单纯打击，而是打击同时辅以法制宣传，力争萎缩买方市场。在案件证明标准上，从过去的拐卖案件要求儿童的亲生父母和儿童现在的下落等各个环节全部查清才能定案，到后来的指导意见明确，只要有证据证明其中部分环节也可认定，这样适当降低了证明标准，加大了打击力度。这些首次被以司法解释的形式明确了打击拐卖人口中的模糊地带。2015年《刑法修正案（九）》

出台，将《刑法》第 241 条第 6 款修改为：“收买被拐卖的妇女、儿童，对被买儿童没有虐待行为，不阻碍对其进行解救的，可以从轻处罚；按照被买妇女的意愿，不阻碍其返回原居住地的，可以从轻或者减轻处罚。”收买被拐卖妇女儿童的买主将一律追究刑事责任，这将有力打击买方市场，保障妇女儿童的合法权利。2016 年 12 月，最高人民法院出台了《最高人民法院关于审理拐卖妇女儿童犯罪案件具体应用法律若干问题的解释》（以下简称《解释》），明确了偷盗婴幼儿出卖以及正常婚姻介绍与打着介绍婚姻旗号拐卖妇女犯罪的界限：该《解释》将对婴幼儿采取欺骗、利诱等手段使其脱离监护人或者看护人行为界定为“偷盗婴幼儿”，符合立法精神，有利于从严惩治拐卖犯罪。婴幼儿缺少辨别是非和自我防护能力，《刑法》对偷盗婴幼儿出卖配置更重的法定刑，体现了对婴幼儿的特殊保护。正常介绍婚姻与打着介绍婚姻旗号拐卖妇女是两类性质不同的行为，前者有时也会涉及收取一定感谢费等钱财，但介绍人是在男女双方地位平等的基础上，基于双方自愿，为促成婚姻的缔结而居间联系；而后者则违背妇女意志，将妇女作为商品出卖给他人，侵害了妇女的独立人格和尊严，则是属于拐卖妇女犯罪行为。实践中，有些不法分子采取劫持、诱骗等方式限制妇女人身自由，或者采取扣押身份证件等方式，迫使妇女“同意”与他人生活、结婚，索取钱财。也有些不法分子以介绍婚姻等名义将妇女拐带至外地，利用妇女人地生疏、语言不通、孤立无援等境况，使妇女不得不屈从于行为人的要求，被迫与他人生活、结婚，不法分子借此索取钱财获利，同样违背了妇女意志，已构成拐卖妇女罪。该《解释》以列举方式明确了实践中对是否违背妇女意志、是否构成拐卖犯罪有分歧的情形，有助于准确界定罪与非罪，依法打击拐卖妇女犯罪。对收买被拐儿童犯罪，该《解释》将实践中较为常见的藏匿、转移被买儿童、经说服教育仍不配合等行为解释为“阻碍解救”，有利于加大对买主的打击力度。同时，为充分尊重被拐妇女的意愿，稳定既已形成的婚姻家庭关系，对妇女自愿继续留在当地共同生活的情形，该《解释》规定视为“按照被买妇女的意愿、不阻碍其返回原居住地”，但需注意的是，具备该情形，只是可以依法从轻处罚，构成犯罪需要追究刑事责任的，还要依法追究。对实践中发生的医疗机构、社会福利机构等单位的工作人员将所诊疗、护理、抚养的儿童出卖给他人的行为，该《解释》明确规定以拐卖儿童罪论处。对收买被拐卖的妇女、儿童后又实施组织、强迫卖淫、组织乞讨等行为的数罪并罚；对出于以结婚目的收买被拐妇女，或者出于抚养目的收买被拐儿童，涉及多名家庭成员、亲友参与的，该《解释》规定应当依法追究其中起主要作用人员的刑事责任。这些为国家反拐行动的持续深化提供了有力的法律制度保障。

另外，尽管有些法律条款表面上与拐卖人口并不直接相关，但确有适用之处，许多法规中的条款已经涵盖了国际定义中贩运的各个方面（如性剥削、奴役和童工），《劳动法》也可用于惩处人贩子，在中国，强迫他人劳动和使用童工都是违法的。16 ～ 18 岁的儿童不能从事危险工种，非法拘留工人将受到惩处，这一条可用于起诉人贩子或雇用拐卖受害者的人。《收养法》与强制收养有关，它规定了以收养为目的的拐卖儿童行为是犯罪。

3.4.1.2 反拐行动建立了成熟的机制，破获拐卖案件的效率大大提高，拐卖犯罪已基本得到有效遏制

各地反拐联席会议成员单位按照“打防结合、预防为主”的工作方针，坚持以预防为主、预防为先导的工作思路，切实加强了人口拐卖防控工作，落实防控措施，不断丰富其中的宣传内容和扩大宣传阵地，全方位立体式开展反拐宣传工作，既有效地遏制了拐卖案件发生，又防止了儿童失踪和意外事故的发生。座谈、走访、电话热线、电视、电影、网站、QQ、微信、微博……公安机关想方设法不断探索创新与群众沟通交流的方式，这不仅大大拓宽了拐卖线索的来源，而且方便公安机关对全国拐卖犯罪形势、各地反拐工作状况、受害者亲属和志愿者心态等了然于胸，有效争取了反拐志愿者、受害者亲属和网友对反拐工作的理解和支持，并能最大限度地开发利用各种资源。在拐卖人口犯罪比较突出的地区，反拐联席会议成员单位利用重要节日人流量大的时机，在商场、闹市、火车站、汽车站等公共场所，有针对性地组织开展了多种宣传防范活动，结合社区警务工作和“警校共育”工作，进一步深入辖区幼儿园、小学宣传“反拐、防拐”的相关知识，提高了儿童的自我防范能力。

反拐计划明确将各单位综治目标责任考核和领导干部政绩考评纳入了反拐工作，考核结果是相关领导班子及干部综合考核评价的重要依据，分值从之前的 1 分提高到 2 分。为了更好地贯彻反拐工作实施，2009 年 1 月，中央综治办会同公安部推出了《反对拐卖妇女儿童工作检查考核标准》，将打击拐卖妇女儿童犯罪工作作为各省社会治安综合考核评比中的一个重要指标，制定下发了反拐工作的检查考核标准。考核同时还确立了奖惩措施，表彰和奖励反拐措施有力、成效显著的部门和地区，依法依纪追责拐卖人口犯罪严重、防控打击不力的地区，并实行社会管理综合治理一票否决制，这项规定有力地督促地方政府和领导干部将反拐工作置于更重要的地位。通过这项考核杠杆，改变了以往公安机关在治理人口拐卖中单打独斗的局面，调动了多部门、多层次参与的积极性，形成了齐抓共管的良好态势。国际合作也获得了进一步突破。2009 年 12 月，经全国人大常委会批准，中国加入了联合国《打击贩运人口议定书》，《打击人口贩运议定书》中对“贩运人口”进行了较宽泛的解释，其中包括主要针对女性的性剥削和主要针对男性的劳动剥削等两大类。《中国反对拐卖人口行动计划（2013—2020 年）》针对跨国拐卖犯罪的形势，明确要加强国际警务合作，共同打击跨国拐卖犯罪。既立足于中国拐卖人口犯罪实际形势，又最大限度地吸纳了相关国际公约和惯例做法，有利于中国国内反拐和国际贩运合作，表明了中国政府坚定的反拐立场。

在各级政府和群众的支持和努力下，公安机关创建了很多工作机制，大大提高了破获拐卖案件的效率。我们可以从 2007 年的彭某乐案和 2017 年的陈某瑾案看到这种机制的进步。2007 年 3 月 25 日 20 点，彭某峰找不到年仅三岁半岁的儿子彭某乐，他报警了，警察对他说：“可能是走失，你们大人怎么看孩子的，到处找找。”就这样，彭某峰及其家人满世界地找儿子，但无果，迫于无奈，21 点彭又去了派出所，接待警察一直强调孩子是走失了，让他发动亲戚到处找找。彭很肯定跟他说，孩子很可能遇到了坏人，但警察说：“我们这里 10 多年没有发生人贩子拐卖儿童的案子了，不可能是拐卖。”在彭多次沟通后，派出所才为彭发了“协查通告”。孩子走失的地方到处都是监视录像，彭立即赶往临近派出所，要求看监控录像，但被拒绝，理由是不知道丢失孩子，就这样，错过了堵截人贩子的时机，彭某乐被人贩子带走了。

相对于彭某乐案中警察的迟钝和渎职，贵州省黔西南州兴义市陈某瑾失踪案，可以看出失踪儿童查找机制有了巨大的进步（见表 3–1）。2017 年 2 月 7 日 15 时 20 分左右年仅 3 岁的陈某瑾在贵州省兴义市顶效镇马别村下明德组步马森林走失。当时，家长带孩子在一个森林里烧烤，孩子在边上玩，不幸走丢了，森林里当天的人流量大概有 300 人。家长报警后，州、市、镇三级公安机关迅速出动，以烧烤地点为中心，方圆两公里左右的范围都搜索了，还是没有发现，附近也没有水池和山洞。该地是个农庄，没有监控，而且在深山中。2 月 10 日晚上，终于在山林里搜到了孩子，无生命危险。但是据警察介绍："找到的地点前天我们搜索过，所以肯定是今天早上有人抱回来放那里的。"陈某瑾家人报警后，按照公安部的要求，立刻立为刑事案件，并成立专案组，由市公安机关主要领导担任专案组组长，立即通知交警、治安、巡警、刑警等各部门，第一时间组织查找、第一时间勘查现场、第一时间立案侦查，同时，在公安部儿童失踪信息紧急发布平台发布消息，黔西南州公安局也介入调查，众多志愿者利用微博、微信、报纸、电视等媒体广泛发布消息，在强大的压力下，孩子被送回。

经过多年不懈的努力，拐卖人口犯罪高发势头得到了初步遏制，现在是

表 3–1　彭某乐案和陈某瑾案的区别

	彭某乐	陈某瑾
失踪时年龄	三岁半	三岁
丢失地点	深圳市区	贵州深山
具体时间	19:30	15:20
人流规模	未知	300 人
录像	有	无
警察反应	案发第 13 天到现场	接警后立刻到现场，并上报州局，登记到公安部儿童失踪信息紧急发布平台
志愿者	无	很多
结果	被拐	找回

“低发高破”。最高人民法院的数据表明，2010 年至 2014 年，全国各级法院审结拐卖妇女儿童犯罪案件 7719 件，对 12963 名犯罪分子判处刑罚，其中判处 5 年以上有期徒刑至死刑的 7336 人，重刑率达 56.59%。在严厉打击下，尤其是儿童拐卖，有组织、成规模的犯罪团伙逐渐减少，多是临时起意式的拐卖，如对走失儿童顺手牵羊式的拐卖；这充分体现了中国政府对公民基本人权的司法保障，显示了中国在严厉打击一切形式人口拐卖罪行问题上的坚定立场与决心。

3.4.1.3 群众意识在反拐行动中得到了提高

随着国家反拐行动影响的持续扩大，以及各级公安机关及相关政府部门锲而不舍地以案说法、加强反拐宣传，广大群众逐渐认识到，拐卖有罪，要防拐反拐。“全民打拐”已成为中国警民携手互动的成功范本，深入人民群众心间。在实际行动上，越来越多的人加入反拐志愿者行列，2017 年 3 月，“今日头条”全国志愿者联盟成立，将技术能力与线下群体优势相结合，共享寻人资讯。“今日头条”志愿者联盟分为三部分，包括由环卫工人、保安、出租车司机等组成的日常志愿者；由专业救援队组成的专业志愿者；以及由明星代表组成的明星志愿者，总数接近 170 万人；还有最为有名“宝贝回家”志愿者协会，志愿者已经 24 万多人。

最为重要的是，人民群众对人口拐卖态度的转变，最突出地表现在部艳敏事件上。在 2006 年一篇名为《“最美乡村教师候选”部艳敏：被拐女成为山村女教师》的报道里，作者的逻辑匪夷所思，对部艳敏在被拐时遭受的痛苦和耻辱轻描淡写，而赞美她的大爱：“因为她是村子里学历最高的人，初中毕业，她成了村小学的代课教师，因为孩子们渴望的眼睛，她选择留在了带给她痛苦和屈辱的异地他乡。因为一份本能的大爱，她饱经苦难的生命像美丽的山花绽放。”（祁胜勇，2006）一个“痛苦”，一个“屈辱”，轻松写完了部艳敏被拐受虐的悲惨经历。这篇报道没有深度探析拐卖妇女背后的深层次原因，而是用大量篇幅歌颂部艳敏的高尚人格和伟大情操，给读者传送一个信息：“这样的人越多越好。”“这样的人”是指被拐受害者，尽管受到拐卖，但是看到落后的乡村教育需要自己，还是毅然决然选择了宽恕，投身大爱事业。对部艳敏的歌颂其实就是逼迫那些已经陷入十分悲惨境地的妇女寻找一个无奈但却是唯一被承认的解决方法以获得解脱和幸福，即承认妇女就是只有这样的价值，就是要恪守妇道，无论这个婚姻是否自由，无论自己是否被拐卖，都要对丈夫不离不弃，一味付出，完全忽视了妇女本身的权利保障。这种论调在媒体中多有体现，甚至在国家级媒体。号称根据部艳敏经历改编而成的电影《嫁给大山的女人》于 2007 年开拍，2009 年上映，但这部电影在一定程度上对现实进行了美化,并未完全忠实于部艳敏的经历，一些剧情与现实大相径庭。

2015 年 7 月 29 日，这部影片在微博上被翻出，2006 年媒体的关注点在于“被拐卖依然以德报怨的奉献精神”，而 10 年后，人们则开始反思是否值得表彰这种病态的“自我奉献”（李瑞，2015）。有人质疑媒体表达的价值观：“不追究人贩子责任，让一个受害者站出来撑起一片天，演苦情戏，真好意思？”也有部分人指称这是“国耻”，“愣是不明白，本是社会的悲哀、社会的尴尬怎么就变成社会榜样了？本该上《今日说法》的，却上了《感动中国》。”有些人坚持认为，买主应该严惩，也就是部艳敏的丈夫应该受到法律制裁，这也说明群众反拐和文明意识的提高，国家宣传反拐的成效。当部艳敏表示接受现实生话，不想被打扰，于是一些人把枪口对准了她，骂她得了“斯德哥尔摩综合征”。但也有人认为: 把部艳敏从她现在的生活中带走，把她的丈夫关进监狱，那对部艳敏意味着什么呢？他们打算让这个弱小的女人如何面对未来生活：从部艳敏被拐卖，已经过去近 30 年了，解救受害者、惩罚人贩子和买主，只是法律层面的正义，妇女的权利保障是个系统工程，仅从法律惩罚的角度理解是不够的，保障妇女权利和为妇女增权赋能不容忽视（李北方，2015）。媒体从法律角度正视部艳敏背后的社会问题，充分说明中国社会的文明程度在上升，反映出社交网络时代传播伦理更加关注弱势群体，注重以人为本，既关注个人利益需求和权利保障，又重视保障社会公平正义的趋势（黄艺丰，2015），进一步说明群众意识的提高，以受害者为中心，并且反拐不能仅仅依靠压制方法，还要依靠赋权方法，与国际先进的反拐理念越来越接近。

3.4.2 中国反拐工作存在的问题

由于主客观的原因尽管国家反拐行动取得了巨大成就，但是也存在不少问题。

3.4.2.1 对买主打击不力

现在的人口拐卖犯罪，已经形成了供需两旺的市场，如果仅对拐出地进行预防和干预，而忽视了对拐入地需求方的控制，在经济利益和社会多种因素的作用下，仍会对拐卖现象形成很大的市场拉力。这个问题不解决，反拐的路可能还要走更长。因此，需要从供需双方“两头”推进反拐工作的进行。

从国家反拐行动推行这几年的实际情况来看，警方解救了被拐妇女儿童后，一般只是惩处人贩子，对买方的处罚则较少或没有。2013 年，河南省林州市人民法院对一起团伙拐卖儿童案件做出了判决，引人注意的是，这次被拐孩子的买家也受到了法律制裁，被判处了 1 至 6 个月不等的刑罚，这在河南省尚属首次，在全国也并不多见。2015 年《刑法修正案（九）》出台，将刑法第 241 条第 6 款修改为：“收买被拐卖的妇女、儿童，对被买儿童没有虐待行为，不阻碍对其进行解救的，可以从轻处罚；按照被买妇女的意愿，不阻碍其返回原居住地的，可以从轻或者减轻处罚。”

在实际工作中，此条文虽然有利于公安机关的解救工作，但其对“买主”可不追究刑事责任的规定，在一定程度上纵容了“买主”的犯罪行为，负面效果也十分明显。《刑法》规定，在买卖妇女活动中，买卖双方的行为都触犯法律，都应受到法律的制裁。但事实上并不那么简单，如江苏徐州张某虹案，魏继中称此案为“中国第一例买家告被拐儿童家长案”。因为家庭矛盾，张某虹于 1993 年 7 月在表哥魏某河家生孩子，孩子生下的第二天表嫂张某玲告诉她孩子是残疾给丢掉了，后来告诉她孩子死了，多次寻子的张某虹终于死了心，直到 2010 年 1 月，她听说孩子还活着，于是决定再度寻找，终于找到孩子的下落，就在徐州沛县张寨西街，取名刘某尚，并做了亲子鉴定。但是，她得到孩子的过程漫长而艰辛，张某虹奔波于徐州各级派出所、公安局打拐办，从公安机关得到的回应，始终却是此案已超出诉讼追诉时效，不予立案。依据各种犯罪法定刑的轻重，《刑法》规定了不同犯罪长短不一的追诉时效。其中，法定最高刑为无期徒刑和死刑的，追诉时效期限是20年。而一般情况下，拐卖妇女儿童罪的量刑是在5~10年有期徒刑，这意味着该罪大多数追诉时效不超过10年。2013年，孩子回到了张某虹身边，紧接着张某虹收到沛县人民法院的传票，养父母把她和孩子告上法庭，要求他们母子俩支付30万元的抚养费，因为刘某尚要与养父母断绝一切关系，激怒了养父母家庭。养父母不承认“拐骗”儿童，坚称是“抱养”，所以现已成年的刘某尚已明确表明与他们断绝收养关系，在《收养法》中这种行为视为“遗弃”。原告方已经取得了两份证人证言：被张某虹视为人贩子的表哥、表嫂愿意出庭作证，孩子是在张某虹的“同意”下送给了原告抚养。原告提出的“断绝20年收养关系，连带偿还抚养费30万元”，是被告“自愿送养”引起的权利追诉，还是恶人先告状的无赖之举，此案究竟是送养还是被拐骗，合法收养还是非法抚养，已成为本案的焦点。但由于时过境迁，无直接证据证明刘某尚当年究竟是被拐卖，还是张某虹授意表嫂抛弃，无法对买主甚至人贩子追责。沛县法院的一位相关负责人表示，无论怎样判决，都将给刘某尚带来终身的心理伤痛，“孩子的选择是很艰难的，我们希望通过调解，来缓和双方矛盾，让刘某尚在亲生母亲和养父母共同的帮扶下成长。”旁听了整个庭审现场的人民陪审员也说：“双方（养父母和亲生母亲）都应该学会包容、爱和感恩。双方都放平心态，化干戈为玉帛，这样亲上加亲，让孩子更多一个人来疼爱不是更好吗？”无论法律规定还是法院态度，对人贩子都无法追究，更不要说是买主，这时法律成为一纸空文。

此外，《解释》规定，不法分子打着介绍婚姻的旗号，违背妇女意志，将妇女作为商品出卖给他人，侵害了妇女的独立人格尊严，属于拐卖妇女犯罪行为，但是这个“违背妇女意识”很难界定，有的被拐妇女一开始是“同意”的，还有许多被拐妇女认为买家人财两空，也是受害者，一般不会讲出自己遭强奸、拘禁的事实；或者有的妇女已经与买主生育孩子，考虑到孩子的成长，更是放弃对买主的追诉，《解释》也承认了“稳定既已形成的婚姻家庭关系”。《刑法》对买主的不追究主要是面对卖为人子和人妻的，但是忽视了性贩运中妇女被拐，买家自身就经营按摩院或者相关场所组织卖淫。在某地调研中，这些买主有很大一部分是以非法拘禁这个罪名定罪的，一般也会被判处 2 ～ 3 年的有期徒刑。以拐卖为主的人贩子一般情况下都是被判 10 年以上有期徒刑或者死刑，作案时受害者未满 18 周岁的通常被判死缓，所以总体上这类案件的判刑相对来说是比较重的，不论妇女本身的身份如何（是否之前就从事卖淫），只要违背妇女意志与之发生性关系就要判处 10 年以上有期徒刑，而《刑法》对买主的“不追究”让这些人钻了空子。中间介绍人转卖被拐妇女儿童时，往往会故意隐瞒被拐妇女儿童来源，将被拐妇女说成远房亲戚，甚至有的被拐妇女本身是智障妇女，把被拐儿童说成是自己或老乡所生，由于生活困难送给“买主”抚养，非当事者无法理清，那么“买主”是否存在犯罪的主观故意就难以认定，如张某虹案就存在这种状况，养父母坚决不承认是买孩子，还要起诉张某虹及其孩子；再加上“买主”如果没有虐待妇女儿童、与被拐妇女强行发生性关系、没有拘禁阻碍解救的行为，警方很难对买家追究刑事责任。从很多破获的案件看，很多“买主”都会把被拐儿童当作亲生子女来抚养，给予被拐儿童良好的照料和教育，有的被拐儿童在当地比家乡生活好。有的孩子还说，如果处罚养父母，他们会放弃找亲生父母。无论是孩子还是其亲生父母，他们对养父母有着奇怪的感情，他们感激养父母把孩子养大，否则孩子早死了。在这种情况下，对“买主”治罪显得不近人情，群众心理上也难以接受，认为虽然法不可恕，但情有可原。因此，在司法实践中，对买主处罚轻微，很少进行有罪判决，如果买孩子的事情一旦败露，最多也就是损失点金钱而已，买主几乎不用付出任何法律成本，未能形成有效震慑，在客观上纵容了买方市场，因此也就放心大胆地用暴利诱惑人贩子铤而走险，以身试法。

不同的司法解读让买方受到严惩的案件屈指可数，也给公安机关办案带来一定困难。鉴于让买主继续抚养找不到家的被拐孩子不利于反拐，2011 年 7 月起，公安部要求各地公安机关对发现的被拐儿童一律解救，送至福利院临时安置，不再让买主抚养，目的就是让买主人财两空，对符合法定情形的买主，将依法按收买被拐儿童罪追究刑事责任，给买主一定打击，从而通过对买方市场的打击，减少拐卖儿童犯罪。但是在现实中，很多地方根本就没有福利院，很难做到合理安置被拐儿童，甚至还有买主到公安局门口闹事，质问：“为什么别人买的孩子可以继续养着，我们的要送福利院。”

3.4.2.2 对人贩子的定罪不够严厉或缺失

拐卖妇女、儿童犯罪还很猖獗，要打击这种行为，需要有更严厉的刑罚措施。世界各地制裁人口贩运的法律，包括中国，要么是不够严厉，要么是缺失，这对反贩运非常不利（Tiefenbrun，2002）。由于拐卖人口是一个涉及多层面的问题，法律规定能够尽可能地涵盖所有方面尤其重要。截至目前，中国尚没有出台专门反对拐卖人口的法律，国内法中缺失对拐卖人口的明确定义，只是在《刑法》中对“拐卖犯罪”有定义，而且定位是在领养和婚姻为目的的欺诈、绑架和贩运婴幼儿和妇女；不足之处在于，该法对拐卖妇女、儿童罪的适用范围较小，禁止的许多行为与拐卖人口没有直接关系，而许多与拐卖人口有关的行为却没有涵盖在内：

第一，在罪名表述中，“拐卖”过于强调使用欺诈、胁迫手段。中国法律只承认“欺诈、胁迫”构成拐卖的手段，而不承认其他形式的胁迫，对“同意”的年龄也没有明确的规定。在有些情况下，拐卖妇女儿童的手段比较隐蔽，例如，有些妇女希望摆脱贫困或者家暴，或者有的孩子失去了父母，想到其他地方寻求较好的生活，因而自愿跟随人贩子出走；有些孩子年幼，没有正确的认知能力。中国的“儿童”，在《刑法》上是指 14 周岁以下的所有孩子，根据《联合国打击跨国有组织犯罪公约》及《补充协议》的规定，不满 18 周岁的从事性服务，即使本人表示“同意”，这种“同意”也是无效的，应被视为受害者。由于缺少对这种“同意”的规定，其结果是，即使未成年的儿童也能给出有法律效力的“同意”，使他们在被拐卖时表示“同意”，而忽略了可能是通过对他们实施欺骗和强迫手段而取得的“同意”。所以我们不能仅仅看受害者说什么，而是看说这些话后隐藏的背景和原因（王金玲，2014）。

第二，“自愿”和“被迫”卖淫如何辨别和认定没有得到重视。卖淫在中国是非法的，并将处以 5 年有期徒刑，对卖淫者进行组织、强迫、引诱、容留和介绍的人则构成组织、强迫、引诱、容留、介绍卖淫罪。强迫他人进行卖淫将被判处10年以上的有期徒刑，如果还伴有其他犯罪，则可能被判处无期徒刑。被拐妇女往往被逼卖淫，这种“自愿”和“被迫”如何辨别和认定没有得到重视。对于组织被拐妇女卖淫者，有些地方“有很大一部分是以非法拘禁这个罪名定罪的。”非法拘禁“致人重伤的，处3年以上10年以下有期徒刑；致人死亡的，处十年以上有期徒刑”，罪名相对于拐卖罪名，刑罚较轻。

第三，中国现行《刑法》已经对拐卖犯罪在对象上作了限制，使司法实践无法对拐卖除妇女儿童以外的其他人口的行为进行处理。由于中国处于转型社会时期，经济发展不平衡，贫富差异较大、城乡二元化社会的客观存在，司法实践中已经出现了较多的拐卖成年男性做苦力的情况，而且这种情况还在持续增加。从《刑法》规定和刑法理论上讲，拐卖成年男性做苦力不是以出卖为目的，不能构成拐卖人口罪，在司法实践中只能变通以“非法拘禁罪”追究当事人的刑事责任，但是非法拘禁罪的法定刑远低于拐卖人口犯罪的法定刑，使犯罪分子没有得到应有惩罚，不仅不符合《刑法》对行为人犯罪目的的要求，而且也不符合《刑法》中罪责刑相适应原则。

第四，卖亲子现象泛滥。在儿童拐卖中也存在这种状况，即卖亲子，借送养孩子而收取营养费，亲生父母变相卖孩子的更是比比皆是，仿佛如平常的商业活动，但是《刑法》却没有对此现象的打击规定，同时如何辨别是否卖亲子也没有受到重视。

第五，诉讼时效的限制也导致无法处罚人贩子。孩子，作为最容易的被拐受害者，但往往无法到法院做证人。孩子首先很难陈述事件的来龙去脉，有些孩子被拐时年龄过小，根本不记得当时的情形，也就无法在法庭陈述；孩子在被拐以后，由于很多家长不知道人贩子的相关线索，一直无法找到孩子，一旦在很多年后找到孩子，这时孩子往往已经是成年人，再查人贩子的线索，可是由于过了诉讼时效，已无法再追究人贩子的刑事责任。有些孩子在长大以后，想寻找亲人，但也是无从下手，即使后来知道人贩子是谁，也是过了诉讼时效，无法对人贩子采取法律措施，无法追究，孩子也就无法找到亲人。所以，对于被拐的儿童或家庭来说，由于犯罪情况特殊，罪犯隐藏时间久，所以，按现行的诉讼时效无法追究人贩子或买主的法律责任。

由于法律方面的漏洞，拐卖人口罪犯的犯罪成本变得很低，只是在极少数的情况下才会受到严惩，这对反拐行动具有消极影响。无论在理论和实践中，都有不少问题需要解决，特别是与世界发达国家和地区相比，中国有关拐卖人口犯罪的法律条文，确有许多需要改进和完善之处。

3.4.2.3 受害者解救存在困境

识别和协助受害者的另一个挑战是，拐卖人口是非常隐蔽的地下犯罪性质，比如很难区分是自愿卖淫还是被拐卖从事卖淫或性服务。此外，受访警察反映，从事卖淫的受害妇女，常常被频繁转移地点，以防检查和查处，有的一天或隔几天即更换场所。受害者可能出于对法律和胁迫恐惧，或者害怕人贩子对她们或她们的家庭成员的伤害，而不得已委曲求全。比如，一个被拐妇女说道："人贩子吓唬我'我们知道你来自哪个村，我们也知道你的家人，你如果报警或不听话、逃走，我们就杀了他们。'我担心家人，不敢有任何反抗。"这对警方和反拐人员提出了巨大挑战。

此外，还有语言和文化障碍所带来的挑战，受不同文化背景的影响，受害者也经常淡化自己的问题，甚至不觉得自己是受害者。有志愿者这样解释："受害者是很常见的，但是作为人口拐卖的受害者，常常不自知。因为一些被拐者从农村被拐到城市中，或者到生活水平更高的地方，他们还感觉到即使现在是被拐卖的生活，仍旧比之前的生活好，终于逃离了特别困难的境地。"尤其是跨国婚姻，很多外籍妇女是同意的，不存在"违背妇女意志"，受害妇女的"同意"不仅成为查处人口拐卖案件的一个根本性的挑战，而且指出了破案的关键点，不应忽略。随着国际贩运现象越来越严重，很多外籍妇女被拐入中国，外语需求也越来越大，但是警方没有这方面的人才。

送养与卖孩子的区别与鉴定问题。现在警方解救的孩子中，很大一批都是亲生父母自生自卖，但在交易发生时，的确是打着"送养"的名义进行的，实际上收取了高额的营养费，在民间普遍认为，送养行为收取部分营养费也是合理的，甚至官方也认为高额营养费才是卖，否则也认可是送养行为。所以，收取营养费到底合理不合理，到底哪个额度是送，哪个额度是卖，都没有一个标准，很难定性。有些买主，以民间收养的借口进行买卖孩子，人为制造弃婴现场，然后以收养弃婴的名义完成了买卖儿童的最后一个环节。

3.4.2.4 受害者康复和保护依旧有很长的路要走

反拐法律只关注犯罪控制而不是受害者权利，结果导致很少有受害者得到康复和保护，他们的合法权益受到忽视。虽然拐卖受害者受到第二、第三次伤害，但是对于拐卖受害者的康复和保护工作尚显薄弱，需要加强，特别是对于受到性剥削的受害妇女的心理治疗和康复。受害者无论是心理还是生理上都受到折磨，康复更为重要。Jayasree（2004）发现，从事卖淫服务的受害者，受到很多健康影响和暴力，甚至染上毒瘾，但是这些卖淫者往往被排除在医疗保险系统之外，健康情况不容乐观。卖淫者经常面临性与生殖健康的问题，包括流产后遗症，感染性病如梅毒、艾滋病毒等，我们访谈的被拐妇女也在不同程度上患有疾病。在受害者保护方面，目前缺少专门保护被拐卖受害者的法律和服务机构：一方面，现有法律规定主要是《刑事诉讼法》关于被害人进入刑事诉讼程序时作为当事人享有的诉讼权利，以及《妇女权益保障法》关于被拐卖妇女儿童返回原籍后得到妥善安置的权利（李培龙，2012），缺少对受害者的生理医疗、心理咨询、经济支持等社会保护方面的服务。即使有可以安置的福利院，但福利院普遍负担过重，也缺少专业人员，无法提供专业的康复服务，“按照国家规定，我们的在编员工根本支撑不了这么多人，只好招聘大量临时人员。……这些临时人员很少受过专业培训。”一些医疗保健机构和妇女保护组织，可能无法识别被拐妇女，因此也无法为她们提供专业康复服务来满足她们的需求。

访谈中发现，缺乏认识和法律知识是一大阻碍，受访民警反映：“这类案件破案率极低。一方面，取证工作难以开展，即使解救出被拐妇女，她们由于文化水平有限或者惊慌害怕，难以提供对打击和抓获犯罪有实际作用的信息；另一方面，这种女性往往被迫卖淫，鉴于种种原因，她们在警局也不会交代真实情况，解救出来再联系她们通常联系不上。多数案件就这样不了了之。”卖淫案件是由公安治安部门负责，而不是负责人口拐卖的刑侦部门，没有能使拐卖受害者返回或遣返的成文法规。被拐入的外籍受害者，如果她们不能提供有效的身份证明，将很难得到来自政府的任何帮助。

另外，关于经济赔偿。对人贩子进行刑事处罚时，也要对受害者进行精神及经济赔偿，无论是受害者的父母，还是受害者本人，拐卖对于家庭及孩子的伤害都是长久的，甚至是终身的，但是在孩子找到以后，通过诉讼维权的受害者少之又少，受访警察说："基本上家长找到孩子以后，没有人起诉赔偿。"少数的被拐孩子与家庭要求买主或人贩子进行经济赔偿的要求基本上都被驳回，没有相关的法律条文支持赔偿起诉。人贩子经常免予起诉而逍遥法外或不承担任何经济赔偿。甚至有的警察也强烈反对对他们补偿，"一旦打开这个口子，家长更加狮子大开口。"对受害者的补偿很少，更不要说对其家庭的了，尽管家庭因为受害者被拐受到二次、第三次伤害。

3.4.2.5 受害者安置和遣返存在很大问题

第二次国家反拐行动对安置和遣返有所重视。目前，获得解救的被拐的孩子全国共有 8.3 万左右，但其中由亲生父母领回的不足十分之一。对公安机关来说，帮助被拐儿童找到亲生父母，似乎是顺理成章且义不容辞的义务，但是，这严格来说并非公安机关的业务范畴，而且费时费力，起码得花费一笔包括 DNA 亲子鉴定、生活费等不小的开支。公安部明确规定，被拐儿童在解救后，不能由买家继续收养，而要由福利院统一收养。但是，问题随之产生，因为接收打拐解救回来的儿童并不属于民政部门的长期职责。有部分儿童由于是亲生父母自生自卖的，很多福利院也拒绝接收这样的孩子。这样，一方面是很多需要收养孩子的家庭没有收养孩子的正规渠道，另一方面是这些被解救的孩子无法被正式收养，让买主钻了法律的空子，而且在司法实践中并没有对买主进行实际打击。按照我国目前的法律规定，福利院的收养对象是弃婴、孤儿，并且社会福利院所能容纳的孩童非常有限。据民政部数据统计，全国省级有独立的儿童福利机构 9 家，地市级有独立的儿童福利机构 333 家，县一级有独立的儿童福利机构仅为 64 家，800 多家社会福利机构设立了儿童部（朱志培，2013）。如果打拐解救回来一大批儿童，福利院的承受能力、庞大的认领工作，都将是对民政部门的严峻挑战。更多的县（市、区）没有专门的儿童社会福利机构，在实际执行中，很多基层也都以当地没有福利院为由拒绝接收被拐儿童，甚至很多人存在“收买人没有虐待被拐儿童，精心抚养了几年十几年，双方有感情，不伤害被拐人员，觉得大家乡里乡亲的，没必要搞得人家人财两空，没有必要强力遣送福利院”等类似的“好心好意”，导致“案子虽破，还不如不破”的尴尬。后期安置成为反拐的一大顾虑。有基层警察反映：“我们很想破案，但是后期怎么安置这些孩子不知道，如果安置不了，破案也没有什么意义。”我们以志愿者身份参与过的一个案例，更加说明中国被拐受害者安置的尴尬局面。10岁左右的越南女孩白某索2008年前后被人从云南拐卖到山东临沂。为了回到父母的怀抱，白某索整整努力了5年，5年来她一次次逃跑，一次次被拐卖。志愿者评价她：“做女儿（年龄）太大，做媳妇太小。”2013年6月11日，她又偷跑出来，被人送到枣庄某派出所，但是无法安置，只好寄住在某辅警家里，由辅警妻子李女士负责照顾。由于多抚养一个孩子负担太重，李女士经常要求派出所给予一定的补助。2014年10月28日，志愿者带着孩子走进了央视《等着我》的演播室，在录制现场，陈士渠当即表示：成立专案组，抓住人贩子，送孩子回家，打拐办副主任立刻联系山东临沂警方妥善处理孩子的安置问题，临沂警方专程到北京将孩子接回临沂安置，并安排专人照顾孩子的饮食起居，而在临沂警方到达北京之前，白某索只能由志愿者照顾。

现行的部分法律政策不利于被解救儿童的安置。目前，我国相关的法律对收养对象规定的范围过于狭窄。实践中，被解救儿童有相当一部分是被亲生亲卖的，被解救后，既无法联系到亲生父母，又不属于《中华人民共和国收养法》第4条规定（“查找不到生父母的弃婴和儿童不满十四周岁的未成年人可以被收养”）的法定收养对象，导致长期滞留在社会福利机构，所以幼童被解救回来后的善后问题是一件棘手的事。不能办理收养手续的，有些儿童长期找不到亲人，就一直生活在福利院里，无法享受到亲情的关爱。根据我国《收养法》第4条规定，不满14周岁的未成年人才可以被收养：丧失父母的孤儿；查找不到生父母的弃婴和儿童；生父母有特殊困难无力抚养的子女的。这些打拐被解救的儿童并不属于上述情况，也就不属于收养范畴，因此也没有办法办理收养手续，孩子就没有一个合法的“家”，各地福利院就只能让孩子们在福利院中长大。2011年7月，公安部规定打拐解救的孩子一律放在福利院中抚养，不得再送回买方家庭抚养，这在一定程度上加大了对“买方”的处罚力度，这些在打拐中被解救的孩子，因此将会在福利院中长大。按照正常化（Normalization）理论，无论是儿童、残疾人还是其他弱势群体，正常化的社区都是对他们最合适的生存环境，孩子在福利院虽然能得到悉心照顾，但还是与完整的家庭氛围无法比拟，要让这些孩子健康成长，还需给他们找一个温暖的“家”。因此，对于查找不到亲生父母的孩子，如果能给他们找个稳定的家庭，对他们的成长和未来最有利。可是，一些打拐解救的婴童既不是孤儿，也不是弃儿（婴），因此，只能在福利院生活到14周岁。于是出现了这种尴尬状况：很多家庭在福利院排长队等待收养孩子，但打拐解救出的孩子却只能滞留在福利院。

拐卖儿童落户问题需要引起重视。政府各部门之间信息没有实现共享，买主通过各种非法或者不正规的手段给被拐孩子上了户口，这个过程中制造虚假证明者应该以拐卖罪共犯认定，但由于很难收集证据，政府机关的认识也不尽一致，同时，一旦上了户口，被拐孩子就等于合法化，但是户口问题如果不解决，又不利于孩子的成长。很多孩子在幼年被拐的过程中被人贩子遗弃，或是走失，由于脱离了监护人的监护，自己又不懂得求助，所以，这些孩子一直到现在都流落街头，没有身份证明，无法乘车，无法找工作，无法为自己维权，无法在银行开立账号，无法结婚，被拐的阴影和影响伴随着他们的一生。另外，有些孩子被拐寻到亲人以后，户口往回迁时，因为已经成年，原籍也经常以各种借口拒绝给予落户，如赵某勇的户籍现在还在福建，名字用的还是养家的名字。有些地区甚至要求孩子一定要开出无劣迹证明，如果孩子在这之前有过犯罪记录，就无法把户口迁回亲生父母所在地。目前，只有贵州省有规定，如果证明是从贵州拐出去的孩子，就可以为孩子上户口，但其他省份均没有相关政策，这些被拐及走失的孩子，基本上都一直处于“黑户”状态，无法进行正常的生活。

遣返存在的问题还包括妇女。对于国内妇女来说，主要是遣返回家，没有考虑到其回家乡面临的生活。“我回家乡后，家乡很是议论了一阵子，后来嫁到这里，老公比我大十几岁，还是个瘸子。”被拐妇女回到家乡后，结婚只能找条件差的，还面临着较大的舆论压力，这也是部艳敏的父母不愿其回家乡的主要原因之一。还有一个被拐妇女解救被遣返回家后，全家都面临着巨大压力，“我回家后，很多人对我家指指点点的，还有人胡说我是卖淫，家人为了我，和（村里）很多人都有摩擦。”更多的妇女“不愿回到那个没留下丝毫美好记忆的家”，而选择在外漂泊，受到相关救助的寥寥无几。法规要求“妥善安置”但没有具体规定予以保障支持，因此很难实现对受害者的保护，很多情况下，被解救的妇女被送回家乡或让其自行离去。另外，尚未建立完善的安置受害者服务机构。近年来，被解救儿童安置有所进步，但是被解救妇女安置、保护政策和制度差距更大。调研中不止一个地方的警察反映：“我们解救出妇女，有的妇女还有精神病，怎么安置呢？我们请示省公安厅，省厅说按照当地政策办，但是民政说没有相关政策，我们只好找个宾馆让受害者先住着，等着结案或者遣返她们。”有的甚至“被安排在养老院。”除了一些民间组织外，政府部门几乎没有给受害者提供适宜的职业技能培训、职业指导和职业介绍等就业服务，更不要说帮助其在异地就业。

而对外籍妇女的遣返也存在一定问题，尽管边境地区建立了 8 个打拐联络官办公室，但是对解救的外籍妇女，很多地方公安机关还是不能直接遣返，需要报到上级有关部门，这个周期很漫长，这段时间被解救妇女的花费都是由公安机关负担，开销太大，受访警察苦笑，“谁破案，谁承担，承担不起啊！”而对于已经结婚成家生子的外籍妇女，由于是非法入境，这种跨国婚姻不受中国法律保护，也要遣返，留下中国丈夫和年幼的孩子，本来娶外籍新娘的家庭就是弱势家庭，新娘被遣返会加剧弱势。拐卖入境的部分外籍妇女，少部分已成“家”并稳定下来，目前，中国对在华外国人管理的相关规定主要是 2012 年颁布的《外国人在中国永久居留享有相关待遇的办法》，但该办法没有涉及跨国婚姻，跨国婚姻中妇女权益的法律存在明显缺陷与不足，难以在社会生活中对这些弱势群体提供足够的保障。跨国婚姻中“三非”（非法入境、非法同居、非法居住）妇女群体存在两种最突出难题——“身份”问题与“福利”问题（张显伟、张书增、贺秋梅，2015），无法给予外籍新娘正式身份，成为困扰她们当前所有问题的根源所在。因为法律上种种原因不能在中国落户，成为真正意义上的“合法夫妻”仍然困难，几乎无法享有基本的社会权利和福利；有的甚至生了孩子，但在法律层面没有被承认，其后代“名分”如何给，这都考验着政府人口管理方面的智慧，也是亟待求解的命题。

缺乏“以受害者为中心”的意识和赋权意识。政府部门、媒体和社会大多缺乏以“以受害者为中心”的意识，甚至不清楚谁是拐卖受害者。很多悲剧都是人为造成的，某些地方默许拐卖人口导致了很多社会问题。2015 年，关于湖南省邵阳县“无妈乡”的报道引发舆论关注，“无妈乡”是指该县黄荆乡，据统计，当地在校的“失母学生”多达 131 人，其中母亲逃婚或改嫁的有 116 人。黄荆乡“失母”现象根源被归结为以下几点：贫穷是主要原因，击溃了母爱的本能；家暴也使妇女不得不逃离；丈夫懒惰，不思进取，一门心思“等靠要”，妻子看不到未来（邓小波，2015）；还有一个非常重要的原因就是这些妇女是被拐卖的，这些被拐妇女及其被遗弃的孩子，到底谁是受害者，谁更应该值得同情和救助，争论很大。

第一，一些人认为，尽管这些妇女是被拐卖的，但拐卖不是这些孩子造成的，孩子是无辜的，被拐妇女不能将罪责转嫁给自己的孩子，不能简单地不负责任一走了之。关注孩子情有可原，因为他们年幼太需要精心呵护，他们是无辜的。但是，许多报道通篇只字不提这些被拐妇女为何要逃跑，死亡率为什么如此之高，仅仅是利用孩子来打感情牌，搞煽情侧面暗示这些逃跑妇女心狠，抛夫弃子，孩子可怜之类，劝说那些逃跑妇女“回家”相夫教子。当地政府机关也在一定程度上默认了拐卖妇女合法化，那些妇女被拐卖加上家暴甚至有的致死，没人关心，她们逃跑了，舆论媒体指责她们，甚至还假惺惺地让孩子呼唤妈妈，当地政府组织有效行动还去救济那些“失母儿童”。

第二，也有支持被拐妇女出走的。这些孩子往往是被拐妇女被强奸而生的，对这些孩子的感情本来就错综复杂。目前不只是孩子可不可怜的问题，而是拐卖问题，如果不解决这个问题，那么“失母事件”还是会发生的。被拐妇女本来就与所谓的“丈夫”没有任何感情，对由此生下的孩子，感情也是错综复杂——自己的亲骨肉，终归蕴含母爱，但出于被迫，又有异样的感觉。旁观者可以很容易地说孩子是无辜的，而作为当事人的这些被拐妇女，自顾不暇，忍痛逃离时肯定顾不上“没娘的娃”。被拐妇女本来就是弱势群体，难道还要因为这个自己见都不想见到的孩子而耗费自己的一生只为体现所谓的母爱？这些孩子不是经过她们同意生下来的，是她们一辈子的屈辱，本来就不应该存在的，更不可能带走照顾。中央电视台《等着我》（2014年8月19日）播出了雷某飞寻亲的案例，但是母亲拒绝相认雷某飞，她表示现在家人还不知道自己当年被拐卖的事，更不知道自己还有一个儿子，她说那个家庭是她这辈子最大的梦魇。

第三，也有观点认为，孩子是最无辜的。孩子在这本不该由其承担的原罪中成长，只怕他们仇视的不是人贩子，而是其父母，是整个社会，危害的将是社会中其他的无辜之人。给底层孩子应有的权利，他们才会多一些改变命运的契机。这种不算家的家庭，懒惰的父亲，消失的母亲，痛苦留给小孩子承受。被拐妇女及其孩子都值得同情，就算孩子更值得同情，也不能认为，他们的母亲就应该留下和买下她或曾经强奸过她的人一起生活。

"失母事件"让人揪心，但若仅把目光聚焦在渲染儿童的悲情，对失母儿童付诸同情上，显然又太过局限。"无妈乡"的出现，不仅是母亲和穷困的问题，更是家庭和社会文明程度的问题。可以说，"无妈乡"实则是一种恶性循环的产物，是拐卖、贫困、家暴、乡村凋敝化等多种不良因素混合发酵的结果和缩影，这种现象的背后，也反映了中国当前社会经济发展的现实，这些孩子是这种现实下的牺牲品（邓小波，2015），而不是或者不仅仅是拐卖的受害者。而从反拐角度来看，她们是母亲，要承担抚养孩子的责任，但她们也千真万确是被拐卖的受害者，有追求自己幸福的权利，如果她们再人为地被现行的社会制度框架内区别对待，就会丧失更多社会应给予她们的基本权利和福利保障，因此我们的反拐政策要以她们为中心。同样，被拐儿童也是如此，他们才是真正的受害者，如小陈和刘某尚，被拐一次已经对他们产生了伤害，如果再强迫他们与亲生父母或是养父母生活，这又是一次伤害，所以要尊重他们的选择。

目前，社会各界还是热衷于以压制政策为主，而不是赋权，缺乏赋权意识。比如，正当防卫是一项重要的刑法制度，可是在司法实践包括拐卖案中真正认定和宣传的非常罕见，无论警方还是检方都更倾向于采取有罪认定，这其中有两个主要原因：一是正当防卫的立法用语"必要限度"不是很明确，具体司法操作中难以把握；二是中庸思想对司法产生的不良影响，当不法分子被防卫行为致重伤或者致死时，许多司法人员为了平衡双方当事人的利益矛盾，通常对防卫者认定为防卫过当，对防卫者从轻处罚，以便对被重伤或者致死者有所交代（肖佑良，2013）。但是这种平衡模糊了是非界限，更重要的是违背了正当防卫的初衷立法精神，在拐卖犯罪处理中与赋权增能理念相反。2014 年中央电视台《法律讲堂》报道了 18 岁少女发现被拐卖后反将人贩子卖掉的案例。一未满 18 周岁少女刘某拐卖了要拐卖她的人贩子，一审被判 3 年，法官解释说，拐卖妇女儿童罪，最低刑罚是 5 年，3 年已经是从轻了。刘某父母找律师上诉后，二审判免于处罚，但理由并不是正当防卫，而是：一是刘某犯罪时不满 18 周岁，应该以教育为主，惩罚为铺；二是她主观恶意性不大，只是为了报复，不是谋利；三是有重大立功表现，帮助警方抓住 4 个人贩子。经法院审理，决定对刘某批评教育，不再判刑。调研中也发现类似的案子，基本上受害者对买主或者人贩子的反抗被判为正当防卫的很少，多是防卫过当，甚至故意伤害，打击了受害者的权利意识。但是，社会各方面对压制政策青睐不已。近年来，尽管公安部一再重申，公安机关已经明确 DNA 技术对打击拐卖犯罪工作意义非凡，公安部打拐 DNA 库足以应对反拐工作的需求，但是媒体、网友多次向政府部门呼吁，建议建立全国性的新生儿 DNA 信息库，防止儿童被拐卖，方便寻亲比对。他们忽视了，妇女是有自我意识的成年人，即使不受买主家控制，被拐后还有很多不愿意回家的，所以不是建立一个新生儿 DNA 信息库能够解决拐卖问题的。这个建议被多次提起，每次提起都受到广泛关注，但还是压制性政策，而不是赋权视角，这更加说明国人缺乏对弱势群体的赋权增能意识，国人的反拐意识还需要进一步提高。

4 国家反拐的政策路径

当前，面临国家反拐行动中的新问题，我们要进一步落实和完善国家“反拐”工作机制，进一步推动反拐行动。按照“以受害者为中心”的原则，我们依据被害化理论、赋权增能理论和犯罪预防理论，结合国内外经验，对中国的国家反拐行动提出相关政策路径，侧重于预防、打击、保护、康复、遣返和安置等多个方面，从破解人口拐卖供需深层矛盾入手，修改或者修订有关人口拐卖的法律及其相关程序，特别是按照国际标准定义人口拐卖，通过更好地推动与执行反拐行动来增加对犯罪分子的威慑作用，寻求更加人性化和创造性的做法来保护受害者，坚持打防并重，创新工作方法，创新管理方式，变被动为主动，从根本上遏制拐卖人口犯罪，保障弱势群体的权利。

4.1

预防

反拐是一场系统的持久战。除了加大打击力度外，解救被拐妇女、儿童，更应该探讨如何预防拐卖人口犯罪的发生。《补充议定书》最为肯定“预防”的作用，相比保护、恢复和遣返等其他方面，预防是减少或消除贩运人口的长久之计；此外，预防工作对于减少国家财政压力而言更加可取。

预防人口拐卖，包括政府重视，国家加强宣传、培训、信息交流和监控容易发生人口拐卖的公共场所。人口被拐卖的一些主要因素都与预防相关：人贩子的目标地区往往是贫困、教育落后和具有强烈的性别歧视文化，有效的预防是保护弱势群体最有效的方法。以供应为基础的预防政策试图干预从受害者到贩运人口的供应，这些方案主要针对弱势人群的招聘及运输途径（Shinkle，2007）。政府一直以来的努力是为了减少人口拐卖的“推动因素”，如贫困、性别不平等以及教育和经济机会的缺乏，激励人们承担或预估在人口拐卖带来的风险。因此，Shinkle（2007）认为，预防分为4个主要的领域：提高大众对于人口贩运的认识；建构国家政府和民间社会打击贩运人口的政治意愿；为移民提供合法的替代品；减少贫困和性别不平等这些易使人们被贩运的推动因素。近年来，公安部和各级公安机关在加大人口拐卖打击力度的同时，进一步加强了与有关部门的联系，积极参与民政、人力资源和社会保障、妇联等部门组织开展的各类预防犯罪活动。

4.1.1 构建三层次预防模式

基于个人被害因素理论，预防拐卖我们设计了三层次被害预防。所谓“三层次被害预防”，是指从社会、社区、个体三个层次开展的各项被害预防措施，三者彼此相连，共同构成完整的被害预防体系。第一层次被害预防，即社会预防。第二层次被害预防是指立足于居民社区，通过改善居民居住的社区建筑环境和人文环境预防被害。被害预防主要是社区预防，社区是被害预防措施具体化的主要场所。第三层次被害预防是指个人、家庭、团体机构、商业场所等采取的预防自身被害的各种措施。本层次的预防是整体被害预防体系的基础，前两个层次的被害预防措施依赖于本层次的现实化、具体化，整体被害预防的效果也取决于本层次的实现程度（文姬，2009；李伟，2010）。

4.1.1.1 社会预防

基于社会预防理论，各国学者都提出了一些具体的预防措施，主要包括：第一，改善社会氛围和生活环境的措施；第二，改善行政管理的措施；第三，改革司法制度的措施（文姬，2009）。

（1）改善社会氛围。

减少受害者，需要提升人们对于人口拐卖的认识。提高认识是预防人口拐卖领域最普遍的活动。它有多种形式，不仅针对关键决策者和广大公众，而且涉及潜在的拐卖受害者。最近已经有证据表明，宣传教育对预防人口拐卖是有效的，能够起到意想不到的效果。如果妇女儿童等高风险人群能了解潜在威胁，可以有效避免被拐卖。一个有效的办法是增加人们在工作中接受反拐卖人口培训的兴趣。接受过人口反拐卖相关教育的人，可以更好地避免被拐卖（Rosenberg，2004）。因此，要在注重人口拐卖打击工作的同时，做好宣教工作，提高社会对反拐的关注度、参与度，使反拐深入人心，增强群众的法制观念和防范意识、防范能力，营造全民反拐氛围。

政府需要进一步创新反拐宣传的手段和模式，改变过去传统宣传手法单一、宣传面窄的局面，更多采取群众喜闻乐见、互动性强的方法开展宣传，营造全社会共同参与的浓厚氛围：对儿童家长的宣传要到位。防止妇女儿童被拐骗，除加强对监护人和家长的监护责任教育以外，还应该对妇女儿童进行安全知识、法律知识的教育，比如对孩子提问，如果陌生人给你买玩具你该怎么办？学校、幼儿园等机构要加大反拐宣传力度，尤其是在儿童拐卖高发地，增强孩子和家长的防拐意识。

强化企业防拐责任。大部分外来务工人员集中在企业，提高企业人员的防拐意识是反拐工作的有效手段。要加强与企业的合作，不仅要给工厂厂长、企业骨干举办防拐知识培训班，还要将防拐知识纳入各企业员工的业务培训当中去，使防拐教育在企业中可持续开展，尤其是加强女工培训。妇女被拐，很多时候是由于缺乏自我保护意识。要提高她们的自我保护意识，要教育引导她们知法、懂法、守法，并能有意识和能力运用法律武器维护自身权利。针对互联网迅猛发展的形势，加大网络宣传力度，在主要的网站和论坛开辟反拐宣传专栏，重点宣传人口拐卖防范措施和典型案例，形成强大的正面舆论导向。

变城市造势为农村实地宣传。被拐的儿童大多是农村流动儿童和留守儿童，反拐宣传不仅可以得到很多信息，也能提高农村人员反拐的意识。公共教育和宣传项目对于彻底终止拐卖案件是至关重要的。媒体宣传可以针对被拐卖妇女的拐出省和拐入省：教育妇女如何避开人贩子，在外出找工作时的注意事项，并通过介绍案例让大众了解到拐卖案件的真实情况。媒体宣传要注意以受害者为中心，维护受害者的利益；同时要有保密意识，不能让人贩子增强反侦查意识。安哥拉跨国妇女拐卖案中，受害者王某红与家人用网络联系，缴纳赎金后，人贩子才放其回国，然后受害者报警，中国警方才知道消息组织解救。事情的来龙去脉都被媒体报道出来，这种报道反而会增强人贩子的反侦查意识。

从受害者特征入手开展犯罪预防。借助新闻媒介说明犯罪产生的原因以及人贩子在实施犯罪时可能选择的时间、地点和可能采取的手段；讲清最容易参与到犯罪中去的人贩子或受害者的典型类型以及最容易招致拐卖侵害的行为表现和个性品质。通报关于人贩子和受害者（尤其是那些因自身的轻率、轻信而受害的人）的最新信息和资料，提高人们对于拐卖的敏感度，提醒人们保持高度警惕，言行要检点、谨慎，不要因自己的健忘、疏忽、轻率、轻信、贪婪而成为拐卖的牺牲品。

（2）改善行政管理措施和改革司法制度。

法制预防。鉴于目前建立新生儿 DNA 库的不现实性，可以加强身份证管理制度，国家从法律层面规定，1 岁儿童必须办理身份证，并且要随身携带，治安民警要重点查访疑似被拐儿童的身份证件，如乞讨儿童，如果有人称是父母，就必须出示身份证件，地址应该是相同的，否则立刻处理。严格执行宾馆住宿验证登记制度。加大对旅馆业等留宿场所实名制的检查和督促力度。比如，陈某瑾失踪案中，涉案宾馆没有严格执行身份证实名登记，加之缺乏录像，游客多是自驾游，如果不是人贩子迫于压力将孩子送回，很可能成为积案。旅馆业等留宿场所本身人流量就很大，为维护辖区治安环境稳定，加大辖区宾馆监管力度，落实旅馆业实名制登记制度，建立长效工作机制，切实做好旅馆实名登记工作，掌握近期入住人员身份的情况，严禁无身份证者住宿、持他人证件登记入住、一人登记多人住宿等情况的发生，为侦查某段时间内该地区所发案件涉及的人员身份提供参考。

要加强宣传国家反拐的相关法律规定，加大法制宣教力度，真正实现“审判一案、惩治一人、教育一片”的社会效果。明确教师、医护人员、民政人员等特定主体发现疑似拐卖情况的报告义务，要求他们在职务活动中发现疑似拐卖情况的，必须及时拨打 110 报警电话。动员、鼓励娱乐场所、宾馆饭店和交通运输行业等工作人员及时报告疑似拐卖情况。上述人员因职业关系，更可能发现疑似拐卖情况。例如，教师如果发现学生有明显的外地口音、亲子关系异常、接孩子是陌生人等可疑情况的，及时报告，以便公安机关在第一时间破案、解救。

堵塞被拐儿童在拐入地容易入户入学等漏洞。受害者犯罪预防，是指在犯罪侵害行为发生过程中或正在发生时，受害者如何阻止侵害或降低被侵害程度同时防止向犯罪人转化的预防活动。其是受害者犯罪预防最为关键的一环。客观存在的买方市场是导致拐卖儿童犯罪发生的根本原因。如果仅对拐出地进行打击和防范，而忽视了对买方市场的整治，就必定会导致打不胜打、防不胜防的被动局面，甚至从根本上影响当前国家反拐行动取得的战果。反拐必须从源头入手，从整治庞大的买方市场开始，堵塞被拐儿童在拐入地容易入户入学等漏洞，使任何人不敢买也不能买。

一是把好入户关。儿童入户必须严格执行户籍管理制度，对未能提供正规医院出生证明的，自称是在村里由农村“接生婆”接生的，以及以任何方式收养的儿童，均要先做DNA鉴定，排除被拐嫌疑后才准予按规定入户。对于为被拐儿童取得合法身份提供便利的，要坚决追究相关人员的责任。

二是把好入学关。加强拐入地适龄儿童的入学管理工作，对未能提供户口证明的、刚入学的、不熟练讲本地方言的、与父母年龄相差较大的，或相同家庭地址的学生情况进行收集，报送公安机关进行深入排查，倒查一批被拐儿童。

三是把好统计关。由拐入地政府牵头，发布公告，组织人员重新对辖区内各村或社区的人员进行一次全面的普查，重点采集超生人口、户籍登记、DNA数据等信息，逐一登记、造册，从中进行比对甄别。

四是把好处罚关。对于违反上述规定的任何组织和个人，要严格处罚。

4.1.1.2 社区预防

社区是社会的细胞，也是妇女儿童防拐的基础。社区外来人员流动性大，是比较典型的陌生人社会，尽管我们发现儿童在小区中被拐的很少，但是在家中被拐的比例也不低，因此，反拐不应该忽视社区。

在农村社区和城中村发展社区警务。以社区警务为依托，最大限度激活邻里守望和群防群治制度，充分利用社会资源推进警务社会化和反拐防控多元化，进而以整个社会力量形成人人皆警、全民反拐的格局。为使社区警务在各种社区有效地开展起来，各地警方开展了诸多活动，收到了良好的社会效果：社区民警需要掌握社区的人口和地理分布以及报警记录来熟悉管辖社区情况，鼓励民警将社区居民纳入社区问题识别和解决的共同努力中，并通过深入地分析拐卖犯罪趋势和社区关注点，进而形成“量体裁衣”的社区警务策略。警察保持与社区居民的紧密联系，对增强社区巡逻工作的信心和责任感具有重要意义（王小海，2015）。民警在社区举办多种活动，如以现场剖析典型案例等方式密切警民关系，公安机关应会同综治委、妇联、广播电视文化等部门，将一些有影响的反拐案例制作成纪实 DVD、CD 或电影，分发到各社区居民；可以联系电信部门，将反拐知识以手机短信、微信等方式发送给群众；还可以通过制作环保购物袋、小扇子、流动展板等形式，在社区广泛宣传。让社区居民更加清晰了解拐卖犯罪的基本作案方式，以有效提高群众尤其是妇女儿童对拐卖犯罪的识别能力，增强预防意识。

建设社区防拐工作站。在反拐社区警务机制的构建中，应拓展公众参与的途径和方式，强化社区自治组织的构筑，设立反拐专群结合的长效机制，也就是要关注社区自治资源的拓展和自治组织的完善。社区安全是每个居民的责任，预防犯罪是每个居民的事情。反拐的全民参与性是警察即公众、公众即警察这一传统警务理念的回归和体现；同时也是解决有限警力资源问题的核心和关键。在社区建立防拐工作站，成员由社区书记、社区主任、公安、民政、宣传、妇联、计生、调解等部门负责人以及小学校长、幼儿园园长等组成。要在城中村和流动人口密集的社区加强防拐宣传，发动群众，通力协作，进行普法宣传，将活生生的案例公之于众，让群众共同增强防范意识。要通过举办一系列“小、快、灵”的防拐宣传活动，营造全社区防拐的良好氛围。培养公众意识活动必须首先更好地识别高风险的社区，包括关注最近的流动人口。重点管控劳务市场、车站等公共场所。在街道社区、易拐场所等层面，构建完善的预防拐卖人口犯罪网络；加强对外来人口聚居社区、菜市场、商场、火车站或汽车站等容易发生拐卖犯罪重点场所的管控和综合整治力度。政府应进一步鼓励发展早期预警系统，NGO 组织和劳动组织可以负责监测高危和脆弱人群、证人或受害者的家庭，可能的风险和人口拐卖活动。要明确特定主体报告义务。村居、街乡镇、家长都应切实担当起培养未成年人安全意识的责任。

实行以环境设计预防犯罪（CPTED），加强视频监控系统建设。CPTED理论是通过空间环境的设计来减少犯罪和增加对犯罪的恐惧来帮助控制犯罪，已经被美国、英国、荷兰、澳大利亚、加拿大等许多国家采用，在预防拐卖犯罪方面也多有使用。摄像头监控，已经在打击犯罪中起到有效作用（Wagenaar and Boersma，2012）。各级公安机关应结合本地实际情况，积极争取政府的支持，投入专项资金，在拐卖高发地区如农村社区、城市流动人口聚集地、菜市场、商场、汽车站或火车站等科学布建视频监控网络，发挥视频监控系统震慑犯罪、记录线索、固定证据的功能，同时，通过实时监控将拐卖犯罪扼杀在初始阶段，提高对社会全面的防控能力。加强对案件多发地段的治安巡查。对案件多发地段，如菜市场、商场、火车站或汽车站等公共场所加大治安巡查力度和密度。通过这些措施，加大震慑力度，让人贩子感受到犯罪不易得逞的信息，使受害者及时得到援助，减少和杜绝拐卖发生。

4.1.1.3 个人、家庭被害预防

预防拐卖涉及社会的方方面面，各地近年来探索了很多严密的防控体系，但是一个不可忽视的现实是，无论外部环境治理做得多有成效，如果父母不尽监护职责，家庭教育不良或缺失，家庭重男轻女，妇女儿童一旦回到家里，一切问题依然如故，不良家庭环境很容易抵消这些成效，很难改变妇女尤其是儿童长期积淀下来的不良心理和行为，这就使得家庭在防拐中难以承担起相应的责任和发挥应有的作用。因此，预防妇女儿童被拐，应建立有效机制，强化对家庭小环境优化、加大对家庭和家长的教育、指导和帮助，建立相应的保障和监督机制，对监护人职责履行监督和帮助，尤其是积极干预家庭暴力，帮助孤儿、多子女家庭或残缺家庭，促使家庭自觉履行对儿童的法定职责，在家庭中实现男女平等，改变歧视女性的家庭环境，给妇女提供平等公正的受教育和就业机会，与社区、社会各司其职，实现优势互补。

鉴于儿童的年龄问题，还要完善监护权。儿童毕竟不同于成年人，很多意识缺乏。被拐儿童多为缺乏父母监护的流动儿童、留守儿童等，很多孩子没有在成年人陪同下外出，让孩子成为人贩子下手的目标而沦为被拐儿童，还有不少孩子出走导致被拐。作为父母或监护人，往往因一时大意，铸成大错，

尤其是一些留守儿童和流动儿童被拐，甚至有的父母将孩子租给别人乞讨或打工，背后就是监护人监护意识的缺失和法律意识的淡薄，导致监护失职。解决这一问题的关键之一，要从根本上完善监护制度，严惩监护不力的行为，避免因监护人缺乏监护意识和能力，或监护人侵权对儿童造成伤害。中国现行法律对因监护不力而造成儿童被拐的监护人，没有相关规定需要承担相应的法律责任，没有制定相应的处罚措施。因此，家庭监护制度的立法应提上议程，完善儿童监护人制度，依法为未成年人提供良好的健康成长家庭环境和家庭教育。借鉴相关发达国家的经验，适时修订补充《民法通则》中关于未成年人监护的规定，明确监护人的法律责任，增强可操作性。如美国保护儿童的法律、法规是非常细致的，12 周岁以下的孩子，必须有成年人陪伴，不可独处，否则父母可能会被剥夺监护权。公安机关可以联合妇联等部门，组织家长参与亲子活动，使家长在活动中了解儿女的成长需要和可能面临的拐卖风险，明白陪伴孩子成长的重要性，自觉投入更多的时间教育陪伴孩子，引导家长切实承担起监护人的法律义务。

4.1.2 对弱势群体增能赋权预防拐卖

要改变妇女儿童的弱势地位就应从这两方面切入，即“赋权”和“增能”。我们借助阿马蒂亚·森（2002）分析贫困问题时使用的权利方法和可行能力分析对拐卖受害者赋权增能的方法。他认为，“赋权”就是要维护和给予弱势群体参与政治与决策的权利、组织权、受教育权（自身教育和子女的教育）、就业权利、生存权等，改善自身的弱势境况，享受社会经济发展的成果和国民待遇。“增能”即提升弱势群体自身能力，这些能力包括自身谋生、分享社会成果和参与游戏规则制定、自主的提升自身人力资本、增强其发挥自身机会等。“赋权”主要是通过外部资源和力量塑造有益于弱势群体生存的客观环境，而“增能”是发挥弱势群体自身的自主性，提升自身的资本和发展能力。

4.1.2.1 以“赋权”为视角，完善各种保障制度

“赋权”就是要维护和给予妇女儿童参与政治与决策的权利、组织权、教育权利、生存权等。通过维权和赋权，提高妇女儿童自身的弱势地位，使其享受经济发展的成果；“增能”即提升妇女儿童自身的谋生能力，分享社会成果和参与制定规则的能力，自主提升自身人力资本，增强其发挥自身机会的能力。结合妇女儿童被拐原因和拐卖犯罪发生的原因，我们建议调整城乡关系，缓解身份性壁垒给农民造成的困境，包括养老、医疗、教育等问题，“努力让劳动者体面劳动全面发展”，实现社会经济和政治地位平等、福利和权利均等化。

建立和完善农村养老保障制度。中国农村缺乏养老保障制度，养儿防老的意识盛行，也是购买男童的重要原因，因此，要解决买主收买儿童存在的养儿防老、传宗接代、精神慰藉等基本动机，以消除买方市场。拐入地政府要努力建立和完善农村社会保障制度，使当地群众老有所养，无后顾之忧；针对为了传宗接代买儿童，进行思想开导，请知名人士、宣传部门通过各种传媒对其进行思想改造性的开导，通过教育和宣传，纠正延续香火的封建落后思想；丰富老年人休闲文艺生活，解决精神慰藉的问题，减少对男孩的市场需求。

加强医疗保障制度的改革。随着陕西省富平县张某霞贩婴案的水落石出，该案中被拐婴儿的家长都是在张某霞的诱骗下主动放弃了新生儿，从而给张某霞作案得手的机会。按照国家相关规定，即使新生儿被发现有疾病或者死亡，都应被送还家属手中，由家长处理，医生无权处理。许多家长听到张某霞说“孩子有病有残”就被吓得不知所措，不仅没有求证，甚至没有提出再看一眼新生儿，而是轻易将其交给张某霞“处理”，使张某霞轻而易举得手。张某霞“花费几十万元”说辞抓住了农村群众缺乏医疗保障制度，“怕花钱”“花不起钱”的现实，对他们形成了巨大心理压力，从而作出放弃新生儿的决定。因此，完善医疗保障制度，减轻人们尤其是农民对生病的恐惧，才能彻底避免这种现象。

建立农村残疾人保障制度，注重家庭和社会性别视角，尤其是要保障残疾儿童和残疾妇女的生活。很多残疾妇女儿童由于家庭条件困难，很难得到

及时医治，其生活和医疗给家庭带来沉重负担，很容易被别人诱骗或拐骗甚至出租沦为乞讨儿童，因此对于有残疾妇女儿童的家庭，应考虑到其特殊性，在强化其法定监护人履行监护责任和义务的同时，进一步明确地方政府的保护责任，建立和完善农村残疾人保障制度，在考虑给予家庭最低生活保障时，残疾妇女儿童作为一个重要标准。

保障流动儿童教育，加强反拐教育。想方设法解决城市社区外来务工人员子女入托入学问题，消除流动儿童“放养”的情况；在完善学校各项制度规定的同时，保证就学率，降低其盲目外出流动的风险，并增加儿童今后在劳动力市场中的竞争力。学校是儿童集中学习的场所，是“反拐”工作的重要阵地。要积极动员学校把防拐知识纳入学生教育、学生家长会的培训中。把妻离子散、家破人亡等真实故事写进小学生的课本，将反拐教育纳入中小学和中职学校教育内容，提高学生自我保护意识。对低年级学生要以传授自我保护知识为主，对高年级学生要以教育法律知识为主，让他们自觉成为“反拐”工作的参与者和捍卫者。

4.1.2.2 增能，对贫困地区的扶贫和完善就业制度

在拐卖问题上，更重要的是通过体制改革消除这种罪恶产生的土壤，抓紧扶贫，改善贫困农民尤其是农村妇女的境遇，最重要的则是在人权平等原则的基础上，发挥弱势群体的自主性，提升其自身的资本和发展能力，即“增能”。为了反拐活动的可持续发展，社会经济条件是第一要求，包括消除贫困、降低文盲率、反性别歧视。贫穷和缺乏经济机会使人们更容易成为人口拐卖受害者，问题根植于贫困与文化。虽然贫困是公认的所有人口贩运问题的根源，但其中贫困女性尤其脆弱（Osita，2003）。因此，加大对妇女的扶贫，为女性在城市提供就业机会与岗位，消除就业歧视；在农村针对妇女提供优惠政策，如小额贷款扶贫等，以提升弱势妇女的自身资本和发展能力。对卖亲子、儿童乞讨的重点区域扶贫，让那些所谓的“乞丐村”从根本上富裕起来。建立完善的最低生活保障制度，对于依靠出售亲生孩子养家的，政府应该想办法扶持，保证其温饱问题。尤其是对于有学龄儿童的贫困家庭，政府提供食物、住所、医疗补助，保障儿童获得免费受义务教育的权利，保障女

童的教育权利。

扶贫不仅能够提高弱势群体的地位，也可以减少潜在的人贩子。扶贫改变了人贩子的生活环境，人贩子如果能够通过合法手段获得同样的收益，实现文化目标，在巨大犯罪风险面前，会减少甚至放弃犯罪。在这方面，最为显著的是“龙乜模式”。“龙乜模式”是党委、政府牵头，各职能部门齐抓共管，通过强组织、抓经济、促发展，通过外力去激活弱势群体的主体性，最终让群众走上富裕道路，避免群众因贫返拐的一种农村发展经验。龙乜村位于云南省文山自治州广南县，20世纪80年代末以后，全州的拐卖妇女儿童犯罪十分突出，贫困大县广南是重灾区，其中以龙乜为甚。为了改变贫困面貌，一些村民利用交通之便与省外不法分子互相勾结拐卖婴幼儿。从1992年到1997年，龙乜村妇女在人贩子的操纵下，利用妇女带小孩方便的条件，拐卖婴幼儿到广东、福建等地。该村人贩子还在周边村庄大肆收买婴幼儿进行贩运，集收购、运输、转接为一体，牟取暴利，成为当时远近闻名的“拐卖村”。后来，在公安机关严厉打击的同时，文山州委、州政府及广南县委、县政府对龙乜村的发展给予了大力支持，最终形成了“龙乜发展模式”，也为反拐工作提供了新思路，树立了新榜样。龙乜村能由乱变治、由穷变富、由拐变防，主要是党委、政府重视，各职能部门介入，因地制宜地帮扶支持，让龙乜村群众找到了一条致富之路。作为防拐典范，龙乜村的成功经验已在广南县推广。广南县篆角乡的岩上、田坪等村小组也曾是拐卖儿童犯罪的重灾区，在借鉴龙乜经验的基础上，结合村情民意大力加强组织建设，促进产业发展，这些村的生产生活条件也得到极大改善，近几年来，没有发生过一起拐卖犯罪案件。据统计，广南县20世纪90年代拐卖案件每年发案200起以上，2000年至2010年，年平均发案140起以上；2010年以后，发案数呈逐年下降趋势，其中2011年立案150余起，2012年立案90余起。2013年8月底，全县立案30余起，发案率同比下降65%以上。

增加就业机会也是预防措施的一部分。一些妇女被拐是由于用工制度和法律制度尚不完善造成的。国际上普遍认为，受害者愿意承担或接受风险较大或不合法的工作，最终被贩运。联合国妇女发展基金和一些研究人员认为，由于歧视性政策（因为种族，宗教等），妇女或某些少数群体更容易被贩运（参见 uniefem.womenwarpeace. org），因此，要为女性在城市提供就业机会与岗位，消除就业歧视，对农村妇女进行农业技术技能培训和流动妇女就业指导、培训，提高其在就业市场的竞争力。同时，要确保 16 岁以上的人群能够在外出和在打工过程中受到保护，确保她们拥有更多就业的选择和信息。要告知外出务工者被拐风险和非正规流动渠道的危害。更重要的是，要使劳动力的流动正规地、安全地进行，必须提供实用的信息，并在劳动力输送地与目的地建立支持机制。通过给流动人口提供有用的工作信息，旨在阻止潜在的流动人口到危险和脆弱的地方打工（Nieuwenhuys & Pécoud，2007）。除了提供体面的工作和更多非传统的“女性的工作”外，更要评估和监测女性的就业机会中遭到拐卖的风险。规范劳动力市场和人才市场秩序，在招聘、用工等环节清除和制止侵害妇女儿童权益的违法违规行为，改善女性就业的政策环境。更为重要的是，要整治劳务市场，截流堵源；积极提供咨询和宣传教育，增强外出务工妇女的自我保护意识等。因此，要建立一种完善且低成本的就业网络，尽快建设正常的可以公平竞争的劳务市场和职业中介市场，使外出务工妇女能够得到应有的善待、帮助与服务，以预防一些妇女以找工作名义被拐。劳动部门在职业介绍和流动劳动力的管理方面应加强有组织地流动管理，并且在工作中更加具有社会性别视角，为女性流动人口提供信息和有效的服务。

建立和完善流动人口尤其是农民工的失业保险，减缓政策和市场经济对农民工的冲击。建立失业保险，给农民工社会保障的同时，也能够给社会一个“减压阀”，在任何政策改革时，不仅仅考虑当地人的利益，还要保障流动人口的权益，减少市场经济与政府改革对流动人口尤其是农民工的冲击，使其不再靠犯罪来生存。

4.1.2.3 赋权增能要重视社会性别视角

“保护”女性可能导致进一步限制妇女的权利——认为需要“保护”的潜在威胁的女人就像保护儿童一样（Smith & Mattar，2004），这对女性也是不利的，比保护更重要的是加强妇女的能力建设。赋权增能要特别重视社会性别视角。妇女被拐的现实告诉我们，女性在儿童、青少年及成人等阶段，在出生登记、就学、就医、就业等方面往往遭受各种形式的性别歧视，发展权遭受侵害。现有的反拐策略大多数属于压制性的，这些办法不仅本身预防效果不好，而且未能保障妇女的权益。能力建设是预防的一个重要组成部分，欧美很多机构都开展自己的教育和宣传工作，以及在执法、司法与国际同行进行类似的努力，政府与非政府组织合作采取不同的策略来解决拐卖妇女强制劳动 / 奴役性行为问题。妇女赋权是一个有价值的策略，有利于消除包括拐卖威胁在内的所有对妇女的暴力行为类型。妇女赋权的工具包括消除性别歧视法、获得教育保障、收入范围、自我决定权等（Kawshar，2011）。从社会性别的视角分析，女性的多重脆弱性使她们更容易陷入被拐卖为人妻甚至是性剥削的境地。为此，应该制定消除这些脆弱性的战略性和实用性的对策和步骤，针对不同部门、不同目标群体，提出综合的、全面的和可操作性的建议。在干预的措施和策略中，最重要的是贯彻“以预防为主、赋权女童及妇女”。“权利保护”不只在权利受到侵犯后，也应发生在权利尚未受到侵犯前。保护权利不仅仅是通过执法的手段，外出女童和妇女还可以通过获取信息和服务来行使自己的权利，以赋权来达到保护自己的目的。

尽管新中国成立已有 60 多年，但男尊女卑的封建残余思想至今存在，保障妇女权益是一项长期任务。而被拐妇女又是其中的最弱势人群，更需要政府保护其切身利益。要基于增强妇女权利的立场上的反对强制和暴力的战略。这种战略从妇女的自决权出发，着眼于妇女自身的利益。她们的参与被视为一种能够产生有效策略变化的关键，其目标就是要确保所有相关的妇女的权利。中国女性可以拥有平等继承权、工资和就业机会，这样，男人和女人都可以在以后的岁月里有能力充分照顾他们的父母，也会减少购买男婴的市场需求。中国必须解决妇女文盲率过高的问题，通过减免农村女孩学费等，保障农村女孩受教育的权利。接受教育是提高预防意识的基本要求，人口的素质取决于教育，女性由于文盲导致脆弱。资助贫困女童入学，提高女性文化水平。为妇女和女童提供更多的发展机会——公平的教育和就业机会，以降低她们被拐卖的风险，这也符合中国政府所倡导的以人为本、创建和谐社会的目标。让妇女有更多的选择，增加她们获得不同经济选择的机会和权利。要着眼于妇女支配自己的身体、生活及工作的权利，特别是迁移和流动的权利，承认她们的需求，落实、维护她们的权利，提高劳动者地位及规范其工作条件；尊重并加强她们的权利；在帮助受害者的过程中，应尊重其自己做出决定的权利及所做的决定；帮助受害者了解她们在刑事和民事诉讼程序中的权利。

4.2 打击

鉴于中国拐卖犯罪的特点以及国家反拐行动中所存在的问题，司法部门及其他相关部门需要消除有利于人贩子逃脱罪名的漏洞，调整人口拐卖的定义等，加大对拐卖犯罪的打击力度。

4.2.1 完善相关法律

4.2.1.1 人口拐卖的定义

人口拐卖的合理定义非常重要，因为它涉及国家和地方的执法能力或预防措施等细节问题。国际上，人口贩运定义的清晰度不足的问题已经引起研究者的广泛讨论（Anderson，2007；Kelly，2002），国外人口贩运主要是劳动剥夺，在中国，婚姻和收养占大部分，需要寻找国际和国内的共同点来定义人口拐卖这个问题，促进国际合作。

研究者认为，一个全面的人口贩运定义必须包括贩运行为、手段和目的、构成何种犯罪（Hawaii，2002）。目前，中国《刑法》中的拐卖妇女、儿童罪的适用范围较小，在犯罪手段上，《刑法》规定，拐卖妇女儿童必须是“以出卖为目的”，而联合国人口贩运定义是“以剥削为目的”。“以出卖为目的”导致的问题是，很多少女儿童被诱骗乞讨、卖淫或者做其他违法事情，这都不是以出卖为目的。尽管《刑法修正案（六）》将儿童乞讨罪列入，但是利用儿童牟利的形式越来越多，江西省广昌县有一相关案例，人贩子给未成年人喂食毒品后将其手臂打断，再让其作为碰瓷“工具”实施诈骗，法院作出一审判决，仅仅以诈骗罪判处，量刑过轻，没有形成震慑效果，影响了打击力度。建议将“以出卖为目的”修改为“以牟利为目的”，扩大了定义范围，这样避免了不断出现新的利用儿童牟利的形式而多次修改《刑法》。

另外，拐卖妇女儿童罪仅仅包含“暴力、强迫或其他手段”，2016年《关于审理拐卖妇女儿童犯罪案件具体应用法律若干问题的解释》将对婴幼儿采取欺骗、利诱等手段使其脱离监护人或者看护人行为界定为“偷盗婴幼儿”，不包括“同意加入后，陷入脆弱境地被牟利的情况”，如何证明受害者是被迫或被骗进入色情行业和被迫或被骗乞讨是法律的主要局限性之一。在有些情况下，人贩子拐卖手段比较富有欺骗性。例如，有些儿童年幼无知，没有正确的认知能力；或者家庭贫困，愿意跟随人贩子出走；或者有的孩子失去了父母，想到其他地方寻求较好的生活；有些家长因为贫困出卖自己的孩子；有些妇女希望摆脱贫困或家暴，自愿跟随人贩子出走，之后却发现被拐卖；有的少女年幼无知，甚至发现被人贩子欺骗后依旧卖淫；很多人贩子可以强迫或诱骗受害者签署合同，许多受害者无法阅读或理解所签订的合同，因为她们没有受过教育；或者受害者可能受到威胁，如果她们不同意，人贩子会对她们或其家人造成伤害。由于《刑法》缺乏对“同意”成为被拐卖者的规定，因此可能会导致很难认定此类拐卖行为构成犯罪，很多人贩子逃脱了惩罚。对“同意”的年龄也没有明确的规定。现在被拐的14 ～ 16岁未成年人中女性越来越多，我国《刑法》的“儿童”，是指14周岁以下的所有未成年人，根据联合国《补充议定书》的规定，不满18周岁的从事性服务，即使本人表示“同意”，这种“同意”也是无效的，应被视为受害者。由于缺少对这种“同意”内涵的界定，其结果是，即使未成年人也能给出有法律效力的“同意”，使她们在被拐卖时“同意”，而忽略了可能是人贩子通过实施欺骗和强迫手段而取得的“同意”。我国已经加入了《补充议定书》，应忠实履行国际义务，与《补充议定书》的观点保持一致，即受害者的“同意”不能阻却犯罪行为人行为的犯罪性。因此，建议将“拐卖妇女儿童罪”改为“贩运妇女儿童罪”，并在法条中明确：以买卖、强迫卖淫、强迫乞讨、欺骗等以牟利目的贩运妇女儿童的，即构成此罪，年龄在18周岁以下的，无论是否同意，都构成此罪，从而将本罪的适用范围扩大，与国际人口贩运定义衔接，有助于更好地打击拐卖妇女儿童犯罪现象和加强国际合作。

4.2.1.2 对人贩子的处理

职业化的拐卖网络正在形成。拐卖犯罪的“亲联性”尤为突出，体现出犯罪的社会学习论，因此要加大对人贩子的处罚。对人贩子的刑事处罚在大多数国家是低水平（Pochagina，2007；Tiefenbrun，2002；Sheldon，2007）。中国政府正在努力遵守消除人口拐卖的最低标准，但没有设立足够的标准来惩罚人贩子或保护受害者。《刑法》中规定，拐卖妇女、儿童的，情节一般的处5年以上10年以下有期徒刑。可见，由于拐卖妇女犯罪的处罚通常是不重的，从而，犯罪集团被吸引到人口拐卖行业，使人口拐卖屡禁不止。

怎样给人贩子定罪，的确是个难题。量刑适当，刑罚适当，才能制服罪犯。对人贩子，相关法律规定，情节严重的可处10年以上有期徒刑直至死刑，但对于什么是“情节严重”则没有具体的标准。相关标准要进一步明确，提高可操作性。法律重在预防、教育为主、惩罚为辅。解决这个问题，关键就在于让犯罪分子认识到，拐卖人口所得的利润和承担的惩罚不相符，利润不足以支撑犯罪分子去从事这个行业，从而迫使犯罪分子放弃犯罪。严刑不一定能完全消灭犯罪，但是可以减少犯罪。人贩子，除了极个别是大型团伙犯罪之外，都是一些散户或者规模较小组织，利润和贩毒相差甚远，但是处罚又不重，所以才会屡禁不绝。如果加大处罚力度，自然会有一批人考虑到“性价比”而放弃。但是，严惩是把双刃剑，再严厉的惩罚也不能避免犯罪，量刑过当，可能令亡命之徒为了利益铤而走险。如果对买卖妇女儿童的罪犯都严惩不贷，人贩子就会因为要逃避惩罚而消灭证据，这个证据就是受害者，人贩子一经发现有风吹草动，确实可能会先杀死受害者，毁尸灭迹或者坚决不承认拐卖妇女儿童数量，这会丧失很多破案线索。

在刑法学领域，德国著名刑法学家、刑事社会学派的创始人李斯特认为：实施犯罪行为的人的“反社会性”和“危险性”是刑事责任的根据，而不是行为人的“自由意志”；刑罚轻重不能仅仅根据犯罪的客观危害事实，对犯罪人进行分类和实行刑罚个别化的标准是以犯人的性格、恶性、反社会性或危险性的强弱来区别。拐卖犯罪被称为“超越谋杀的罪恶”，所造成的社会危害可能比杀人放火、偷盗抢劫、贪污腐败还要大，是多种犯罪的源头和诱因，是“没有人性”的最为严重的经济犯罪和刑事犯罪。很多贩运案件都伴随着强奸、谋杀、奴役、非法移民等各种令人发指的罪行（Subcomm，2000）。因此，应当对人贩子进行完全的、包括所适用的一切罪名在内的指控，这些罪名包括强奸、性侵犯及其他形式的侵犯（包括但不局限于谋杀、怀孕和强制堕胎等）、绑架、折磨、残忍而非人性或有辱人格的虐待、奴役或奴役性行为、强制劳动、债务奴役或强迫婚姻等，属于典型的“连带犯罪”“并发犯罪”。众所周知，对于强奸罪，依照我国现行的法律是要严厉处理的，有很多人被判处死刑。被拐卖妇女送到买家之前，就有可能已被强奸甚至轮奸，这些强奸者也是人贩子，一旦被拐卖妇女运到了买家，一般会被限制人身自由，大部分将被强奸，这种强奸行为并没有得到真正的制裁。我们现有的法律是很难处罚这部分犯罪人的，多以拐卖妇女儿童罪判处人贩子，这是现有法律中不对等的责任与义务关系之一。许多利用拐卖儿童乞讨的“丐帮”组织，严重侵犯儿童的人身安全，将健康的儿童致残，甚至还有些孩子在被拐卖的过程中被人贩子致死，所以，拐卖案件很多也多伴随着谋杀。但是，我国目前的法律判断，这种“连带犯罪”“并发犯罪”并没有多加追究，所以应从受害者的利益出发，加强对其权益的维护，将“连带犯罪”“并发犯罪”加入人口拐卖定义，使人贩子得到应有的处罚。同时，加大对人贩子的经济处罚，以改变其犯罪成本和收益，改革罪犯财产没收制度，对凡是人贩子从事拐卖的财产、设施进行没收，在经济上打击人贩子，改变其经济效益。

诉讼时效过期是拐卖儿童案件中普遍存在的问题，如张某虹案。法律对于时效的规定，是从刑罚预防犯罪的目的出发，同时考虑到社会关系和犯罪伤害已平复，法律便不再介入进行追究。而被拐家庭，却因为拐卖行为受到难以弥合的伤害，即便找到孩子，孩子也很难与父母处好关系甚至拒绝与家人相认。因此，儿童拐卖不应该存在超过诉讼时效一说，只要孩子与亲生父母没有相认，侵权行为一直存在且具有持续性，也就是还处在被拐卖的伤害中，家长及孩子就有继续追诉人贩子的权利。重新修订相关法律，延长人口拐卖案件追诉时效，追诉时效从儿童成年后，即有独立的刑事责任能力或者找到家侵权行为结束后开始计算，这样更符合立法精神及实际情况，不让人贩子与买主有机可乘，逃脱法律制裁。

严惩中间人。当前，我国预防和打击拐卖妇女儿童犯罪方面的法律对中间人的刑罚相对较轻，在一定程度上造成“重解救轻打击”的现象，建议立法部门进一步完善法律制度，严惩中间人。虽然中间人转手卖出不少的妇女儿童，但在法院审理时，往往给予不认定犯罪事实的判定。这必然会导致中间人更加胆大妄为，也给公安机关解救工作带来阻力。事实上，中间人是拐卖妇女儿童犯罪的润滑剂，是拐卖妇女儿童犯罪网络的关键环节。中间人的存在，加重了犯罪后果，应该给予严惩。既要将一、二道人贩子缉捕归案，也绝不轻易放过三、四道人贩子，营造严打高压态势。公安机关要加强对已抓获犯罪嫌疑人的扩线深挖工作，尤其重点分析第二、第三道犯罪嫌疑人的交代，梳理其上下家关系人，对比类似案件，从中倒查一批案件。

4.2.1.3 对被拐受害妇女赋予正当防卫权

增能赋权理论的基本前提是个人或群体拥有的权利和潜能是变化和发展的，通过努力是可以改变无能或弱权的地位状况的，增权的目的就是激发弱势群体的内在潜能。因此在法律上严厉打击人贩子时，也要增加受害者对人贩子的反抗意识和能力。《刑法》第 20 条第 3 款规定：“对正在进行的行凶、杀人、抢劫、强奸、绑架以及其他严重危及人身安全的暴力犯罪，采取防卫行为，造成不法侵害人伤亡的，不属防卫过当，不负刑事责任”。理论上，为了和一般正当防卫相区分，学者们把这一条款称为“特殊正当防卫”或“无限正当防卫”，这一规定是中国《刑法》关于正当防卫规定的重大突破，加大了对暴力侵害行为进行正当防卫的力度，在司法实践中有利于划分正当防卫与防卫过当的界限，使公民面对正在进行的暴力犯罪侵害时，能够勇敢地站出来进行还击，不至于因过多的考虑过当责任而畏首畏尾，不能适时地制止犯罪。该条款对实施特殊正当防卫的具体犯罪行为采用了列举的方式，如杀人、抢劫、强奸以及绑架，这里的杀人、抢劫、强奸、绑架，既可以指具体的故意杀人罪、抢劫罪、强奸罪和绑架罪的罪名，也可以指以这四种形式的犯罪手段来实施的犯罪行为，但成立的却是其他的犯罪罪名。如“以出卖为目的，使用暴力、胁迫或麻醉的方法绑架妇女、儿童的行为”，根据《刑法》第 240 条第 1 款之规定，虽然应当认定为拐卖妇女儿童罪，但从犯罪手段上看，这种以绑架手段实施的犯罪，实际上是一种特殊的绑架犯罪（王家龙，2009），同时，被拐妇女还往往遭受强奸甚至轮奸，妇女有正当防卫的能力，因此，应当允许她们实行无限正当防卫。即使在被拐妇女被卖到买主家后，此时暴力犯罪已经结束，但是拐卖妇女行为是继续犯，即犯罪状态是持续的，妇女处于面临再次被强奸的紧迫危险之中，也具备行使无限防卫权的条件，这体现了刑法的谦抑性。

调研中也发现类似案子，被拐妇女杀死了买主，给当地产生了极大的震慑力，“十里八乡都不敢买老婆了”。唐代文学家柳宗元《童区寄传》中，区寄被绑架卖的途中“讨杀二豪”，最终结果是“乡之行劫缚者，侧目莫敢过其门”。在对买主打击不力的情况下，对被拐受害者赋予正当防卫权是可以考虑的。

4.2.2 制定一个妇女儿童失踪标准与流程

妇女被拐案件很难立案，疑似儿童被拐案件牵涉了太多的警力，在拐卖案件发生后，很多案件难以从表面看出失踪人是否被拐，这就需要对失踪案件进行辨别区分。失踪和被拐的救济途径和紧迫程度不同，为了实现最大限度的公安效益发挥和职能应用，必须对失踪的具体情形进行分析研判，按照相关标准并辅之以人口失踪管理经验，将被拐人口从失踪人口中剥离出来。公安机关针对妇女失踪报案的尴尬处理状况和儿童拐卖案件疲于奔命的根源，在于缺乏必要的制度规范设计，仅能通过原始的历史经验和模糊的程序性法律进行处理，或者“一刀切”的全部立案，丧失了基本的主客观分析和考量（裘树祥、马跃忠，2015）。如果没有有效的风险评估工具，警察只能依靠经验和专业判断，可能存在很大问题，因为区分失踪人员没有什么经验可循。失踪人员报告中收集的信息量和质量是调查成功的关键组成部分。国际警察首长协会（IACP，1994）认识到其在失踪人员查找政策中的重要性：对报案者和初始响应人员、周围人的角色确定，是失踪人员风险识别的关键。因此，该机构制定了以下政策：1）对所有失踪人员的报案予以充分的考虑和注意，包括仔细记录和调查失踪者周围的环境；2）对以下人员要特殊照顾，包括儿童、可能的精神病人、身体残疾或不能自理的人。

4.2.2.1 失踪人口报告登记信息

失踪人口最初的接案者必须尽可能多地收集相关信息，以便形成可以正确分类的失踪人口报告，并启动适当的响应机制。根据 IACP 的规定，该报告至少应该包括以下信息：

（1）失踪人员的姓名、性别、年龄、外貌的主要特征，与报案人的关系。

（2）最后已知失踪人员所处位置的时间、详细地点和陪伴人的身份。

（3）对失踪人员已进行的搜索程度。

（4）失踪人员的失踪史和失踪程度，最近是否有偏离日常的行为模式、习惯或计划。

（5）失踪人员是否遭受精神创伤或打击性的生活事件；是否遇到危机；是否表现出不寻常的或怪异的行为；是否有酗酒史或吸毒史或有精神疾病史。

（6）失踪人员当前的身体状况，是否在服药。

需要收集更多的信息，这对警方在早期阶段的调查是必不可少的：失踪人员所有身体或情绪问题的详细信息（包括失踪人员最近参与的活动，遭受的精神创伤或生活危机，表现出的不寻常的或奇怪的行为，是否依赖药物或酒精，或有精神疾病的历史）；最后目击失踪人员或可能与失踪人员有关的朋友、亲戚或同事的身份；失踪人员的规划、生活习惯和个人物品，包括经常光顾或对个人具有特定个人意义的地点，以及失踪的个人财物的迹象，特别是金钱和其他贵重物品。

4.2.2.2 对失踪人员的报告进行有效的初步回应

人口失踪相关的政策发展，涉及三个关键问题：谁负责行使报告的“分级”决策，可以在一开始就决定是否系统审查，以及该案件是否应该采取最低标准的行动。采用初步报告有两个步骤：第一，负责收集资料的人员完成此项报告；第二，领导必须对失踪妇女儿童进行分类报告。这是关键性的一步，因为对失踪妇女儿童报告的分类决定了相应的行动。

当警方收到失踪妇女儿童报告时，有各种各样的行动和搜查的种类，制定一些潜在的步骤：第一步主要包括保护现场，获取 DNA 证据（如果可能的话），建立路障和保留 110 电话报警记录；收集更多失踪妇女儿童的信息，并采取相应的措施，有助于做出搜索失踪者位置的初始响应，这阶段可以被认为是预调查；在每一种情况下，都有一些基本的侦查措施，包括询问关于失踪人员的失踪性质和信息；获得失踪人员的近照；获得失踪人员的朋友信息和经常光顾的地点，以作为未来查询人员的备选；对失踪人员的平时居住地和其他活动地点进行彻底搜查；明确报案人是否对失踪人员有监护权；进行相关的警务指标和情报系统的检查；检查相关的非警务指标；检查以前发生的同一性质失踪事件的失踪人员的各种信息；检查当地医院是否为失踪人员的可能去处；并将失踪人员的描述信息分发给巡警队。警察有责任详细考查每个失踪人员，并采取调查行动。在执行这些任务时，警察有责任评估调查中存在的潜在危害，初步评估可能发生的失踪案件，特别是评估失踪人员被拐卖的可能性。

4.2.2.3 立案与研判结果的标准化控制

基于当前的妇女儿童失踪状况和存在的问题，应当从以下几个方面设计《人口失踪评估分析表》：

（1）分析要素。

妇女儿童失踪类型。失踪类型在很大程度上关系着失踪案件的救济方式和警力配置，是人口失踪研判分析的重要前提，关系着失踪案件能否立案和公权力的介入。从目前来看，“无意识”失踪应当成为自力救济的重要部分，其失踪人的重要考量因素有年龄及性别，心智状况、精神状况、被拐的可能性（以拐卖犯罪规律为依据）、家庭经济状况及家庭关系、失踪地域及时间、陪同人员等；被动失踪的主要考量因素有被拐价值、社会生存能力（钱财、社会经验基础等）、正常活动规律等；主动失踪的主要考量因素有失踪人员的前置失踪迹象、民事关系影响、失踪利益等。

失踪人员失踪危险度。失踪危险度的确定，是被动失踪类型下的进一步研判延伸，目的在于给予立案、临界侦查、初级调查等警力介入以科学依据。失踪危险度的标准化评估应当从以下几方面考量：1）高危险度：被发现造成被拐、侵害或强制、失踪场所出现打斗或损坏痕迹、失踪前受到侵害威胁、发出过求救信号；2）一般危险度：不具备长时间的社会生存和适应能力，但是具备社会脱离正当理由、具备相关的合理解释、具备相关的历史经验契合、具备其他安全信息佐证。确定风险之后就要立案侦查，以便科学配置警力和满足报案人公权力介入的要求。如果失踪最初方案没有反应，应针对具体情况制定一个全新的调查策略，需要具备从事重大犯罪调查和案件管理的技能。我们通过收集的数据分析儿童失踪可能是被拐的风险建议（见表 4–1）：

表 4–1　失踪儿童被拐的风险分析

	高风险	中风险	低风险
年龄	2 ～ 5 岁	0 岁，6 ～ 9 岁	10 ～ 16 岁
性别	0 ～ 7 岁男孩	10 岁以上女孩	
父亲职业状况	农、林、牧、渔、水利业生产人员	商业、服务业人员	其他职业
被拐时间	10 时至 12 时、14 时至 17 时	17 ～ 21 时	其他时间
被拐地点	独自外出途中	公共场所	其他

在某些情况下，警方可能会从一个失踪人员案件转移到拐卖甚至可疑的命案调查，这一转变的挑战，如果该人在技术层面仍然是“失踪”，那么可否找到被拐证据，在许多情况下取决于有没有已知的犯罪现场。在其他情况下，一旦所有的调查线索已用尽，警察可能会把案件归为低风险。正在进行的调查策略的一个共同点是收集材料，提供进一步的识别，包括牙科记录、失踪人员的 DNA 和 / 或指纹；另一个策略是扩大搜索范围。

（2）综合评断。

综合评断的任务，是在公安机关失踪调查材料和报案人员口述材料中更加深入地发掘相关疑似信息，在标准化评估基础上赋予决策人员相应的决策和命令专断权力，这种专断权力是为了最大限度弥补标准化评估可能存在的僵化，保障指挥决策人员所特有的职业敏感性和思维能动性的发挥。结合相关实务现状以及公安机关的职能和功能价值发挥需求，失踪人口的公安管理程序应当分为以下几个步骤：第一，接受报案后的研判与初级调查。第二，根据初级调查和研判结果分为四种情形：1）无害结果背景下踪迹获取；2）有害结果背景下踪迹获取；3）疑似被拐背景下踪迹未定；4）失踪原因待定背景下的踪迹未定。第一种情形，是失踪人口管理目标达成，不再进入下一步的信息处理程序；第二种情形，则根据已查明的危害程度分别予以刑事立案或治安行政立案；第三种情形，有疑似被拐踪迹，对此必须根据法律规定施以专人（刑侦部门）、专职、专业（DNA 采集对比入库）、专项（侦查阵地控制）管理，力求在最有效的时间内澄清相关被拐信息；对于第四种情形，由于其不具备启动侦查或临界侦查的相关要素，只能通过信息入库、情报交流来提供公安服务，相关社会秩序和利益的恢复须经相关人员自力救济解决。

4.2.2.4 积案的长期调查

积案需要长时间的跟踪调查，这反过来又导致案件管理和报告问题。因此，在长期情况下，调查和行政部分的工作，包括政策问题，以及跟进调查如何定期进行，如何经常进行审查以确保调查完成。如果失踪人员在报案 30 天后还没有找到，应采取额外措施收集信息和材料，如家庭成员的 DNA 样本，尽快进行基因分析，并授权公开额外的记录（U.S. National Intitule of Justice，2005）。

同时要进行必要的审查，主要审查失踪人员报告和警方的反应。具体而言，审查给警察提供了一个机会：评估失踪人员的风险水平；检查任何未完成或不完整的行动；进行质量保证检查；确定要采取的新行动；对案件的管理提出建议；考虑该报告的状态（不活跃、长期失踪、被拐等）；并设置将来的评审日期。经常回顾审查长期失踪人员案例，每 3 个月或 1 年 1 次，考查他们的行为是如何变化的(Newiss，1999)，这对积案的解决也有重大作用。

4.2.3 规范收养程序、民间收养

民政部门在接收和送养孩子的时候，要把好“入口关”和“出口关”。福利院接收遗弃儿童时，一定要采集 DNA 进入公安部 DNA 打拐库备份后，才可以办理入院手续。比如，在深圳市，弃婴进入民政部门时，根据市民政局、市公安局转发《关于进一步规范社会福利机构接收弃婴（弃童）有关手续的通知》与市公安局《关于送福利院儿童 DNA 采集信息编码的通知》的文件精神，捡拾弃婴送至福利机构前需办理好如下材料：公安机关出具的《捡拾弃婴报案证明》，须用派出所红头便笺纸开具并加盖派出所公章。弃婴（童）的体检材料，包括医院出具的《体格检查表》、血常规化验（含血型）、胸透检查，《体格检查表》需贴上体检弃婴（童）的照片并加盖医院骑缝印章，同时出具检查结论。以上项目要求填写完整并加盖医院公章。这就保障了孩子的“入口关”，杜绝了一些家庭以捡到孩子的借口来收养孩子。在“出口关”方面，很多买主因身体、年龄等原因不能生育，从养儿防老等生活实际、传统观念考虑，值得社会同情，应根据我国《收养法》等法律规定，依法定程序办理合法收养手续。虽然很多人指责收养程序烦琐，但是如果过程很简单，会不会让领养行为演变成官方买卖人口的行为？在一个缺乏重视社会规则的传统社会里，这种涉及人的生命的事情，宁可烦琐复杂，重重审批验证，也不能简单化处理。否则很有可能会有人编造假证件，领养孩子去乞讨甚至贩运器官。所以，收养手续一定要慎重，烦琐程序也可以考验收养方的耐心。不过民政部门要将收养程序更加透明化、公正化、规范化。民政部门应建立全国或省级统一的收养档案，统一对有收养孩子需求的家庭进行登记，参考相关条件在全国范围或省级内统一调配符合收养条件的儿童，让收养家庭按登记顺序收养，这样，就可以彻底杜绝假借收养名义买卖被拐儿童的现象。同时，希望能在《收养法》制定方面降低收养条件，取消福利院收养孩子需缴纳的赞助费，在收养孩子方面，要先满足国内收养。

厘清民间收养与儿童拐卖。儿童买方需求很多，福利院的健康儿童是抢手货，而残疾儿童没人领养，福利院手续烦琐，所以造成人们宁可“黑市成交”；民间普遍认为送养行为收取适当营养费是合理的，儿童拐卖打着送养的名义进行，收取了高额营养费；买主买了孩子以后，人为地制造一个弃婴现场，以收养弃婴的名义完成买卖儿童的最后一个环节，因此要规范管理民间收养市场。收养儿童的界定相当复杂，收养与收买这两种行为的性质有时候很难区分。但是，非法收养或非正常收养，从其背后深藏的背景、原因及特征来看，有很多也是和“拐卖”紧密相连的。第一，要对民间收养行为进行规范。要严格区分借送养之名出卖亲生子女与民间送养行为的界限，参考当地经济条件及行为人的家庭收入确定一个合理的营养费标准，再结合送养的背景和原因、是否收取钱财及收取钱财数额、收养方是否具有抚养意愿及能力等事实，综合判断送养行为是否存在非法获利。第二，杜绝以捡到弃婴的名义收养儿童。公安及民政部门联合，对弃婴行为也应进行全国或全省统一管理，按收养人的信息登记，公开公正地进行收养，而不是谁捡谁收养，严禁以收养弃婴的名义收买被拐儿童。第三，收养家庭抱养或收养儿童前，都须进行 DNA 检测，录入全国打拐 DNA 信息库比对，确认不是被拐儿童后，再办理入户手续。第四，过去的拐卖案件要求儿童的亲生父母和儿童现在的下落等各个环节全部都查清才能定案，现在是只要有证据证明其中部分环节也可认定。尽管这样加大了打击力度，但是，部分人贩子为了减免罪责而谎称被拐儿童是亲生父母所卖，所以，为了杜绝这种状况，建议如果人贩子称是亲子亲卖，必须招供出儿童的亲生父母，否则不能认同是亲子亲卖。

4.2.4 加大打击网络拐卖，注重“网上反拐”

当今是信息时代，人贩子越来越多地使用高科技进行犯罪活动，这并不是一件“坏事”，因为目前执法人员也在利用数字技术进行突击或卧底行动，并能够渗透到拐卖链条中，而这在 10 年前是十分罕见的。利用信息技术打击罪犯，公安机关意识到这一点至关重要。面对犯罪的高科技化，要开展网上作战，充分发挥科技优势，公安机关应充分认识到公安信息网络和公安科技在打击犯罪实战中的作用，不断加强信息化建设，全面推进高效率、低成本的“网上反拐”工作，从根本上改变拐卖犯罪活动打不胜打、屡打不绝的被动局面。“网上反拐”是创新社会管理的重大实践，也是大量破获拐卖案件的突破口。面对当前蓬勃发展的信息化大潮，反拐行动必须及时跟上信息科技和网络应用的步伐，充分发挥信息科技的效能，更精准高效地打击拐卖犯罪。公安部儿童失踪信息紧急发布平台的上线，在一定程度上既发挥了互联网时代群防群治、全民反拐的优势，又保证了发布信息的及时性、权威性和准确性。但是公安部儿童失踪信息紧急发布平台仅仅是在孩子失踪后进行查找，所以，这还是远远不够的。

公安机关要始终保持对拐卖犯罪的严打高压态势，加强网络监控，密切关注网络拐卖犯罪的新情况新变化，不断完善刑警、网警等警种联动和跨区域协作机制，主动发现，采取有针对性的措施坚决打击，阻止其发展蔓延。网安部门要通过网络监控，注意发现、掌握拐卖儿童犯罪的信息或线索，配合刑侦部门开展网上侦查和调查取证；针对当前一些被拐妇女儿童家属对公安机关不满，自行组成寻子联盟，在网上建立寻亲网站，登记发布失踪儿童信息的情况，遂要加强网络监控，收集掌握寻亲网站情况和寻亲信息，做好信息的分析研判，及时与刑侦部门交流沟通，通报情况，信息共享。要充分运用好“全国在逃人员信息系统”“全国指纹远程查询比对系统”“刑事犯罪综合信息系统”和拐卖妇女儿童犯罪信息资料，扩大线索，串并案件，开展“网上打拐”和“网上追逃”。对负案在逃的犯罪成员要积极开展实地追捕和网上追逃，加大破案“追逃”工作力度，特别是对犯罪团伙的首要分子和骨干成员，要上报公安部以督办的形式进行“追逃”。网络贩婴犯罪行为定性难，交易隐蔽，固定证据也很难，危害更大。侦办网络拐卖案件，往往需要整合串并大量线索，汇总比对海量数据，因此要加大数据收集、分析能力。警察需要技术分析公开的互联网数据识别和定位受害者和人贩子，给出开发性技术产业的新方式。一是公安机关应尽快建立和完善拐卖儿童犯罪高危人员信息数据库。要拓展信息源头，延伸信息采集触角，对抓获的犯罪嫌疑人，除了提取其个人基本信息外，一律提取其资料，扩大侦查范围。二是加强跨区域作战平台建设。建议由公安部牵头，在儿童失踪信息紧急发布平台的基础上，搭建一个全国性打拐情报信息交流的平台，实现情报共享、证据共享、快速核查线索、串并案侦查等功能，严打跨省市的流窜犯罪。

4.3 救助

在对拐卖人口进行打击的同时，对受害者及其家属的救助也不容忽视，这是保障受害者免受二次甚至三次伤害的重要措施。

4.3.1 鉴别受害者

为受害者提供足够服务的关键是鉴别人口拐卖受害者，但是鉴别受害者是非常困难的。目前，评估工具的缺乏所造成的问题是，被拐卖人往往不能认定自己是受害者。我们在调研中发现，人口拐卖受害者通常并不披露自己的情况，或是没有意识到他们是人口拐卖的受害者。人贩子的威胁、受害者的创伤，有时共同起作用，使受害者经常提供错误的或不完整的信息。难以识别的因素包括受害者通常不会在一个地方停留很长时间；受害者害怕政府和人贩子；受害者对服务提供者和机构缺乏信任；受害者认为自己是受到无视的人；受害者可能有语言障碍；受害者可能认为他们被拐卖是命运；羞耻和内疚感、年幼无知也会阻止受害者进行自我披露；受害者通常是孤立的，没有机会分享他们的事情；受害者可能是文盲；受害者往往认为他们没有选择；受害者往往缺乏辨识自己位置的能力，有些人甚至不知道他们在哪里或曾在哪里；受害者认为人贩子是一种权威人物，至少对他们来说是。受害者承受三次伤害，虐待往往会导致人们采取反社会或自我毁灭的生存策略。执法者和服务提供者可以看到被拐者多种形式的创伤。受害者除了对于个人安全的担心外，还害怕失去或伤害到他们的家人，也就往往三缄其口。还有，执法者和办理儿童保护的相关机构可能会不支持受害者站出来，受害者心存误解，认为这些机构可能会使问题进一步复杂化。

4.3.1.1 对被拐妇女的鉴别

急救人员在发现人口拐卖受害者中发挥了关键作用。虽然任何人都可能会遇到人口拐卖的受害者，但某些专业人士，因为他们的工作性质，有更多的机会接触这些潜在的受害者和有更好的机会去揭开这种隐藏犯罪。这些专业人士包括急诊室工作人员、医生、执法人员、应急救援人员、家庭暴力及性侵害救助者、救助站人员、心理咨询人员等。更重要的是，这些专业人员和团体可以培训人们如何识别以及协助受害者。由于人口拐卖问题的复杂性以及每个人口拐卖案件的特殊性，下列准则仅作为一种参考意见谨慎使用：急救人员发现人口拐卖的受害者，有义务采取行动确保受害者的安全；服务提供者应努力协调执法人员、志愿者、服务提供者以及其他资源打击人口拐卖。在辨认受害者和解决受害者需要的过程中，必须首先考虑安全。图 4–1 的流程图最初是由美国戴恩县敏感犯罪委员会（Dane County Commission on Sensitive Crimes）制定的急救人员协助机制，用于协助遇到需要快速反应的性骚扰案件，但对急救人员遇到人口贩运的受害者同样适用。下面这些步骤将确保受害者的权利，优先考虑和解决其需要（the Wisconsin Office of Justice Assistance，2012）。

如前所述，拐卖人口是一种隐藏犯罪，即使是非常认真和真诚的提问，受害者也可能不会披露信息。人贩子是控制受害者的“专家”，他们一直在给受害者洗脑，影响他们应对专家的问题。此外，人口拐卖的性质使我们很难确定受害者。表 4–2 是识别受害者的线索。通过观察几个线索和行为，识别可能会是人口拐卖潜在的受害者，如果只有一个孤立的线索也许会受到怀疑，但如果是一组线索可能就值得斟酌了。

区分是不是受害者的一个关键，是看妇女是主动还是被迫选择性工作，二者之间存在很多共同点，但也有明显差异。比如，受害者与自愿从事性工

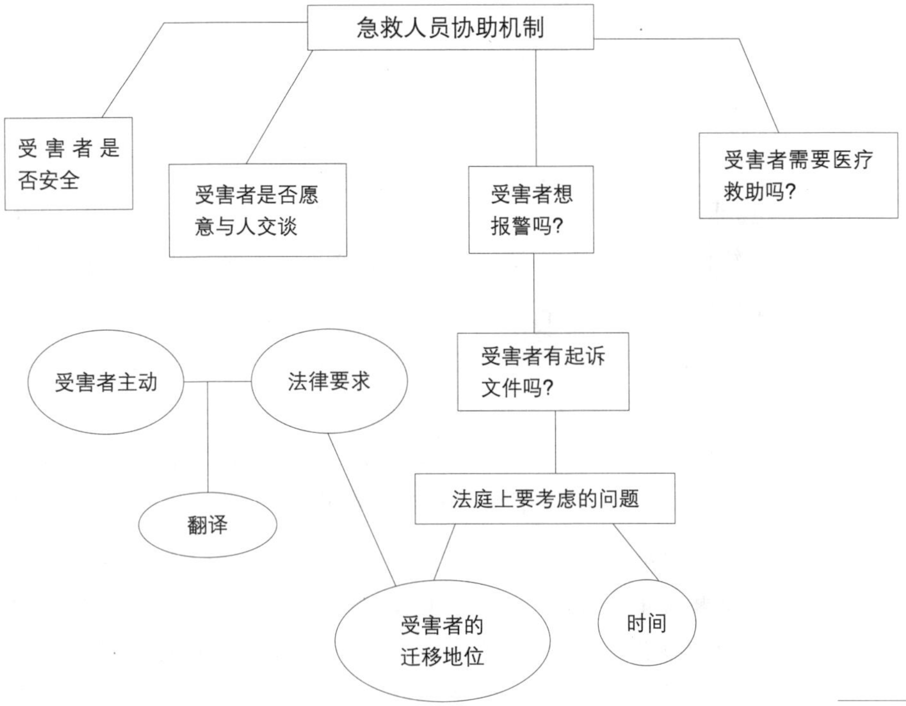

图 4-1　急救人员协助机制

表 4-2　识别人口拐卖受害者的线索

视觉线索	行为的线索
·营养不良	·缺乏身份文件
·避免目光接触	·害羞、顺从
·肌体损伤	·交流中容易分神
·非常紧张	·观察到心理障碍
·不说话或是答非所问	·说话吞吞吐吐
·物质滥用标志	·不能识别居住地
·性侵证据	·可能表现为反抗、好斗

作的人对比，受到的创伤更大，且没有什么自由；收入也不是由自己掌管。所以，警方必须尽可能地利用情报信息，尽快选取最佳时间，对卖淫场所进行突袭查处，以防止转移受害者；治安部门与侦查部门合作，对于被拐妇女

卖淫的，无论其是否同意，都免以处罚。

4.3.1.2 对被拐儿童的鉴别

DNA 技术是目前认定犯罪、确定亲子关系最准确、最可靠的手段之一。由于儿童相貌会随着年龄增长而发生变化，DNA 数据库是鉴别和找寻儿童的关键。DNA 数据库的建立与运行，为被拐孩子回家建立了快速通道，这个措施的实施也得到了全社会的认可与支持，公安机关应进一步完善拐卖儿童犯罪嫌疑人、被拐儿童的 DNA 信息数据库的建设，在鉴别被拐儿童和寻找失踪儿童方面发挥更大效益。

1）按照《中华人民共和国户口登记条例》第 7 条规定，婴儿出生后一个月以内，由户主、亲属、抚养人或者邻居向婴儿常住地户口登记机关申报出生登记。不按照该规定登记户口，一律要采集 DNA 进入全国打拐 DNA 库比对，如果不比对就登记户口的，相关民警与主管领导要受到追责。2）利用媒体再次发动宣传攻势，在全国范围内继续加大宣传。目前，父母的 DNA 信息采集数量较少，有的家长在丢失孩子后压根儿不知道采集 DNA。很多丢失孩子的家长来自农村，由于年龄和文化水平的限制，对全国打拐 DNA 数据库根本不了解，要加大宣传，尤其是通过传统媒体，让更多的家庭知道免费采集 DNA 的相关政策，增加 DNA 采集数量。3）希望公安部开放 DNA 查询系统，方便寻亲者自己查询 DNA 入库情况及比对情况。4）向基层警方再次传达落实公安部关于对采集 DNA 的相关规定，公安部刑侦局打拐办设立举报电话，对仍不按相关规定给予采血的基层单位及个人进行通报和处罚。5）明确相关人员责任制，指定办案人员在采集血样后，全程跟进，负责血样送检、入库及结果查询，并把相关情况反馈给寻亲者，对于申请采血、采血后 DNA 送检、入库、比对及结果通知时间要有时限标准并纳入工作考核系统。对于入错库、血样下落不明、信息录入错误、比对结果不通知家长等事故责任人给予处分。6）应该体现人文关怀，对于寻亲双方各方面信息高度疑似的血样的采集与比对，采取特事特办的原则，在 1 周内完成采血、送检、鉴定及通知过程。7）由于很多孩子丢失时间过长，家中父亲与母亲有一方已经死亡的比较多，对于单亲比对，应该协调好技术鉴定部门与案件侦办部门之间对单亲比对疑似线索的转交与核实，避免单亲家庭血样入库无人比对核实，入库只成了一种无效程序。8）对于父母双亡，需要兄弟姐妹之间进行DNA比对的，希望公安部能指定专门技术机构进行鉴定，以圆这样的孩子与亲人团聚之梦。9）关于失踪人口信息库与打拐库两库并存并经常发生数据入错库的情况，希望能开发一个信息共享系统，定期将两个库的数据进行比对，而且这个比对周期不要太长，至少每个月应该有一次比对。10）对于有些家长血样是多年以前采集，采集的位点太低（很多家长是九个位点）而影响鉴定结果的情况，建议对这样的血样定期更新，以提高血样的比中机会。11）希望公安部能够协调民政部，对现在还生活在福利院的孩子进行采血入库并公示这些孩子的信息，帮助他们寻找亲人；另外，对已送养的孩子档案进行清理及采集DNA，以鉴别这些孩子是不是其父母正在寻找的孩子。12）要进一步抓好采样和信息录入工作的管理，明确公安各级各部门的职责分工，坚持以方便群众为原则，对13类儿童进行规范的信息录入和血样采集，严格把好信息采集录入质量关，确保“打拐DNA数据库”应用取得实效。13）目前DNA数据库县级公安机关只能录入基本信息，血样要送省公安厅刑侦总队录入数据才能进行比对，导致比对周期过长，权限应该下放到市级公安机关，以便能及时比对。

对被拐儿童的鉴别主要是通过DNA，不过我们通过访谈志愿者和警察，并通过整理部分拐卖儿童案件，总结了一些被拐妇女儿童的特征，以便更好地鉴别被拐妇女儿童。

如果在车站或车上看见儿童表现出这些状况，可能是被拐儿童：1）怀抱婴幼儿的人不管不顾哭闹的孩子，长时间不喂奶或水；2）男人抱小孩，没女性陪同，表情紧张，神情可疑；3）儿童一直哭闹，吵着要找爸妈，而随行成年人神情紧张，表情极不耐烦；4）多名女性每人怀抱一个婴儿，另有随行者专门看管婴儿；5）坐长途汽车、火车，儿童长时间昏睡，很少吃饭排便，陪同成年人神色鬼祟可疑；6）如果车辆撞了儿童，成年人不提送儿童去医院，仅仅谈赔偿，利用儿童碰瓷的可能性比较大。在遇到类似情况时，难以判断成年人是否与儿童有亲子关系时，可以与对方聊天，但避免有针对性的聊天，可以问一些儿童的情况，例如，小朋友几岁了，你们是哪里人，儿童可以说话的，可以逗儿童说话，听口音，多方面判断；对于不能判断的，可以试着报警，同时对方有异常举动的，在保证自己安全、保护对方人权的情况下，尽量不让对方脱离自己的视线，等候警察的到来。

乞讨儿童有以下情况的，很可能是被拐儿童：1）怀抱的儿童长时间昏睡不醒；2）将儿童放置在冰冷地面或暴晒，不管不顾儿童；3）采用铁锁、铁链等方式禁锢儿童手脚；4）成年乞丐衣服整洁，怀抱或带着的儿童却浑身脏乱；5）乞讨儿童的伤口有明显的人为特征，伤口一直不痊愈；6）仅有儿童躺坐在地上，不见成年人踪影，或成年人躲在远处监视观察；7）一名成年人带多名残疾儿童乞讨。

4.3.2 被拐妇女儿童的安置

4.3.2.1 妇女

在中国，对于被拐妇女，现在多是公安机关送返回家，并没有进一步的安置政策。受害妇女被送回家中后，家属并不是专业的照护人员，还承担着经济和名声的压力，对被拐妇女的康复是不利的。因此，要尊重受害者的意见，决定是否遣返其回家，可以提供更全面的医疗、法律帮助，为跨国人口拐卖受害者提供翻译服务，充分解决受害者的各种需求。提供受害者基本的生活技能培训，提供基本工作技能的培训，鼓励受害者独立，促进其逐渐过渡到具备可以自我决定重要事项的能力。特别是，服务提供商和金融机构之间开展广泛的合作，可以给更多的受害者提供信贷援助等金融支持，同时给予照顾受害者的家人照料训练和经济补助。

对于被拐妇女解救或者逃离后孩子的抚养问题，由于被拐妇女与买主存在事实婚姻，可以参照《婚姻法》处理。根据《婚姻法》第 11 条规定：“因胁迫结婚的，受胁迫的一方可以向婚姻登记机关或人民法院请求撤销该婚姻。受胁迫的一方撤销婚姻的请求，应当自结婚登记之日起一年内提出。被非法限制人身自由的当事人请求撤销婚姻的，应当自恢复人身自由之日起一年内提出。”而第 12 条规定，无效或被撤销的婚姻，自始无效。当事人不具有夫妻的权利和义务。当事人所生的子女，适用本法有关父母子女的规定，也就是《婚姻法》第 36 条第 2 款规定："离婚后，父母对于子女仍有抚养和教育的权利和义务。"第 36 条第 3 款规定："离婚后，哺乳期内的子女，以随哺乳的母亲抚养为原则……"这是为保护未成年子女的合法权利而规定的。最高人民法院《关于人民法院审理离婚案件处理子女抚养问题的若干具体意见》中指出，2 周岁以下的子女，一般随母方生活；通过协议 2 周岁以下子女随父方生活，并对子女健康成长无不利影响的，可予准许。所以如果被拐妇女愿意并且有能力抚养子女的，尽量让其抚养，可以将子女脱离原来的生活环境。该《意见》还指出，双方对 10 周岁以上的未成年子女随父随母生活发生争执的，应考虑子女的意见。因此，无论是离婚还是解除非法同居后，双方对子女都有抚养的责任和权利。但是鉴于被拐妇女是受害者，本来就与所谓的"丈夫"没有任何感情，对由此生下的孩子，是出于被迫，如果让其承担抚养责任，是对其的进一步伤害，参照"以受害者为中心"的原则，如果被拐妇女不愿意抚养子女，可以不承担抚养责任。建议将《婚姻法》第 12 条规定修改为：无效或被撤销的婚姻，自始无效。当事人不具有夫妻的权利和义务。被拐妇女所生的子女，如果被拐妇女不愿意抚养子女，可以不承担抚养责任。

4.3.2.2 儿童

中国的儿童福利制度有待完善。《收养法》关注了亲生父母的需求，担心他们找到了孩子，孩子却被别人收养，但没有考虑到孩子的需求。在目前情况下，还有一个折中的办法，就是福利院可以为被解救的儿童寻找寄养家庭。《家庭寄养管理办法》已于 2014 年 9 月 14 日通过，第 7 条规定"未满十八周岁、监护权在县级以上地方人民政府民政部门的孤儿、查找不到生父母的弃婴和儿童，可以被寄养。"这进一步减少了父母卖亲子的可能，也探索了找不到家的被救助儿童的收养问题。福利院将与符合条件的家庭签订寄养协议，将孩子委托给家庭照顾，每月由福利院支付一定费用，等找到亲生父母再解除寄养。可以说，这种寄养方式可以使孩子生活在正常的社区和家庭内，对于孩子的成长也有一定的帮助，但与领养相比，寄养父母与孩子没有法律意义上的关系，只是福利院与收养人签订代养协议，这个家庭并不是真正的家庭，儿童还是无法拥有稳定的法定监护人，只能拥有一个临时的“家”，不能从根本上解决问题，一旦亲生父母找到寄养儿童，就要无条件将寄养儿童还给他们；而收养则是经过一系列条件考验后，亲子关系得到法律上的承认，变成真正的“亲子关系”。具体到每一个孩子和家庭，涉及的不仅有亲生父母和养父母之间亲情道德伦理的纠结，更包括对孩子的监护权、抚养权和孩子对父母的赡养义务以及遗产继承权等一系列相关问题，因此“家”对于被拐孩子的意义非同寻常。不少家庭是以收养为目的才接受寄养的，如果被拐孩子不能办理收养，寄养家庭可能并不愿意接受他们。此外，根据相关规定，年满 14 周岁的青少年将不能再接受寄养。这些孩子可能辗转于多个不同家庭，在 14 岁后又不得不回到福利院生活，由此会产生心理落差、多次适应等问题（陈丽平，2013）。广东省深圳市已经探索了很久“先寄养再收养”的模式。为了让适合寄养的儿童回归到更具稳定性且功能健全的家庭，深圳市制定了管理办法，明确规定寄养家庭在居住条件、收入水平和主要照料人健康状况、道德品行、年龄等方面应当具备的条件，还解决了全国众多福利院碰都不敢碰的禁忌话题——打拐解救孩子的收养，深圳市规定，如果打拐解救孩子 1~3 年没有亲生父母来认领，就可以办理收养手续，开创了“从寄养到收养”的新模式，但是这种方法与《收养法》有些出入，未来可能有收养权之争，存在后患。所以他们担心一旦亲生父母以后追究责任，他们无法承担，需要国家进一步完善相应政策。

被拐儿童是否能收养，涉及多方的情感和利益。第一方是未成年人健康成长的利益，孩子能够生活在一个完整的家庭中，在父母的呵护下成长，无疑是最佳方案；第二方的利益是亲生父母的情感，他们大多寻子多年、日日牵挂，若寻得亲子，肯定想带回家中；第三方则是养父母的情感，他们多年倾注爱心、养育孩子，但当亲生父母出现时，把收养孩子送回，感情将无以寄托。一旦被拐儿童可以被收养，当亲生父母出现时，三方当事人都将陷入一种情感的困境，如前述陈某章案例，立法者必须考虑到这些利益的平衡。究竟哪一种利益更重要，哪一方更值得保护，这是我们必须明确的一个问题，也是解决此问题的前提。1976 年英国在修改《英国收养法》的时候，将法院或收养机构应当以儿童的终身幸福为“首要考虑”改为“最高考虑”。在

1986 年，联合国通过了《关于儿童保护和儿童福利，特别是国内和国际寄养与收养办法的社会和法律原则宣言》，其中第 5 条明确规定："在亲生父母以外安排儿童的照料时，一切事项均应以争取儿童的最大利益出发，特别是他们享受关爱、安全和得到良好照料的权利为首要出发点。"1989 年，联合国颁布的《儿童权利公约》第 21 条重申："凡承认和许可收养的国家就应确保以儿童的最大利益为首要考虑因素。"这些规定在亲生父母和子女权益权衡时，主要偏向子女。在国际社会反拐原则中，"以受害者为中心"的原则得到广泛承认，因此，对于被拐儿童，与其等待不知何时出现的亲生父母，还不如生活在期待他到来的养父母家中。在这里，他可以在一个真正的家庭中成长，感受到父母给予的爱和温暖。或许，当亲生父母出现时，他们会有一时的痛苦，但是，总不能为了他们一时的痛苦而让这些孩子们在福利院中想象家的温暖。因此，对于解救后，经过一段时间，依然查找不到亲生父母的被拐儿童，他们有权享受家庭的温暖，应当允许被拐儿童办理国内收养，使他们能够在家庭的环境里健康成长，以提高自己对未来生活的掌控能力，这也符合赋权增能的理念。为此，需要推动相关法律政策的修改。针对《收养法》存在的问题，建议修改《收养法》的条款，让合格家庭能够成为孩子们的"家"：《收养法》第 4 条中可以增加一项："被拐卖儿童解救一年后仍找不到亲生父母的，经公示后可办理国内收养，但禁止原买主收养。收养后找到亲生父母的，被收养人年龄未超过 18 岁的，亲生父母有权要求解除收养关系，被收养人年龄超过 18 岁的，由被收养人自主决定。"可以在第 15 条第 1 款后面增加一款："被拐卖儿童在解救后和办理收养手续前，放在福利院或除原收买方以外的家庭中寄养；被寄养的，寄养家庭可优先收养。"从而确保被拐卖儿童能在家庭环境中健康成长。

鉴于收养被拐儿童，收养人将面临儿童亲生父母随时出现的可能，如果找到亲生父母，可以依据亲生父母申请，或如果被收养人年龄超过 18 岁，按照本人意愿决定是否解除其收养关系，保护被拐儿童的合法权益。被拐儿童被收养时首先必须向养父母充分说明亲生父母出现后，他们可能面临的情况，让他们对可能会产生的后果有充分的认知，避免日后产生纠纷。在被拐孩子被收养后，后续服务还要跟上，最重要的是出台被解救儿童的特殊户籍管理政策。建议出台相关规定，通过办理收养登记，将被寄养儿童的户口迁至户内，注明与收养人的父母子女关系。有条件的地方可通过政府购买服务、引入社会工作等方式开展收养评估工作，对被收养人和送养人的情况进行了解把握。各级人民政府民政部门要加强对送养证明材料的审查，依法办理收养登记。同时，也要帮助解决部分无户籍的被拐儿童的户籍问题，希望公安部能出台相关政策，解决被拐者的户籍和身份证明问题，让这些人与普通公民一样，过上有尊严的正常人生活。

4.3.3 完善被拐受害者救助制度

面对受害者承受的第二、第三次伤害，尤其是寻子家长的频繁上访，如何救助受害者及其家属是当务之急，建立刑事被害人救助制度值得考虑，同时刑事被害人救助制度也符合“赋权”理念，可以通过充实受害者及其家庭运用外界资源的权利，以获得掌控自身康复的力量，激发受害者的权利意识，从而提高应对不利外在环境的能力。刑事被害人救助制度，是指政府对一定范围内遭受犯罪行为侵害但没有得到充分赔偿的被害人及其家属，通过法律程序给予一定物质救助的制度。自 2001 年以来，在立案的刑事案件中，约八成的被害人或家属得不到任何赔偿（贾凌，2012）。鉴于此，各地开始探索建立健全刑事被害人救助制度，2009 年 3 月 9 日，中央 8 部门联合印发《关于开展刑事被害人救助工作的若干意见》，标志着在全国范围刑事被害人救助工作全面展开。目前，全国已有 14 个省市出台了省级的刑事被害人救助意见和细则，一些省份已付诸实施，将刑事被害人救助纳入司法救助，积极落实涉法涉诉救助或执行救助范畴。

目前，很少有被拐妇女和孩子家长提出救助，只有极个别的家长得到地方政府的一些帮助。很多被拐妇女儿童受到生理、心理上的折磨；孩子被拐卖使父母在经济上、精神上、情感上几近崩溃，所以要在心理、扶贫、就业等方面加强对家长的救助；但是，还有极个别家长提出极其苛刻的条件，比如“要求为他的第二个孩子解决大城市户口”，否则就以“上访”威胁公安机关，而各地公安机关基于维稳的压力，不断满足家长无底线的要求，致使更多的家长仿效，带来极其恶劣的影响。所以，需要尽快制定被拐受害者救助制度，确定救助的主体、范围、内容、标准等，做到有法可依。

在对被拐受害者的保护中，第一，应当完善相关法律、法规，出台对受害者保护的措施，具体可包括对受害者的人身保护与转移，不披露其身份，保护其隐私，使其恢复身心健康并重返社会等。第二，应建立专业安置服务机构，安顿好受害者的生活起居，配备专门的照护、心理咨询师和医生等专业服务人员。第三，给予受害者法律援助，提供免费法律咨询以及诉讼服务，协助其通过法律手段维护自己的合法权利。受害者有个人提起诉讼和要求获得赔偿的权利：国家必须确保拐卖受害者享有向人贩子及买主提起诉讼以寻求赔偿的合法权利，并为此类诉讼提供必要的帮助。第四，鉴于受害者被拐给家里带来极大的伤害，救助制度也要面向家庭，对其家庭给予适当救助，对于家长在寻子过程中的开支适当补贴，报销部分被解救妇女的医疗费用和照护费用，以阻断第二、第三次伤害。第五，区分合法权益和非法上访。对于由于被拐造成的伤害引起的需求要多支持，对于不是被拐导致的需求要合理引导，甚至要依法打击。

4.4
康复

康复是一个长期和艰巨的过程，人口拐卖受害者康复需要专业领域中所涉及的所有服务，复杂而全面。被拐卖的受害者受奴役的时间跨度差异很大，有的被剥削几个月至几年，甚至一些拐卖案件跨度几十年，受害者承受着严重的第二、第三次伤害，需要专业服务介入。

4.4.1 服务评估

受害者所遭受的是广泛而普遍的身心摧残，其康复取决于恢复他们的身心健康。执法人员和服务提供者为受害者提供服务，必须了解贩运犯罪类型以及犯罪行为的范围（Hepburn & Simon，2010），制定一种标准化的服务评估工具，需要评估者与受害者加强互动，确保在早期阶段就提供适当的治疗服务（U.S. Department of State，2013）。

受访者一致指出，目前中国还没有标准化的评估工具，用于协助识别受害者并为受害者提供服务，尤其是在赋权角度上，这是我国反拐行动服务框架与国际社会的一个显著差距。缺乏标准化的评估工具，需要每个服务供应商自己评估受害者，并使用各自独立开发的标准进行评估。标准化评估工具是识别和妥善处理受害者的一个必要步骤。U.S. Department of State（2013）评估由执法者、律师和专业人士共同负责制定，为受害者提供保护和服务。至关重要的是，要了解受害者所遭受的创伤、恐惧、强迫、胁迫、暴力、操纵等因素的影响和影响受害者的决定、行动和经验等。这种了解需要各方参与，并保持通知报告、持续支持和符合法律程序。

救助必须能够准确评估受害者的特定需求（Bortel et al.，2008）。在一定程度上，评估就是干预。结合赋权增能理论和受害者的需求，我们聚焦于被拐受害者受到压制的形式、无权利的状态、可能拥有的资源与优势，提出了中国被拐受害者的服务评估工具和流程，并可以以此为康复服务考核标准：

（1）受害者的基本信息。

受害者的人口学特征；家庭基本状况，是否有生活在一起的父母以及需要照顾的未成年人；社会经济地位，包括工作单位及收入来源；宗教信仰；民族；身体和精神健康问题；被拐过程；找家的愿望和经过。

（2）生活转变。

当前面临的发展议题，包括就年龄和角色而言，受害者处于的生命周期；当前出现的正常变化或例外情形；地位和角色议题；近期的危机事件；生命历程。

（3）健康，包括生理健康和精神健康。

描述受害者的相貌，澄清拐卖对其生活的过去、当前或持续的影响，包括慢性和急性生理疾病；生理或心理的挑战；机体、生理和心理问题，如发展性障碍、主要精神疾病、药物滥用以及疾病史等；其他情绪问题，如焦虑障碍、抑郁反应和情境性障碍等。对于所有的生理或精神疾病，要注意诊断的时间和地点、治疗历史、使用过的药物。任何具有文化特色的回应压力和疾病的方式、自我康复功能也应该包括在评估过程中。

（4）人际模式。

重要的与他人和支持网络的关系与沟通模式，特别是明确受害者生活中的家庭成员和社会支持网络；评估关系的性质，如果可能，与重要证人见面；注意受害者存在的问题和优势；社工与受害者关系的反思也要包含其中。

（5）环境，包括物理环境和社会经济环境。

描述物理环境，包括社区、家庭和工作环境；环境是否对受害者提供了足够的资源和支持，如果是被拐妇女，是否有抚养子女的意愿和能力；描述环境的回应性和特质；受害者存在的问题是否与环境有关。

（6）压制的表现形式。

受害者正在经历怎样的压制，资源歧视或资源获取的障碍，关系性的议题，不平等的权利等。

（7）无权利感或权利不足的领域。

受害者感觉缺乏知识、态度、意识或资源；权利的缺失包括个人层次、人际层次和政治层次。

（8）优势聚焦。

回顾前面的7个领域，描述受害者的优势，什么样的应对措施效果良好；受害者的自我优势；受害者可以动员的人际资源；受害者所在社区的优势；为了反对压制和获取需要的权利；环境提供的机会；受害者承担的责任；受害者采取的措施；受害者争取赋权潜能的表现；受害者对增能意识觉醒的兴趣。

（9）评估过程。

执法者、律师、社工和受害者一起参与评估，并检视前述8个领域的主客观事实；基于这一评估，探讨我们从何处着手以及下一步的行动。

（10）工作协议。

正式且深入讨论工作协议，从而进入下一步干预。

4.4.2 提供服务

为了让受害者尽快康复，我们应该为受害者提供适当的创伤康复规划和服务，充分满足他们个性化的需求。我们的国家反拐行动计划应该强调采用“以受害者为中心”为人口拐卖受害者提供服务的方法。国家应该承认被拐人口是人权受到严重侵犯的受害者，即使其属于“三非”的外籍妇女，也应保障其权利，并保护其免遭报复与伤害，并为被拐卖受害者提供临时救助、中转、安置和康复服务。

居留权：为受害者建立专门的居住设施。拐卖受害者在等待任何刑事、民事诉讼或其他法律诉讼期间，国家应为其提供临时居留许可（包括工作的权利），保障其寻找庇护场所的权利，并充分考虑他们被遣返过程中可能遇到的报复危险。针对国内福利院承受能力不足和不专业的现状，要加强福利院建设，对于没有福利院的区域，全省协调，建一到两所专门安置拐卖受害者的福利院，由省统筹，中央财政划拨；也可由政府通过购买服务的方式，委托符合条件的公办、民办福利机构或其他社会组织，实行站外安置，还应配合建立严格的监督审查考核机制。

健康及其他服务：在临时居留期间，国家应为拐卖受害者提供充足的健康及其他社会服务。提供实用性服务——提供培训、法律咨询和医疗，特别是基本的生活技能和翻译服务；制定专门的以受害者为中心的刑事咨询，创伤知情的训练；提供服务提供商和第一响应者之间的通信网络。

遣返与回归：如果拐卖受害者愿意，并能够返回其家乡时，国家应确保他们能安全地返回。针对被救助的受害者，返回户籍所在地仅仅是开始，解决找到家的被拐受害者的户籍和姓名问题，还需经民政部门与人力资源和社会保障部门协商，安排其在职业院校等地接受培训；还要对他们进行文化知识教育、思想道德教育和劳动技能教育，帮助他们掌握一定的职业技能，以便更好地融入社会。

救助和康复：患病、受伤者及时送到定点医院救治，要引入社会工作专业服务，出台相关政策，鼓励有关NGO、企事业单位和个人为救助被拐卖受害者提供专业服务。父母和家人给予他们更多关爱，以抚慰他们受伤的心灵，尽快摆脱被拐阴影，走上人生正途。增加儿童的身份认知，对于解救的16岁以下被拐儿童，政府通过专业社工介入帮助其适应和重新融入亲生家庭，对于16岁以上的，在尊重其意愿的情况下，多推动其身份认知，对于相认后的亲子矛盾要有专业社工跟踪介入。

被拐入境的外籍妇女：在严厉打击的同时，要坚持“以受害者为中心”方法，对外籍新娘拐卖问题进行分类、区别对待。推进户籍改革制度，解决愿意留在中国的外籍妇女的身份和福利问题，分条件、分步骤、分阶段来实现推动修订《外国人在中国永久居留审批管理办法》。从实践可操作性层面上管理外籍新娘，最终推动户籍制度改革，给予愿意留在中国的外籍妇女以合法身份，使她们及其子女能够取得相应的医疗、就业、养老等基本权益，保障被拐外籍妇女的合法权益，维持其家庭内部的和谐，促进社会稳定。

4.5 合作战略

为了实现预防、打击、康复和安置，有效地解决人口拐卖问题，保障弱势群体的权利，不仅需要不同政府部门的合作，还要加强同NGO的协作和国际合作。

4.5.1 公安机制的完善

公安机关是反拐的主力军，站在反拐的最前线，应坚持“以专治专”，用专业的队伍打击专业的犯罪。

加强公安专业队伍建设。只有专业的打拐队伍，才能在工作任务繁忙的情况下确保打拐工作的连续性，才能在案情错综复杂的情况下确保打拐工作的系统性，才能在零星的个案中发现系列案件的关联性，直至捣毁整个犯罪网络。建议中央和地方政府加大警力和资金投入，建立一支专业化的公安打拐队伍，尤其是在发生拐卖比较严重的地区，保证其编制、装备和经费到位，加大对拐卖妇女儿童的打击力度。不能让打拐干警做“临时工”，不能因为缺乏资金而不能出门办案，不能因为没有装备而赤手空拳出警。要提高专业队伍的素质，加强各个层面民警的培训，在鉴别受害者和应对拐卖方面加强培训（Clawson et al.，2006），不断提高基层民警打击拐卖犯罪活动的能力。如何将反拐内容纳入警察招聘和警校学生课程学习中也是值得关注的。一些相关机构正在协助各国警方开发合适的课程，保证警方招聘的新成员在学习结业时，能够基本了解拐卖人口犯罪问题，并掌握反拐一线有效的基本应对要素。一个基层打拐民警建议“出版最新的《反拐手册》，将最近几年的典型案例总结，保证专职民警人手一本”。打击人口拐卖是一项高成本的工作。公安机关专职负责打拐的人员很少，他们为打拐付出的精力可能比普通刑事案件大，建议在人口拐卖比较猖獗的地方设立反拐专项经费，按年度划拨一定数额的资金，统筹解决该省（区、市）在拐卖案件侦办、安置、救助受害者等工作中存在的经费紧缺问题，全面加大对拐卖犯罪打击力度提供经费保障。公安部协调中央财政部门，督促各级地方财政加大反拐投入，从中央到地方逐级设立反拐专项经费，为在本级预算框架内对拐卖案件侦办、疑似被拐儿童及家长 DNA 采血检验、被拐人员康复安置救助、反拐宣传等工作予以足额保障。针对现在拐卖犯罪的发案形势，根据不同地区不同的犯罪热点，有针对性地配备警力和分布资源。为了加强对拐卖人口犯罪的打击，公安机关及其办案人员办理案件时，应当自觉接受监督，在渎职罪中和从职务上，对负有反拐职责的国家机关工作人员的行为进行规范，办案过程中有渎职、不作为、不严格执法或违法违纪行为的，群众可以向公安机关或者人民检察院、行政监察机关和上级相关机关举报和控告。

主动进攻，保持严打高压态势，活用“四种侦查模式”。一是公安机关应坚持以打开路，由刑侦、技侦、网警等部门联合组成专案组，多渠道收集破案线索，进一步提高对拐卖案件进攻的主动性，全力开展破案攻坚工作。二是以协外办案为主线的“从案到案”模式。应将侦查工作与协外工作相结合。对外地公安机关前来请求打拐解救协助的，必须从打拐专业队抽调专门力量，积极予以协助。抓住每一次协外机会，利用协助外地公安机关办案的机会，进一步交流情报信息；通过外地公安机关破获的案件，倒查本地破案线索，从中破获一批本地案件。三是以有奖举报为主线的“从线到案”模式。公安机关应大力推行有奖举报措施。公开便于记忆的举报电话，在显眼位置安放举报箱，热情接待群众和事主的举报，认真核查每一条举报线索。同时，应制定具体的奖励标准，明确奖励金额，对有价值的举报线索，要及时进行奖励，以现金的形式发放到举报人手中。四是加强侦查大数据分析。数据收集要及时、规范化，加强数据分析，发现其中规律，更有针对性地应对拐卖犯罪。

4.5.2 发挥联席会议的功能

目前，全国已经普遍实施了反拐联席会议制度，初步形成了公安、妇联、民政、宣传等部门协调配合，齐抓共管的良好局面。在此基础上，工作应更深入，更有层次。建议国务院反拐办推动部际联席会议成员出台本单位（系统）落实《国家反拐行动计划》及实施细则的评估、考核标准，监督推动相关单位部门切实履行《国家反拐行动计划》及实施细则规定的各项工作职责，努力形成齐抓共管、综合治理的反拐工作格局。

提高思想认识，形成合力，进一步建立健全反拐工作长效机制。拐卖妇女儿童犯罪，重在防范。在基层基础工作中，比较容易发现和制止这类犯罪，婚姻登记部门等在工作中很容易发现拐卖妇女儿童犯罪，严格执行婚姻登记制度，可以在很大程度上预防和制止买卖人口现象的发生。在出租屋管理中，要加强对外来人口的管理，因为拐卖妇女儿童犯罪中，人贩子和受害者大部分都居住在出租屋。在人口拐卖重点地区，卫计部门应严密掌控育龄妇女，特别是孕妇的基本信息、人员流动及生育意愿和信息；严禁为被拐卖儿童出具虚假出生证明等相关造假文件，一旦发现则取缔其行医资格。日常管理中注意也可减少拐卖妇女儿童、强迫妇女卖淫的情况，公安机关要主动协调计生、民政、妇联等有关部门积极参与到反拐工作，形成反拐工作合力。进一步建立完善反拐工作长效机制，提高反拐工作成效。政府必须加大投入进行技术和资源开发，制定评价指标来衡量预防措施的有效性，特别是提高对国家反拐行动的认识。政府需要不断改进措施来监控这些计划的有效性，可以根据当地社区情况推广最佳做法。完善考核指标。推动地方如实立案，对于积案不再追究地方责任。建立多元考核指标体系，综合考虑各地社会经济状况、流动人口数量和比重；侧重于预防、康复和安置。

加强对各个单位的培训，提高其反拐意识。不同机构管辖权有不同的角色，培训将有助于建立和加强执法合作（Clawson et al.，2006）。为执法人员和社区中的其他人制定并实施培训，这些培训必须包括识别受害者的指标和报告潜在的拐卖，提高对人口拐卖的认识，正确寻找和询问潜在的受害者的问题；培训正确的技术去收集和储存相关信息，并做出正确分析的能力。

要真正有效培训反拐的所有人员（不只是警察）和提供其他专业培训。在美国，对于司法部门的官员（包括联邦调查局和公民权利部门）、国土安全部门（特别是移民和海关执法，海关和边境保护，公民及移民服务局）、州和地方执法人员有专门针对性的额外的培训，旨在帮助他们识别和救助人口贩运受害者，为受害者提供适当的服务（Vossekuil，2002）。当地政府官员培训计划不仅增加他们的兴趣，也可以联合当地政府和社区合作打击人口拐卖。

4.5.3 国际与国内的结合

为打击贩运人口，必须从全球和国家的视角采取策略（Gershuni，2004；Everts，2003）。贩运人口是一种形式复杂的跨国有组织犯罪，成功的执法需要多种因素的结合，一些国家的研究者一直在思考这个变得相当复杂的问题。2009 年国际人类学与民族学联合会第 16 届世界大会的专题研讨会上，来自东南亚国家的研究者建议，东南亚妇女贩运危机持续蔓延，区域合作迫在眉睫，中国在信息技术和人力资源上具有很大优势，应该发挥主导作用。印度、孟加拉等国家的人类学家建议中国在东南亚“打击贩运”行动中牵头，组织成立反贩运联合委员会、区域拐卖数据库，成为区域反拐的领导者，以更有效地打击人口贩运，遏制非法童工和色情交易给东南亚妇女带来的“噩梦”。

驻外使馆、移民官员应提高对这一问题的认识。重要的是，在海外签证发放岗位和港口出口的政府官员，能够在被拐人口离开自己的国家进入新的目的地国家之前，就识别出潜在的受害者，如文化水平不高到国外务工的女性，或者家庭条件一般出国旅游的女性。官员们还需要知道可用的服务和对受害者的援助计划，以及安全方面的问题，并通知潜在的受害者，还可以告知受害者服务提供商的信息。

探索被拐海外的中国公民保护模式。由于各国在安全事件处理能力上的差异，加上外交、主权、法律等各种因素的影响，被拐海外中国公民的处理效率和结果不尽如人意。因此，从官方到民间，有必要构建更加完备的被拐海外的中国公民保护模式，保护被拐海外的公民。依据联合国《补充议定书》和双边协定，通过国际刑警组织、驻外警务联络官等渠道，中国公安机关与相关国家警方加强合作，在案件侦办合作、移交遣返犯罪嫌疑人和解救送返受害者等事宜上建立一定规范；加强国内公安、海关、外事、民航等部门的合作，掌握公民出境名单及应归国日期，对于偏离出国路线和日期的公民，要主动出击深入调查，国家移民局的建立将有利于发展这种模式。

积极向国际社会宣传中国在反拐方面做的努力和取得的成绩。美国每年《全球反贩运报告》会就全球人口贩运情况进行等级划分，目前我们国家是连续被评为二类国家，2014 年一度被评为三类国家，三类国家按照美国的做法还要进行制裁。尽管这个评判标准也有很多缺陷，他们本身获取信息的渠道非常有限，所以有时候是主观臆想的一些东西。前几年不太重视反拐的时候我们国家是二类国家，但是近年来通过多方努力反拐形势大有好转却被评为三类国家。这说明在国家层面，我们和国际交流沟通比较少，国际社会不太了解中国在反拐方面所做的努力，产生了一些误会，需要进一步加强国际交流，让国际社会了解中国所做的努力和取得的成绩。

4.5.4 扶植民间组织

第二个国家反拐行动计划提出“依托社会工作等专业人才提供心理辅导、行为矫治、文化教育、技能培训、就业帮扶等服务。确保被解救的适龄儿童入学、回归学校和适应新的生活。鼓励有关社会组织、企事业单位和个人为救助的流浪未成年人、弃婴、被拐卖妇女儿童提供资金、技术支持和专业服务”，表明国家支持 NGO 在国家反拐行动中所发挥的积极作用。非政府组织在反拐中起到了政府不可替代的作用。如果政府注重利用非政府组织和其他社会网络的力量，可以整合现有的资源和设施，综合利用庇护所、援助计划、医疗保健和职业培训，使得反拐成本大大降低。

第一，NGO 发展要重视赋权。赋权增能理论中的“个体主动模式”强调，增权的关键在于个体的主体和主动性，个体如果没有赋权意识，所有措施都是徒劳无功（唐惠敏、姚胜南，2014）。在国家反拐行动中，赋权要重视“寻亲联盟”的作用，“寻亲联盟”是寻子家长主动、自发形成的，突出了家长的权利意识，值得提倡。同时支持赋权实践的 NGO 是重要的。结合 Hardina（2005）指出赋权为向导的社会服务组织遵循的特点，我们提出反拐 NGO 的标准：有被拐受害者参与组织决策的正式机制，要与项目收益人形成一种伙伴关系以设计和评估项目；要清晰地提供跨越性别、阶层、文化政策和程序以实现有效的服务输送；要形成一种工作人员之间、受害者与工作人员之间没有权利差异的决策实践模式；要促进工作人员之间形成团队和合作；要采取策略以促进工作人员的心理赋权；组织高层要有认同工作人员和服务受害者的赋权意识；要采取策略以提升工作人员的工作满意度；鼓励工作人员倡导以改善政策和服务；要致力于提升自身社会权利以及受害者的影响，同时要加强各民间组织的合作。

第二，政府部门要向 NGO 购买服务，协调政府与 NGO 的关系。中国

NGO 面临着资金问题，需要政府支持。对反拐 NGO 的资金支持在美国比较成熟。在美国，卫生部下属的联邦难民安置办公室委托众多非政府组织，主要针对无家可归者和其他易受贩运群体进行宣传工作，包括青年、流动人口、卖淫女，以使他们了解人贩子可能用的诈骗手段和技术。在民间组织和其他国家政府联合打击人口贩运的努力支持下，美国政府于 2005 年通过 266 项计划基金在 101 个国家发放了 9500 万美元。2009 年，美国监控和打击人口贩运办公室（G/TIP）在全球 93 个反拐项目中投入超过 2600 万美元用来反对人口贩运（U.S. Department of State.，2006）。因此，中国也应该通过购买服务加强对 NGO 的支持，国家加大财政投入，民政部除了承担现有的反拐功能以外，要通过政府购买服务等多渠道支持反拐 NGO 的发展。

当然，也要加强对民间组织的监管，对于中国来说，民间组织参与国家反拐行动的工作应该受到鼓励，其反拐措施同样应该接受监测和人权评估。加强对 NGO 资金使用的监管，帮助民间组织远离腐败，同时严禁 NGO 涉足与反拐无关或者未经授权的业务。尤其是对于"寻亲联盟"未经授权的行动，要给予合理引导，对于合法的要坚决支持，非法的要严厉打击。

在以上所有的反拐政策中要注意给妇女儿童赋权增能。国家反拐行动不仅是帮助受害者"维权"，而且要注重为他们"增权"，即赋予或充实他们的权利，以利于他们提高控制自身行为、适应所处环境或应对外部环境不良影响的能力。在赋权增能视域下审视妇女儿童，他们一样是能动的社会成员，尤其是妇女，具有参与社会生活的权利，能提升自己的权利和潜能。因此，在反拐政策操作层面，一是让妇女儿童更多了解自身权利和法律，帮助他们正确认识自身潜能和能力，这是妇女儿童赋权增能的基础和关键；二是设立有利于妇女儿童赋权增能的机制，制定有关国家反拐计划及相关政策时，事先征询他们的意见，使其明白国家反拐计划的意义，参与筹划和实施并承担一定的责任；三是重视妇女儿童提出的意见和建议，刺激其潜能及权利意识，支持和鼓励他们发展"自组织"，通过自主发展、自行运作、自我治理，不断提高其意识和能力，引领他们在反拐中实现更多、更有价值的权利和潜能等，进而达到激活他们赋权增能的热情和发挥增能赋权的目的，形成弱势群体与其他群体彼此平等、有机联系、积极互动、优势互补的反拐新格局。

5 研究结论与对策建议

5.1

研究结论及建议

本书依据收集的数据和资料，参考以“受害者为中心”的方法，依据贩运市场的供需理论，对反拐官员、被拐妇女儿童、买主、专家、志愿者等各方面的深度访谈及数据分析，探析了中国妇女儿童拐卖的特点、根源和反拐工作形势。比较了被拐妇女儿童的个人特征、家庭特征、地区分布及被拐原因等；从罪犯特征、成员构成、犯罪形式、动机、手段、地域等方面比较人口拐卖犯罪的变化；从买方主体特征、地区分布、购买目的等，探索加大对买方市场打击力度的方法；还重点分析评估了政府，包括公安机关及其他部门、民间组织的反拐措施及影响因素，存在的优势及不足，并使用赋权增能理论、犯罪受害者理论，探索了国家反拐行动的政策路径，得出以下研究结论及建议。

5.1.1 妇女被拐的状况、原因及其服务需求

在中国比较贫穷的地区，大多数被拐妇女都是被卖给一些光棍儿做妻子；在一些比较富裕的地区，大多数被拐妇女则被卖给色情业场所。涉外婚姻增多，骗婚出现，出现了越来越多来自缅甸、俄罗斯、越南等国家的妇女被贩运到中国与中国男性结为婚姻或从事卖淫活动；中国贫穷和绝望的妇女，往往被人贩子以国外虚假的宣传和承诺所吸引，被拐卖后被迫从事卖淫或色情服务，中国仍然是人口贩运的来源国、运输国和目的地国。

这里存在深层次原因，经济全球化引发并促进了国际贩运。性别比失调导致男性结婚困难，中国大规模的人口流动导致了社会解体，也刺激了妇女被拐。在中国，很多人贩子都是以“进城打工”为借口来吸引农村女性，结果她们就落到了人贩子的手中，被强迫卖淫或做人妻。家庭是妇女被拐的重要推力，甚至很多女性通常是由家人或熟人介绍给人贩子的。买妻亚文化的

形成致使拐卖妇女行为更加猖狂，整个拐入地的农村都是如此，甚至一些地方政府也视而不见。受害者生理、心理的弱势形成了被拐卖的弱点或诱发因素，色情市场的规模扩大，进一步提高了女性被拐的风险。种种情况实际是对人贩子的变相鼓励和刺激，给人贩子提供了较大的市场需求，他们变本加厉地拐卖妇女，并把她们作为妻子卖给光棍儿或是强迫她们卖淫。

人口拐卖经常会给被拐妇女带来直接的和长期的危害。有的被拐成家的妇女经常遭遇虐待，大多数受害者往往被买方长期限制人身自由，有些被卖到偏远山区的妇女都不知道往哪儿跑。更多的情况是，由于被拐妇女和丈夫双方并无感情基础，仅为生活而成婚，并且由于语言不通、生活习惯不同，很难融入当地社会，基本没有家庭地位，但也有被拐妇女选择留在买主家。受到拐出地与拐入地经济发展水平差距和传统观念的影响，是理性考量后的主动选择（和珊珊，2009）；被拐妇女所呈现出的“斯德哥尔摩综合征”倾向，进一步将她们逆向推回拐入地（杨一，2016）。同时，我们也发现对孩子的眷恋，也是被拐妇女留在买主家的重要原因。被解救回家的妇女，生活状况也不太好。这些被解救妇女承受着第二次伤害。由于家庭、社区和政府等外界良性因素都没有介入，被拐妇女由于羞于告诉别人自己被拐而自我封闭，心理发展形成螺旋式的恶性循环：自责——孤独——自卑——绝望，最终自我摧残甚至崩溃。如何处理在买主家生下来的孩子也是困扰被解救妇女的一个难题。被拐妇女生育后被解救或逃离拐入地，但她们的孩子一般留在了拐入地，生活在特殊的单亲家庭中，变化的家庭环境导致了这些孩子行为偏差和性格缺陷，亲子关系、人际关系、自我控制力等社会化发展相对不足。有的被拐妇女承受折磨太多而精神失常，完成生育后，对买主没有了价值，被买主抛弃，有的被转卖，病情实在严重的，买主和原家庭都不接纳的沦为流浪女，经常受到伤害。甚至有的被拐妇女走向了自我复仇的道路。被拐妇女如果被迫进入色情行业将面临更大的危险。更糟糕的是一些地方公安机关未能区分被拐妇女是被迫卖淫还是自愿卖淫。卖淫在中国是违法的，被拐妇女经常被错误地指控从事卖淫而受到惩罚。警察通常让其自行离去，康复和遣返更无从谈起。成家留在中国的外籍妇女，也面临更大的问题。由于中国政府不承认被贩卖妇女和中国人之间的婚姻，成为真正意义上的“合法夫妻”

仍然困难，这些妇女无法获得适当的身份，无法办理中国身份证或户口，在中国也无法就业，几乎无法享有基本的社会权利和福利；有的即使生了孩子，但从法律层面没有承认，孩子的“名分”如何给，都是考验她们和中国政府的大问题。

5.1.2 儿童被拐的状况、原因及其服务需求

中国被拐儿童是以收养为主，但是目前在巨额利益驱使下，一些儿童在被拐后成为牟利工具，包括控制儿童乞讨、卖花、卖艺等劳役和控制少儿犯罪。

被拐儿童发案量下降，由前期上升态势扭转为下降趋势，低发高破，原有的恶意街头拐卖、偷盗抢等呈现大幅下降，拐卖儿童现象也逐渐减少，但是出现了亲子亲卖。被拐儿童年龄集中于 2 ～ 5 岁，就拐卖对象而言，由过去买男孩为主变为买女孩也越来越多。目前就收买孩子的地域而言，北方地区比较分散，贫困农村地区较多，不如南方地区集中，人贩子的交易也多集中在省市交界即所谓的“三不管”地方。被拐孩子中流动儿童和留守儿童占多数。

买主因为不育或者子女早亡，这些没有子女的家庭精神上会感到一种失落和痛苦，为达到“延续香火”和养儿防老的目的，在经济条件允许的情况下，他们中的一部分人就通过收买儿童来满足自己的心理需求和养老需求；加上计划生育政策的高压和烦琐的收养手续加剧了这种现象的发生，形成了巨大的买方市场。从农村到城市悄然剧增的拐卖儿童犯罪本身，也向我们警示着贫富悬殊加剧、生存状态失衡后的另一种严峻的新挑战。利用儿童牟利的现象也出现了，并且形式越来越多，如乞讨、碰瓷等，这也值得关注。

儿童在被拐后命运如何，是备受社会关心的问题。不同类型的被拐儿童面临的问题不同。一些儿童被买去传宗接代，应该算是被拐儿童中最“幸运”的了，但这些孩子也生活得并不幸福。被拐卖牟利的儿童受的折磨更大。与生活状况相比，可能更难改变的是心理伤害，被拐孩子的心理多多少少存在一些问题，童年的经历使他们面临一系列的权利障碍，制约其对社会角色的承担，很难融入家庭和社会。被解救孩子的身份一直很尴尬。一般将被解救

儿童送往福利院，固然能够让买方“人财两空”，但也并非万全之策。考虑到亲生父母寻找的可能性，这些孩子不能办理社会收养，只能在福利院成长，但与福利院其他孩子不同的是，他们一般都是健康正常的孩子，与福利院大部分残疾儿童一同居住和生活对他们的心理也产生刺激；另外，这些孩子比福利院原有的孩子更加难以管束，更重要的是，在福利院他们享受不到家庭的爱。

与妇女被拐不同，孩子被拐给家庭带来更大的影响，并且孩子被拐给家长带来的伤害巨大。被拐儿童的家长，基本不会主动放弃寻找，长期的找寻使他们在经济上也走向崩溃，因为大部分父母原本就不富裕，找寻孩子花费了他们大量的精力，这样就没有太多时间工作赚钱，而且四处找寻的费用也是一笔不菲的开支。丢失孩子的家长大都是在农村，没有养老保险，但很多人为了丢失的孩子而放弃再要孩子的机会，他们的养老问题也是应该受到关注的。但如果他们决定再生育时，又面临很多问题，准生证很难办，原来大部分地区都是独生子女政策，很多地方“很坚定没有死亡证明就不能再生育”，或者必须将被拐孩子的户口注销才能办理准生证，即使所有手续都办好了，丢失孩子的家长由于长期的煎熬，身心存在很多问题，很难再怀孕。一些寻子父母承担着二次伤害。负面的社会反应或群体反应包括亲戚、朋友羞辱性或冷漠的表达，还包括他们自己对案件的公开反复重现，这些都给寻子家长带来了二次伤害。丢了孩子，父母在精神上、情感上会几近崩溃；在心理上，他们对孩子的思念，更多的是自责甚至互相埋怨。寻子家长每天活着很痛苦、很煎熬，寝食难安，更没心思工作，到处乱跑找孩子。种种不利状况使寻子家长承受着第三次被害人化，导致其对社会敌视甚至成为罪犯。寻子家长处于自我封闭的状态，如果在其寻子过程中没有外界良性因素的介入，包括政府和志愿者等，他们的心理发展常常形成螺旋式的恶性循环，他们有着浓厚的自责心理，发展到最后，难免会出现绝望的心理，甚至会出现下列两种结果：一是自我摧残（甚至崩溃），寻子家长中自杀的，精神失常的特别多；二是个人复仇，他们慢慢从受害者变成犯罪者。

找到孩子以后如何相处也困扰着家长及孩子。未成年孩子是找回来了，亲生父母要解决的麻烦还很多，而这些麻烦，很多已经超过了他们的能力。

很多被拐儿童被拐时只有 2 ～ 5 岁，还无法认知这个世界，对亲生父母的记忆模糊，相认后与亲生父母并没有太多感情，加上如果养父母的经济条件好于亲生父母，被拐孩子多选择与养父母共同生活，甚至不愿意与亲生父母联系，这对亲生父母的打击可想而知！即使成年孩子与亲生父母相认以后家庭关系也不一定和谐。很多孩子和亲生父母相认后，不知道如何经营，被拐孩子的养父母家庭与亲生家庭经济条件和社会地位往往不一样，很多观念不一致，有的孩子甚至绝望自杀，因为他苦苦找寻的亲情并不如他想象中的美好。

5.1.3 拐卖妇女儿童犯罪的特点

除了一直都比较猖獗的拐卖妇女卖为人妻、非法收养被拐儿童外，现在强迫被拐妇女卖淫或从事性服务的恶性案件增多，一些家庭出卖自己的亲生子女也占到较高比例，体现了拐卖犯罪的新形势和新变化。目前，中国的有组织拐卖日益减少，但是拐卖手段和组织形式却更加难以侦破：有组织犯罪的特征更加明显，已经形成了“拐、藏、转、运、卖”一条龙的专业化网络，职业化的拐卖网络正在形成。拐卖犯罪的“亲联性”尤为突出，这种以较亲密的亲情、血缘关系为基础和纽带，交织构成的犯罪网络，就使得拐卖手段更加顽固、狡诈、多变和难侦破。拐卖手段愈加恶劣凶残。总的特征为从“单一式”发展到“多元化”。近年来，利用网络拐卖妇女儿童的案件呈多发趋势，互联网扩大了人口拐卖的市场，包括市场的供需双方。人口拐卖智能化给执法机关的侦查破案带来了极大的难度。

获得经济收益是人贩子从事拐卖的主要动机。在城市中抵御市场经济风险的能力不足，个人很难适应城市社会，在目前的社会环境和体制下又没有得到足够的社会支持，最终导致犯罪。非法收养与拐卖模糊、拐卖妇女和介绍对象混淆，作案易得手，不易被揭发，被起诉的低风险使法律缺乏震慑力，这些都是人贩子参与拐卖的原因。鉴于人口拐卖供需旺盛，人贩子的犯罪手段越来越复杂，拐卖人口犯罪相比于抢劫等侵财犯罪，更加隐蔽和不易被发现，由于公安机关未能适应快速变化的拐卖犯罪环境，先进的犯罪技术和手段也让执法人员难以高效地履行反拐职责，调查取证难，打击很难彻底。

5.1.4 中国国家反拐形势

多年来，经过持续不断地高压严打和各方的综合治理，反拐工作取得了很大成效，公众的反拐意识明显提高，中国拐卖犯罪已基本得到有效遏制，目前的拐卖犯罪基本上是“低发高破”。从“打拐”到“反拐”的转变，体现了理念的转变，反拐行动建立了成熟的机制，破获拐卖案件的效率大大提高。

各级政府部门、民间组织等经过了一系列努力和探索，为预防和打击拐卖提供了丰富的经验和成功的实践总结，总体来看，中国反拐工作整体面貌焕然一新，特别是自《中国反对拐卖妇女儿童行动计划（2008—2012 年）》实施以来，通过近 10 年来对国家反拐行动计划不懈地贯彻落实，目前反拐综合治理取得了初步成效。但也要认识到，买方市场还存在旺盛的需求，带来暴利，拐卖妇女儿童犯罪在部分地区还比较突出，反拐工作在完善立法、落实政策、后期安置等方面需要不断改进和推动。现阶段中国反拐工作存在的问题，对买主打击不力，拐卖妇女、儿童犯罪还很猖獗，要打击这种行为，需要有更严厉的刑罚措施。中国制裁人口拐卖的法律不够严厉甚至缺失，这对反拐非常不利；解救存在安置困境和遣返存在很大问题；受害者康复和保护依旧有很长的路要走，缺乏“以受害者为中心”的意识和赋权意识。

2009 年 4 月，公安部在全国范围内部署开展“打拐”专项行动以来，各级公安机关积极回应人民群众的期盼，始终把反拐工作作为关注民生、保障民生、服务民生的一项重要举措，健全完善了各种行之有效的工作机制，其中，最为成功的是拐卖儿童案件“一长三包”侦办责任制、妇女儿童失踪快速查找机制、来历不明儿童摸排比对机制和公安部儿童失踪信息紧急发布平台等；调整拐卖案件立案管辖范围，建立快速反应联动工作机制；跨省打击拐卖犯罪网络正在形成。但问题仍然存在，一些体制、资金以及法律适用等方面的现实困难制约了反拐工作成效的进一步提升：现实而巨大的困扰，依然是经费和警力，经费紧张虽然得到缓解，但是依旧不足，打拐警察的专业化不高，公安机关内部不同部门之间配合存在问题；DNA 数据库宣传不够，积案成为反拐工作的难点，疑似被拐案件牵涉了太多的警力。

中国建立反对拐卖妇女儿童行动工作部际联席会议，联席会议阵容非常强大，由公安部、中央宣传部、中央综治办、全国人大法工委、卫生部、全国妇联等31个部委组成，各单位在国家反拐行动中起到了很大作用。但是，从目前情况看，打拐工作的主要问题在于公安机关孤军作战，各部门之间的合作仍不够充分，成员单位没有形成打拐合力，利益相关者之间的协调与合作缺乏政策和法律框架，反拐考核指标不合理。

发动群众，加大对民间组织的合作与支持，在中国反拐战线上活跃着诸多的NGO组织，主要分为本土NGO和国际NGO。NGO组织在反拐行动中起到重要的预防和保护作用，打击妇女儿童拐卖，促进他们的康复和重返社会。“寻亲联盟”的频繁上访，组织自身不完善，巨大的市场利益和认识差别导致NGO存在种种矛盾，国外反拐组织成分复杂，这些都说明民间反拐组织的路还很长。

5.1.5 对策与建议

当前，我国经济社会发展不平衡、社会管理机制有待完善，加之非法暴利的驱动和买方市场需求旺盛，部分地区拐卖犯罪依然突出，反拐工作任重而道远。打击拐卖妇女儿童违法犯罪活动是一项系统工程，拐卖远远不仅是“卖为人妻、人子”的问题，拐卖问题也不仅仅是法律问题，更是发展问题、性别问题。要消除拐卖妇女和儿童这一基于性别的暴力，反拐工作要坚持两手抓，一手抓严厉打击，一手抓弱势群体的权利保障。基于中国反拐形势的分析，并结合本书对反拐政策路径的分析，我们提出建议如下：

5.1.5.1 预防

构建三层次被害预防模式。1）社会预防。改善社会氛围，减少受害者，需要提升人们对于人口拐卖的认识。提高认识是预防人口拐卖领域最普遍的活动。政府需要进一步创新反拐宣传的手段和模式，针对互联网迅猛发展的形势，加大网上宣传力度，以及改革司法制度。鉴于目前建立新生儿DNA库的不现实性，可以加强身份证管理制度，国家从法律层面规定，1岁儿童必须办理身份证，加大法制宣教力度，堵塞被拐儿童在拐入地容易入户入学等漏洞。2）社区预防。社区是社会的细胞，也是妇女儿童防拐的基础。社区外来人员流动性大，是比较典型的陌生人社会，因此，反拐的立足点更应该放在社区。发展社区警务，建设社区防拐工作站，拓展居民参与反拐的途径和方式，强化社区自治组织的构筑，设立反拐专群结合的长效机制，也就是要关注社区自治资源的拓展和自治组织的完善。加强视频监控系统建设。3）个人、家庭被害预防。优化家庭小环境，家庭监护制度的立法应提上议程，完善儿童监护人制度，依法为未成年人提供良好的健康成长家庭环境和家庭教育，在家庭内部保持男女平等，与学校、社会各司其职，实现优势互补，给妇女儿童赋权增能。预防拐卖犯罪不仅仅是帮助弱势群体“维权”，更要注重为他们“增权”，提高他们控制自身行为、与所处环境融合或应对外部环境不良影响的能力，降低被拐的可能性。

对弱势群体赋权增能预防拐卖。1）以“赋权”为视角，完善各种保障制度。结合妇女儿童被拐原因和拐卖犯罪发生的原因，我们建议调整城乡关系，缓解身份性壁垒给农民造成的困境，包括养老、医疗、教育等问题，“努力让劳动者体面劳动全面发展”，实现社会经济和政治地位平等、福利和权利一致。2）增能，对贫困地区的扶贫和完善就业制度。在反拐问题上，要彻底消除拐卖罪恶产生的土壤，积极扶贫，改善贫困农民尤其是农村妇女的境遇，降低拐卖市场的供求，最重要的是发挥弱势群体自身的自主性，提升其自身的资本和发展能力，即“增能”。3）赋权增能要特别重视社会性别视角。比保护更重要的是加强妇女的能力建设，政府必须实施相关法律和政策，扭转长期对女性歧视的局面，有效解决长期存在的对女性的文化偏见，应该给予女性尤其是被拐女性更多的人文关怀，要基于增强妇女权利的立场上的反对强制和暴力的战略。

5.1.5.2 打击

完善相关法律。应该修改人口拐卖定义，扩大性拐卖的定义，包括所有的商业性剥削的受害者，惩罚所有的人贩子。完善相关法律，建议将该罪名与国际接轨，确定为“贩运人口罪”，而且构成该罪不应再以“出卖”为目的，而应改为以“牟利”为目的，这样将性剥削的现象纳入打击范围。给人贩子定罪要进一步明确相关标准，提高可操作性。“情节严重”的要探究“连带犯罪”“并发犯罪”，综合判定其对受害者权益的侵害再确定量刑。同时加大对人贩子的经济处罚，以改变其犯罪成本和收益，改革罪犯财产没收制度，对凡是人贩子从事拐卖相关行为的财产、设施进行没收，在经济上打击人贩子。建议延长人口拐卖案件追诉时效，从儿童成年后即有独立的刑事责任能力后开始计算，这样受害儿童有刑事责任能力决定是否追究人贩子，不让人贩子与买主逃脱法律制裁。严惩中间人。对被拐受害妇女赋予正当防卫权，应当允许她们实行无限正当防卫，在被拐妇女被卖到买主家后，此时暴力犯罪已经结束，但是拐卖妇女行为是继续犯，妇女处于面临再次被强奸的紧迫危险之中，也具备行使无限防卫权的条件，这体现了刑法的谦抑性。

制定妇女儿童失踪标准与流程。妇女被拐案件很难立案，疑似儿童被拐案件牵涉了太多的警力，在拐卖案件发生后，很多案件难以从表面上看出是否被拐。为了最大程度的实现公安效益的发挥和职能的应用，必须对失踪的具体情形进行分析研判，按照相关标准并辅之以人口失踪管理经验，将其划分为不同等级、不同紧迫程度、不同处理策略、不同失踪预判情形的初步公安失踪管理分类。主要包括失踪人口报告登记信息、对失踪人员的报告进行有效的初步回应、立案与研判结果的标准化控制、积案的长期调查等。

规范收养程序。民间收养、民政部门在接收和送养孩子时，要把好“入口关”和“出口关”。福利院接收遗弃儿童时，一定要采集 DNA 并在录入公安部 DNA 打拐库备份后，才可以办理入院手续。收养手续一定要慎重，烦琐程序也可以考验收养方的耐心。不过民政部门要将收养程序更加透明化、公正化、规范化。厘清民间收养与儿童拐卖。第一，要对民间收养行为进行规范。要严格区分借送养之名出卖亲生子女与民间送养行为的界限，参考当地经济条件及行为人的家庭收入确定一个合理的营养费标准，再结合送养的背景和原因、是否收取钱财及收取钱财数额、收养方是否具有抚养意愿及能力等事实，综合判断送养行为是否存在非法获利。第二，杜绝以捡到弃婴的名义收养儿童。公安及民政部门联合，对弃婴行为也应进行全国或全省统一管理，按收养人的信息登记，公开公正地进行收养，而不是谁捡谁收养，严禁以收养弃婴的名义收买被拐儿童。第三，收养家庭抱养或收养儿童前，都须进行 DNA 检测，录入全国打拐 DNA 信息库比对，确认不是被拐儿童后，再办理入户手续，保留 DNA 在 DNA 库内，以便随时比对，以防亲生父母没有及时采集 DNA。

加大打击网络拐卖，注重“网上反拐”。利用信息技术打击罪犯，公安机关意识到这一点至关重要。面对犯罪的高科技化，要开展网上作战，充分发挥科技优势，公安机关应充分认识到公安信息网络和公安科技在打击犯罪实战中的作用，不断加强信息化建设，全面推进高效率、低成本的“网上反拐”工作，从根本上改变拐卖犯罪活动打不胜打、屡打不绝的被动局面。

5.1.5.3 救助

鉴别受害者。为受害者提供足够服务的关键是鉴别人口拐卖受害者，但是鉴别受害者是非常困难的。国家反拐计划首次明确了教师、医护人员等特定主体发现疑似拐卖情况的报告义务，执法人员、检察官、法官、移民官员、社会服务工作者、医疗服务提供者、非营利组织和志愿者应该得到适当的识别和协助受害者相关的培训。因此立法机关应为政府和非政府机构提供适当的培训资金。这种培训应该消除对人口拐卖定义的常见误解，了解国内外的反拐法律等。立法机关应建立长期反拐资金，分配给政府和非营利机构，以确保他们有足够的资金来解决拐卖案件。在可能的情况下，资金应向专门为受害者提供直接服务的 NGO 倾斜。对被拐儿童的鉴别。由于儿童相貌会随着年龄增长发生变化，DNA 数据库是鉴别和找寻儿童的关键。DNA 数据库的建立与运行，为被拐孩子回家建立了快速通道，这个措施的实施也得到了全社会的认可与支持，利用媒体再次发动宣传攻势，在全国范围内继续加大宣传，让更多的家庭知道免费采集 DNA 的相关政策，向基层警方再次传达落实公安部关于对采集 DNA 的相关规定，明确相关人员责任制，指定办案人员在采集血样后，全程跟进负责血样送检、入库及结果查询，并及时把相关情况反馈给寻亲者。我们通过访谈志愿者和警察，并通过整理部分拐卖儿童案件，总结了一些被拐妇女儿童的特征，以便更好地鉴别被拐妇女儿童。

被拐妇女儿童的安置。1）妇女。在中国，对于被拐妇女，现在多是被公安机关送返回家，并没有进一步的安置政策。受害妇女被送回家中后，家属并不是专业的照护人员，还承担着经济和名声的压力，对被拐妇女的康复是不利的。因此，要尊重受害者的意见，决定是否遣返其回家，可以提供更全面的医疗、法律帮助，为跨国人口拐卖受害者提供翻译服务，充分解决受害者的各种需求。提供受害者基本的生活技能培训，提供基本工作技能的培训，鼓励受害者独立，促进其逐渐过渡到具备可以自我决定重要事项的能力。特别是服务提供商和金融机构之间开展广泛的合作，可以给更多的受害者提供信贷援助等金融支持，同时给予照顾受害者的家人照料训练和经济补助。如果被拐妇女不愿意抚养子女，可以不承担抚养责任。建议将《婚姻法》第12条规定修改为：无效或被撤销的婚姻，自始无效。当事人不具有夫妻的权利和义务。被拐妇女所生的子女，如果被拐妇女不愿意抚养，可以不承担抚养责任。2）儿童。确保被拐儿童能在家庭环境中健康成长。鉴于收养被拐儿童，收养人将面临着儿童亲生父母随时出现的可能，如果找到亲生父母，可以依据亲生父母申请，或如果被收养人年龄超过18岁，按照本人意愿决定是否解除其收养关系，保护被拐儿童的合法权益。在被拐孩子被收养后，后续服务还要跟上，最重要的是出台特殊户籍管理政策。建议出台相关规定，通过办理收养登记，将被寄养儿童的户口迁至户内，注明与收养人的父母子女关系。有条件的地方可通过政府购买服务、引入社会工作等方式开展收养评估工作,对被收养人和送养人的情况进行了解把握。建议公安部出台政策，给这些被拐及走失的孩子一个合法身份，让他们过上有尊严的正常人生活。对被拐孩子户口回迁到亲生父母身边的，可以按被拐孩子的实际情况，采取恢复或迁入两种方式，让他们真正回归。

建立刑事被害人救助制度。制定被拐受害者救助制度，明确救助的主体、范围、内容、标准等，做到有法可依。应当完善相关法律、法规，出台对受害者保护的措施；建立专业安置服务机构，提高专业服务质量。给予受害者法律援助，提供免费法律咨询以及诉讼服务，提高其依法维护自己合法权利的能力。各级公安机关特别是基层公安机关要落实回访制度，加强与被拐儿童家长的沟通，积极争取被拐儿童家长的理解和支持，特别是做好“寻亲联盟”的稳控工作，有效化解矛盾。鉴于受害者被拐给家庭带来极大的伤害，救助制度也要面向家庭，对其家庭适当救助，对于家长在寻子过程中的开支适当补贴，报销部分被解救妇女的医疗费用和照顾费用，以阻断第二、第三次伤害。区分合法权益和非法上访，对于由于被拐造成的伤害引起的需求要多支持，对于不是被拐导致的需求要合理引导，甚至要依法打击。

5.1.5.4 康复

建立一个标准化的被拐受害者的服务评估工具。执法人员和服务提供商为被拐卖受害者提供服务，必须了解拐卖犯罪行为的范围。建立标准化的评估工具，用于协助识别受害者的工作，确定哪些潜在受害者符合人口拐卖的定义，为受害者提供保护和服务。结合增能赋权理论和受害者的现实，我们聚焦于被拐受害者受到压制的形式、无权利的状态、可能拥有的资源与优势，提出了中国被拐受害者的服务评估工具和流程。

为了让受害者尽快康复，我们应该为受害者提供适当的创伤康复规划和服务，充分满足他们个性化的需求。我们的国家反拐行动计划应该强调采用“以受害者为中心”为人口拐卖受害者提供服务的方法。国家应该承认被拐人口是人权受到严重侵犯的受害者，即使其属于“三非”外籍妇女，也应保障其权利，并保护其免遭报复与伤害，并为被拐卖受害者提供临时救助、中转、安置和康复服务。

5.1.5.5 合作战略

为了实现预防、解救、康复和安置，有效地解决人口拐卖问题，不仅需要不同政府部门的合作，还要加强同 NGO 的协作和国际合作。

目前，全国已经普遍实施了反拐联席会议制度，初步形成了公安、妇联、民政、宣传等部门协调配合，齐抓共管的良好局面。在此基础上，我们的工作应更深入，更有层次。建议推动部际联席会议成员出台本单位（系统）落实国家反拐行动计划及实施细则的评估、考核标准，监督推动相关单位部门切实履行国家反拐行动计划及实施细则规定的各项工作职责，努力形成齐抓共管、综合治理的反拐工作格局。提高思想认识，形成合力，进一步建立健全反拐工作长效机制，需要政府的每一个职能部门都担负起一定责任，形成反拐工作合力，最大限度地减少拐卖犯罪的发生和减轻受害者遭受的伤害。

建立长效机制、加大政府投入，根据人口拐卖形势，结合人口拐卖报案数、破案数、采血数等标准，尽快在拐卖比较严重的地区设立专门的打拐机构，配备必要的编制和专项经费，建立起一支专业的打拐队伍，把对打拐工作的重视落到实处；加大对打拐专职警察的培训，提高其专业化水平，汇编实用性较高的《公安机关办理拐卖犯罪案件手册》，保证基层反拐民警人手一本；甄别和逮捕人贩子，给受害者提供合适的服务，需要专门的机构和人员长期从事反拐研究，掌握其特点，以便更好地打击人贩子和保障弱势群体的权利。

加强对各个单位的培训，提高其反拐意识。重点培训当地的法官、检察官、律师和人大代表、政协委员。为执法人员和社区中的其他人制定培训方案并实施培训，这些培训必须包括拐卖指标识别和报告潜在的人口拐卖受害者，以提高对人口拐卖的认识和教育。要把经常参与侦破人口拐卖案件的专业人员组织起来，运用不定期通信、数据共享的方法进行联合调查。建议汇编《急救人员鉴别拐卖受害者手册》，以帮助不同部门工作人员更好反拐。

为打击贩运人口，必须从全球和国家的视角采取策略。加强对受害者的遣返合作，中国必须修订相关法律，使中国的人口拐卖定义与国际接轨，妥善解决跨国婚姻问题，对于既成事实的跨国婚姻问题，考虑到尊重当事人的意愿，允许当事人在中国生活，解决其面临的国籍、户口等问题。中国在东南亚“打拐”行动中牵头，组织成立反拐联合委员会、区域拐卖数据库，成为区域反拐的领导者，以更有效地打击人口拐卖，并在国际社会中加大中国反拐行动成绩的宣传。探索被拐海外的中国公民保护模式，保护被拐海外的公民。通过国际刑警组织、驻外警务联络官等渠道，中国公安机关与相关国家警方加强合作，在案件侦办合作、移交遣返犯罪嫌疑人和解救送返受害者等事宜上建立一定规范；加强国内公安、海关、外事、民航等部门的合作，掌握公民出境名单及应归国日期，对于偏离出国路线和日期的公民，要主动出击深入调查。

非政府组织在反拐中起到了政府不可替代的作用。首先政府部门要向

NGO 购买服务。民政部除了承担现有的反拐功能以外，还要通过政府购买服务等多渠道支持 NGO 的发展，NGO 本身也要有赋权意识，加强合作，实现资源共享。对于中国来说，非政府组织反拐的措施同样应该接受监测和人权评估。加强对 NGO 资金使用的监管，使其远离腐败。

5.2 研究创新之处

本书在研究理论与方法、研究内容以及研究对象方面都有所突破，创新如下：

首先，在研究方法上，针对以往反拐研究多采用定性研究存在的不足，本书运用了定量研究，尽可能收集大量被拐儿童数据，将定型数据定量化做定量分析和比较研究，分析了被拐儿童的个人及家庭特征，包括地区分布，剖析了其被拐原因，并突出了被拐儿童的需求。

其次，理论上，将贩运需求理论运用到买妻和儿童市场，同时将赋权增能理论运用到被拐受害者的研究中。

再次，在研究对象上，本书将政府部门、罪犯、NGO 等联合起来研究，公安机关是反拐的主体，对警察做了大量访谈和调研，研究了公安机关在国家反拐行动中面临的问题，如警力不足，立案标准缺乏，DNA 库存在的问题及完善，还研究了联席会议在反拐行动中起到的作用，以及 NGO 与政府之间的关系。

最后，研究内容上，在人口贩运领域的实证研究中，我们常常忽视评估受害者的弱势（Ray，2008）。最重要的是，依照“以受害者为中心”的原则，从保障弱势群体权利的视角出发，探索权利保障的措施，以对弱势群体赋权的方式来推动中国国家反拐行动。本书没有以需求为导向研究拐卖受害者的服务需求，而是通过研究受害者的被害研究了被拐妇女儿童的需求，避免了受害者因为缺乏权利意识而不能准确地提出自身需求的弊端，在此方面是独创的。本书建议需要多部门合作提供整合的服务，其中，扶贫和刑事被害人支持等政策建议都是以家庭为视角的。

5.3 研究不足

5.3.1 数据收集问题

收集数据的障碍主要包括漏报、缺乏统一的数据平台和统计口径、数据共享不足、缺乏高质量的数据。尽管人们已经很努力地提高人口拐卖受害者的法律意识，但仍有些人可能永远不会报警。因此，拐卖人口的执法数据可能不同于其他来源的数据。另外，执法机关可能重视某种贩运案件或某种被贩运人口（Tyldum et al.，2005；Laczko & Gramagna，2003）。

对拐卖人口数据整合的第一个障碍是漏报，许多受害者并不确定自己是受害者，这种情况下就更不会报警了。受害者可能是由于心理上的不信任。另外，受害者的顺从性有助于间接支持漏报现象。通常，受害者必须适应在那种无法忍受的情况下生存，所以他们这种逆来顺受的习惯也正中人贩子下怀。这样导致的结果就是，受害者可能并不配合执法，而且他们的数量可能无法得知。人口贩运数据采集工作正是由于上述种种原因受阻，这种收集工作的实施同时取决于人贩子如何利用公众的视角和能力来掩盖他们的犯罪活动。收集拐卖人口数据的第二重障碍是缺乏统一的数据库。由于各种原因，由一个部门或组织采集的数据可能并不被另一个所认可。由于收集数据的资金支持来源不同，人们可能根据资金提供者的需要来收集特定的数据，而这并不意味着其他的数据不重要。

此外，执法机关，也被称为反拐第一响应者，无法收集相关的数据，因为执法机关的年度拨款并不依赖于特定的赞助者。事实上，执法机关并不能把所有违法拐卖人口者绳之以法。另外，数据质量是数据收集的障碍。数据质量，是指它的可靠性、可用性、可比性、准确性和相关性。许多拐卖人口数据的共性是基于从个别执法人员和受害者服务提供者得来的，可能并没有使用人口拐卖的标准定义。因此，这些数据是不容易量化或比较的。

对于人口拐卖受害者来说，非政府组织可以是一个有用的人口拐卖受害者信息源，特别是在公安机关很少注意的地方。不幸的是，非政府组织往往缺乏数据收集标准和报告机制，因为它们通常是“处理今天的危机，而忽略了可以收集昨天既成的信息”（Bales，2005）。本书尽量使用了执法机关和非政府组织的数据，但是由于以上原因，数据肯定存在很大问题，并且无论执法机关还是非政府组织的数据，都比较简单，只能做简单的描述分析，很难做进一步的挖潜。比如，本书定量分析的数据都是在“宝贝回家”网登记的数据，缺乏警察很快找到的失踪儿童数据，也就是所用数据都是积案数据。另外，“宝贝回家”网毕竟是一个民间组织，知道它的群众毕竟有限，很多失踪儿童数据并没有在该网站上登记，还包括一些隐藏犯罪，本身就是犯罪研究的难点。我们试图收集公安机关相关数据，但是公安机关相关数据更不深入，希望以后公安机关登记的数据更加规范化和深化，以便更好地了解被拐妇女儿童的数量和作为结果的风险评估工具。

5.3.2 缺失对隐藏犯罪的直接调查

人口拐卖是非法的，存在巨大的犯罪黑数。社会上还有很多事实上的人口拐卖犯罪没有被发现，即隐藏犯罪，仅采取社会科学经验研究中常规的调查方法，很难获取真正有价值的信息。在现有的情况下，即使知道有组织犯罪和人口拐卖交织在一起，也很难获得这些犯罪情况的具体信息。作者尝试以隐藏进入的方式“潜入”人贩子中做进一步的调研，但是收效不大，主要从公安机关和志愿者口中做了初步了解。

5.3.3 对被拐孩子的调查多是成年人，定量研究不足

尽管对于反拐行动的评估多是定性研究方法，但其中一个主要原因是拐卖数据难以搜集，我们尝试搜集被拐儿童及其家长的服务需求，但是问卷搜集数量较少，即使调查出来的问卷，也缺失太多，无法进行分析。没有多少家长和孩子愿意配合调查，可能是不愿意再揭开被拐的“伤疤”。基于此，我们在调查问卷的基础上做了深度访谈。现在被拐的未成年孩子不能正确地评价被拐和提出服务需求，而我们访谈的被拐孩子基本上都已成年，时过境迁，他们的成长、评价和需求与未成年时可能存在很大不同，这也会影响我们的分析及建议。

5.3.4 对被拐卖淫的妇女调查不深入

尽管取得了这些进步，但人口拐卖数据收集的可靠性仍遇到许多挑战：像许多其他的犯罪一样，人口拐卖的受害者往往不愿自己报警，可能担心被报复或害怕警察，甚至许多受害者对他们的家庭成员还隐瞒实情（Aron et al., 2007）。在中国，女性的声誉是极其重要的，所以被拐卖淫的妇女很少会承认，为了尊重其尊严和隐私，我们对被拐卖淫妇女的调查不太深入，很多敏感性的问题，我们都做了规避，这在一定程度上影响了我们进一步的研究。

参考文献

一、中文

1. 陈胜利，张世琨．当代择偶与生育意愿研究：2002 年城乡居民生育意愿调查．中国人口出版社，2003.
2. 陈友华．中国和欧盟婚姻市场透视．南京大学出版社，2004.
3. 李树茁，姜全保，费尔德曼（Marcus W. Feldman）. 性别歧视与人口发展．社会科学文献出版社，2006．
4. 李伟．犯罪被害人学．中国人民公安大学出版社，2010.
5. 李志军．重大公共政策评估理论、方法与实践．中国发展出版社，2013.
6. 刘禹锡．柳河东集．上海古籍出版社，2008.
7. 柳华文．反对人口拐卖：进展与挑战，中国法治发展报告，社会科学文献出版社，2011.
8. 潘绥铭．存在与荒谬，群言出版社，1999.
9. 王金玲．中国拐卖拐骗人口问题研究．社会科学文献出版社，2014.
10. 郑杭生．社会学概论新修（第四版）．中国人民大学出版社，2013.
11. 中华人民共和国民政部．中国民政统计年鉴 2013. 中国统计出版社，2013.
12. ［印度］阿马蒂亚·森．以自由看待发展．任赜，于真译．中国人民大学出版社 ,2002.
13. ［美］G·S·贝克尔．控制人口与经济发展．北京大学出版社，1985.
14. ［意］恩里科·菲利．犯罪社会学．郭建安译，中国人民公安大学出版社，2004.
15. 陈博．防控犯罪理念的转变：从犯罪预防到被害预防．中国检察官，2014（20）．
16. 陈闻高．被拐卖人弱点与拐卖犯罪研究．山西警官高等专科学校学报，2014（4）．
17. 纯光．努力将新疆民政打造成促进稳定发展的“安全阀”——新疆维吾尔自治区民政厅党组书记李宁平访谈录．中国民政，2016（11）．
18. 董文辉．拐卖妇女、儿童共同犯罪司法认定疑难问题研究．浙江工商大学学报，2017（1）.
19. 范斌. 弱势群体的增权与及其模式选择. 学术研究，2004（12）.
20. 冯国平，郝林娜. 全国 28 个地方计划生育条例综述. 人口研究，1992（4）.
21. 郭细英，肖良平. 论收买被拐卖的妇女、儿童犯罪形成原因及对策. 江西教育学院学报，2007（6）.
22. 郭志刚，张二力，顾宝昌，等. 从政策生育率看中国生育政策的多样性. 人口研究，2003（5）.
23. 韩素娇，司汉武. 增权理论在被拐妇女求助中的应用. 新西部（理论版），2014（1）.
24. 和珊珊. 拐卖妇女留在流入地的原因分析. 康定民族师范高等专科学校学报，2009（4）.
25. 胡枫，李善同. 父母外出务工对农村留守儿童教育的影响. 管理世界，2009（2）.
26. 黄艺丰. 从“部艳敏事件”议程变迁看传播伦理进步. 南方电视学刊，2015（4）.
27. 黄玉梅. 拐卖儿童犯罪的现状、成因及防范对策分析. 新丝路，2016（18）.
28. 贾凌. 刑事案件被害人救济问题的思考. 民主与法制，2012（15）.
29. 康朝晖. 地方立法关于征收社会抚养费规定分析. 人口与计划生育，2005（3）.
30. 孔婕. 欧美国家创新政策绩效评估模型研究及启示. 技术与创新管理，2010（3）.
31. 李北方. 比被拐卖更悲惨的. 南风窗网，2015（17）.
32. 李浩然，杨振旭. 浅谈运用连线分析方法打击人口拐卖犯罪——以网络化人口拐卖犯罪为视角. 甘肃警察职业学院学报，2012（2）.
33. 李娟. 小城镇女性农民工性服务研究——以 L 市 Y 区为例. 妇女研究论丛，2011（1）.
34. 李娜. 人权目标在地方的实践：一个国际“反拐”项目的实施案例. 云

南大学学报（法学版），2009（5）.
35. 李培龙 . 我国大陆与台湾地区惩治人口贩运之比较研究 . 人民检察，2012（5）.
36. 李迎生，吕朝华 . 矫枉过正：城市流浪乞讨人员救助管理制度的实证分析 . 甘肃社会科学，2007（5）.
37. 刘国福 . 中国反贩运人口法律的理性回顾和发展思考：以国际法为视角 . 甘肃政法学院学报，2010（5）.
38. 刘亚晴 . 中国男性结扎现状 . 瞭望东方周刊，2014（9）.
39. 吕峻涛 . 中国西部农村性贫困调查 . 中国作家，2006（19）.
40. 吕世辰，王小平，王俊君 . 农村被拐卖妇女遗弃的青少年社会化问题研究——以山西 Y 县为例 . 中华女子学院山东分院学报，2010（6）.
41. 马健雄 . 性别比，婚姻挤压与妇女迁移——以拉祜族和佤族之例看少数民族妇女的婚姻迁移问题 . 广西民族学院学报 (哲学社会科学版)，2004（4）.
42. 慕札帕・库尔班 . 内地维族流浪儿生存调查 . 凤凰周刊，2007（17）.
43. 钱文荣，毛迎春 . 中国农村妇女土地权利问题的实证研究 . 浙江大学学报（人文社会科学版），2005（5）.
44. 任安立 . 被拐儿童获解救并非打拐终点 . 中国妇女报，2015（5）.
45. 石人炳 . 青年人口迁出对农村婚姻的影响 . 人口学刊，2006（1）.
46. 唐惠敏，姚胜南 . 增能与赋权：农村弱势群体利益表达的路径 . 湖南工业大学学报 (社会科学版)，2014（4）.
47. 王家龙 . 解读“特殊正当防卫”. 法制与社会，2009（8）下 .
48. 王建云 . 案例研究方法的研究述评 . 社会科学管理与评论，2013（3）.
49. 王金玲 . 地方性行为、当事人立场与公共政策指向——拐卖拐骗妇女儿童研究框架探析 . 浙江学刊，2009（4）.
50. 王美艳 . 转轨时期的工资差异：歧视的计量分析 . 数量经济技术经济研究，2003（5）.
51. 王启梁 . 中国“反拐”三十年：制度、实践与社会结构 . 刑法论丛，2008（3）.

52. 王小海．社区警务是这样产生的——美国警察的理论与实践，贵州社会科学，2015（1）.
53. 王志祥，杨莉英．论拐卖妇女、儿童罪的犯罪客体及其刑法意义．法治研究，2013（7）.
54. 王宗萍，段成荣，杨舸．我国农民工随迁子女状况研究——基于 2005 年全国 1% 人口抽样调查数据的分析．中国软科学，2010（9）.
55. 魏恒．四川凉山中小学生被拐骗至沿海地区做童工．南方都市报，2008（4）.
56. 魏一平．新疆流浪儿童回归之难．法制与社会,2011（4）.
57. 文姬．犯罪预防理论研究．广州市公安管理干部学院学报，2009（4）.
58. 吴照美．拐卖妇女、儿童案件的侦查要领和证据收集要求．武汉公安干部学院学报，2016（2）.
59. 邢东伟,余飞.公安部:“我国每年有20万儿童失踪”报道失实.法制日报，2013（2）.
60. 杨一.性别叙事下当代被拐妇女生存困境之分析与反思.妇女研究论丛，2016（4）.
61. 杨美珍．浅析如何健全反拐长效机制．法制与经济，2011（3）.
62. 姚家儒．论拐卖人口犯罪的侦查机制．山东警察学院学报，2009（4）.
63. 叶熙昊．试论宽严相济刑事政策下的“打拐”综合治理．法制与经济，2016（11）.
64. 于晓梅．犯罪学实证研究的回顾和展望——天津社会科学院犯罪学学术研讨会学术研讨实录．江苏警官学院学报，2010（3）.
65. 张川川，陈斌开．“社会养老”能否替代“家庭养老”？——来自中国新型农村社会养老保险的证据．经济研究，2014（11）.
66. 张春汉，钟涨宝．农村大龄未婚青年成因分析——来自湖北潜江市 Z 镇 Y 村的个案分析．青年探索，2005（1）.
67. 张小川，康馨宇．当前拐卖越南籍妇女犯罪案件的打击对策．云南警官学院学报，2016（5）.
68. 张训．“拐卖”与“反拐”之乱象与纾解．江西警察学院学报，2010

（1）.
69. 章立明 . 解读拐卖：家庭婚姻制度的社会性别分析 . 山西师大学报（社会科学版），2008（6）.
70. 赵维泰 . 儿童离家出走成因的调查分析 . 中州学刊，2004（5）.
71. 中国农民工问题研究总报告起草组 . 中国农民工问题研究总报告 . 改革，2006（5）.
72. 周俊山，尹银 . 从打工妹到失足女：新生代打工妹失足的原因探究 . 青年研究，2013（4）.
73. 周俊山、尹银 . 中国计划生育政策对居民储蓄率的影响——基于省级面板数据的研究 . 金融研究，2011（10）.
74. 周潇 . 农村青少年辍学现象再思考 : 农民流动的视角 . 青年研究，2011（6）.
75. 朱志培 . 基于福利多元主义的孤残儿童救助体系 . 科技信息，2013（11）.
76. 陈丽平 . 修改收养法给被解救儿童合法的家 . 法制日报，2013-4-12.
77. 邓小波 . “无妈乡”调查 : 母亲多被拐卖而来 , 因贫困家暴出走 . 新华网，2015-08-09.
78. 胡永平，孙满桃 . 最高法：国内外不法者勾结拐卖拐骗外籍妇女犯罪增多 . 中国网，2014-2-27.
79. 蒋玉森，方常君 . 广东男女失衡湛江最严重，全省男女比例总体均衡 . 南方都市报，2003-3-11.
80. 李瑞 . 被拐女成“最美乡村教师”：一个悲剧如何能提炼出感动？澎湃新闻，2015-07-29.
81. 李晓宏 . “剩男”是个大问题 . 人民日报，2012-1-11
82. 罗书臻 . 最高人民法院通报惩治拐卖妇女儿童犯罪情况 . 人民法院报，2015-2-28.
83. 饶德宏 . 揭秘凉山童工悲惨生活，漂亮女孩忧遭强奸 . 南方都市报，2008-04-28.
84. 宋玮，袁伟超 . 云南女子被拐卖信阳五年，得救后不愿返乡 . 中新网河南新闻信阳频道，2014–12–9.
85. 孙晓素 . 广东开发出防拐工作模式 . 流动人口多被拐风险高 . 南方日报网络版，2007– 09–03.
86. 佟亮 . 人贩子威胁举报超生家庭，多种原因致儿童被拐卖 . 京华时报，2012–12–25.
87. 邢东伟, 余飞 . 公安部: “我国每年有 20 万儿童失踪” 报道失实 . 法制日报，2013（2）.
88. 王文硕 . 警民携手共同走过六年 “打拐路” . 人民公安报，2013（1）.
89. 王薇 . “中国预防以劳动剥削为目的的拐卖” 项目（二期）启动 . 新华社，2010– 3–18.
90. 席越 . 那些被外国人收养的中国弃婴 . 腾讯 . 大家，2014–11–03.
91. 杨磊 . 湖北团提案修改刑法：拐卖妇女儿童罪要重判 . 楚天都市报，2008（1）.
92. 杨青 . 最高法院发布惩治拐卖妇女儿童犯罪典型案例 . 中国法院网讯，2015–02–27。
93. 张硕 . 河北丰宁一父亲寻子 6 年, 解救上百名黑砖窑少年奴工 . 新华网（石家庄），2013–8–20.
94. 张秀荣，巫春燕 . 越南新娘被遣返，一岁孩子终落户 . 衢州日报，2014–06–09.
95. 联合国毒品和犯罪问题办公室 . 打击贩运人口活动工具包 . 联合国出版物出售品编号：C.08.V.14ISBN 978–92–1–730162–9，2008.
钱文荣，毛迎春 . 中国农村妇女土地权利问题的实证研究 . 浙江大学学报（人文社会科学版），2005（5）.

二、英文

1. Macleod, J., Farley, M., Anderson, L., Golding, J. (2008), Challenging Men's Demand for Prostitution in Scotland, Women's Support Project.
2. Abarshi, E., Echteld, M. A., Van den Block, L., Donker, G., Deliens, L. and Onwuteaka- Philipsen, B. 2010 . "The oldest old and GP end-of-life care in the Dutch community: a nationwide study." Age and Ageing, 39(6):716 - 22.
3. Agbu, Osita, 2003. "Corruption and Human Trafficking: The Nigerian Case." West Africa Review. 4 (1).
4. AGIS, 2005. Bundesministerium für Inneres Republik Österreich, and International Organization for Migration, "Comprehensive Training for Law Enforcement Authorities Responsible for Child Trafficking/Minors." , AGIS Program of European Commission.
5. American Psychiatric Association, .2013. "Diagnostic and Statistical Manual of Mental Disorders."
6. Anderson, B. 2007. "Why I am worried about motherhood and apple pie but don't endorse slavery?" Danish Institute for International Studies, Copenhagen.
7. Anderson, Bridget, Davidson, Julia O' Connell. 2003. "Is Trafficking in Human Beings Demand Driven?" International Organization for Migration: Migration Research Series. 15.
8. Angela Bortel, Mary Ellingen, Mary C. Ellison, Robin Phillips and Chery Thomas. 2008. "Sex Trafficking Needs Assessment for the State off Miinnesota." the Minnesota Office of Justice Programs.
9. Aron, L., J. Zweig, and L. Newmark. 2007. "Comprehensive Services for Survivors of Human Trafficking: Findings from Clients in Three Communities." the nonpartisan Urban Institute publishes studies.
10. B. de Ruyver, K. van Impe, and J. Meese, .2001. "The need for a multidisciplinary and proactive approach to human trafficking. Reflections from two pilots." in P. Van Duyne, V. Ruggiero, M. Scheinost en W. Valkenburg (eds.), Cross-border

crime in a changing Europe, Nova Sci–ence Publishers, New York, 49–62.

11. Bales, K. 2005. "Understanding Global Slavery." University of California Press, Berkeley.
12. Bales, K. and Steven Lize. 2005. "Trafficking in Persons in the United States." NCJ 211980. http://www.ncjrs.gov/pdffiles1/nij/grants/211980.pdf
13. Belser, P., M. d. Cock and F. Mehran. 2005. "ILO Minimum Estimate of Forced Labour in the World." ILO, Geneva.
14. Birgit Locher. 2007. "Trafficking in Women in the European Union: Norms, Advocacy–Networks and Policy–Change." VS Verlag für Sozialwissenschaften.
15. Brunovskis, A. & R. Surtees. 2007. "Leaving the past behind? When victims of trafficking decline assistance." Fafo AIS (Oslo) and NEXUS Institute (Vienna).
16. Brunovskis, A., Tyldum, G. 2004. "An Empirical Study of Transnational Prostitution and Trafficking in Human Beings." FAFO.
17. Bustamante, J. A. 2002. "Immigrants' vulnerability as subjects of human rights. International Migration Review." 36(2), 333–354.
18. Butegwa, F. 2006. "Trafficking in women in Africa. Paper prepared for Global Alliance Against Traffick in Women." Netherlands, GATTW.
19. Calum MacLeod., 2000. "Life Begins Again for Chinese Girl Sold as Slave at 12." Independent (London), May 17, available at http://findarticles.com/p/articles/ mi_qn 4158/ is_20000517/ai_n14313948.
20. Campagna, D. S., & Poffenberger, D. L. 1988. "The sexual trafficking in children: An investigation of the child sex trade." Dover, Massachusetts: Auburn House Publishing Company.
21. Céline Nieuwenhuys and Antoine Pécoud, .2007. "Human Trafficking, Information Campaigns, and Strategies of Migration Control." American Behavioral Scientist, 12: 1674 – 95.
22. Charlie Custer. 2013. "Kidnapped and Sold: Inside the Dark World of Child Trafficking in China." http://www.theatlantic.com/china/ archive/2013/07/ kidnapped–and–sold –inside–the– dark–world–of–child–trafficking–in–

china/278107/.

23. Charlotte Watts, Brad Adams, and Erin Nelson.2003. "Human rights analysis of health and trafficking" . Report edited by the European Commission's Daphne Programme.

24. Chuang A. 2006. "Beyond a Snapshot: Preventing Human Trafficking in the Global Economy." Janie Indiana Journal of Global Legal Studies, 13 (1) :137–163.

25. Clawson, H., Dutch, N., & Cummings, M. 2006. "Law enforcement response to human trafficking and implications for victims: Current practices and lessons learned." http://www.ojp.usdoj.gov/nij/.

26. Duncan, J. 2002,. "From vulnerability to self–sufficiency: The cycle of assisting trafficked children in the United States." the Human Rights Challenge of Globalization in Asia–Pacific–US: The Trafficking in Persons, Especially Women and Children, Honolulu, Hawaii.

27. Donna Hughes. 2002. "Trafficking for Sexual Exploitation: The Case of the Russian Federation." Geneva: International Organization for Migration, 22.

28. Donna M. Hughes. 2003. "The Demand: The Driving Force of Sex Trafficking, Address at the University of Hawaii, The Human Rights Challenge of Globalization in Asia–Pacific–US: Trafficking in Persons, Especially Women and Children." in Vital Speeches of the Day, 182 - 83.

29. Donna M. Hughes. 2004. "The Demand: Where Sex Trafficking Begins." the Pontifical Gregorian University Conference, July 17.

30. Donna M. Hughes. 2008. "the Wisconsin Office of Justice Assistance. Combating Sex Trafficking: A Perpetrator–Focused Approach." University of St. Thomas Law Journal, 6 (1): 27–56.

31. Dottridge, M. 2002. "Trafficking in children in West and Central Africa." Gender & Development, 10(1), 38–42.

32. Dottridge, M. 2003. "Deserving Trust. Issues of Accountability for Human Right NGOs." International Council on Human Rights Policy, Geneva.

33. Duncan, J. 2002. "From vulnerability to self–sufficiency: The cycle of

assisting trafficked children in the United States." Human Rights Challenge of Globalization in Asia-Pacific-US: The Trafficking in Persons, Especially Women and Children, Honolulu, Hawaii.
34. Elisabeth Rosenthal. 2003. "Bias for Boys Leads to Sale of Baby Girls in China." N.Y. TIMES, July 20, available at http://query.nytimes.com/gst/fullpage.html?res= 9E06EED B1 E3CF933 A15754C0A9659C8B63&sec=&spon=&pagewanted=1.
35. Elizabeth M. Bruch. 2004. "Models Wanted: The Search for An Effective Response to Human Trafficking." 40 STAN. J. INT' L L.1.
36. Elzbieta Gozdziak; Micah N. Bump. 2008. "Victims No Longer: Research on Child Survivors of Trafficking for Sexual and Labor Exploitation in the United States." Bureau of Justice Statistics.
37. ErnesL R. House(ed.). 1980. "Evaluating with Validity Beverly Hills." Sage :15-43.
38. Ernesto Savona, Roberta Belli, Frederica Curtol, Silva Decarli, and Andrea Di Nicola. 2003. "Trafficking in Persons and Smuggling of Migrants into Italy. " Trento: Transcrime.
39. Ernesto U. Savona, Sonia Stefanizzi. 2007. "Measuring Human Trafficking, Complexities and Pitfalls." New York; London: Springe.
40. Flowers. R. B. 2001. "The sex trade industry's worldwide exploitation of children." Annals of the American Academy of Political and Social Science, 575, 147-157.
41. Foqia, Kiran, Saba. 2008. "Women and Human security in South Asia." The University Press ltd.
42. Friesendorf. C. 2007. "Pathologies of security governance: Efforts against human trafficking in Europe." Security Dialogue, 38(3), 379 - 402.
43. G. Newiss. 1999. "Missing presumed...? The Police Response to Missing Persons." Policing and Reducing Crime Unit: Police Research Series, London, 28.
44. Gallagher, A.T. and P. Holmes. 2008, "Developing an Effective Criminal Justice

Response to Human Trafficking: Lessons fromthe Front Line." International Criminal Justice Review, 18(3): 318 - 43.

45. Godzdiak, E. and E. Collett. 2005 "Research on Human Trafficking in North America: A Review of the Literature." In Data And Research On Human Trafficking: A Global Survey, Laczko and Gozdziak eds., 99–128.

46. Goździak, E. M. and E..A. Collett. 2005 "Research on human trafficking in North America: A review of literature." International Migration, 43(1/2): 99–128.

47. Goździak, E. M. and M. N. Bump. 2008. "Victims No Longer: Research on Child Survivors of Trafficking for Sexual and Labor Exploitation in the United States." NIJ Grant No 2005–IJ–CX–0051. Final Report.

48. Grace Chang & Kathleen Kim. 2007. "Reconceptualizing Approaches to Human Trafficking: New Directions and Perspectives from the Field(s)." Stanford Journal of Civil Rights & Civil Liberties 3: 33.

49. Guinn, D. 2008. "Defining the Problem of Trafficking: the Interplay of U.S. Law, Donor and NGO Engagement and the Local Context in Latin America." Human Rights Quarterly, 30 (1) :119–145.

50. Gunatilleke, Godfrey, ed. 1991. "Migration to the Arab World; Experience of Returning Migrants." Vol. 2. Tokyo: The United Nations University.

51. Guri Tyldum, Marianne Tveit, and Anette Brunovskis. 2005. "Taking Stock: A review of the existing research on trafficking for sexual exploitation." Fafo, http://www.fafo.no/ pub/ rapp/ 493/493.pdf.

52. Hong Ju, Jianhong Liu & Alicia Crowther. 2006. "Female Criminal Victimization and Criminal Justice Response in China." Btit. J. Criminology, 46(5): 859–863 .

53. Hsu, Kevin Shawn. 2007. "Masters and Servants in America : The Ineffectiveness of Current United States Anti–Trafficking Policy in Protecting Victims of Trafficking for the Purposes of Domestic Servitude." Georgetown Journal on Poverty Law & Policy. 14 (3): 495.

54. Hyun Soo Suh. 2013. "Human trafficking 'a national security issue' ."

Obama task force told<http://thecnnfreedomproject.blogs.cnn.com/2012/03/15/human-trafficking-anational-security-issue-obama-task-force-told/>.

55. International Association of Chiefs of Police. 1994. "Missing Persons Model Policy."

56. International Labour Office. 2005. "Forced labour today." World of Work, No. 54. Retrieved from http://www.ilo.org/wow/Articles/lang-en/WCMS_081360/index.htm.

57. IOM. 2007. "ASEAN and Trafficking in Persons: Using Data as a Tool to Combat Trafficking in Persons." Jakarta: International Organization for Migration.

58. Jayasree, A.K. 2004. "Searching for Justice for Body and Self in a Coercive Environment: Sex Work in Kerala." Reproductive Health Matters, 12(23):58-67.

59. John Cooper Green. 2011. "A Proposal Leading to an International Court to Combat Trafficking in Human Beings." Third Annual Interdisciplinary Conference on Human Trafficking.

60. John R. Miller. 2005. "The Slavery of Prostitution." N.Y. TIMES, Dec.20.

61. Karen E. Bravo. 2007. "Exploring the Analogy between Modern Trafficking in Humans and the Trans-Atlantic Slave Trade." Boston University International Law Journal, 25 (2).

62. Kathleen Barry. 1979. "Female Sexual Slavery." New York University Press.

63. Kawshar Jahan. 2011. "Role of NGOs in Prevention of Women and Children Trafficking in Northern Border Areas of Bangladesh." Master North South University.

64. Kay Johnson et al.. 1998. "Infant Abandonment and Adoption in China." Population & Dev. Rev, 24 (3) : 469-510.

65. Kelly, L. 2002. "A Commentary on Current Research on Trafficking of Women and Children for Sexual Exploitation Within Europe." International Organization for Migration, Geneva.

66. Kendall, C. 2007 "The Harms of Gay Male Pornography: A Sexual Equality Analysis." In Pornography: Driving The Demand In International Sex Trafficking, D. Guinn, ed., Captive Daughters Media, Los Angeles.

67. Kevin. P. 2008. “Trafficking in Persons in the United States". A Report to the National Institute of Justice.

68. Knight, John and Li Shi. Wages. 2005. “Profitability and Labour Market Segmentation in China.” China Economic Review, 16(3): 2005–28.

69. Kreston, S.S. 2007. “Trafficking in children in South Africa: An analysis of pending Legislation.” Child Abuse Research in South Africa, 8 (1), 35–50.

70. Kristina Touzenis. 2010. “Human Rights and Trans–national Criminal Law, Developments in Law and Practices.” Paris: UNESCO.

71. Laczko, F. and E. Gozdzdiak. 2005. “Data and Research on Human Trafficking: A Global Survey.” Introduction of the Off print of the Special Issue of International Migration 43 (1/2), 5–16.

72. Laczko, F. and M. Gramegna. 2003 “Developing Better Indicators of Human Trafficking.” Brown Journal of World Affairs, 10:179.

73. Laczko, F. and M. Gramegna. 2003 “Developing better indicators of human trafficking.” Brown Journal of World Affairs, 10 (1).

74. Laczko, Frank and Elzbieta Gozdziak (eds.). 2005. “Data and Research on Human Trafficking: A Global Survey. International Migration.” 43 (1/2). IOM, Switzerland.

75. Laczko, Frank. 2005. “Data and Research on Human Trafficking.” International Migration. 43 (1–2): 5–16.

76. Lee, June JH. 2005. “Human Trafficking in East Asia in Data and Research on Human Trafficking: A Global Survey.” eds. Frank Laczko and Elizbieta Gozdziak. 165–201.

77. Leidholdt, D. 2007 “Combating the Demand for Trafficking.” the International Seminar on the Prevention and Sanction of Trafficking in Persons, Mexico City, Mexico, June 21–22.

78. Leppänen, K. 2007. “Movement of women: Trafficking in the interwar era.” Women's Studies International Forum, 30, 523 – 533.

79. Levitt, S. 1998. “Why Do Increased Arrest Rates Appear to Reduce Crime: Deterrence, Incapacitation, or Measurement Error?” Economic Inquiry, 36(3):

353–372.
80. Li Xiaorong, License to Coerce.1996. "Violence Against Women, State Responsibility, and Legal Failures in China's Family Planning Program" , Yale Journal of Law & Feminism, 8: 145–184.
81. Linda Smith & Mohamed Mattar. 2004. "Creating International Consensus on Combating Trafficking in Persons: U.S. Policy, the Role of the UN, and Global Responses and Challenges. The Fletcher Forum of World Affairs, 28:155–165 .
82. Manzo, Kate. 2005. "West Africa's Children: Trafficking, Slavery and Uneven Development." Area. 37 (4) . 398–401.
83. Martin P. and Widgren J. 1996. "International migration: a global challenge." Population Bulletin 51 (1) : 1 - 48.
84. National Prosecuting Authority (NPA). 2010. "Tsireledzani: understanding the dimensions of human trafficking in Southern Africa. National Prosecuting Authority, Sexual Offences and Community Affairs (SOCA) Unit." South Africa.
85. NHRC–UNIFEM–ISS. 2004. "A report on trafficking in women and children in India. New Delhi" . India: Orient Longman.
86. Nilanjana Ray. 2008. "Vulnerability to Human Trafficking: A Qualitative Study." Washington University in St. Louis.
87. Obokata, T. 2006. "Trafficking of Human Beings from a Human Rights Perspective–Towards a Holistic Approach." Leiden, The Netherlands; Boston: Martinus Nijhoff.
88. Osmany, R .Mufleh. 2007. "Whither national Security Bangladesh." The University Press Ltd.
89. Pamela Abbott. 1997. Claire Wallace. "An Introduction to Sociology: Feminist Perspectives. London." Psychology Press.
90. Patrick Belser. March. 2005. "Forced Labor and Human Trafficking: Estimating the Profits." International Labor Office.
91. Pharaoh, Robyn. 2006. "Getting to Grips with Trafficking: Reflections on Human Trafficking Research in South Africa." ISS Monograph Series, No 123.

92. Pieter Wagenaar and Kees Boersma. 2012. "Zooming in on 'heterotopia' : CCTV–operator practices at Schiphol Airport." Information Polity, 17 (1) :7–20.
93. Pochagina, O. 2007 "Trafficking in Women and Children in Present–day China." Far Eastern Affairs 35 (1) : 82.
94. Raymond, J. G., D'Cunha, J., Dzuhayatin, S. R., Hynes, H. P., Rodriguez, Z. R., & Santos, A. 2002. "A comparative study of women trafficked in the migration process: Patterns, profiles, and health consequences of sexual exploitation in five countries (Indonesia, the Philippines, Thailand, Venezuela, and the United States)" . http://www.popline.org/node/237420.
95. Rijjken, Conny. 2009. "Human Rights Based Approach to Trafficking in Human Beings." Security and Human Rights. 3: 221–222.
96. Robert Moossy. 2013. "Sex Trafficking: Identifying Cases and Victims." National Institute of Justice, Obstetrics & Gynecology, 125 (2) : 414.
97. Rosenberg, R.2004 "Best Practices for Programming to Prevent Trafficking in Human Beings in Europe and Eurasia,Maryland." Development Alternatives, Inc.
98. Rossi, P. and H. Freeman.1993. "Evaluation, A Systematic Approach." Sage, Thousand Oaks, California.
99. Ryszard Piotrowicz. 2007. "Trafficking in Human Beings and their Human Rights in the Migration Context" , International Migration Law, TMC Asser Press: 275–278.
100. Sally W. Stoecker. 2000. "The Rise in Human Trafficking and the Role of Organized Crime." Demokratizatsiya.
101. Seethal, C., & Ngwira, C. 2009. "Human Trafficking in South Africa: Perspectives from the Eastern Cape Province." A paper presented at the Society of South African Geographers Conference, 1–3 September, Pretoria, South Africa.
102. Sheldon, Z. X., Chin K., and J. Miller. 2007. "Women's participation in Chinese transnational human smuggling. A gendered market perspective." Criminology, 54 (3) : 699.
103. Shinkle, Whitney. 2007. "Protecting Trafficking Victims: Inadequate

Measures?" Institute for the Study of International Migration, Walsh School of Foreign Service, Georgetown University.

104. Siddarth Kara. 2009. "Sex Trafficking: Inside the Business of Modern Slavery." Columbia University Press.

105. Stephanie Hepburn, Rita J. Simon. 2010. "Hidden in Plain Sight: Human Trafficking in the United States." Gend. 27: 1 - 26.

106. Studnicka, A.C.S. 2010. "Corruption and Human Trafficking in Brazil: Findings from a Multi-Modal Approach." European Journal of Criminology, 7(1), 29–43.

107. Surtees, R. 2005. "Other Forms of Trafficking in Minors: Articulating Victim Profiles and Conceptualizing Interventions." NEXUS Institute to Combat Human Trafficking and International Organization for Migration, Geneva.

108. Susan Tiefenbrun. 2002. "The Saga of Susannah, A U.S. Remedy for Sex Trafficking in Women: The Victims of Trafficking and Violence Protection Act of 2000." Utah L. Rev, 107, 140.

109. Susan Tiefenbrun. 2008. "Human Trafficking in China." University of St. Thomas Law Journal, 6（1）.

110. the Wisconsin Office of Justice Assistance. 2012. "Wisconsin Human Trafficking Protocol & Resource Manual." http://www.wcasa.org/file_open.php?id=336.

111. Tiefenbrun, S. W. 2002 "Sex sells but drugs don't talk: trafficking of women sex workers and an economic solution." Thomas Jefferson Law Review, 24:161–189.

112. Turner, S. 2000. "Psychiatric help for survivors of torture." Advances in psychiatric treatment, 6, 295–303.

113. Tyldum, G. and A. Brunovskis. 2005. "Describing the Unobserved: Methodological Challenges in Empirical Studies on Human Trafficking." International Migration 43（1/2）: 17–34.

114. Tzvetkova, M. 2002. "NGO Responses to Trafficking in Women." Gender and Development, 10（1）, 60–68.

115. Tzvetkova, Marina. 2005. "NGO Responses to Trafficking in Women." In Rachel Masika (ed.), Gender, Trafficking and Slavery (Oxfam Focus on Gender): 60–68.
116. U.N. Office on Drugs and Crimes. 2008. "Human trafficking for the removal of organs and body parts." The Vienna Forum to Fight Human Trafficking.
117. U.S. Department of State. 2009. "Office To Monitor and Combat Trafficking in Persons. Anti–humantrafficking programs awarded in fiscal year 2009." Retrieved from http://www.state.gov/g/tip/ rls/other/2009/131167.htm.
118. U.S. Department of State. 2005. "U.S. cooperates with Europe to combat sex trafficking." Retrieved from http://www.america.gov/st/washfile–english/2005/ January/ 20050106133608 cjsamoht4.548281e–02.html.
119. U.S. Department of State. 2007. "Trafficking in Persons Report." State Department Releases, June, US Department of State, Washington, DC.
120. U.S. Department of State. 2013. "Report on human trafficking." State Department Releases, June, US Department of State, Washington, DC.
121. U.S. Department of State. 2006. "Attorney General's annual report to Congress on U.S. government activities to combat trafficking in persons fiscal year 2005." Retrieved from http://www.justice. gov/archive/ag/annualreports/ tr2005/agreporthumantrafficing2005.pdf.
122. U.S. Department of State. 2005. "Trafficking in Persons Report." State Department Releases, June, US Department of State, Washington, DC.
123. UN. 2000. "Special Rapporteur on Violence Against Women to the Commission on Human Rights." Integration of the Human Rights of Women and the Gender Perspective, Doc. E/CN. 4/2000/68.
124. United Nations Office on Drugs and Crime. 2007. "An Assessment of Referral Practices to Assist and Protect the Rights of Trafficked Persons in Moldova." UNODC, Chisinau, Moldova, February.
125. United States State Department .2005. "Office to Monitor and Combat Trafficking in Persons & the Bureau of Intelligence and Research." Seminar

on Trafficking in Persons Research

126. US Department of State .2004. "Trafficking in Persons Report." State Department Releases, June, US Department of State, Washington, DC.

127. US Government Accountability Office. 2007. "Human Trafficking: Monitoring and Evaluation of International Projects Are Limited, but Experts Suggest Improvements." GAO-07-1034, Washington, D.C.

128. US Department of State. 2007. "Trafficking in persons report 2007." US State Department, Washington.

129. Van de Glind, H. & Kooijmans, J. 2008. "Modern-Day Child Slavery." Children and Society, 22, 150 - 166.

130. Vayrynen, Raimo. 2003. "Illegal Immigration, Human Trafficking, and Organized Crime." In UNU/WIDER development conference on Poverty, International Migration and Asylum. Helsinki, Finland UNU/WIDER. Available online: http://www.wider.unu.edu/ publications/ working-papers/ discussion- papers/2003/en_GB/dp2003-072/.

131. Vedung E. 1997. Public policy and program evaluation.New Brunswick(U.S.A) and London(U.K):Transaction Publishers.

132. Vossekuil, B., R.A. Fein, M. Reddy, R. Borum, and W. Modzeleski. 2002. "The Final Report and Findings of the Safe School Initiative: Implications for the Prevention of School Attacks in the United States." Washington, DC: U.S. Secret Service and U.S. Department of Education, May, available at www. secretservice.gov/ntac/ssi_final_report.pdf.

133. Walker-Rodriguez, Amanda; Hill, Rodney. 2011. "Human Sex Trafficking Law Enforcement Bulletin." ProQuest Research Library. 80(3).

134. Watts, C., & Zimmerman, C. 2002. "Violence against women: global scope and magnitude." The Lancet, 359, 1232 - 1237.

135. Weitzer, Ronald. 2014. "New Directions in Research on Human Trafficking." The Annals of the American Academy of Political and Social Science, 653: 6-24.

136. Wholey, J., Hatry, H. and K. Newcomer. 2004. "Handbook of Practical

Program Evaluation." second edition, Jossey–Bass.

137. Williams, M. and B. Cheal. 2002. "Can we measure homelessness? A critical evaluation of the method of capture–recapture." International Journal Social Research Methodology, 5(4): 313–331.

138. World Health Organization [WHO]. 1997. "WHO Regional Office for the Western Pacific, Women's Health in a Social Context in the Western Pacific Region" , 27.

附录

附录 1　访问警察提纲

附录 2　访谈被拐妇女提纲

附录 3　访谈人贩子提纲

附录 4　访谈福利院（包括 NGO）提纲

附录 5　访谈买方家长提纲

附录 6　被拐卖人口的预防、救助工作调查问卷（儿童卷）

附录 7　被拐卖人口的预防、救助工作调查问卷（家长卷）

附录 8　家寻宝贝问卷（宝贝回家网数据整理卷）

附录 9　宝贝寻家问卷（宝贝回家网数据整理卷）

附录 10　中国反对拐卖妇女儿童行动计划 (2008—2012 年）

附录 11　中国反对拐卖人口行动计划（2013—2020 年）

附录 1

访问警察提纲

一、个人及辖区基本情况

1. 单位有没有专职打拐民警？您在打拐中从事的工作内容或负责的部分？ 可否举一个案例具体说明？相对于其他警种，工作量如何？

2. 反拐机构设置，是不是挂牌，有专职打拐工作人员？

3. 是否接受过专业反拐培训？

4. 是否有预防人口拐卖的措施？如固定的摸底排查措施？有关预防和打击拐卖人口的研究、宣传或传媒活动？包括双边或多边合作，旨在减少使人容易被拐卖的因素（如贫困、经济欠发达和缺乏机会均等）的措施？旨在遏制需求，以减少导致人口拐卖的措施？

二、您了解的人口拐卖状况

1. 您认为什么是拐卖人口？

2. 当前您了解的本地区拐卖犯罪形势，拐卖的形势有何变化？所在地警方是否重视这种新变化？

3. 在您处理的案件中被拐妇女儿童的特征。

4. 拐卖容易发生的场所和作案时间？

5. 犯罪组织的性质、做法和惯用伎俩？

6. 您接触的犯罪分子为什么拐卖人口？

7. 买主买妇女、孩子的原因？

8. 拐骗、拐卖人口犯罪屡打不绝甚至呈上升趋势的原因。

9. 如何看待父母或家人卖出婴儿这种现象？

10. 失踪人口的户口怎么处理？

三、公安机关处理拐卖案件的程序及机制

1. 所在地是如何处理拐卖案件的？具体程序？可否举例说明？

2. 有什么激励或奖励机制？

3. 对目前反拐考核指标的评价。

4. 如何收集情报？

5. 一般来说，反拐案件是如何发现的？

6. 遇到人口拐卖案子，您是如何处理，直接立案还是破案后再立？

7. 你们在专项行动中采取了什么具体措施？

8. DNA 库建设：如何做被拐卖 / 失踪儿童信息采集、检验、录入、比对工作？

9. 孩子失踪第一时间家长应该做什么？

10.如何立案？立案后不能破案怎么处理？

11.立案后警方的行动包括哪些？

12.处理这种案子遇到的困难是什么？

13.破获的概率大吗？破案的关键是什么？家属报案的时间点对破案的影响大吗？

14.如果案子迟迟不破，家属有何反应？

15.如何控制家属情绪？

16.如何甄别拐卖受害者并向被确认的受害者提供保护和支持？

17.如何勘查人口贩运的犯罪现场？

18.如何审讯人贩子深挖拐卖信息？

19.如何更好地让受害者出庭作证指认人贩子？如何保护受害者和证人？

20.对确认、制止和起诉人贩子的建议。

21.有无对受害者支持的政策？比如，促进受害者的返还、提供后续帮助、关注其个体需求、进行转介以获取额外服务等。

22.如何安置受害者？有无与其他业务部门（如民政部门）联系与协作机制？如何联系与协作？

23.是否有保护受害者隐私和人格尊严的规定或做法？

24.如何给受害者提供食宿、医疗帮助、法律建议等方面需求的技能或者资源？

25.向被害人提供相关法院和行政诉讼方面信息的程序？

26.使受害者有可能获得个人损害补偿的措施？国家受害赔偿还是从人贩子那起诉刑事诉讼和民事诉讼？

27.如何护送拐卖受害者回乡，回家的费用由谁承担？遣返方式是按照受害者的意愿吗？

28.是否为受害者建立并完善专门档案？

29.保护受害者免于再次受害的措施？

四、反拐面临的困难

1. 办理一起拐卖案件，解救一位被拐卖的妇女儿童，平均花费多少钱？

2. 每年打拐经费是多少？有没有打拐经费保障机制和设立打拐专项经费？

3. 经费、人员、编制是否能支撑打拐？

4. 部分群众对反拐的批评，比如，警察推诿、不作为，您认为原因是什么？

5. 如何杜绝被拐人口上户口？孩子上户口的时候如何鉴别是否为被拐孩子？

6. 如何看待失踪孩子的家长上访？

7. 诉述有效期问题。

8. 法律有何欠缺？

五、建议

1. 您如何看待与民间组织合作？如何激励更多的人参与反拐？

2. 如何处理积案、旧案？

3. 支持不支持惩罚买方？对被拐受害者有没有负面影响？

4. 预防和减少拐卖人口犯罪行之有效的办法。

5. 有无使被害人获得身心康复和重返社会的措施？

6. 如何完善儿童临时监护和监护监督制度？

附录 2

访谈被拐妇女提纲

一、个人及家庭基本情况

· 出生年月日。

· 教育水平。

· 是否已婚，结婚日期（要是多次结婚，分别标出来）。

· 父母婚姻状况。

· 工作 / 目前的职业。

· 日常收入 / 支出。

· 现在身体健康状况。

· 被拐卖前已经存在的健康问题和可能的脆弱因素：是否有先天的疾病，是否经常生病？是否有残疾？

· 辍学原因？您第一次出去打工时间？

· 为什么出去打工？有多少家人依靠您生活？

· 您最亲近的朋友是谁？哪一个朋友或者家人您能相信？谁是您可以说心里话的人？

· 您外出前受过培训？接受过政府的工作信息？

· 在离家之前，受到过家庭成员的虐待吗？

· 谁和您一起离开的家？

· 您的家庭收入在过去 10 年里有没有变化？有怎样的变化？发生变化的原因？

· 您家有多少田地？人均多少？您有田地吗？

· 您出来打工前后对家庭和自身生活满意吗？

· 您家有没有人出去打工？如果有，谁出去打工了（父亲 / 母亲 / 姐妹 / 兄弟 / 您自己）？

· 您家人为什么出去打工？

· 您家在您或其他家人外出打工时是否遇到任何问题？

· 您家曾经 / 现在遇到了什么问题（被他人欺骗 / 生活条件差 / 人身安全 / 健康问题 / 医疗问题 / 经济困难 / 其他）？您如何解决这个问题？

· 出去打工前您见到过或听到过关于拐卖人口问题的信息吗？如果见到过或听到过，是何种类型的信息（标语 / 广播 / 电视 / 录像 / 非政府组织运动 / 报纸 / 喜剧 / 家人 / 朋友 / 外出移民 / 外来移民 / 地方当局 / 自助团体 / 部委部门 / 其他）？

二、村庄的状况

· 村庄位置（与城市的距离、所属省份、村庄历史、镇的边界）。

· 统计资料（人口、户数、房屋类型 / 状况）。

· 村民职业 / 收入。

· 公共服务机构 / 设施，其他设施。

· 村里一般都是谁掌握家庭的资源？

· 是否存在“笑贫不笑娼”的现象？

· 大多数人是否喜欢在村子里的生活？如果不喜欢，为什么？

· 有没有人离开你们村子去打工？是男性还是女性？

· 外出打工人员的年龄段（5~15 岁 /16~20 岁 /21~25 岁 /26~40 岁 /41 岁及以上）？

·打工主要去往何处？

·谁安排打工（他们自己 / 邻居 / 亲戚 / 朋友 / 招聘者 / 政府 / 其他）？

·村里人是否有认识或信任安排打工的人？

·此人是否收取报酬？一般是多少？如何支付？现金还是别的方式？

·村民一般是单独还是成帮结伙地出去打工？

·人们通常从打工中得到了好处吗？

·如果得到了，是什么好处（能够挣钱 / 粮食安全 / 偿还债务 / 支付保健费用 / 买房、建房 / 送子女上学 / 其他）？

·如果没得到，为什么（被安排进了色情场所 / 强迫劳动 / 工资低 / 受骗 / 工作时间长 / 待遇差 / 身体虐待 / 健康和医疗问题 / 其他）？

·您所在的村子或地区发生过以下行为吗［将妇女或儿童卖到色情场所 / 在中国境内买卖妇女或儿童 / 将妇女或儿童卖到中国境外做劳工 / 绑架 / 招聘妇女、儿童、孤儿、残疾人当乞丐 / 强奸 / 虐待（侵犯人权、性虐待、侵占土地、其他）/ 吸毒］？

·您所在村谁最有可能被拐卖（普通妇女 / 男人 / 青少年 / 女童 / 男童 / 孤儿 / 残疾人 / 老人 / 其他）？

三、拐卖

·说一下您被拐的经历：被拐卖日期、路线、涉及的人、被拐到的地方、被拐是做媳妇还是其他？

·您觉得您为什么被拐卖？

·招聘者、运送者、剥削者的性别、年龄（估计）、居住地址以及与您的关系。

·人贩子最初以什么名义接触您或者您的家人？

·您到什么时候才意识到自己被拐骗了？

·被拐前您做什么工作？

·拐卖可不可以接受？为什么？

·在最初踏入打工旅途时是自觉自愿的吗？

·在出发前人贩子是否给过您或家人钱，或者是否您和人贩子有债务发生？

·钱款是给了您，还是您的家人？

·您是否向犯罪者支付过任何款项？

·您是怎样进入拐卖流程的（如有必要，请说明多种选择）？

·人贩子网络、交通方式、移动的模式、路线等。

·进入拐卖流程时是否涉及招聘行为（是 / 否）？如果是，当事人与其招聘者之间是怎样开始联系的（个人联系 / 职业介绍所 / 旅行社 / 因特网广告 / 报纸广告 / 电台广告 / 电视广告 / 其他）？

·您被告知在达到最终目的地后会得到什么好处（工资 / 其他好处）？

·最后（或预期）的目的地是哪里？

·您是否单独出去打工（是 / 否）？如果不是，与谁同行（如有必要，请说明多种选择）（丈夫 / 妻子 / 伙伴 / 亲戚 / 朋友 / 招聘者 / 运送者 / 不认识的人 / 其他）？

·如果是打工，您在达到最终目的后将从事何种活动（请说明多种选择）？实际从事什么工作？是不是有报酬？

您被拐后的生活和工作（注：根据被拐类型，是卖淫还是成婚，选择其中一种）

如果是工作：

·您的工作或生活条件怎么样？

·您的工作是怎样得到的？

·是谁承诺向您提供这一工作的？

·您是否被迫做不同的工作？

·是谁强迫您做承诺工作以外的工作的？

·是否签订了某种类型的工作合同？

·您的打工费用是如何支付的？

·有没有性服务？您认为卖淫是一种工作吗？

·您是否欠雇主的钱？

·是否有欠雇主或招聘者钱的记录或收据？

·是否有所赚报酬或向您付款的记录或收据？

如果是被拐卖成婚：

·您是多少钱被卖的？被卖的时间？地点？付款方式？

·人贩子是怎样运送您给买主的？采用的交通工具？是否用到强制措施（如捆绑、麻醉等）？

·人贩子一般都是几个人一起运送您？

·在交易过程中有没有采取隐蔽措施来躲过警察打击？

·您被拐卖成婚后有没有生孩子？

身体虐待问题：

·是否曾经有人威胁您说，您如果试图逃跑将会受到伤害？

·您是否看到过有人对其他人说，他们如果试图离开将会受到伤害？

·您的家人是否受到过威胁？

·您是否知道有其他人的家人曾经受到过威胁？

·您是否遭到过身体虐待，或者您是否见到过虐待其他人？

·您见到过何种身体虐待？

·在身体虐待过程中使用过什么东西或武器？这些东西或武器放在什么地方？

·是否曾经将这种虐待告诉过局外人（如警方报告、家庭暴力报告、医院记录、社会服务记录）？

·是否有人当您的面受到虐待或伤害威胁？

行动自由问题：

·您是不是在同一个地方居住和工作？

·您在何种情况下无人看管？

·如何处理公共场所的行动问题（如汽车、大篷货车、公共汽车、地铁等）？

·谁监督您在公共场所的行动？

·如何处理购买私人物品和服务（如药品、处方等）问题？

·您获得过何种形式的媒介或通信（如电视、广播、报纸、杂志、电话、因特网等）？

心理胁迫问题：

- 您害怕谁？您为什么害怕他们？
- 您希望伤害您的人有什么样的结果（如进监狱、被驱逐）？
- 您在哪里生活 / 吃 / 睡？所指称的人贩子在哪里生活 / 吃 / 睡？
- 两者的生活条件截然不同吗？
- 在上述活动期间是否使用以下手段来控制您？

手段	是 / 否	如果是，谁是实施者？
身体虐待	是 / 否	招聘者 / 运送者 / 窝藏者 / 接收者 / 其他人
心理虐待	是 / 否	招聘者 / 运送者 / 窝藏者 / 接收者 / 其他人
性虐待	是 / 否	招聘者 / 运送者 / 窝藏者 / 接收者 / 其他人
威胁当事人	是 / 否	招聘者 / 运送者 / 窝藏者 / 接收者 / 其他人
以执法部门的行动相威胁	是 / 否	招聘者 / 运送者 / 窝藏者 / 接收者 / 其他人
威胁家人	是 / 否	招聘者 / 运送者 / 窝藏者 / 接收者 / 其他人
虚假承诺 / 欺骗	是 / 否	招聘者 / 运送者 / 窝藏者 / 接收者 / 其他人
限制行动自由	是 / 否	招聘者 / 运送者 / 窝藏者 / 接收者 / 其他人
提供毒品	是 / 否	招聘者 / 运送者 / 窝藏者 / 接收者 / 其他人
提供酒精	是 / 否	招聘者 / 运送者 / 窝藏者 / 接收者 / 其他人
有伤病不让治疗	是 / 否	招聘者 / 运送者 / 窝藏者 / 接收者 / 其他人
不给饮食	是 / 否	招聘者 / 运送者 / 窝藏者 / 接收者 / 其他人
扣留身份证件	是 / 否	招聘者 / 运送者 / 窝藏者 / 接收者 / 其他人
债役	是 / 否	招聘者 / 运送者 / 窝藏者 / 接收者 / 其他人
有人指导您回答执法官员的问话	是 / 否	招聘者 / 运送者 / 窝藏者 / 接收者 / 其他人
工资是否被克扣	是 / 否	招聘者 / 运送者 / 窝藏者 / 接收者 / 其他人
限制行动自由	是 / 否	招聘者 / 运送者 / 窝藏者 / 接收者 / 其他人
受到威胁，即如果受害者试图逃跑，就会受到伤害	是 / 否	招聘者 / 运送者 / 窝藏者 / 接收者 / 其他人
与朋友或亲属自由接触	是 / 否	招聘者 / 运送者 / 窝藏者 / 接收者 / 其他人
被允许参加社会活动	是 / 否	招聘者 / 运送者 / 窝藏者 / 接收者 / 其他人
威胁向您的家人透露实情，让您无脸见人	是 / 否	招聘者 / 运送者 / 窝藏者 / 接收者 / 其他人
与公众隔离	是 / 否	招聘者 / 运送者 / 窝藏者 / 接收者 / 其他人
行动自由到限制	是 / 否	招聘者 / 运送者 / 窝藏者 / 接收者 / 其他人
食用食物、饮料、迷药		招聘者 / 运送者 / 窝藏者 / 接收者 / 其他人
毒品		招聘者 / 运送者 / 窝藏者 / 接收者 / 其他人
债役（经济义务、偿还某种债务的信用束缚）	是 / 否	招聘者 / 运送者 / 窝藏者 / 接收者 / 其他人
其他	具体说明	

四、解救过程

·您是如何被解救的？被谁解救？

·您在拐卖的过程中，是否尝试过自救？是什么形式？

·在被拐后，您最初想到的是向哪个部门群体或者个人求助？

·您求助的对象是否都愿意主动帮助您？

·被拐过程中和解救后您得到了谁的帮助？什么帮助？

·是否接受过日常法律建议服务或申请赔偿；是否享受过在食宿、医疗帮助、法律建议等方面需求的技能或者资源？

·当确定您被解救后，有没有保护您免于人贩子的胁迫或干涉？

·您被要求作证或参与法庭的审判吗？您愿出庭作证指认人贩子吗？了解在调查、起诉和审判阶段的各项权利吗？

·您个人提起诉讼和要求获得赔偿的权利吗？

·相信法律吗？对法律的贯彻执行有没有信心？

·您相信警察吗？曾经见过警察腐败的事例以及有受其虐待的经历吗？

·您参与过拐卖吗？是否卷入有势力的犯罪网络？

·您愿意承认自己是拐卖受害者吗？为什么？

·您想去临时救助站还是回家？为什么？

·回家对您来说安全吗？是否会继续受到人贩子的威胁或者骚扰？

·遣返方式是按照您的意愿吗？

·您是不是为了养活父母或家人才使自己沦为这种地步？

·如果您已婚或已经订婚，回来后婚事有什么变化？

·您是否担心会遭到人贩子某种形式的报复或迫害？

·您的家人什么时候知道您被拐卖？他们有什么反应和行动？

·走失后对您以及其他家庭成员的生活产生哪些影响？

五、回归援助

·您是否向家人和周围的人讲述过自己的真实经历？

· 回来后，您和家人的关系如何？您的家人对您回家有什么顾虑吗？周围的人对您怎么样？

· 您在离家期间能否寄钱回家？

· 您是否适应现在的生活？为什么？生活与离开时比如何？

· 您现在经常参加什么活动？

· 您现在的收入来源主要是什么？您还会出去打工吗？为什么？

· 和谁居住在一起？

· 人贩子知道您和您的家人住哪里吗？

· 人贩子和您或您家人还保持联系吗？

· 家人觉得能够帮助您吗？

· 社区有帮助受害者的资源吗（留意他们怎么看待受害者需要的安全、支持和生计问题）？

· 您是否有以下感觉？

为自己犯下这种错误、成为“罪犯”、为家人带来麻烦或者违背传统文化道德观念感到内疚；

对自己允许发生这种事情，对自己的生活就这样被摧毁感到愤怒；

感到人贩子、自己的家人和社会都背叛了自己；

缺乏自信，不相信周围的人；

感到无助，无法控制自己的生活。

· 如何对待流言蜚语？

· 说一下由于拐卖期间的虐待和忽视造成的病情。

· 在康复和重建新生活的过程中遇到过什么困难？感到受挫、失望与焦虑吗？

· 您接受过什么服务吗？

· 您现在需要的服务包括什么？长期服务和短期服务？

· 您是否求助？您知道如何求助吗？如果没有，为什么不接受服务？

· 是否有人与您保持联系，了解您在家庭和社区生活中难以解决的问题、提供帮助？是谁？

· 您觉得您会遇到怎样的困难？有没有想过如何应对这些可能出现的困

难？有没有可能避免这些困难？

·有人帮助您学习新技能和找到工作吗？

·对其权利和选择的司法建议，并在其需要司法协助时提供相应的支持？

·有财务支持帮助您选择更好的生计出路？

·拥有的社会支持资源（是否有医疗救助、困难救助、就业培训、司法援助；是否有亲密朋友；是否有工作单位；是不是某团体成员，等等）。

·对社会资源的看法（对医疗救助等制度的了解；对婚姻关系的认识；对亲朋好友的看法；对单位或者团体的归属感；形成上述观点的原因）。

·社会资源的使用情况（是否会争取救助等正式制度支持；争取家庭的支持；争取亲朋好友的支持；争取单位或者团体的支持；开发新的支持系统）。

·现在和过去面临的困难？有什么不同？

·您酗酒或者吸毒吗？

·您参加黑社会或者是黑社会成员吗？

·回来后您感到安全吗？您的婚姻、与家人的关系发生了什么变化？您被救回来后，家庭是否想要您再次打工，为什么？

·是否考虑过重组家庭？您是否受到来自各方面的压力强迫您重组家庭？

·请问您今后会采取哪些措施以防此类事件再次发生？

·针对回归家庭和社区的问题受害者对未来的计划和愿望？

·被拐卖对您影响最大的是哪个方面？可否具体说明？

·您认为政府打击拐卖活动措施怎么样？

·您愿意接受政府的支持吗？为什么？

·如果您需要帮助，您知道如何得到帮助？

·您如何去寻找所需要的支持和资源？

·评价一下您的自立程度。

附录 3

访谈人贩子提纲

一、罪犯基本情况

· 人口统计资料（性别、年龄、国籍 / 族裔背景、职业、教育），被判刑年数等。探索一下罪犯的生命历程。

· 人贩子是否有犯罪前科？什么罪？

· 有没有参加犯罪组织？

· 有没有关系到或涉及腐败官员？

· 请问你家庭的收入状况？

· 请问你的父母是否离异？

· 请问你的婚姻状况如何？

· 请问你家庭关系是否和睦？

· 请问你家里有几口人？分别是？

二、拐卖情况

· 你什么时候开始从事拐卖的？一共参加过几次拐卖？

· 你经手拐卖多少人？孩子多少？妇女多少？其他人？

· 你是拐卖孩子还是提供服务或中介、信息？

· 是否有其他疑犯参与招募、运送、中转或接收？

· 拐卖的目的是什么（为什么做）？

· 你和被拐人及父母认识吗？和被拐人父母或父母的其他亲朋好友是否有仇怨？

· 除了赚钱还有没有其他的目的，比如仇视社会、报复？

有组织犯罪集团的身份、性质、组成情况、结构、所在地或活动：

·你在组织中的角色和作用。

·你们的团伙有女性吗？起的作用是什么？

·与其他有组织犯罪集团之间的联系，包括国际联系。

·有组织犯罪集团所实施或可能实施的犯罪。

·有组织犯罪集团的资源或犯罪所得的切实而具体的帮助。

·请问你经常在哪些地方活动？

·犯罪活动的成本与收益如何？

·受害者来源？主要在哪些地方？价格如何？

·受害者主要年龄段，对应的大概价格？赚多少钱？最多一次拐卖多少人？

·拐卖人口的资金去向（要支付多少钱，从哪儿和向何地支付，用这些钱来干什么）？如何分配获利？

·会不会有被拐的妇女、儿童因为经济原因想逃离农村，是出于主观愿意跟你走的？

·你的家人是否知晓你拐卖人口？是否支持？

·你认为拐卖人口卖方买方是各取所需公平交易吗？拐卖是违法的吗？

三、拐卖方式

人口拐卖行为中的做法：招募、运送、转移、窝藏、接收人员。

·拐卖前是如何获取被拐人口消息的（通过团伙、朋友、个人还是看到合适的就拐走）？

·是如何控制被拐人员的手段？

·你们拐卖孩子是单独作案还是团伙作案？

·主要在何地拐卖孩子？卖到何地（具体到县）？

·作案时间？夏天、冬天（寒暑假及平时放学）？白天还是晚上？都是在妇女、儿童单独行动不备之时吗？

·方法是什么（偷盗、绑架、麻醉、抢夺、哄骗、诱骗）？

·请问你会挑什么样的人下手？在什么区域（比如城乡接合部）？什么

地点？

·你们一般在什么样的情况下会决定下手，几个人作案？

·一旦得手，受害者将在何时被转移以及将被转移到何地？是否用到强制措施？

·使用何种运输方式（使用的路线、旅行方式）？在运输的过程中如何躲避警察的检查？

·使用何种类型的膳宿（在哪里、是谁提供的）？

·使用何种通信方式（电子邮件、移动电话、传真机等）？

·在拐卖过程中有没有使用暴力，是实际实施的还是威胁实施？

·暴力行为是针对受害者的，还是针对受害者的家人的？

·在交易过程中有没有采取隐蔽措施，来躲过警察打击？

·拐骗来的人多少天能出手？

·寻找买家方式有什么？

·请问被拐的受害者主要销往哪些地区？

·买孩子的家庭情况，为什么愿意买孩子？

·交易完成后是否和买家还有联系？

·如何被发现的？

四、犯罪原因

·你从事儿童拐卖多长时间？赚多少钱？

·你从事儿童拐卖前年收入多少？

·和本地家庭相比，你现在家庭经济状况如何？被捕前家庭经济状况？拐卖儿童前家庭经济状况？

·你知不知道拐卖人口是犯罪行为，受法律制裁程度可不轻？有没有想过冒险和收益不等值？

·之前是否有被警察发现，具体是怎样解决的？

五、入狱后的认知

1. 你是否对你所做的事感到后悔?

2. 回顾你的犯罪历程，你是否对公安机关在打击拐卖妇女儿童犯罪方面有所建议?

3. 出狱后，你有何打算?

附录 4

访谈福利院（包括NGO）提纲

机构基本情况

<table>
<tr><td>机构名称</td><td colspan="8"></td></tr>
<tr><td>主管单位</td><td colspan="8"></td></tr>
<tr><td>机构性质</td><td colspan="3"></td><td>负责人</td><td colspan="4"></td></tr>
<tr><td>移动电话</td><td colspan="2"></td><td>传真</td><td colspan="3"></td><td>邮箱</td><td></td></tr>
<tr><td>通信地址</td><td colspan="6"></td><td>邮编</td><td></td></tr>
<tr><td>建设时间</td><td colspan="2"></td><td>占地面积</td><td colspan="2"></td><td>占地面积</td><td colspan="2"></td></tr>
<tr><td colspan="2">经费来源</td><td colspan="2"></td><td colspan="3">床位数</td><td colspan="2"></td></tr>
<tr><td colspan="2">供养数量</td><td colspan="2"></td><td colspan="3">被拐人数量</td><td colspan="2"></td></tr>
<tr><td colspan="2">护理员数量</td><td colspan="2"></td><td colspan="3">被拐人护理员数量</td><td colspan="2"></td></tr>
<tr><td colspan="2">健康/非健康被拐人比例</td><td colspan="2"></td><td colspan="3">有心理问题的被拐人数量</td><td colspan="2"></td></tr>
<tr><td colspan="2">被拐人平均在院时间</td><td colspan="2"></td><td colspan="3">被拐人最长在院时间</td><td colspan="2"></td></tr>
<tr><td colspan="2">被拐人生活费(元/月、人)</td><td colspan="2"></td><td colspan="3">找到家的被拐人数量</td><td colspan="2"></td></tr>
</table>

服务种类及流程

所提供的服务包括什么? 各种类型的咨询、医疗援助、24小时安全保障、衣服、被褥、营养膳食、社会活动、文化辅导、每日举行的训练班；提供参加职业培训项目的机会以及后续服务等。法律援助、切实可行的扫盲项目、职业培训和就业帮助、寻找家庭成员、重返社区的准备、咨询和心理治疗、每年有多少人接受服务？救助站同时为多少人提供服务？是否超负荷或闲置？

哪些服务提供者为打拐解救儿童服务，效果如何？

服务对象中是否有一大部分人是拐卖受害者？如果不是，多数是什么人？该救助站纳入反拐卖项目是否合适？生活、医疗以及其他费用，谁来负担？

服务对象性别。服务对象是否既有男性也有女性？如果是，在评估中注意救助站是如何以及何时对男性和女性进行适当的隔离的。

服务对象年龄。服务对象是否既有儿童也有成年人？如果是，儿童的年龄如何界定？在评估中，注意救助站是如何针对幼儿、儿童和成年人提供适合他们年龄的教育、游戏和安全服务。

设施。这些设施是否安全、舒适，并按照服务对象的人数提供足够的隐私空间、休息空间、储存空间和娱乐空间？是否太挤或太空？注意设施的数量，如床、卫生间等，

安全，保全和沟通渠道。设施是否安全和可靠，同时又没有过分限制行动自由，允许服务对象以安全的方式与外界保持联系？对救助站的地址保密、尊重其他入住者的隐私权。为安全起见建立出入登记制度。

医疗和心理服务。设施是否能够确保定期地、保密地对服务对象的医疗和心理需要进行检查，并且能够迅速鉴别并妥善转交需要专家介入的案例？救助站应当考虑当下的医疗和心理需求，提供长期救助服务的救助站可能还需要为服务对象制订长远的心理服务计划。

教育和职业服务。设施是否能够确保满足服务对象的教育和职业需求，其中儿童是否被纳入当地的学校、成年人是否接受了旨在帮助他们实现重返社会后的经济目标的职业和生活技能培训。被拐儿童的生活经费来源有哪些（是/否），为被拐儿童提供入学、接受教育的机会；入学地点如何选择，入学费用来源。

救助站是否利用工作网络为服务对象提供更多的服务，以真正实现对受害者的个性化支持？

受害者身份确认。服务对象是否由公安转介入站并已由公安认定了其拐卖受害者的身份？受害者身份的甄别是否在入站接收阶段进行？

入站（或入站后）评估。安全威胁因素、整体背景、检查。

临时安置。受害者的迫切需要可能包括医疗问题、安全问题或者心理问题。

过渡安置。受害者在救助站内的生活包括健康的日常生活（休闲和学习活动、健康的饮食和锻炼以及娱乐）和有针对性地满足他们需求的服务，如心理辅导或医疗。

工作人员

工作人员。工作人员是否超负荷工作或赋闲？是否有提供相关服务的资质？

救助站工作人员和管理。工作人员是否经过适当的培训、认证，哪些是他们有资质提供的服务，哪些是需要转交给专家进行的服务？救助站是否寻求改善服务的反馈意见？对服务对象的监管是否适当？优秀的工作人员和管理对救助站十分重要。个案管理和赋权。

整体的环境和案件管理的理念是否赋予服务对象权利、选择权和隐私权？经济和法律需要以及社会心理和安全需要是否受到重视？

如何看待服务对象，以及他们如何看待自己的角色和与服务对象的关系。

救助站的工作人员是否帮助服务对象快速树立个性化的、实际的社会、经济和职业目标？是否定期与服务对象讨论实现这些目标的进展并帮助他们进行改善？

救助站的工作人员是否都以适合服务对象性别和年龄的方式对待他们？是否以对待成年人的方式对待成年的服务对象，而非以对待未成年人的方式？服务对象是否有拒绝帮助和反馈意见的权利？

康复及安置

是否为服务对象设计个性化的社会心理、社会、经济和职业康复计划？

是否为受害者拟订一份切实可行的（重新）融入社会的计划，其中包含向救助站系统之外的职业、法律、社会心理以及其他相关机构进行转介的服务。
拟订受害者（重新）融入计划。是否设立经济、社会、教育/职业和其他目标；确定为了达到这些目标要遵循的步骤；为每一个步骤的实现规划实际的时间表，并确定可能有助于实现每一步的部门、组织或资源；感到被赋权、有自主权，并相信他/她能够达到自己的目标？
家庭追踪和评估。对于拐卖受害者，还需要进行家庭评估，以确保家庭中没有危及其康复或导致他们再次被拐卖的不良因素。
离站评估。与受害者的最后一次面谈，为他们提供转介信息、资源和（重新）融入计划以及受害者对在站服务的反馈。
安排返乡。
是否为打拐儿童建立信息档案？档案包括哪些内容。
采用何种方式发布被拐儿童的信息，效果如何？
被拐儿童的认领情况。从被解救到被认领的时间长短？通过何种渠道与生父母取得联系？儿童是否排斥进入生父母家庭，如果是，如何处理？是否有被拐儿童回归家庭后的后续跟踪？
被拐解救儿童的安置方式。一定期限查找不到生父母的儿童如何安置？
安置前是否有对儿童的评估？是否有家庭愿意寄养/代养/收养被拐儿童？
是否将被拐儿童寄养在社会家庭中，效果如何？是否有被寄养/代养的被拐儿童寻找到亲生父母？遇到这种情况，机构一般如何处理？
是否与相关部门定期/不定期召开会议，跟进被拐儿童后续安置情况？
对被拐儿童的照料与安置，您的机构有什么意见和建议？
如何规范收养渠道？收养是否考虑孩子的意见？
目前各管理部门职责，民政、公安、城管等部门是否形成有效联动？

附录 5

访谈买方家长提纲

一、个人及家庭基本情况

·出生年月日：

·教育水平：

·婚姻状况：

·工作 / 目前的职业：

·日常收入 / 支出：

·您的家庭（同吃同住）成员共有________人。

·您总共生养了____个孩子？存活的有多少？

二、社区状况

·社区位置（与城市的距离、所属省份、历史、镇的边界）。

·统计资料（人口、户数、房屋类型 / 状况）。

·居民职业 / 收入。

·公共服务机构 / 设施，其他设施。

·一般都是谁掌握家庭的资源？

·所在社区发生过以下行为吗［将妇女或儿童卖到娱乐场所 / 在中国境内买卖妇女或儿童 / 将妇女或儿童卖到中国境外做劳工 / 绑架 / 招聘妇女、儿童、孤儿、残疾人当乞丐 / 强奸 / 虐待（侵犯人权、性虐待、侵占土地、其他）/ 吸毒］？

·您家乡的重男轻女思想观念重吗？

·当地的计划生育政策怎么样？

·在您所在村或社区，您知道__________个买孩子的家庭？

三、买孩子原因

· 买孩子的性别、时间？

· 花了多少钱？您当时家庭收入一年多少钱？

· 买孩子的目的？

· 是否尝试过去福利院收养孩子？您为什么不去福利院收养孩子？

· 买孩子时人贩子怎么说？

· 买孩子是谁的主意？

· 您当时打算买什么样的孩子（性别、年龄等）？买的孩子是否符合您的目标？

· 你认为拐卖人口卖方买方是各取所需公平交易吗？拐卖是违法的吗？

· 交易完成后是否和人贩子还有联系？

四、买的孩子生活状况

· 孩子的受教育程度？

· 孩子和您的关系怎样？

· 您对待孩子怎么样？是否打骂过孩子？

· 您对买来的和亲生孩子一样好吗？

· 您什么时候给孩子办的户口？以什么名义上的户口？

· 孩子到您家中之后有没有反抗过？

· 孩子的学习和工作状况？

· 您觉得这孩子是否有以下行为（多选）

1. 多疑　2. 有反社会行为　3. 与别人沟通困难，包括家人和工友　4. 吸烟或酗酒或药物依赖　5. 压抑的愤怒，可能导致对他人或对自己愤怒的爆发　6. 对周围人具有侵略性　7. 依赖性强　8. 担心不能过上正常人的生活　9. 害怕外人知道自己做了什么而不敢回家　10. 饮食不规律；比较亢奋　11. 与不三不四的人混在一起　12. 作风问题　13. 偷盗　14. 爱花钱　15. 辱骂或欺负别人，欺骗或者撒谎　16. 自伤　17. 从一个受保护的环境逃离　18. 感到无助和需要通过自己的方式控制（发脾气）

·您孩子最亲近的朋友是谁？哪一个朋友或者家人他能相信？谁是他可以说心里话的人？

五、找家情况

· 他知道他是买来的吗？如何知道的？

· 什么时候开始找亲生父母的？______年

· 您是否愿意孩子找家？

· 如果找到亲生父母您如何处理？

· 如果孩子执意回到亲生父母身边，您是否要求获得亲生父母赔偿？

附录 6

被拐卖人口的预防、救助工作调查问卷（儿童卷）

亲爱的朋友：

了解您与您的家人的基本情况、家庭环境、生活经历、儿童被拐原因，是为了进行学术研究，提出中国反拐工作的长效机制，并建立中国反拐行动的评价指标体系，从而更加有效地保障弱势群体的权利。我们通过这份问卷向您进行调查，除特别标明以外，所有问题都是单选题，请在您同意的地方画圈。调查不涉及个人隐私，回答也无对错之分，所有资料只进行统计汇总，同时，我们将对您的个人资料予以保密，请您不必担心。

谢谢您对我们的支持和协助！

XXXX 年 XX 月

管理与咨询电话：XXXXX；QQ：XXXXX

调查对象甄别：被拐卖，不含送养、离家出走的、遗弃、绑架等。

<table>
<tr><td rowspan="7">访问记录</td><td rowspan="7">被访者情况</td><td>被访者姓名</td><td colspan="3"></td></tr>
<tr><td>联系电话</td><td colspan="2">手机（固话）：</td><td>家乡电话：</td></tr>
<tr><td>其他联系方式</td><td colspan="2"></td><td>QQ：</td></tr>
<tr><td>邮政编码（工作所在地）</td><td colspan="3"></td></tr>
<tr><td>访问员姓名</td><td></td><td>访问员编号</td><td></td></tr>
<tr><td>访问日期</td><td colspan="3">年 月 日</td></tr>
<tr><td>访问时间</td><td colspan="3">______ 时 ______ 分到 ______ 时 ______ 分（24 小时制）</td></tr>
</table>

（A）个人及家庭（指养父母家）基本情况

A1 出生：________年________月。

A2 性别： 1. 女 2. 男

A3 民族： 1. 汉族 2. 少数民族（请注明）：________。

A4 您的户口所在地：________省（自治区、直辖市）________________市（地、州）____________县（区、县级市）。

A4.1 您家（居住地）在什么位置：

1. 市区（地级以上） 2. 郊区 3. 县城 4. 镇 5. 农村

A4.2 村庄离最近的县城有多远？________公里。

A5 您的受教育程度：

1. 小学及以下 2. 初中 3. 高中 4. 中专 5. 技校，读_____年 6. 大专 7. 本科 8. 研究生及以上

A5.1 您最后学历是哪年获得的：________年________月。

A5.2 您为什么不接着上学？

1. 养父母认为读书无用 2. 自己认为读书无用 3. 家里没有钱支持了 4. 朋友都不读书了 5. 成绩太差 6. 其他原因（请注

明）＿＿＿＿＿＿＿＿＿＿＿。

A6 您的婚姻状况：

1. 初婚有配偶 2. 再婚有配偶 3. 离婚＿＿＿＿年 4. 分居＿＿＿＿年

5. 丧偶＿＿＿＿年 6. 未婚

A7 您的宗教信仰是：

1. 佛教　2. 道教　3. 天主教　4. 基督教　5. 回教（伊斯兰教）

6. 其他宗教　7. 拜神　8. 无宗教信仰　9. 不清楚

A8 您现在的政治面貌是：

1. 中共党员 / 预备党员　2. 共青团员　3. 民主党派　4. 群众

A9 在养父母家，您的家庭（同吃同住）成员共有＿＿＿人。

A10 您养父母的婚姻状况：

1. 初婚有配偶　2. 再婚有配偶　3. 离婚＿＿＿＿年

4. 分居＿＿＿＿年　5. 丧偶（1. 母亲＿＿＿年；2. 父亲＿＿＿年）已去世

A11 您在养父母家是不是独子女：

1. 是 2. 不是，兄＿＿＿个，弟＿＿＿个，姐＿＿＿个，妹＿＿＿个。

A11.1 其中收养的有＿＿＿个。

A12 调查的是您 16 岁以前的成长经历，如果您不是很清楚，请尽量估计。

16 岁以前	从来没有	偶尔	有时	经常	总是
1. 家里没人关心我的饥饱					
2. 有人照顾我、保护我					
3. 我的父母因为酗酒、吸毒或赌博而不能照顾家庭					
4. 家里有人重视我					
5. 天天做家务，没有时间玩					
6. 家里有人把我打伤得很重，不得不去医院					
7. 我家的状况需要改善					
8. 家里有人打得我皮肤青紫或留下伤痕					
9. 家里有人用皮带、绳子、木板或其他硬东西惩罚我					
10. 家里人彼此互相关心					
11. 家里有人向我说过侮辱性或让我伤心的话					
12. 我觉得我的童年比任何人的都完美					

13. 我被打得很重，引起了老师、邻居或医生等注意					
14. 我觉得家里有人恨我					
15. 家里人关系很亲密					
16. 有人以带有性色彩的方式触摸我或让我触摸他 / 她					
17. 有人威胁让我同他 / 她做性方面的事					
18. 有人试图让我做或看性方面的事					
19. 有人猥亵我，如要流氓、动手动脚等					
20. 我的心灵受到了折磨或虐待					
21. 有人关心我的身体健康					
22. 我受到了性虐待					
23. 家是我获得力量和支持的源泉					
24. 与兄弟姐妹分开住，而且住宿条件很差					
25. 从事不适合于儿童的工作					
26. 因被拐卖而遭到其他孩子的取笑					

A13 去年您家庭总收入多少________元？

A13.1 您觉得您的家庭经济状况在您家乡是：

1. 非常富裕；　2. 比较富裕；　3. 一般；　4. 比较贫穷；

5. 非常贫穷

A14 请您努力回想从小到大养父母对待你们的方式留下的印象。

对养父母的印象		非常符合	符合	一般	不符合	非常不符合
1. 只要能赚钱，我做什么养父母是不管的	养父					
	养母					
2. 养父母常常很在乎我给家里寄的钱数	养父					
	养母					
3. 养父母干涉我的恋爱	养父					
	养母					
4. 养父母重男轻女	养父					
	养母					
5. 养父母逼迫我出来打工赚钱	养父					
	养母					
6. 我和养父母的感情很好	养父					
	养母					
7. 我开始找亲生父母后，与养父母的关系变好了	养父					
	养母					

A15 您和养父母的联系频率是：

1. 每天都联系　2. 每周一次　3. 每月一次　4. 三个月联系一次

5. 半年联系一次　6. 一年联系一次　7. 从不联系

A 15.1 您和养父母的最主要联系方式是：

1. 电话 2. 写信 3. 回家探望 4. 捎口信 5.QQ 视频 6. 其他__________（注明）

（B）丢失过程

B1 您是怎么丢的？

1. 家庭不和离家出走 2. 心理疾病自我逃离 3. 意外迷路

4. 遭遇拐骗 5. 厌学、老师批评

B2 您什么时候被拐的？　1.________年　2. 不清楚

B3 养父母收买您的目的：

1. 因为没有孩子 2. 因为没有男孩 3. 因为没有女孩 4. 再次转卖

5. 弄成残疾去乞讨 6. 用器官来赚钱 7. 其他（请注明）__________

【若选择 1 或者 2 或者 3，直接跳至 2 部分问题；若选择 4 或 5，则跳至第 3 题】

B3.1 如果养父母没有孩子或者没有男孩、女孩，那么以下原因和养父母相符的是：

1. 养父没有生育能力 2. 养母没有生育能力 3. 计划生育不让生

4. 生了好多个就是生不出男孩 5. 生了好多个就是生不出女孩 6. 其他

B3.2 您在他们家通常充当什么角色（可多选）：

儿子	女儿	童养媳	玩伴	奴隶	性奴	器官提供者	其他

B3.3 养父母对您和亲生孩子一样好吗？

1. 对我比亲生的孩子还要好　2. 对我与亲生的孩子一样好

3. 对我很好，但是没有像对亲生的那么好　4. 对我不大好

5. 对我很差，经常打骂

B4 人贩子在卖您时怎么说？

1. 自己的孩子　2. 亲戚的孩子　3. 未婚先育　4. 计划外产子

B5 养父母花了多少钱买您？ ____________元。

B6 在您养父母家所在村或社区，您知道__________个被拐卖的孩子？

B7 您家乡的重男轻女思想观念重吗？

1. 重男轻女的思想观念重　　2. 重男轻女的思想观念还好，但能够生男孩还是会高兴庆祝　　3. 重男轻女的思想观念不重，男女平等　　4. 我不清楚

B8 您还记得故乡以下东西吗？ 1. 非常清楚　　2. 比较清楚　　3. 一般　　4. 比较不清楚　5. 非常不清楚

	1	2	3	4	5
离开亲人年龄段					
民族					
家里都有些什么人					
曾经的姓氏					
故乡的地名					
故乡的一些特性					
离开亲人后曾经待过的地方（救助站、福利院等）					
故乡说的语言					
厕所样式					
每餐都能见到的食物					
养的牲畜（牛、猪、马、羊等）					
习俗					
上过学（幼儿园，小学）					
家里厨房的样子					
做饭烧柴火还是煤炭火					
家里用的水是从哪里来的					
洗澡都是怎么洗的					
服饰					
不同季节吃的食物					
家乡土地田地还是坡地，还是梯田					
家乡路的样子					
你曾经玩过的小朋友的样子和名字					

小伙伴玩过的游戏					
怎么称呼父母和长辈					
家乡过年的情景					
认识人贩子					
人贩子的样子					

B9 您对亲生父母家庭的记忆来自哪里？

1. 我自己的记忆　2. 养父母告诉我的　3. 人贩子告诉我的

4. 兄弟姐妹告诉我的　5. 其他亲戚朋友告诉我的　6. 其他______（请注明）

B10 您到养父母家中之后有没有反抗过？

1. 有　2. 没有（跳答 B10.2）

B10.1 以什么形式反抗？

1. 逃跑　2. 绝食　3. 吵闹　4. 其他__________（注明）

B10.2 为什么不反抗？

1. 我害怕　2. 我不相信任何人　3. 其他__________（注明）

B11 您什么时候办户口的？__________年

B11.1 以什么名义上的户口？

1. 抱养　2. 弃婴　3. 办理一些假证明，再到派出所办理户口　4. 超生　5. 当地政府在收取一定的费用后，直接给办理户口　6. 其他__________（注明）

B12 您在拐卖的过程中，是否尝试过自救？　1. 是　2. 否（跳答 C 部分）

B12.1 什么形式的自救？

1. 逃跑　2. 报警　3. 其他__________（请注明）

（C）找寻亲生父母过程

C1 什么时间知道自己是被拐的？________年

C2 您如何知道您是被拐的？

1. 养父母告诉的　2. 养父母吵架说出来的　3. 邻居告诉我的

4. 养父母的其他孩子告诉我的　5. 亲戚告诉我的　6. 其他

C3 什么时间开始找亲生父母的？______年。

C4 您什么时候做的 DNA 鉴定？ 1.______年（跳答 C6） 2. 没有做过

C4.1 没有做的原因是：

1. 我不知道 DNA 鉴定 2. 公安机关不给我做 3. 我没有钱做

4. 没有必要做 5. 我不敢做 6. 其他

C5. 谁应该为您的丢失负责任（多选）？

1. 我自己 2. 父母 3. 人贩子

4. 国家和社会 5. 家人和朋友 6. 其他

C6 您原谅您的亲生父母吗？

1. 不原谅 2. 原谅 3. 我也不知道

C7 您为什么找亲生父母？

1. 血浓于水 2. 生活不如意 3. 我想知道自己的出身

C8 您通过什么方式寻找父母？

1. 网络 2. 电视台 3. 报纸 4. 其他__________（请注明）

C9 养父母知道您找亲生父母吗？ 1. 知道 2. 不知道

C10 养父母愿意您找亲生父母吗？

1. 会 2. 不会 3. 看情况

C11 在被拐后，你最初想到的是向哪个部门或者群体或者个人求助？

1. 村干部或乡干部 2. 警察 3. 非政府组织 4. 妇女事务部门

5. 社会事务部门 6. 其他

C11.1 被拐过程中和解救后您得到了谁的帮助？

1. 养父母 2. 村民 3. 政府 4. 社会组织 5. 其他

C12 您是否因为找父母上访过？ 1.____次 2. 没有

C13 您因为找父母经历过逮捕，拘留或暴力吗？ 1.____次 2. 没有

C14 您对找到亲生父母后的生活期待是？

1. 与亲生父母同住 2. 与养父母同住 3. 自己独住

（D）现在生活状况

D1 现在您所从事的工作类型：

1. 务农　2. 工人　3. 小本买卖　4. 私营企业　5. 民营企业

6. 外资企业　7. 中外合资企业　8. 国有企业　9. 国家企、事业单位工作人员

D2 过去一年来，您的月平均收入为________元；

D2.1 您对您的工作现状是否满意：

1. 非常满意　　2. 比较满意　　3. 一般　　4. 不满意　　5. 非常不满意

D3 您是否会有以下感觉：

	从来没有	偶尔有	经常有	总是有	说不清
1. 我不属于这个家庭					
2. 我受到了养父母的剥削					
3. 这个家庭很不公平					
4. 家人很排斥我					
5. 我在家里低人一等					

D4 您是否有以下症状？（多选）

1. 绝望　2. 内疚或害羞　　3. 虚脱或睡眠问题（睡不着或贪睡）

4. 痛苦的回忆、噩梦、焦虑和易怒　5. 精神分裂，无法集中精力 / 组织结构的能力有限　6. 丧失自信（有时会导致过度自信的方式来补偿）　7. 看低自我，相信自己是毫无价值的，自低自尊 / 感觉自己恨自己，容易感到找碴儿

8. 把自己作为一种商品　9. 感情退化　10. 爱与性的困惑　11. 神经衰弱（有时有永久性的影响）12. 易怒

D5 您是否有以下行为？（多选）

1. 多疑　2. 有反社会行为　3. 与别人沟通困难，包括家人和工友

4. 吸烟或酗酒或药物依赖　5. 压抑的愤怒，可能导致对他人或对自己愤怒的爆发　6. 对周围人具有侵略性　7. 依赖性强　8. 担心不能过上正常人的生活

9. 害怕外人知道我做了什么而不敢回家　10. 饮食不规律；比较亢奋

11. 与不三不四的人混在一起　　12. 作风问题　　13. 偷盗

14. 爱花钱　15. 辱骂或欺负别人，欺骗或者撒谎　　16. 自伤

17. 从一个受保护的环境逃离　18. 感到无助和需要通过自己的方式被控制（发

脾气）

D6 请问您（1. 完全同意 2. 有点同意 3. 有点不同意 4. 完全不同意 5. 不知道）下面的陈述：

	1	2	3	4	5
1. 如果我想外出旅行一天，我很容易找到人和我同行。					
2. 我感到没人能够分担我很私密的烦恼和恐惧。					
3. 如果我生病了，我很容易找到人帮我处理日常事务。					
4. 如果我某天下午决定当晚去看电影，我很容易找到人同去。					
5. 当我需要关于如何处理个人问题方面的建议时，我知道该向谁求助。					
6. 我不常被别人邀请去参加各种活动（比如逛街、吃饭、看电影等）。					
7. 如果我想找人一起吃饭，很容易就找得到。					
8. 如果我在离家 15 公里的地方遇到困难，我能够打电话找到人前来帮我。					
9. 如果我搬家需要帮助，我能很容易找到人帮忙。					

D7 填表说明：下面是 24 个句子，分别描述了孩子们在经历了被拐事件后的感觉。请自评您最近两周多久想起那个事件一次，当想起时您有什么感觉。对于每一句陈述，请圈出最能准确描述相应感觉的出现次数的分数：（0= 从未 1 = 偶尔 2 = 有时 3 = 常常 4 = 总是）

	0	1	2	3	4
1. 一些不好的甚至我不愿想起的情景不断在我的眼前闪现					
2. 我想知道："这为什么会发生在我身上？"					
3. 我对自己感到羞耻和惭愧					
4. 我的记忆很模糊，做过一些不知道为什么要做的事情					
5. 无论何时，想起已经发生的事情我只有生气或愤怒的感觉					
6. 我有心跳很快、气短、胃疼和其他紧张或虚弱的征兆					
7. 我为我做过的事和没完成的任务感到内疚					
8. 我避免和人接触因为我不想哭或者不想表达我的感受					
9. 我有冲动去伤害我自己或引发一些事故					
10. 我想过惩罚那些对这一切的发生负责的人					

11. 发生的这一切似乎对我都毫无意义，我只想知道我会变成什么样					
12. 我认为有些人希望这一切发生在我身上					
13. 我觉得我就像个牺牲品，并担心这将会一次次发生在我身上					
14. 我觉得脑子很乱，觉得所有事情都很困难					
15. 我试图相信别人，除了那些背叛过我的					
16. 对我来说似乎一切都没有发生					
17. 我觉得紧张，很容易与人发生争吵					
18. 任何突然的噪声或大声说话都会让我受到惊吓					
19. 我感到有负罪感，因为不找家对不起亲生父母，找家又对不起养父母					
20. 我感到麻木，情不自禁地想哭					
21. 我感到悲伤、疲劳、无精打采、郁闷，并且我曾想过自己最好已经死了					
22. 我感到痛苦，感觉想要伤害或杀死那些对这一切负责的人们					
23. 我觉得政府离我很远，不再愿意相信政府					
24. 我感到与别人有距离，不想靠近任何人					

D8 目前您对您的生活满意吗？

1. 非常满意　2. 满意　3. 一般　4. 不满意　5. 很不满意

D9 您未来 5 年左右有何打算：

1. 继续找家；　　　　2. 换一份工作，但留在这个城市；

3. 去其他城市打工；　　　　4. 在打工地或其他城市创业；

5. 回家乡：　5.1 务农　5.2 打工　5.3 做小生意　5.4 创办企业　5.5 结婚

6. 其他（请注明）______________________　7. 不清楚

（E）对反拐工作的评价（根据实际情况尽可能作答即可）

E1 您对国家关于儿童反拐的政策是否满意？

1. 非常满意　2. 比较满意　3. 一般　4. 不太满意　5. 很不满意

E2 你认为打拐难的主要原因是什么？

1. 流窜作案缉捕难　2. 法律对拐卖犯罪的惩罚力度不够

3. 地方公安机关人力物力不够　4. 个别地区对拐卖收买儿童的默许

5. 被拐卖人员的数据库建设不完善　6. 领导不重视　7. 说不清

E3 您认为在搜救被拐儿童这一方面政府或社会有什么可以改进的地方？（可多选）

1. 警察延误最佳破案时机　2. 社会治安恶劣，犯罪分子猖獗

3. 政府没有切实落实打拐政策，积极打拐　4. 政府各部门相互推诿，不能形成合力　5. 社会没有形成打拐的氛围和环境　6. 非政府组织力量薄弱，打拐成效不大　7. 民间组织、志愿者弱小（请注明）8. 其他________

E4 您受过谁的帮助？

1. 村干部 / 乡干部 / 社区领导　2. 警察　3. 非政府组织　4. 妇女事务部门

5. 社会事务部门　6. 宗教组织　7. 没有人　8. 其他

E5 您认为可以向谁求助？（多选）

1. 父母等直系亲属 2. 其他亲戚　3. 朋友　4. 政府　5. 非政府组织 6. 没有人，这是一个私人事件

E6 谁应该为您丢失负责任？（多选）

1. 自己　2. 人贩子 3. 民间组织 4. 国家和社会 5. 家人和朋友　6. 其他

E7 您认为要加强哪些方面的工作让打拐工作富有成效？

1. 加强媒体宣传力度，提高群众防拐意识　2. 科技打拐，建立完善的 DNA 数据库　3. 增加警力，完善失踪儿童的快速侦查制度　4. 打击乞讨儿童

5. 加强志愿者队伍建设　6. 其他

E8 您认为可以通过以下哪种改革措施使得拐卖人口不再那么猖獗？

陈述	完全符合	比较符合	一般	不太符合	完全不符合
1. 应加大对买主追究刑事责任的力度，使得买主人财两空，提高其犯罪的成本和风险。					
2. 奸淫被拐卖妇女作为加重情节不应该包括自愿发生性关系的情形，幼女除外。					
3. 借鉴外国打拐经验和方法有效遏制国内拐卖人口的浪潮。					

4. 加强国际间的沟通、协调和合作。					
5. 加强法律宣传教育，增强民众法律意识，提高防范意识。					
6. 警方加大执法力度。					
7. 进一步健全社会保障制度，增加社会保障制度建设的支出。					

E9 您在寻找丢失孩子的过程中，见到政府官员腐败吗？

1. 没有见过　2. 见过几次　3. 经常见

E9.1 您被索取过钱物吗？ 1.______元　2. 没有

E10 找亲生父母的过程中，是否受过骗？ 1.______次　2. 没有

	非常满意	比较满意	一般	比较不满意	非常不满意	没有接触过
公安机关						
民政部门						
卫生部门						
妇儿工委						
民间组织						
志愿者						

E11 对以下政府及 NGO 部门在反拐中的表现评分

E12 在找家的过程中，您遇到的最大困难是什么？

____

____

E13 您觉得公安机关还有哪些需要改进的地方？（具体说一下）

____

____

E14 在儿童防拐、防骗方面，您对于身边的人以及社会有什么样的建议和期待？

____

____

附录 7

被拐卖人口的预防、救助工作调查问卷（家长卷）

亲爱的朋友：

了解您与您的家人的基本情况、家庭环境、生活经历、子女被拐原因，是为了进行学术研究，提出中国反拐工作的长效机制，并建立中国反拐行动的评价指标体系，从而更加有效地保障弱势群体的权利。我们通过这份问卷向您进行调查，除特别标明以外，所有问题都是单选题，请在您同意的地方画圈。调查不涉及个人隐私，回答也无对错之分，所有资料只进行统计汇总分析使用，同时，我们将对您的个人资料予以保密，请您 不必担心。

谢谢您对我们的支持和协助！

XXXX 年 XX 月

管理与咨询电话：__________；QQ：__________

调查对象甄别：孩子被拐卖，不含送养、离家出走的、遗弃、绑架等。

<table>
<tr><td rowspan="7">访问记录</td><td rowspan="7">被访者情况</td><td>被访者姓名</td><td colspan="3"></td></tr>
<tr><td>联系电话</td><td colspan="2">手机（固话）：</td><td>家乡电话：</td></tr>
<tr><td>其他联系方式</td><td colspan="2"></td><td>QQ：</td></tr>
<tr><td>邮政编码（工作所在地）</td><td colspan="3"></td></tr>
<tr><td>访问员姓名</td><td></td><td>访问员编号</td><td></td></tr>
<tr><td>访问日期</td><td colspan="3">年　月　日</td></tr>
<tr><td>访问时间</td><td colspan="3">_____时_____分到_____时_____分（24 小时制）</td></tr>
</table>

（A）个人与家庭信息

A1 您出生于_______年_______月。

A2 性别： 1. 女　2. 男

A3 民族： 1. 汉族； 2. 少数民族（请注明）________

A4 您的户口所在地：__________ 省（自治区、直辖市）________________市（地、州）________县（区、县级市）。

A4.1 户口类型：1. 农村户口 2. 城市户口，如果是农转非，请注明时间__________。

A5 您家（居住地）在什么位置：

1. 市区（地级以上）2. 郊区　3. 县城　4. 镇　5. 农村

A6 您的受教育程度：

1. 小学及以下　2. 初中　3. 高中　4. 中专　5. 技校，读几年________

6. 大专　7. 本科　8. 研究生及以上

A7 在老家，您的家庭（同吃同住）成员共有________人。

A8 您的婚姻状况：

1. 初婚有配偶　2. 再婚有配偶　3. 离婚________年　4. 分居________年

5. 丧偶（________年）

A9 您现在从事什么工作：

1. 国家机关、党群组织、企业、事业单位负责人　2. 专业技术人员

3. 办事人员和有关人员　4. 商业、服务业人员

5. 农、林、牧、渔、水利业生产人员　6. 生产、运输设备操作人员及有关人员　7. 军人　8. 其他（请注明）______________

A10 您的政治面貌：

1. 中共党员（包含预备党员）2. 共青团员　3. 民主党派　4. 群众

A11、过去一年平均每月收入________元。

（B）对孩子防卫意识的培养

B1 您总共生养了______个孩子？【若 1 个，直接跳至 B4】

B2 您对每个孩子的关注和爱护程度是否差不多？

1. 差不多，我关注和爱护每一个孩子　2. 不一样，我对某一个或某几个比较偏爱，更为关注　3. 我不清楚　4. 差不多，我对每一个孩子都没有很关注，随他们自由长大。

B3 您被拐卖的孩子是被您比较关注的还是不太关注的？

1. 非常关注的　2. 比较关注的　3. 一般　4. 不太关注的　5. 完全不关注

B4 孩子被拐卖时属于哪个年龄段？

1. 婴幼儿时期，还未正式上过幼儿园（若选择 1，跳至 B5）

2. 上过幼儿园，能基本理解和沟通他人的话语和动作（若选择 2，跳至 B6）

3. 上过小学，能够基本分辨是非和好坏（若选择 3，跳至 B7）

4. 上过初中或者初中以上（若选择 4，跳至 B8）

B5 下列陈述是否符合您或者您的孩子的情况：

陈述	完全符合	比较符合	有点符合	不太符合	完全不符合
1. 您的孩子不认生，谁抱她 / 他都可以					
2. 您的孩子见到生人时爱哭闹					
3. 您经常把您的孩子托付给朋友或者亲戚或者同事等人暂带					
4. 您是否经常尝试通过语言或者动作或者表情告诉孩子不可以和陌生人走，或者吃陌生人给的东西					
5. 您的孩子知道自己的姓名					
6. 您的孩子知道父母的姓名					
7. 您的孩子知道家乡以及家庭住址					
8. 您的孩子知道父母的手机或者家庭电话号码					

B6 下列陈述是否符合您或者您的孩子的情况：

陈述	完全符合	比较符合	有点符合	不太符合	完全不符合
1. 您的孩子不认生，不害怕陌生人					
2. 您的孩子很开朗大胆，喜欢和陌生人讲话，或者接受陌生人给的东西					
3. 您经常让朋友或者亲戚或者同事等生人接送孩子上下学					

4. 您是否经常尝试通过语言或者动作或者表情告诉孩子不可以和陌生人走，或者吃陌生人给的东西					
5. 当您得知您的孩子接受陌生人给的东西或者和陌生人讲话时，您会严肃地教育他，并且告知其隐藏的危险性					
6. 您的孩子知道自己的姓名					
7. 您的孩子知道父母的姓名					
8. 您的孩子知道家乡以及家庭住址					
9. 您的孩子知道父母的手机或者家庭电话号码					
10. 您的孩子基本能够认识路，并且清楚回家的路					

B7 下列陈述是否符合您或者您的孩子的情况：

陈述	完全符合	比较符合	有点符合	不太符合	完全不符合
1. 您的孩子不认生，不害怕陌生人					
2. 您的孩子很开朗大胆，喜欢和陌生人讲话，或者接受陌生人给的东西					
3. 您经常让朋友或者亲戚或者同事等生人接送孩子上下学					
4. 您是否经常尝试通过语言或者动作或者表情告诉孩子不可以和陌生人走，或者吃陌生人给的东西					
5. 当您得知您的孩子接受陌生人给的东西或者和陌生人讲话时，您会严肃地教育他，并且告知其隐藏的危险性					
6. 您的孩子曾经听说过或者见到过拐卖儿童的案例，并且对自我防卫保护有一定了解					
7. 您的孩子知道遇到困难时向警方求助					

B8 下列陈述是否符合您或者您的孩子的情况：

陈述	完全符合	比较符合	有点符合	不太符合	完全不符合
1. 您的孩子不认生，不害怕陌生人					
2. 您的孩子很开朗大胆，喜欢和陌生人讲话，或者接受陌生人给的东西					
3. 您经常认真和孩子讨论拐卖的问题，并且告诉他如何自我保护					
4. 您的孩子的朋友们都是比较乖的孩子，没有社会上的混混或者有过不良记录					
5. 您的孩子能够分辨好坏与善恶是非					

B9 丢失的孩子是否从小到大都是乖孩子？

1. 是　2. 小时候是，后来变得比较叛逆顽皮　3. 从来都不是乖孩子，很调皮

4. 孩子不乖，但是也不调皮，有自己的主见

B10 被拐孩子交往的朋友之中，大部分是好孩子，有没有不良记录？

1. 是　2. 既有好的孩子也有不乖的孩子　3. 交往的都是比较不乖的孩子

4. 我不了解孩子的朋友圈　5. 我的孩子几乎没有朋友

B11 被拐孩子的朋友中，都有出现过下列哪些不良事件？（可多选）

1. 吵架　2. 打架　3. 打群架　4. 斗殴　5. 伤人　6. 强奸　7. 抢劫　8. 放火

9. 杀人　10. 投毒 11. 其他（请注明）____________

B12 被拐孩子的朋友之中有没有出现过被拐卖或者失踪类似的事件：

1. 有　2. 没有　3. 我不知道

B13 您的孩子成绩如何？

1. 很好　2. 一般　3. 很差　4. 我不知道他的成绩如何

B14 被拐孩子下了课一般会做什么？（可多选）

1. 直接回家　2. 先在学校里玩一会再回家　3. 去他朋友家玩一会再回家

4. 和朋友在外面玩一会再回家　5. 直接回寄宿家庭或者课后补习班　6. 我不知道我的孩子下了课都去干吗了　7. 其他

B15 被拐孩子回家的方式是什么？（可多选）

1. 我亲自接送　2. 我的朋友或者同事或者亲戚接送　3. 孩子自己乘坐校车

回家　4. 孩子和他的伙伴们结伴回家　5. 孩子自己回家　6. 孩子独自乘坐公交车回家　7. 孩子独自乘坐出租车回家

B16 周末您的孩子通常是怎么度过的？

1. 父母在家里陪孩子　2. 父母继续上班工作，孩子在家里自己玩

3. 聘请保姆或其他人照顾孩子陪孩子玩　4. 孩子和同学或者其他人出去玩

5. 孩子去他同学家里玩　6. 父母带孩子出去玩　7. 其他

B17 孩子每次出去玩的范围：

1. 离家 50 米内　2. 离家 100 米内　3. 离家 500 米内　4. 离家 500 米以外

5. 不清楚

B18 您的孩子的好奇程度如何？

1. 好奇心很强，看到什么新鲜事物或者人群聚集的都想挤进去看看

2. 好奇心一般，自己不会主动去看，但是有同龄人鼓动或者其他情况就会被拉过去看热闹　3. 好奇心很弱，一般很少会主动或者被拉去看热闹

4. 我不了解　5. 其他

B19 您的孩子热心程度如何？

1. 很热心，无论认识与否，别人请他帮忙他一定会去　2. 对于熟悉的人很热心，但是陌生人不会主动过去帮忙　3. 不热心，无论认识与否，都不太主动帮忙　4. 我不了解　5. 其他

B20 您的孩子警惕性如何？

1. 很高，我们经常告诫孩子要小心坏人　2. 一般，但是很明显的坏人孩子应当可以辨别　3. 不高，孩子谁都相信　4. 我不清楚　5. 其他

B21 您认为您对孩子的管教如何？

1. 很严格　2. 还行，偶尔管管也让他自己玩

3. 不严格，我几乎不怎么管他　4. 如果孩子犯错，我一般会打骂

B22 您每天陪伴孩子的时间多少：________小时。

B23 您的孩子独自玩耍时，他和陌生人的交流如何？

1. 交流得很愉快，孩子可以和大部分的陌生人聊天　2. 交流得一般，除非陌生人和孩子主动搭讪，否则很少和陌生人聊天　3. 几乎不交流

4. 从来不交流　5. 其他

B24 您平时带孩子出去玩的多吗？

1. 经常　　2. 偶尔　　3. 几乎不　　4. 保姆或其他照顾者会常常带孩子出去玩

5. 其他

（C）被拐信息

C1 您的孩子丢失在什么时候？ ______ 年______ 月______ 日

C1.1 您的孩子丢失时是：1. 被偷 2. 被骗 3. 被抢 4. 我也不知道

C2 丢失孩子的性别是： 1. 男孩　　2. 女孩

C3 丢失的孩子在家排行第几？ ______

C4 孩子丢失前是否有过离家出走的经历：1. 有 2. 没有

C5 孩子丢失时您与孩子间的关系怎样？

1. 非常好　2. 较好　3. 一般　4. 较差　5. 非常差

C5.1 孩子丢失前一月内有没有与您发生矛盾？ 1. 有　　2. 没有

C5.2 您是否打骂过孩子？ 1. 经常　2. 偶尔　3. 从不

C6 孩子丢失时您做什么工作？

1. 国家机关、党群组织、企业、事业单位负责人　　2. 专业技术人员

3. 办事人员和有关人员　4. 商业、服务业人员　5. 农、林、牧、渔、水利业生产人员　6. 生产、运输设备操作人员及有关人员

7. 军人　8. 其他（请注明）______________

C7 孩子丢失时您的月均收入大概是______元。

C8 孩子丢失时的状况：（可多选）

1. 孩子酗酒或吸毒　　2. 孩子受到忽视　　3. 孩子辍学　4. 不能自理

5. 得不到关爱　　6. 孩子有犯罪倾向　7. 孩子已经在自己社区卖淫　8. 孩子卷入人口拐卖　　9. 孩子患病

C9 孩子丢失时您正在：

1. 上班　　2. 往返的途中　　3. 娱乐（打牌、打麻将、逛街等）

4. 做家务　　5. 睡觉　　6. 其他（请注明）__________

C10 孩子丢失地：______省________市（区）______县________街道（乡）

C10.1 孩子是在什么地点丢失的？

1. 家中　2. 学校　3. 放学上学途中　4. 独自外出的途中

5. 和伙伴结伴外出的途中　6. 医院　7. 火车站 / 长途车站　8. 商场、菜市场　9. 餐厅　10. 公园、游乐场 11. 小区　12. 其他（请注明）__________

C10.2 孩子大概是在什么时间丢失的：______点（24 小时制）

C10.3 孩子丢失时您居住在什么地方？

1. 单位宿舍　2. 私人出租屋　3. 村镇集体出租屋　4. 当地政府建的廉租房

5. 借住亲友家　6. 单位分配住房　7. 自购房 / 自建房

8. 其他（请注明）__________

C10.4 偷孩子的人是？　1. 熟人　2. 不是熟人　3. 不知道

C11 孩子平时由谁照料？

1. 父亲　2. 母亲　3. 没有人照料　4. 爷爷奶奶 / 外公外婆　5. 保姆

6. 其他人

C12 孩子丢失时谁在陪同？

1. 父亲　2. 母亲　3. 独自　4. 爷爷奶奶 / 外公外婆　5. 保姆　6. 哥哥或者姐姐　7. 其他人______

C13 孩子丢失的当时情境是：

1. 照料者的疏忽　2. 孩子自己走失　3. 人贩子欺骗拐走

C14 孩子丢失前有什么反常情况：

1. 不安　2. 烦躁　3. 脾气古怪　4. 没有异常　5. 其他

C15 所丢失小孩平时与周围人的关系：

1. 非常好　2. 较好　3. 一般　4. 较差　5. 非常差

C15 .1 最后一次见这孩子的是谁，当时孩子什么状态？和谁在一起？在做什么？说了什么？

C16 您和配偶是否了解防骗、防拐相关知识？

1. 非常了解 2. 比较了解　3. 完全不了解

C16.1 您是否给小孩讲过有关防骗、防拐知识？

1. 经常　　2. 偶尔　　3. 从不

C16.2 孩子丢失之前您是否关注被拐儿童的相关事件?

1. 经常　2. 偶尔　3. 从不

C16.3 您是否曾接触到过有关防拐、防骗的宣传?

1. 经常接触　2. 偶尔接触　3. 从未接触(跳答 C17)

C16.4 您是通过什么媒介接触到有关防拐、防骗宣传或信息的?

1. 杂志 / 书籍 / 报刊　　2. 网络　　3. 电视　　4. 非政府组织运动

5. 政府宣传　　　6. 广播　　7. 宣传单　8. 亲戚朋友口头讲述　9. 其他

C17 您的周围是否还有儿童被拐家庭?　1. 有　　2. 没有

C18 请标出孩子丢失时您的状况

	0	2	3	4	5
您婚姻状况	已婚,有孩子		离婚	鳏居 / 寡居	
压力	很小		中等 / 一般		较大
情感功能	稳定				非常不稳定
认知功能	清晰				紊乱
行为功能	适当				很差
沟通	恰当	持续		有障碍	封闭自己
抑郁 / 沮丧	没有				明显有
身体受伤	没有				很多
酒精或药物依赖	没有				很大
社会行为能力差	不是				是
有自杀计划	没有		疑有		非常具体
与重要他人的关系	帮扶型				伤害型、虐待型
家庭居住地	农村	小乡镇	城郊	城市	流浪
工作	全职	兼职		失业不到一年	失业一年多了
家中重要人去世	没有				有
家中重要人离婚或者分居	没有				是的
家中重要人犯罪	没有				是的

（D）寻找信息

D1 您或家人在孩子被拐多久之后发现的？

1. 小孩一不见我就马上发现了　　2. 小孩被拐走了几个小时左右被发现

3. 小孩被拐走 24 小时后被发现　　4. 小孩被拐走一天以上被发现

D2 孩子走失的第一时间做什么？

1. 报案　2. 寻找　3. 不知道做什么

D3 您在孩子被拐多久之后报案？ 1.______小时　2. 我没有报案

D4 您向谁报的案？

1. 村干部或乡干部　2. 警察　3. 非政府组织　4. 妇女事务部门

5. 社会事务部门　　6. 其他

D5 您报警后警方多长时间出警？ 1.______小时　2. 没有出警

D6 您什么时候做的 DNA 鉴定？ 1.______年　　2. 没有做过

D6.1 没有做的原因是？

1. 我不知道 DNA 鉴定　2. 公安机关不给我做　3. 我没有钱做

4. 没有必要做　　5. 其他

D7 为了找孩子，您走过多少地方？

1. 跨乡寻找　　2. 跨县寻找　　3. 跨省寻找　　4. 出国寻找

D8 为找孩子，您已经花了______元钱？其中自己积累______元，政府资助______元，捐助______元，其他______元。

D9 你认为公安机关在打击这类犯罪中是否发挥了他们的主动性？

1. 是　　　2. 不是

D10 公安机关对打拐防拐的力度是否到位？

1. 很到位　2. 到位　3. 一般　4. 不到位　5. 很不到位

D11 孩子丢失后您做的事情。

1. 报警并要求警方调取自己家附近路口、商店及火车站、汽车站的监控录像寻找线索

2. 组织亲朋好友到火车站、汽车站、码头等出城要道进行拦截

3. 立即张贴寻人启事，同时到电台、电视台、当地网站发寻人启事

4. 到当地救助站与福利院寻找，因为有些孩子走失后被人送到救助站，经过一定时间没有人寻找，孩子就可能被转送到福利院
5. 联系宝贝回家寻子网，发布寻亲信息
6. 了解周边有无其他失踪儿童，联系其他失踪儿童家长共同查找线索

D12 您已经采取何种方式进行搜寻？（可多选）
1. 向公安机关报案
2. 向媒体求助，比如在报纸杂志上登寻人启事，在电视广播上播放寻人广播等
3. 自制寻人启事，贴在墙上、公告栏内
4. 发放寻人启事的传单
5. 在相关寻人网站或者论坛上发布寻人消息
6. 与有相似经历的人组成寻子联盟，共同寻找孩子
7. 求神拜佛
8. 其他，（请注明）____________

D13 您认为何种搜救的方式最有效？（可多选）
1. 向公安机关报案
2. 向媒体求助，比如在报纸杂志上登寻人启事，在电视广播上播放寻人广播等
3. 自制寻人启事，贴在墙上、公告栏内
4. 发放寻人启事的传单
5. 在相关寻人网站或者论坛上发布寻人消息
6. 与有相似经历的人组成寻子联盟，共同寻找孩子
7. 其他，（请注明）____________

D14 您认为在搜救被拐儿童这一方面政府或社会有什么可以改进的地方？（可多选）
1. 警察延误最佳破案时机　　2. 社会治安恶劣，犯罪分子猖獗
3. 政府没有切实落实打拐政策，积极打拐　　4. 政府各部门相互推诿，不能形成合力　5. 社会没有形成打拐的氛围和环境　　6. 非政府组织力量薄弱，打拐成效不大　7. 民间组织、志愿者弱小（请注明）　8. 其他

D15 您受过谁的帮助？
1. 村干部 / 乡干部 / 社区领导　　2. 警察　　3. 非政府组织　　4. 妇女事务部

门 5. 社会事务部门 6. 宗教组织 7. 没有人 8. 其他

D16 您认为可以向谁求助？（多选）

1. 父母等直系亲属 2. 其他亲戚 3. 朋友 4. 政府 5. 非政府组织 6. 没有人，这是一个私人事件

D17 谁应该为孩子丢失负责任？（多选）

1. 孩子自己 2. 国家和社会 3. 人贩子 4. 家人和朋友 5. 民间组织 6. 其他

D18 您认为可以通过以下哪种改革措施使得拐卖人口不再那么猖獗：

陈述	完全符合	比较符合	一般	不太符合	完全不符合
1. 应加大对买主追究刑事责任的力度，使得买主人财两空，提高其犯罪的成本和风险					
2. 奸淫被拐卖妇女作为加重情节不应该包括自愿发生性关系的情形，幼女除外					
3. 借鉴外国打拐经验和方法有效遏制国内拐卖人口的浪潮					
4. 加强国际间的沟通、协调和合作					
5. 加强法律宣传教育，增强民众法律意识，提高防范意识					
6. 警方加大执法力度					
7. 进一步健全社会保障制度，增加社会保障制度建设的支出					

D19 您在寻找丢失孩子的过程中，见到政府官员腐败吗？

1. 没有见过 2. 见过几次 3. 经常见

D19.1 您被索取过钱物吗？ 1.______元 2. 没有

D20 找孩子的过程中，是否受过骗？ 1.______次 2. 没有

（E）现在生活状态

E1 请问您的孩子是否已经找到？ 1. 找到了 2. 没有找到

E2 家人走失后对您的生活以及其他家庭成员的生活产生哪些影响?

1. 家庭关系不合　　2. 家里有人自杀了　　3. 家里郁郁寡欢

4. 放弃工作，只为寻找孩子　　5. 家里经济负担重　　6. 家里人身体不好

7. 其他

E3 您对自己健康情况的评估是:

1. 很不好　2. 不太好　3. 一般　4. 比较好　5. 非常好

E4 您对目前的生活满意吗?

1. 非常满意　2. 满意　3. 一般　4. 不满意　5. 很不满意

E5 请问在下面的各段时间里，您是否有过以下的想法或行为?

感受或行为	过去一个月	过去一年	孩子丢失前
A 曾经想到过死或有想死的念头	1是 0否	1是 0否	1是0否
B 曾经考虑过要自杀	1是 0否	1是 0否	1是0否
C 曾经有过自杀的行为	1是 0否	1是 0否	1是0否

E6 去年家庭年收入________元。

E6.1 和本地家庭相比，您现在家庭经济状况如何?

1. 非常富裕　2. 比较富裕　3. 一般　4. 比较贫穷　5. 非常贫穷

E6.2 您觉得孩子丢失后您的家庭经济状况影响是:

1. 变好了　2. 没有变化　3. 变差了

E7 未来打算。

1. 我继续找孩子　　2. 我放弃找孩子了，好好生活

3. 我打算再要一个孩子　4. 其他

(F)对反拐工作的评价

F1 您对国家关于儿童反拐的政策是否满意?

1. 非常满意　2. 比较满意　3. 一般　4. 不太满意　5. 很不满意

F1.1 对以下政府及 NGO 部门在反拐中的表现评分。

	非常满意	比较满意	一般	比较不满意	非常不满意	没有接触过
公安机关						
民政部门						
卫生部门						
妇儿工委						
民间组织						
志愿者						

F2 你希望得到哪种类型关于拐卖人口问题的信息？

1. 杂志 / 书籍 / 报纸　　2. 网络　　3. 电视　　4. 非政府组织活动

5. 政府宣传　　6. 广播 / 电视 / 录像　　7. 非政府组织活动

8. 亲戚朋友口头讲述　9. 其他

F3 你认为打拐难的主要原因是什么？

1. 流窜作案缉捕难

2. 法律对拐卖犯罪的惩罚力度不够

3. 地方公安机关人力物力不够

4. 个别地区对拐卖收买儿童的默许

5. 被拐卖人员的数据库建设不完善

6. 说不清

F4 你认为要加强哪些方面的工作让打拐工作能富有成效？

1. 加强媒体宣传力度，提高群众防拐意识

2. 科技打拐，建立完善的 DNA 数据库

3. 增加警力，完善失踪儿童的快速侦查制度

4. 其他

F5 在寻找被拐孩子的过程中，您遇到的最大困难是什么？

____

____

F6 你觉得公安机关还有哪些需要改进的地方？

____

____

F7 在儿童防拐、防骗方面，您对于身边的人以及社会有什么样的建议和期待？

____

____

附录 8

家寻宝贝问卷（宝贝回家网数据整理卷）

A1 丢失孩子出生于______年______月。

A2 性别： 1. 男 2. 女

A3 丢失于______年______月。

A4 民族： 1. 汉族； 2. 少数民族（请注明）________。

A5 失踪孩子户口所在地：________省（自治区、直辖市）________________市（地、州）________县（区、县级市）。

A6 是否采血：1. 是 2. 否

A7 是否报案：1. 是 2. 否

A8 户口类型：1. 农村户口 2. 城市户口

A9 丢失孩子父母的婚姻状况：

1. 初婚有配偶　2. 再婚有配偶　3. 离婚（______年）

4. 分居______年　5. 丧偶（______年）

A10 孩子失踪时身高______厘米。

A11 失踪孩子是否弱智。1. 是 2. 否

A12 失踪地点：________省（自治区、直辖市）______________________市

A12.1 孩子是在什么地点丢失的：
1. 家中　2. 学校　3. 放学上学途中　4. 独自外出的途中
5. 和伙伴结伴外出的途中　6. 医院　7. 火车站 / 长途车站
8. 商场、菜市场　9. 餐厅　10. 公园、游乐　11. 小区　12. 其他
A13 孩子大概是在什么时间丢失的：________点（24 小时制）。
A13.1 如果记不清楚，则是：1.7 点至 9 点　2.9 点到 12 点
3.12 点到 19 点　4.19 点到 23 点　5.23 点到凌晨 5 点
6. 凌晨 5 点到 7 点
A14 孩子丢失时您居住在什么地方？
1. 单位宿舍　2. 私人出租屋　3. 村镇集体出租屋　4. 当地政府建的廉租房　5. 借住亲友家　6. 单位分配住房　7. 自购房 / 自建房　8. 其他
A15 您的孩子丢失时是：1. 被偷　2. 被骗　3. 被抢　4. 我也不知道
A16 孩子平时由谁照料？
1. 父亲　2. 母亲　3. 没有人照料　4. 爷爷奶奶 / 外公外婆
5. 保姆　6. 其他人
A17 孩子丢失时谁陪同：
1. 父亲　2. 母亲　3. 独自　4. 爷爷奶奶 / 外公外婆　5. 保姆
6. 哥哥或者姐姐　7. 其他人
A18 父亲当时从事什么工作：
1. 国家机关、党群组织、企业、事业单位负责人　2. 专业技术人员
3. 办事人员和有关人员　4. 商业、服务业人员
5. 农、林、牧、渔、水利业生产人员　6. 生产、运输设备操作人员及有关人员　7. 军人　8. 其他（请注明）__________
A19 母亲当时从事什么工作？
1. 国家机关、党群组织、企业、事业单位负责人　2. 专业技术人员
3. 办事人员和有关人员　4. 商业、服务业人员
5. 农、林、牧、渔、水利业生产人员　6. 生产、运输设备操作人员及有关人员　7. 军人　8. 其他（请注明）__________
A20 孩子失踪时您的家庭（同吃同住）成员共有______人，丢失的孩子

在家排行第几______？其中兄______个，弟______个，姐______个，妹______个。

附录 9

宝贝寻家问卷（宝贝回家网数据整理卷）

A1 编号________。

A2 性别：1. 男 2. 女

A3 民族：1. 汉族 2. 少数民族（请注明）：______

A4 出生于________年________月。

A5 您的受教育程度：

1. 小学及以下 2. 初中 3. 高中 / 中专 4. 技校，读几年________ 5. 大专 6. 本科 7. 研究生及以上

A6 您的户口所在地：________省（自治区、直辖市）__________________市（地、州）________县（区、县级市）。

A7 目前所在地：________省（自治区、直辖市）______________市。

A8 您什么时候被拐的？ 1.______年 2. 不清楚

A9 是否采血：1. 是 2. 否

A10 是否报案：1. 是 2. 否

A11 失踪地点：________省（自治区、直辖市）______________市。

A11.1 您是在什么地点丢失的：

1. 家中 2. 学校 3. 放学上学途中 4. 独自外出的途中 5. 和伙伴结伴外出的途中 6. 医院 7. 火车站 / 长途车站 8. 商场、菜市场 9. 餐厅 10. 公园、游乐场 11. 小区 12. 其他

A12 大概是在什么时间丢失的：________点（24 小时制）。

A12.1 如果记不清楚，则是：1.7 点至 9 点　2.9 点到 12 点

3.12 点到 19 点　4.19 点到 23 点　5.23 点到凌晨 5 点

6. 凌晨 5 点到 7 点

A13 您丢失时是：

1. 被偷　2. 被骗　3. 被抢　4. 我也不知道

A14 您是否记得家庭（同吃同住）成员共有______人，其中兄________个，弟________个，姐________个，妹________个。

A15 您的亲生父亲从事什么工作？

1. 国家机关、党群组织、企业、事业单位负责人　2. 专业技术人员

3. 办事人员和有关人员　4. 商业、服务业人员

5. 农、林、牧、渔、水利业生产人员　6. 生产、运输设备操作人员及有关人员　7. 军人　8. 其他（请注明）__________　9. 父亲去世

A16 您的亲生母亲从事什么工作？

1. 国家机关、党群组织、企业、事业单位负责人　2. 专业技术人员

3. 办事人员和有关人员　4. 商业、服务业人员

5. 农、林、牧、渔、水利业生产人员　6. 生产、运输设备操作人员及有关人员　7. 军人　8. 其他（请注明）__________9. 母亲去世

A17 人贩子在卖您时怎么说？

1. 自己的孩子　2. 亲戚的孩子　3. 未婚先育　4. 计划外产子

5. 其他（请注明）____________

A18 养父母花了多少钱买你？__________元。

A19 您对亲生父母家庭的记忆来自？

1. 我自己的记忆　2. 养父母告诉我的　3. 人贩子告诉我的

4. 兄弟姐妹告诉我的　5. 其他亲戚朋友告诉我的

6. 其他____________（请注明）

A20 您如何知道您是被拐的？

1. 养父母告诉的　2. 养父母吵架说出来的　3. 邻居告诉我的

4. 养父母的其他孩子告诉我的　5. 亲戚告诉我的　6. 其他

A21 什么时间开始找亲生父母的？________年

A22 是否找到人贩子：1. 是　　2. 否

附录 10

中国反对拐卖妇女儿童行动计划

（2008—2012 年）

拐卖妇女儿童犯罪严重侵犯妇女儿童人身权利，对被拐卖妇女儿童身心健康造成巨大伤害，并由此引发一系列社会问题，严重影响社会和谐稳定。为有效预防、严厉打击拐卖妇女儿童犯罪活动，积极救助、妥善安置被解救妇女儿童，切实维护妇女儿童合法权益，遵照我国政府签署的联合国《儿童权利公约》《消除对妇女一切形式歧视公约》《打击跨国有组织犯罪公约》《禁止和立即行动消除最恶劣形式的童工劳动公约》等有关文件，依据《中华人民共和国宪法》《中华人民共和国刑法》《中华人民共和国妇女权益保障法》《中华人民共和国未成年人保护法》等法律，制定《中国反对拐卖妇女儿童行动计划(2008—2012 年)》(以下简称《行动计划》)。

一、背景和挑战

我国政府一贯高度重视妇女儿童权益保障工作，坚决采取切实措施，有效预防、严厉打击拐卖妇女儿童犯罪活动，积极开展对被解救妇女儿童的救助、安置和康复工作。近年来，我国相继制定和修订了《中华人民共和国刑法》《中华人民共和国妇女权益保障法》《中华人民共和国劳动法》《中华人民共和国未成年人保护法》《中华人民共和国预防未成年人犯罪法》《中华人民共和国婚姻法》《中华人民共和国收养法》等法律，高法院制定了《关于审理拐卖妇女案件适用法律有关问题的解释》，高检院制定了《人民检察院直接受理立案侦查案件立案标准的规定（试行）》，公安部制定了《关于打击拐卖妇女儿童犯罪适用法律和政策有关问题的意见》，为保护妇女儿童合法权益提供了有力的法制保障。国务院印发了《中国妇女发展纲要(2001—2010年)》和《中国儿童发展纲要(2001—2010年)》，将预防、打击和减少拐卖等侵害妇女儿童合法权益犯罪行为作为保护妇女儿童的重要目标。各地普遍建立了政府主导、社会团体和有关单位共同参与的反对拐卖妇女儿童行动（简称反拐）合作机制，广泛开展宣传教育活动；公安机关积极开展打击拐卖妇女儿童犯罪专项行动，破获了一大批案件，成功解救了一大批被拐卖的妇女儿童；在重点地区建立了被解救妇女儿童中转、培训和康复中心，实施了一批预防犯罪和救助被解救妇女儿童的试点项目。此外，加强与有关国际组织联系，充分运用警务合作协议和刑事司法协助条约等积极开展国际合作。总之，在各级政府领导下，经过相关部门和社会各界共同努力，以及务实有效的国际合作，我国反拐工作取得明显成效。

同时也必须看到，当前，我国拐卖妇女儿童犯罪活动呈现出新动向、新特点，拐卖妇女儿童犯罪形势仍不容乐观。团伙犯罪趋势明显，跨国案件增多，犯罪手段更加隐蔽，犯罪分子更加狡猾并不断变换作案手法，寻找新的侵害对象。在工作层面上，相关法律法规需进一步完善，相关部门职责需进一步明确，执法环节和部门间合作需进一步加强，经费保障机制有待完善。

二、指导思想、总体目标和战略措施

（一）指导思想

以邓小平理论和“三个代表”重要思想为指导，深入贯彻落实科学发展观，坚持“预防为主、打防结合、以人为本、综合治理”的工作方针，标本兼治，切实维护妇女儿童合法权益，促进社会主义和谐社会建设。

（二）总体目标

健全反拐工作协调、保障机制，明确相关部门职责任务，加强合作，建立集预防、打击、救助和康复为一体的反拐工作长效机制，提高工作效率，最大限度地减少拐卖妇女儿童犯罪活动的发生，最大限度地减轻被拐卖妇女儿童遭受的身心伤害。

（三）战略措施

1. 加强部门协调配合，完善工作机制，整合资源，完善以政府部门为主导、全社会参与的反拐合作机制，保障《行动计划》顺利实施。

2. 采取政府投入、社会捐赠等多渠道筹资办法，为实施《行动计划》提供经费保障。

3. 强化对拐卖拐骗流动人口、强迫流动人口劳动，以及针对农村留守儿童和流动残疾人的各类犯罪活动的打击力度，做好善后安置工作。

4. 坚持点面结合、突出重点、全面治理的原则，在全国范围内开展日常性反拐工作的同时，强化对重点地区的治理。

5. 在挖掘现有机构和人员潜力的基础上，加强反拐工作队伍专业化建设。

6. 建立全国反拐信息系统，为加强反拐工作提供信息和技术支持。

7. 加大宣传力度，树立并提高尊重和保护妇女儿童权益意识，营造良好的反拐工作氛围。

8. 加强国际合作，有效打击跨国拐卖妇女儿童犯罪活动。

三、组织机构和保障措施

（一）建立反对拐卖妇女儿童行动工作部际联席会议制度

1. 主要职能

（1）组织制定、实施、监督、评估《行动计划》，组织和协调跨地区、跨部门、跨机构、跨国界的反拐工作。

（2）协调和推动政府有关部门的反拐工作。

（3）指导和督促各省、自治区、直辖市的反拐工作。

（4）协调和推动反拐国际合作。

（5）组织各地区、各有关部门总结和交流反拐工作经验及相关成果。

2. 成员单位

反对拐卖妇女儿童行动工作部际联席会议（以下简称联席会议）制度由以下部门和单位组成：公安部、中央宣传部、中央综治办、全国人大常委会法工委、外交部、发展改革委、教育部、民政部、司法部、财政部、人事部、劳动保障部、铁道部、交通部、农业部、商务部、文化部、卫生部、人口计生委、工商总局、民航总局、广电总局、法制办、妇儿工委办公室、扶贫办、全国总工会、共青团中央、全国妇联。

公安部为牵头单位。联席会议召集人由公安部负责同志担任，联席会议成员为有关部门和单位负责同志。联席会议办公室设在公安部刑事侦查局，承担联席会议日常工作。办公室主任由刑事侦查局局长兼任，各成员单位指定一名联络员为办公室成员。

各地区特别是拐卖妇女儿童犯罪活动重点地区要根据各自实际建立相应的反拐工作机制。

（二）促进有关法律法规、政策的完善和实施

推动政策制定、有关法律法规和规章的制定和修订工作，签署和实施相关国际公约。

（三）以政府投入为主、多渠道筹措资金

1. 中央和地方各有关部门开展反拐工作所需经费，列入各有关部门年度预算，由同级政府予以保障。

2. 积极争取社会团体、公益机构、企事业单位和个人的捐助，争取国际援助，多渠道募集资金。

四、行动措施和责任分工

（一）创造良好的社会环境和工作氛围

1. 工作目标

完善相关法律法规，加大反拐宣传、培训和维护妇女儿童合法权益教育

力度，提高地方各级政府和相关部门及社会各界对实施《行动计划》的必要性、重要性的认识，创造良好的反拐社会环境和工作氛围。

2. 行动措施

（1）完善相关法律法规，为加强预防、打击犯罪及被解救妇女儿童救助和康复工作提供法律依据。（法制办负责，全国人大常委会法工委、公安部、民政部、劳动保障部、共青团中央、全国妇联配合）

（2）在全国范围内，积极开展有关保护妇女儿童合法权益和反拐的宣传、教育及培训活动，提高地方各级政府、相关部门和社会各界对反拐和救助被解救妇女儿童工作重要性、必要性的认识。（公安部负责，中央宣传部、教育部、司法部、文化部、人口计生委、广电总局、全国总工会、共青团中央、全国妇联配合）

（3）在公安机关内部，加强反拐和维护妇女儿童合法权益的教育培训，提高执法人员对打击拐卖妇女儿童犯罪活动重要性的认识，努力提高工作能力和效率。（公安部负责）

（4）在全国拐卖妇女儿童犯罪活动重点地区和易被拐卖人群中，开展预防拐卖妇女儿童犯罪的能力建设，尤其是提高妇女儿童的反拐意识、识别犯罪和自我保护能力。（公安部负责，教育部、民政部、劳动保障部、全国总工会、共青团中央、全国妇联配合）

（5）加强反拐工作经验交流、信息共享，积极推广集预防、打击、救助和康复为一体的成功工作模式，推动反拐工作机制不断完善，提高快速反应能力。（联席会议办公室负责）

（二）建立健全预防犯罪机制

1. 工作目标

在社区、拐卖妇女儿童犯罪易发场所和省际合作三个层面上，构建和完善预防拐卖妇女儿童犯罪网络，努力降低拐卖妇女儿童犯罪发生率。到2012年底，全国拐卖妇女儿童犯罪活动重点地区得到综合整治。

2. 行动措施

（1）建立和推广以社区组织和广大群众的积极参与为基础，以多部门、

多机构分工明确并通力合作为重点的群防群治工作体系。（中央综治办负责）

——贯彻国家开发式扶贫政策，加大对农村贫困妇女的扶持力度，充分利用现有教育培训资源,积极开展多种形式的实用技术教育和务工技能培训，提高贫困妇女脱贫致富能力。（扶贫办负责，劳动保障部、发展改革委、农业部、全国妇联配合）

——鼓励和支持妇女积极参与社区事务和管理，积极提高妇女社会地位、政治地位，增强其维权意识。加强宣传和教育工作，提高社区成员尤其是妇女自身的反拐意识、识别犯罪和自我保护能力。（民政部负责，公安部、司法部、教育部配合）

——加强对法律法规的宣传教育工作，在全社会营造良好的法制氛围，促进未成年人父母或其他监护人切实履行《中华人民共和国未成年人保护法》，为未成年人健康成长提供良好的家庭环境和家庭教育。（司法部负责，教育部、共青团中央、全国妇联配合）

——落实《中华人民共和国义务教育法》，完善义务教育经费保障机制，确保所有适龄儿童、少年接受九年义务教育的权利，防止其过早流入社会。同时，加强对教师和学生的反拐意识教育。（教育部负责，民政部、文化部配合）

——加强对易被拐卖人群的援助工作，积极开展各种形式的社会救助，帮助家庭贫困妇女儿童解决生活困难，加强对其生活能力训练。积极利用现有救助管理机构和福利机构做好流浪未成年人、弃婴救助及安置工作。（民政部负责，司法部、财政部、卫生部配合）

（2）加强拐卖妇女儿童犯罪活动重点地区的预防犯罪工作，并做好监督检查，将犯罪活动消灭在萌芽状态。（公安部负责，中央综治办、妇儿工委办公室配合）

——依照有关法律法规和规章，加强人力资源市场管理，规范劳动者求职、用人单位招用和职业中介活动。建立和完善劳动用工备案制度，加强对各类职业中介活动的监管，维护人力资源市场秩序。积极研究在劳务市场及其周边地区发生的拐卖妇女儿童犯罪问题，有针对性地开展行之有效的宣传和教育活动。（劳动保障部负责，人事部、广电总局、工商总局配合）

——在流动人口聚集的火车站、汽车站、航空港、码头、娱乐场所、旅店加强反拐宣传工作，防止拐卖妇女儿童犯罪的发生。（铁道部、交通部、民航总局负责，公安部、司法部、共青团中央、全国妇联配合）

——积极做好拐卖妇女儿童罪犯的改造、监督和教育工作，降低重新犯罪率。（司法部、公安部负责）

——在拐卖妇女儿童犯罪活动重点地区，跨部门、多机构共同参与综合整治。基层政府、社区组织、居民小组将帮助易被拐卖人群和预防犯罪纳入各自的工作重点，有针对性地引入发展项目，既积极预防犯罪又提供个人发展机会。扶贫机构尽可能对目标人群实行项目倾斜。（中央综治办负责，公安部、民政部、共青团中央、全国妇联、扶贫办配合）

（3）各地区之间尤其是被拐卖妇女儿童的流入地和流出地之间应相互支持，加强交流与合作。到2008年年底，主要流入地和流出地的省、自治区、直辖市政府签订合作意向书，由各省、自治区、直辖市反拐工作机构负责落实并上报联席会议办公室。（联席会议办公室负责）

（三）打击犯罪和解救被拐卖妇女儿童

1. 工作目标

完善工作机制，提高发现、侦破拐卖妇女儿童犯罪案件的能力和效率，迅速解救被拐卖妇女儿童。到2012年底，侦破案件数占报案数的比例比2007年明显提高。

2. 行动措施

（1）进一步完善和加强以公安机关为主，有关部门和社会各界密切配合的打击拐卖妇女儿童犯罪工作机制。

——加强领导。拐卖妇女儿童犯罪活动重点地区的省、自治区、直辖市公安机关要切实加强反拐工作机构和队伍建设。（公安部负责）

——制订与儿童心理和生理相适应的案件调查程序，开展相关培训。（公安部负责，教育部配合）

——在拐卖妇女儿童犯罪活动重点地区，组织开展打击犯罪专项行动。（公安部负责，中央综治办、民政部、劳动保障部、人口计生委、共青团中

央、全国妇联配合）

——坚决依法打击拐卖妇女儿童犯罪的“买方市场”。依法查处非法用工单位和使用童工的行为，取缔非法劳务介绍、婚姻介绍等中介机构以及非法网络中介。对收买、介绍、强迫被拐卖妇女儿童从事性交易及其他强迫性劳动的单位和个人，依法追究其行政、民事、刑事责任。（公安部、劳动保障部负责，全国总工会、工商总局、民政部配合）

（2）加强信息网络建设，提高各级反拐工作机构信息收集和处理能力。（公安部负责，民政部配合）

——建立信息系统，完善打击犯罪的信息收集和交流机制。（公安部负责，民政部、全国妇联配合）

——建立健全举报制度。鼓励各部门、各单位和广大群众向执法机关举报拐卖妇女儿童犯罪活动。（公安部负责）

（四）加强对被解救妇女儿童的救助和康复工作

1. 工作目标

不断完善救助机制，提高被解救妇女儿童接受培训、救助、身心治疗等必要援助的比例，保护被解救妇女儿童的隐私，积极帮助其回归家庭和社会，避免遭受二次伤害。使大部分被解救妇女儿童获得必要救助，迅速回归社会、正常生活。

2. 行动措施

（1）建立和完善政府多部门合作、社会各界广泛支持的救助机制。

——各级政府有关部门根据需要增设必要的救助服务、中转康复和培训机构并保障其人员和经费需求，确保更多被解救妇女儿童得到基本救助或妥善安置。（民政部、财政部负责，公安部、教育部、卫生部配合）

——制订有关工作程序和工作标准，总结经验，推广有效的工作方法。（民政部负责，公安部、教育部配合）

——鼓励有关社会团体、企事业单位和个人为救助被解救妇女儿童提供资金、技术支持和专业服务。（民政部、共青团中央负责）

——有关高校、科研单位、福利机构和心理咨询机构协助有关部门和单

位培训救助康复相关专业人才。（教育部负责，民政部、卫生部配合）

——各地卫生行政部门组织协调有关医疗机构为被解救妇女儿童提供基本的医疗服务。（卫生部负责）

——法律援助机构依法为被解救妇女儿童提供必要的法律援助。（司法部负责，公安部配合）

——加强对被解救妇女儿童的培训，增强其法律意识、维权意识和相关技能。（民政部负责，教育部、共青团中央、全国妇联配合）

（2）加强对被解救妇女儿童的社会关怀，帮助其顺利回归及融入社会。

——积极、妥善安置查找不到监护人的被解救儿童。（民政部负责，全国妇联配合）

——积极帮助被解救的适龄儿童入学、回归学校和适应新的生活。（教育部负责，民政部配合）

——积极帮助不能或不愿意回原住地的受害妇女和16周岁以上的未成年人，使其获得适宜的职业技能培训、职业指导和职业介绍等就业服务，并在异地就业。（民政部负责，劳动保障部配合）

——做好被解救妇女儿童及其家庭和所在社区工作，保障其顺利回归家庭和社区，帮助其解决实际生活问题。（民政部负责，共青团中央、全国妇联配合）

（3）为回归社会的被解救妇女儿童提供各种必要的服务，切实帮助其解决就业、生活和维权等方面的实际困难和问题。（民政部负责，劳动保障部、共青团中央、全国妇联配合）

（4）加强对被解救妇女儿童的登记、管理和保护工作。建立专门档案，跟踪了解被解救妇女儿童的生活状况，必要时协调有关部门和组织解决其遇到的困难。（公安部负责，民政部、全国妇联配合）

（5）加强对被拐卖妇女儿童身心健康领域的研究，寻求更为有效的康复治疗方法。（卫生部负责，教育部、共青团中央、全国妇联配合）

（6）加强地区、部门和机构间在救助被解救妇女儿童工作上的合作，相互支持，相互配合。（公安部负责，中央综治办配合）

（五）加强国际合作

1. 工作目标

加强国际合作，加大和提高打击跨国拐卖妇女儿童犯罪的力度和效率，加强对被跨国拐卖妇女儿童的救助，有效遏制跨国犯罪。

2. 行动措施

（1）加强与联合国及其他有关政府间国际组织、有关国家特别是湄公河次区域各国及周边国家，以及国际非政府组织的合作，通过双边及多边渠道加强反拐国际交流与合作。（公安部负责，妇儿工委办公室、外交部、商务部、司法部、共青团中央、全国妇联配合）

（2）加强国际警务合作。（公安部负责，外交部、司法部配合）

（3）加强边防管理和出入境证件检查工作，打击非法偷越国境活动。（公安部负责）

（4）切实做好跨国拐卖妇女儿童犯罪预防工作。

——以多种形式开展宣传和教育工作，增强边境地区群众对相关法律及拐卖妇女儿童犯罪的了解，提高其反拐意识、识别犯罪和自我保护能力。（司法部负责，公安部、民政部、劳动保障部、共青团中央、全国妇联配合）

——加强对边境地区公安司法人员的培训工作，增强其防范、处置跨国拐卖妇女儿童犯罪的意识和能力。（公安部负责）

——加强对边境地区人力资源市场的监督与管理，规范境外就业中介经营活动，促进劳动力合法有序流动。（劳动保障部负责，公安部、交通部、铁道部配合）

（5）做好国际反拐合作项目的建设和引进工作，充分利用有关国际组织的资源和技术，借鉴其反拐经验和方法。加强国际交流，了解国际拐卖妇女儿童犯罪的发展趋势及应对措施。加强我国应对跨国拐卖妇女儿童犯罪策略的研究。（公安部负责，外交部、商务部配合）

五、实施、监督和评估

（一）联席会议办公室负责协调组织《行动计划》的实施。各地区、各成员单位根据《行动计划》要求，结合各自实际制订实施计划。

（二）联席会议办公室负责协调组织对《行动计划》实施情况进行监督，并开展阶段性评估和终期评估。

（三）本《行动计划》自 2008 年 1 月 1 日起实施，为期 5 年。

附录 11

中国反对拐卖人口行动计划（2013—2020 年）

为有效预防、依法打击拐卖人口犯罪，积极救助、妥善安置被拐卖受害者，切实维护公民的合法权益，依据有关国际公约和我国法律，制定《中国反对拐卖人口行动计划（2013—2020 年）》(以下简称《行动计划》)。

一、指导思想和总体目标

（一）指导思想

高举中国特色社会主义伟大旗帜，以邓小平理论、“三个代表”重要思想、科学发展观为指导，坚持“以人为本、综合治理、预防为主、打防结合”工作方针，不断加强和创新社会管理，完善政策，落实责任，整合资源，标本兼治，切实保障公民基本权利，维护社会和谐稳定，维护我国际形象。

（二）总体目标

进一步完善集预防、打击、救助和康复为一体的反拐工作长效机制，健全反拐工作协调、保障机制，细化落实各项措施，依法坚决打击、有效遏制拐卖人口犯罪，确保被拐卖受害者及时得到救助康复和妥善安置。

二、行动措施和任务分工

（一）健全预防犯罪机制

1. 工作目标

完善预防拐卖人口犯罪的网络，综合整治拐卖人口犯罪活动重点地区和“买方市场”，减少拐卖人口犯罪发生。

2. 行动措施

（1）加强部门联动，建立发现、举报拐卖人口犯罪工作机制。（中央综治办、司法部负责，教育部、公安部、民政部、卫生部、人口计生委配合）

（2）加强拐卖人口犯罪活动重点行业、重点地区和重点人群预防犯罪工作。（中央综治办负责，公安部、卫生部、人口计生委、妇儿工委办公室、全国妇联配合）

——加强人力资源市场管理，规范劳动者求职、用人单位招用和职业中介活动，鼓励用工单位开展反拐教育培训。建立和完善劳动用工备案制度，加强劳动保障监察执法，加大对非法职业中介及使用童工、智力残疾人等违法行为查处力度，完善部门联动协作机制。研究在劳务市场发生的拐卖人口犯罪问题，有针对性地开展预防工作。（人力资源社会保障部负责，工商总局、广电总局、全国总工会、共青团中央、全国妇联、中国残联配合）

——严厉打击卖淫嫖娼违法犯罪，加强城乡结合部、“城中村”娱乐服务场所治安整治，改进失足妇女教育帮扶工作。（公安部负责，人力资源社会保障部、文化部、卫生部、工商总局、全国妇联配合）

——加大拐卖人口犯罪活动重点地区综合整治力度。基层政府、村（居）委会切实将帮助易被拐卖人群和预防拐卖人口犯罪纳入重点工作中。（中央综治办、公安部负责，民政部、妇儿工委办公室、扶贫办、共青团中央、全

国妇联配合）

——加强拐卖人口犯罪活动重点地区计划生育服务和孕情管理，减少意外妊娠和政策外生育，及时通报有关信息。（人口计生委负责，公安部、卫生部配合）

——加大老少边贫地区农村人口扶持力度，开发适合农村特点的创业就业渠道，提高贫困人口尤其是贫困妇女脱贫致富能力。（扶贫办负责，发展改革委、农业部、人力资源社会保障部、国家民委、全国妇联配合）

——保障所有适龄儿童、少年接受九年义务教育，切实控制学生辍学。（教育部负责，共青团中央配合）

——健全流浪未成年人救助保护机制，积极利用现有救助管理机构和福利机构做好流浪未成年人和弃婴的救助安置，依托社会工作等专业人才提供心理辅导、行为矫治、文化教育、技能培训、就业帮扶等服务。加强街面救助，及时发现、救助流浪乞讨和被强迫违法犯罪的未成年人。（民政部、公安部负责，财政部、住房城乡建设部、卫生部、教育部、人力资源社会保障部、共青团中央、全国妇联配合）

——鼓励农村有外出务工意愿的妇女、残疾人、城市失业下岗妇女、女大学生和解救的被拐卖妇女创业就业，落实好促进就业各项政策，组织开展实用技术、务工技能和创业就业培训。（人力资源社会保障部、国家民委、中国残联负责，共青团中央、全国妇联配合）

——在流动、留守妇女儿童集中地区发挥妇女互助组、巾帼志愿者等作用，完善妇女热线、妇女维权站点、妇女之家等功能，提高流动、留守妇女儿童反拐能力。（全国妇联负责，民政部、文化部、财政部、广电总局配合）

——加强拐卖人口罪犯教育改造工作，进一步降低重新犯罪率。（司法部、公安部负责）

（3）加大拐卖人口犯罪“买方市场”整治力度，在收买人口犯罪活动高发地区开展综合治理，从源头上减少拐卖人口犯罪的发生。（中央综治办、公安部负责，教育部、民政部、人力资源社会保障部、司法部、卫生部、人口计生委、全国妇联配合）

——大力开展出生人口性别比偏高综合治理工作。（人口计生委负责，

卫生部、公安部、全国妇联配合）

——规范婚姻登记工作。规范收养渠道。（民政部负责）

——加强医疗卫生机构管理，严禁为被拐卖儿童出具虚假出生证明，明确医护人员发现疑似拐卖情况及时报告的义务。（卫生部负责，公安部配合）

——开展维护妇女权益、促进性别平等的村规民约修订和培训，消除男尊女卑、传宗接代等落后观念，提高女孩受教育水平，确保女性在农村平等享有土地承包、宅基地分配、土地征收补偿分配和集体收益分配的权利。（全国妇联、农业部负责，民政部、教育部配合）

（4）进一步做好跨国拐卖人口犯罪预防工作。加强口岸边防检查和边境通道管理，严格出入境人员查验制度，加大对非法入境、非法居留、非法就业外国人的清查力度。加强边境地区人力资源市场监管，严格规范对外劳务合作经营活动，依法取缔非法跨国婚姻中介机构。（公安部、人力资源社会保障部、商务部、外交部负责，民政部配合）

（二）打击犯罪和解救被拐卖受害者

1. 工作目标

不断提高侦破各类拐卖人口犯罪案件的能力和水平，依法严厉打击拐卖人口犯罪，及时解救被拐卖受害者。

2. 行动措施

（1）继续组织开展全国打击拐卖人口犯罪专项行动，进一步完善公安机关牵头，有关部门配合、群众广泛参与的打拐工作机制。（公安部负责，高法院、高检院、民政部、人力资源社会保障部、人口计生委、全国妇联配合）

——各级政府相关部门、单位加大打拐工作力度，明确相关机构具体承担，确保责有人负、事有人干，切实加强经费保障。（国务院反拐部际联席会议各成员单位负责）

——各级公安机关完善打拐工作机制，由刑侦部门牵头，有关部门和警种通力协作，定期分析拐卖人口犯罪形势，研究完善打、防、控对策。（公安部负责）

——严格落实侦办拐卖儿童案件责任制。对拐卖儿童案件实行“一长三包责任制”，由县级以上公安机关负责人担任专案组组长，负责侦查破案、解救被拐卖儿童、安抚受害者亲属等工作。案件不破，专案组不得撤销。（公安部负责）

——严格执行儿童失踪快速查找机制。接到儿童失踪报警后，由公安机关指挥中心迅速调集相关警力开展堵截、查找工作，及时抓获犯罪嫌疑人，解救受害者。（公安部负责）

——认真开展来历不明儿童摸排工作。各地公安机关负责采集失踪儿童父母血样，检验录入全国打拐DNA（脱氧核糖核酸）信息库，并加强与有关部门沟通，及时发现来历不明、疑似被拐卖的儿童，采血检验入库。对被收养儿童、来历不明儿童落户的，要采血检验入库比对，严把儿童落户关。（公安部负责，教育部、卫生部、人口计生委、全国妇联配合）

——制定符合拐卖人口犯罪特点和与受害者心理、生理相适应的案件调查程序。（公安部负责，高检院配合）

（2）依法严惩拐卖人口犯罪。

——对拐卖人口犯罪集团首要分子和多次参与、拐卖多人，同时实施其他违法犯罪或者具有累犯等从严、从重处罚情节的，坚决依法惩处。（高法院、高检院、公安部负责）

——对收买被拐卖受害者以及以暴力、威胁方法阻碍、聚众阻碍国家机关工作人员解救受害者，依法应当追究刑事责任的，坚决依法惩处。（高法院、高检院、公安部负责）

——对收买、介绍、强迫被拐卖受害者从事色情服务及强迫性劳动的单位和个人，严格依法追究其行政、民事、刑事责任。坚决取缔非法职业中介、婚姻中介机构。对组织强迫儿童、残疾人乞讨，强迫未成年人、残疾人从事违法犯罪活动的依法予以惩处，及时查找受害者亲属并护送受害者前往救助保护机构。完善人体器官捐献制度，依法惩治盗窃人体器官、欺骗或强迫他人捐献器官、组织贩卖人体器官等犯罪行为。（公安部、人力资源社会保障部、卫生部负责，中央综治办、高法院、高检院、民政部、工商总局、全国总工会、共青团中央、全国妇联、中国残联配合）

——对受欺骗或被胁迫从事违法犯罪行为的被拐卖受害者，依法减轻或

免除处罚。（高法院、高检院、公安部负责）

（3）进一步加强信息网络建设，完善全国打拐 DNA（脱氧核糖核酸）信息库，健全信息收集和交流机制，推进信息共享，提高反拐工作信息化水平。（公安部、民政部负责，发展改革委、财政部、教育部、卫生部、人口计生委、全国妇联配合）

（4）依法解救被拐卖儿童，并送还其亲生父母。对查找不到亲生父母的，由公安机关提供相关材料，交由民政部门妥善安置，不得由收买家庭继续抚养。（公安部、民政部负责）

（三）加强被拐卖受害者的救助、安置、康复和回归社会工作

1. 工作目标

保障被拐卖受害者合法权益，加强被拐卖受害者的救助、安置、康复、家庭与社区融入等工作，帮助其顺利回归社会。保护被拐卖受害者隐私，使其免受二次伤害。

2. 行动措施

（1）进一步加强地区、部门和机构间救助被拐卖受害者的协作配合。（民政部负责，中央综治办、公安部配合）

（2）规范被拐卖受害者救助、安置、康复和回归社会工作程序，制定查找不到亲生父母的被拐卖儿童安置政策和办法，推动其回归家庭，促进其健康成长。（公安部、民政部负责，教育部、卫生部、财政部、全国妇联配合）

（3）完善政府多部门合作、社会各界支持的被拐卖受害者救助、安置和康复工作机制，提升救助管理站、妇女之家、福利院等机构服务水平。（民政部负责，卫生部、公安部、全国妇联配合）

——充分利用现有社会救助和社会福利设施提供救助和中转康复服务，并保障人员和经费需求，使被拐卖受害者得到符合其身心、年龄和性别特点的救助安置。（民政部、财政部负责，发展改革委、公安部、教育部、卫生部、中国残联配合）

——在被拐卖受害者临时救助和康复工作中引入专业社会工作服务，鼓励有关社会组织、企事业单位和个人为救助被拐卖受害者提供资金、技术支

持和专业服务。（民政部负责，全国总工会、共青团中央、全国妇联、中国残联配合）

——指定定点医疗机构为被拐卖受害者提供基本医疗服务和生理心理康复服务。（卫生部负责，民政部配合）

——通过培训教育等活动，增强被拐卖受害者的法律意识、维权意识。法律援助机构依法为符合条件的被拐卖受害者提供法律援助。（司法部负责，民政部、公安部、全国总工会、共青团中央、全国妇联配合）

（4）加强社会关怀，帮助被拐卖受害者顺利回归社会。

——确保被解救的适龄儿童入学、回归学校和适应新的生活。（教育部负责，民政部配合）

——为不能或不愿回原住地的16岁以上被拐卖受害者提供适宜的职业技能培训、职业指导和职业介绍等就业服务，并帮助其在异地就业。（人力资源社会保障部负责，民政部、全国总工会、共青团中央、全国妇联配合）

——在保护个人隐私的前提下，进一步做好被拐卖受害者及其家庭和所在社区工作，保障愿意返回原住地的被拐卖受害者顺利回归家庭和社区。（民政部负责，共青团中央、全国妇联配合）

（5）为回归社会的被拐卖受害者提供必要服务，切实帮助解决就业、生活和维权等问题。（民政部、司法部、人力资源社会保障部负责，共青团中央、全国妇联配合）

（6）进一步加强对被解救受害者的登记、管理和保护工作，建立并完善专门档案，跟踪了解其生活状况，积极协调有关部门和组织帮助解决实际困难。（公安部、民政部负责，全国妇联配合）

（7）进一步加强对被拐卖受害者身心健康领域的研究，寻求更为有效的康复治疗方法。（卫生部负责，教育部、共青团中央、全国妇联配合）

（四）完善法律法规和政策体系

1. 工作目标

结合当前拐卖人口犯罪形势和实际工作需要，研究制定和修订有关法律法规和政策，为反拐工作提供法律法规和政策支持。

2. 行动措施

（1）修订有关法律法规，进一步健全反拐法律体系。（法制办负责，全国人大常委会法工委、高法院、高检院、公安部、民政部、人力资源社会保障部、共青团中央、全国妇联配合）

——完善有关法律，加大对收买被拐卖受害者行为的打击力度。（全国人大常委会法工委负责，法制办、高法院、高检院、公安部配合）

——完善被拐卖受害者救助有关法规，切实保障其合法权益。（民政部、法制办负责，全国人大常委会法工委、全国妇联配合）

——完善儿童临时监护和监护监督制度，进一步推动未成年人父母或其他监护人依法为未成年人健康成长提供良好家庭环境和家庭教育。研究制定监护权转移的具体程序，避免因监护人丧失监护能力或监护人侵权对儿童造成伤害。（民政部、法制办负责，全国人大常委会法工委、教育部、共青团中央、全国妇联配合）

（2）制定并完善有关政策，推动反拐预防、打击、救助、康复工作科学化、规范化、制度化。（国务院反拐部际联席会议各成员单位负责）

（五）加强宣传、教育和培训

1. 工作目标

强化各级政府及相关部门、社会各界对反拐工作重要性的认识，动员全社会广泛参与反拐工作。加强教育培训和理论研究，提高反拐工作能力。

2. 行动措施

（1）开展多渠道、多形式宣传教育，着重在拐卖人口犯罪活动重点地区和易被拐卖人群中开展反拐教育和法制宣传，增强群众反拐意识。（公安部、中央宣传部负责，教育部、司法部、铁道部、文化部、人口计生委、广电总局、交通运输部、新闻出版总署、妇儿工委办公室、全国总工会、共青团中央、全国妇联配合）

——将反拐教育纳入中小学和中职学校教育教学活动中，提高学生自我保护意识。在学校管理制度中，明确教师发现疑似拐卖情况及时报告的义务。（教育部、司法部负责）

——加强流动、留守儿童及其监护人反拐教育培训。（教育部、公安部、全国妇联负责）

——将反拐宣传教育纳入社区管理工作中，提高社区成员尤其是妇女、儿童和未成年人父母或其他监护人的反拐意识和能力。（民政部、公安部、全国妇联负责，教育部、国家民委、司法部配合）

——定期在火车站、汽车站、航空港、码头、娱乐场所、宾馆饭店等开展反拐专题宣传活动，并在日常安全宣传中纳入反拐内容，动员、鼓励交通运输行业和娱乐场所、宾馆饭店等工作人员及时报告疑似拐卖情况。（交通运输部、铁道部、民航局负责，公安部、司法部、全国妇联配合）

——加强边境地区群众宣传教育，提高群众反拐意识、识别犯罪和自我保护能力。（司法部负责，公安部、民政部、人力资源社会保障部、共青团中央、全国妇联配合）

——开发少数民族语言文字宣传品，在少数民族聚居区开展反拐宣传教育。（国家民委负责，新闻出版总署、文化部、共青团中央、全国妇联配合）

——开发符合残疾人特点的宣传品，提高残疾人的反拐意识和自我保护能力。（中国残联负责，文化部、新闻出版总署、共青团中央、全国妇联配合）

（2）动员社会力量支持和参与反拐工作。建立举报拐卖人口犯罪奖励制度，积极培育反拐志愿者队伍，借助微博等网络和媒体，广辟线索来源。（国务院反拐部际联席会议各成员单位负责）

（3）加强各级反拐工作人员教育培训和反拐工作队伍专业化建设，提高《行动计划》实施能力。（国务院反拐部际联席会议各成员单位负责）

——将妇女儿童权益保护和反拐法律法规、政策等纳入教育培训内容，提高侦查、起诉和审判拐卖人口犯罪的能力和水平。（公安部、高检院、高法院负责）

——加强边境地区公安司法人员教育培训，提高防范和打击跨国拐卖人口犯罪的意识和能力。（公安部、高法院、高检院、司法部负责）

——加强从事被拐卖受害者救助工作人员教育培训，提高救助能力和水平。（民政部、卫生部负责，全国总工会、共青团中央、全国妇联配合）

（六）加强国际合作

1. 工作目标

有效预防和严厉打击跨国拐卖人口犯罪，加强对被跨国拐卖受害者的救助。积极参与国际社会有关打击贩运人口议题的讨论和磋商，展示我国反拐措施和成效，树立良好国际形象。

2. 行动措施

（1）加强反拐工作国际交流与合作。（外交部、公安部负责，商务部配合）

（2）充分利用有关国际组织的资源和技术，加强国际反拐合作项目建设和引进工作。（公安部负责，外交部、商务部配合）

——积极参与湄公河次区域合作反拐进程等各项国际反拐合作机制。（公安部负责，全国人大常委会法工委、高法院、高检院、外交部、民政部、人力资源社会保障部、商务部、妇儿工委办公室、全国妇联配合）

——加强与国际移民组织、联合国儿童基金会、联合国毒品和犯罪问题办公室等国际组织和相关国家的交流合作，联合开展反拐培训，掌握国际拐卖人口犯罪发展趋势及应对措施，展示我国反拐工作成效。（外交部、公安部、商务部负责，全国妇联配合）

（3）加强国际警务合作，充分利用双边、多边和国际刑警组织等渠道，开展跨国拐卖人口犯罪案件侦办合作和情报信息交流，充分发挥边境反拐警务联络机制作用，共同打击跨国拐卖人口犯罪。（公安部负责，外交部、司法部配合）

（4）加强与相关拐入国政府和国际组织合作，及时解救和接收被拐卖出国的中国籍受害者，并为其提供必要的服务。（外交部、公安部负责，民政部配合）

（5）加强与相关拐出国政府和国际组织合作，及时发现和解救被拐卖入中国的外籍受害者，完善对被跨国拐卖受害者救助工作机制，做好中转康复工作，并安全遣送。（外交部、公安部、发展改革委负责，民政部配合）

（6）认真履行和充分利用《联合国打击跨国有组织犯罪公约》及其关于预防、禁止和惩治贩运人口特别是妇女和儿童行为的补充议定书，稳步推进与其他国家特别是周边国家缔结司法协助条约和引渡条约工作，进一步扩

大打击拐卖人口犯罪国际司法合作网络。（外交部负责，高法院、高检院、公安部、司法部配合）

三、保障措施

（一）加强组织协调

国务院反拐部际联席会议加强组织领导和统筹协调，制定并完善政策措施，及时研究解决突出问题和困难。联席会议办公室负责协调组织对《行动计划》实施情况进行督导检查，开展阶段性评估和终期评估，对拐卖人口犯罪重点案件和重点地区建立挂牌督办和警示制度。县级以上地方政府要逐级建立协调机制，组织协调和督导检查反拐工作，并制定本地区《行动计划》实施细则和年度实施方案。各级反拐工作协调机制成员单位要密切配合，根据任务分工制定本部门、本单位实施方案，并开展自我检查和评估。

（二）完善经费保障

各级政府将《行动计划》实施经费纳入财政预算。鼓励社会组织、公益机构、企事业单位和个人捐助，争取国际援助，多渠道筹集反拐资金。

（三）严格考核监督

将反拐工作纳入社会管理综合治理考核范畴以及相关部门、机构的目标管理和考核体系，考核结果送干部主管部门，作为对相关领导班子和领导干部综合考核评价的重要依据。对反拐措施得力、成效显著的部门和地区，给予表彰和奖励。对拐卖人口犯罪严重、防控打击不力的地区，依法依纪追究有关人员的责任，并实行社会管理综合治理一票否决。

编辑说明

为彰显改革开放以来公安理论创新和学术研究方面的成就，全面展示公安院校广大教师在公安学术研究、公安实践及公安改革方面的新理论、新经验、新成果，提升理论水平，推进成果转化，鼓励学术繁荣，发现优秀人才，我们于 2017 年面向全国公安院校征集公安学理论研究优秀作品。此举在全国公安院校中产生了很大反响，公安院校教师踊跃投稿。为保证首批推出的作品充分展示学术作品的经典特色，充分体现专业特点，充分关注热点问题，我们邀请了长期从事公安学术研究、在公安系统具有较高声望的专家学者对作品进行审定，遴选出各 9 部作品入选《公安院校知名教授学术文库》《公安院校青年学者学术文库》第一辑，将于 2018 年 6 月正式出版。

《文库》的作品充分体现了"经典、精品、创新"的特点。入选《公安院校知名教授学术文库》的作者均为长期从事公安理论研究、在全国公安院校乃至全国公安系统具有较高声望的知名学者，入选的作品也是这些学者在相关领域多年潜心研究的代表性成果。例如，《英美警察科学》《公安经济学》《警管区制研究》《社会转型与秩序重建》等，都是近年来在公安学领域产生较大影响的原创性学术著作。而入选《公安院校青年学者学术文库》的作者目前均活跃在公安教学科研的第一线，他们才华出众，思想敏锐，观点新颖，入选的作品如《袭警行为的预防与处置》《新型合成毒品滥用监测与控制实证研究》《弱势群体权利保障中的国家反拐行动研究》等，直面当前执法热点，深入剖析，探索新理论、新措施。

服务公安中心工作，服务公安队伍建设，服务公安教学科研，充分展示作品的社会价值和学术价值是我们推出两个《文库》的初衷。相信随着第一辑作品的出版，必将推动在公安院校中形成深入公安学理论研究，活跃公安学术创新的良好氛围。这是我们的追求，也是各位作者的期待。

《文库》的出版是一项长期工程，我们力争通过几年时间，出版100部学术专著，使两个《文库》成为新中国公安教育史上具有里程碑意义的首部公安理论名家学术作品大系，使之成为面向全社会展示改革开放以来公安学理论研究成果的最佳平台。

公安院校知名教授学术文库
公安院校青年学者学术文库
编辑委员会
2018年6月

图书在版编目（CIP）数据

弱势群体权利保障中的国家反拐行动研究 / 周俊山著 . — 北京：中国人民公安大学出版社，2018.6

（公安院校青年学者学术文库 / 总主编：樊京玉　闫继忠）

ISBN 978-7-5653-3322-4

Ⅰ . ①弱… Ⅱ . ①周… Ⅲ . ①拐卖人口－防治－研究－中国 Ⅳ . ① D669.8

中国版本图书馆 CIP 数据核字 (2018) 第 116696 号

弱势群体权利保障中的国家反拐行动研究

周俊山　著

出版发行：中国人民公安大学出版社
地　　址：北京市西城区木樨地南里
邮政编码：100038
经　　销：新华书店
印　　刷：天津盛辉印刷有限公司

版　　次：2018 年 6 月第 1 版
印　　次：2018 年 6 月第 1 次
印　　张：22.25
开　　本：787 毫米 ×1092 毫米　1/16
字　　数：360 千字

书　　号：ISBN 978-7-5653-3322-4
定　　价：68.00 元

网　　址：www.cppsup.com.cn　www.porclub.com.cn
电子邮箱：zbs@cppsup.com　zbs@cppsu.edu.cn

营销中心电话：010-83903254
读者服务部电话（门市）：010-83903257
警官读者俱乐部电话（网购、邮购）：010-83903253
教材分社电话：010-83903259